Hedwig Richter

DEMOKRATIE

Hedwig Richter

DEMOKRATIE
EINE DEUTSCHE AFFÄRE

Vom 18. Jahrhundert bis zur Gegenwart

C.H.Beck

1.–3. Auflage. 2020

Mit 22 Abbildungen und 3 Grafiken

4. Auflage. 2021
© Verlag C.H.Beck oHG, München 2020
www.chbeck.de
Umschlaggestaltung: geviert.com, Christian Otto
Umschlagabbildung: Kleingärten vor dem kriegszerstörten
Reichstagsgebäude, Sommer 1946. © akg-images
Satz: Fotosatz Amann, Memmingen
Druck und Bindung: Druckerei C.H.Beck, Nördlingen
Gedruckt auf säurefreiem, alterungsbeständigem Papier
Printed in Germany
ISBN 978 3 406 75479 1

klimaneutral produziert
www.chbeck.de/nachhaltig

INHALT

EINLEITUNG 7

1. ELITEN UND VOLK 19

   Ideen von Gleichheit 19
   Der Traum vom mündigen Bürger 29
   Das Desinteresse des Volkes 38
   Disziplinierung und Freiheit 43
   Die Welt der Zahlen 51

2. INKLUSION UND EXKLUSION 59

   Armut als Skandal 59
   Das Recht, gehört zu werden 71
   Nation 86
   Die Würde des Körpers 98
   Wohlstand 108

3. DAS BÜRGERLICHE PROJEKT:
   MOBILISIERUNG UND BESCHRÄNKUNG 117

   Die Massen machen Gesellschaft 117
   Verfassung und Parlament 132
   Reformzeitalter 140
   Kolonialismus 161

4. GEWALT:
HOMOGENISIERUNG UND DIVERSITÄT 171

«Mitleiderregend wie Menschen»:
Zerfetzte Körper im Krieg 172
Der Aufbruch geht weiter 185
Entwürdigung 221
Vernichtung 238

5. DEMOKRATIE NACH DEM
NATIONALSOZIALISMUS 251

Die Unwahrscheinlichkeit der Demokratie 251
Lernende Nation 256
Der befreite Körper 284
Europa und die Welt 306

AUSBLICK:
EINE AFFÄRE VON KRISE UND GLÜCK 315

Dank 327
Anmerkungen 329
Bildnachweis 367
Literatur 368
Personenregister 393
Sachregister 397

EINLEITUNG

«Die Bauern sind Sklaven», so berichtete am Ende des 18. Jahrhunderts ein Zeitgenosse, und wer ein Dorf besuchte, dem liefen halbnackte Kinder nach Almosen schreiend entgegen. Die Erwachsenen hätten selbst «kaum noch einige Lumpen auf dem Leib, ihre Blöße zu decken». «Der Bauer wird wie das dumme Vieh in aller Unwissenheit erzogen», schrieb der Autor weiter. «Er muss vom Morgen bis zum Abend die Äcker durchwühlen.»[1] Die Charakterisierungen glichen sich: Das Gesinde auf dem Land werde «kaum als Menschen» angesehen, die Herrschaften traktierten die Menschen mit Grausamkeit, schlechter als das Vieh.[2] Die Beobachtenden allerdings waren die Städter, die Gebildeten, die Auswärtigen. Wie beurteilten die ländlichen Bewohnerinnen und Bewohner selbst ihre Lage? Was bedeutete Armut für sie? Was empfanden sie an ihrem Alltag als selbstverständlich, was als kritisch? Was war Glück?

Es ist nicht einfach, ihre Stimmen zu hören. Doch weisen sozialgeschichtliche Forschungen auf die Allgegenwart von Hunger in den ländlichen Räumen hin, auf den ungenügenden Wohnraum und die dürftige Kleidung. Harte physische Not prägt das Leben einer Mehrheit in ganz Europa, auch wenn es regionale Unterschiede gab und die Situation stark schwankte, je nachdem, wie die Ernte ausfiel, ob die Herren gütig waren oder das Land von Krieg überzogen wurde. Über Jahrhunderte, teilweise bis weit ins 19. Jahrhundert, glich sich die Lebenslage in ländlichen Räumen mit ihrer Ökonomie der Armut.[3]

In der zweiten Hälfte des 18. Jahrhunderts aber verbreitete sich eine explosive, ungeheure Idee, und immer mehr Denker wie Rousseau, Hugo Kołłątaj oder Friedrich Schiller, aber auch eine

Frau wie Mary Wollstonecraft propagierten sie: die Idee von der Gleichheit und von der Würde der Menschen. «All men are created equal», hieß es 1776 in der amerikanischen Unabhängigkeitserklärung. Wenig später, im Jahr 1789, verkündigten die Männer der französischen Nationalversammlung die «Erklärung der Menschen- und Bürgerrechte», die schnell in alle Sprachen Europas und darüber hinaus übersetzt wurde. Den Kern der Deklaration bildete neben der Freiheit erneut die Gleichheit: «Die Menschen werden frei und gleich an Rechten geboren.»

Das war neu und unerhört: Naturrechtlich begründet war die Vision von Gleichheit «universal». Gleichheit für die wenigen hatte es schon in der Antike gegeben, nun sollte Gleichheit für alle Menschen gelten. Die Französische Revolution stieß diesen Stachel der Gleichheit in die Politik. Dort blieb er stecken, quälte, ließ keine Ruhe und führte zu Konsequenzen, die weitab dessen lagen, was Aufklärer und Revolutionäre gewollt hatten: die Gleichheit der Menschen unabhängig von Geschlecht und ethnischer Herkunft. Die Idee ließ sich nicht mehr aus der Welt schaffen. Nach und nach wurde sie überall zur Staatsaffäre. Dabei entfaltete «Universalismus» toxische Qualitäten, wirkte exklusiv, weil er lange Zeit nur für den weißen Mann galt und alle anderen umso schärfer ausschloss – denn es waren scheinbar schon «alle» gemeint. Dipesh Chakrabarty spricht von den «privilegierten Erzählungen der Staatsbürgerschaft», ohne die Moderne nicht zu denken sei und die der Konstruktion der Anderen bedürfen, die außen vor bleiben.[4] Bis heute wird immer wieder neu um die Ausmaße von «Universalität» gerungen, doch bleibt sie als prinzipieller Anspruch unverzichtbar für die Entwicklung moderner Demokratie.

«Die Ideen von Freiheit und Gleichheit stehen wie zwei Sterne über den Völkern seit einem halben Jahrhundert», schrieb der Schweizer Jeremias Gotthelf 1841 über die Ausbreitung der neuen Gedankenwelten und fürchtete, die unteren Schichten würden die Versprechen beim Wort nehmen, aber wer wolle «es dem Armen verargen, wenn er ihre Bedeutung, ihre Verheißungen missverstund und immer mehr missversteht?»[5] Noch lange und immer wieder neu hofften Männer wie Gotthelf, den umstürzenden Gehalt von universeller Gleichheit aufhalten oder einschränken zu können. Oft genug gelang es ihnen.

Wie revolutionär die Verbindung von Gleichheit und Universalität war, wird erst angesichts der omnipräsenten Ungleichheit im 18. Jahrhundert deutlich: angesichts der Not der großen Mehrheit von Männern, Frauen und Kindern und der Selbstverständlichkeit ihres Elends gegenüber einer relativen Sicherheit im Leben weniger Privilegierter.[6] Wahrscheinlich widersprachen wenige Ideen mehr der Alltagserfahrung als die Idee der Gleichheit. Ungleichheit bildete die Grundlage des Lebens und trotz aller Aufklärung immer auch noch des Denkens. Sie war das Prinzip von Herrschaft, sie bildete den Boden des dörflichen und des ständischen Lebens, der Erziehung, der Kleiderordnungen und des Geschlechterverhältnisses. Exekutionen variierten je nach Stand. Den Kelch im Abendmahl erhielten oft nur die Geistlichen. Armut herrschte nicht als ein relatives Phänomen, sondern war eine Frage des nackten Überlebens: Wer am unteren Ende stand, der hatte oft nicht genug, um sein Leben zu erhalten.[7]

Gleichheit aber bildet das Herzstück von Demokratie – gemeinsam mit Freiheit und Gerechtigkeit, die ihre radikale Wirkung erst im Verbund mit Gleichheit entfalten. Wie bei der Gleichheit gilt auch hier: Freiheit und Gerechtigkeit für wenige, das war nichts Neues, nun aber ging es um die ganze Menschheit. Die Umbrüche mit dem Beginn der Moderne in den Jahrzehnten um 1800 sind ohne diese Radikalität kaum verständlich. Der Soziologe Rudolph Stichweh spricht von «Inklusionsrevolutionen», die seit dieser Zeit stattfanden: Die Gesellschaften bezogen immer mehr Gruppen ein, immer mehr Menschen nahmen an wesentlichen sozialen und politischen Prozessen teil.[8] Gewiss ist die Einteilung in Moderne und Vormoderne eine idealtypische Zuspitzung. Doch die Menschen selbst empfanden den tiefen Bruch im Übergang zur Moderne, und es ist kein Zufall, dass die Affäre mit der universellen Gleichheit in dieser Zeit auf den Plan trat und begann, das politische Leben auf den Kopf zu stellen. Fand in der Vormoderne die Kommunikation innerhalb der Ständeordnung statt, so ging sie nun darüber hinaus, die Inklusionsprozesse rückten die Menschen näher aneinander heran – was wesentlich zur Sichtbarkeit der Ungleichheit beitrug, ja, sie in gewisser Weise überhaupt erst produzierte und damit die Voraussetzungen schuf, sie zu skandalisieren und zu bekämpfen. Reinhart Koselleck nennt die Entstehung der Moderne um 1800 die Sattelzeit, in der gleichsam ein Bergsattel überschritten wurde und sich eine gänzlich neue Welt eröffnete.

Demokratie fasse ich also weit als ein Projekt von Gleichheit, Freiheit und Gerechtigkeit. Definitionen sind Konventionen, Übereinkommen, damit klar ist, wovon die Rede ist. Es wäre genauso legitim, nach dem Begriff «Demokratie» zu fragen und zu klären, wann und wie er verwendet wurde, von Anarchisten im 19. Jahrhundert etwa oder von Theoretikern des Nationalsozialismus. Das vorliegende Buch interessiert sich jedoch nicht für die Begriffsgeschichte, sondern für das normative Projekt der Demokratie, das sich mit der Moderne und in enger Verbindung mit Vorstellungen von Menschenwürde herausgebildet hat. Es geht um das Glück der Menschen, um «pursuit of happiness», wie es in der amerikanischen Unabhängigkeitserklärung heißt. Glück und die Ideale von Gleichheit, Freiheit und Gerechtigkeit bedeuteten zu allen Zeiten etwas anderes. Diese Geschichte der Demokratie will den Veränderungen nachgehen und schauen, welche Geltung die Menschenwürde in den sich wandelnden Zeiten hatte. Es lohnt sich daher auch, einen Blick auf Diktaturen des 20. Jahrhunderts zu werfen. Dabei verdeutlicht gerade die Analyse von Diktaturen, dass die vorliegende Definition «Demokratie» nicht als etwas Beliebiges fasst. Zwar ist Demokratie selten eine klare Angelegenheit von schwarz und weiß, das zeigt gerade die Demokratiegeschichte. Aber es lässt sich doch ein Unterschied ausmachen zwischen einem Staat, der die Menschenwürde systematisch behindert oder zerstört, und einer Ordnung, die prinzipiell nach Wegen sucht, sie zu schützen.

Diese Geschichte erzählt von den Mühen und Freuden der Demokratie als einer Affäre. Sie erzählt von einer Staatsaffäre, die auch zur Angelegenheit der Bürger und zunehmend auch der Bürgerinnen wird. Es ist außerdem die Geschichte einer gar nicht selbstverständlichen, überaus komplizierten Liebe, die sich langsam entwickelt, in der aus Gleichgültigkeit Leidenschaft entsteht, die zuweilen im Geheimen befördert wird und in der Öffentlichkeit zum Eklat gerät. Es ist eine Geschichte, die den ganzen Menschen mit Leib und Seele betrifft. Sie ist voller Gefühle, die Menschen bewegen und begeistern, die Herzen zerbrechen, die aber auch erkalten können.

In historischen Demokratiestudien können enge Definitionen von Demokratie, die sie als eine bestimmte Staatsform mit bestimmten verfassungsrechtlichen Garantien verstehen, den Blick auf die oft widersprüchlichen Anfänge und die zuweilen divergierenden Entwicklungen von Demokratie verstellen. Eine weite Definition hingegen kann die vielfältigen demokratischen Frühformen einbeziehen und die ungeheure Faszinationskraft von Demokratie im Blick behalten.

Denn Demokratie entwickelte sich nicht aus einer Idee, sondern aus einem ungeordneten Konglomerat an Ideen und Praktiken, die sich oft genug widersprachen. Die Quellen der Demokratie sind vielfältig, und nicht immer sind sie lauter. Die liberale Demokratie, die aus dieser Geschichte hervorgegangen ist, erweist sich daher nicht als ein Gebilde aus einem Guss, vielmehr ist sie ein Flickwerk, ein um Ausbalancierung ringendes Gefüge, in dem es darum geht, Kräfte und Gegenkräfte im Zaum zu halten und die sich in vielerlei Hinsicht widersprechenden Ideale von Gleichheit und Freiheit und Gerechtigkeit voreinander zu schützen und gegeneinander zu stärken. «Demokratie», so der Historiker Paul Nolte, «handelt von der Kontingenz der Dinge, von dem Auch-anderssein-Können, eher von der Suche als von der definitiven Lösung.»[9] Demokratie ist kein mit bestechender Logik strahlendes System, sondern aufgrund ihrer merkwürdigen Geschichte eine zusammengeschusterte Ordnung. Demokratie ist eine spannungsgeladene Affäre, eine brenzlige Angelegenheit, wankend; nichts ist garantiert, ihr Modus ist die Krise.

Tatsächlich ist Demokratie nicht einfach, und sie lässt sich nicht umfassend begreifen, wenn sie nur als ein Anliegen des «Volkes» verstanden wird, als eine von unten ersehnte und erkämpfte Herrschaftsform. Das ist die *erste* These: Demokratiegeschichte ist nicht immer, aber häufig ein Projekt von Eliten. Denn es stellt sich die

Frage: Wenn es – neben einigen wenigen klugen und privilegierten Frauen – gebildete Männer waren, die für die Idee der Gleichheit eintraten, welche Rolle spielten dann die Mehrheiten für die Demokratisierung? In ihrem Alltag um 1800 hatten die Menschen der unteren Schichten meistens wenig Muße und kaum Ressourcen, um über Gleichheit und Mitbestimmung nachzudenken. Das änderte sich erst im Verlauf des 19. Jahrhunderts.

Demokratie sollte also nicht vorschnell als Kampf von unten und damit als Revolutionsgeschichte verstanden werden, und zwar der Revolution im Sinne eines bürgerkriegsähnlichen Umsturzes mit Gewalt.[10] Vielen gilt als selbstverständlich, was der Historiker Jakob Tanner so formulierte: «Demokratie ist, historisch betrachtet, das Resultat von Revolutionen.»[11] Zweifellos spielten Revolutionen für Demokratisierungsprozesse eine wichtige Rolle, insbesondere wenn «revolutionär» wie damals üblich im Sinne von «Epoche machend» verstanden wird, als die Welt verändernd, auch mit friedlichen Mitteln.[12] Doch spricht vieles dafür, dass Reformen in der Demokratiegeschichte zu wenig Beachtung finden und dass die antidemokratischen Kräfte und der Backlash, die gewalttätige Umstürze und Revolutionen häufig hervorrufen, zuweilen unterschätzt werden. Politikwissenschaftliche Studien über jüngere Transformationsprozesse zeigen, dass gewaltförmige Wandlungsprozesse eher zu Diktaturen führen und friedfertige Reformen mehr Potential zur Demokratisierung aufweisen.[13] Demokratiegeschichte ist nicht nur, aber immer wieder eine Geschichte der Eliten, und sie ist, so sollte die erste These ergänzt werden, ganz wesentlich eine Geschichte der Reformen, die oft von diesen Eliten angestoßen werden.

Für Eliten konnten demokratische Reformen sinnvoll sein. Es ist eben nicht richtig, was der Historiker Sean Wilentz in seiner amerikanischen Demokratiegeschichte feststellt: «Demokratie ist nie das Geschenk wohlwollender, weitsichtiger Herrscher, die ihre Legitimität stärken wollen. Demokratie bedarf immer des Kampfes.»[14] Warum sollte man die Komplexität von Menschen in diesem Fall so gering einschätzen und bestimmten Gruppen nur ein determiniertes Set an Motiven unterstellen? Eliten konnten neben ethischen Beweggründen und einem aufklärerischen Impuls auch ein egoistisches Interesse an Demokratie haben. Demokratie kann beispielsweise der Disziplinierung der Bürger dienen. Von Anfang an achteten Eliten zudem darauf, dass es nicht zu einer «Tyrannei der Mehrheit» kam. Die Regierungsform Demokratie steht nicht zuletzt in den liberalen Traditionslinien, in denen es um die Garantie geht, dass weder der Staat noch eine einzelne Person, weder eine Instanz noch eine Interessengruppe alleine durchherrschen kann, sondern eine Balance der Mächte erreicht wird, ein System von *checks and balances*, in dem die Freiheit des Individuums geschützt und sein Streben nach Glück möglich ist. Demokratiegeschichte ist immer auch die Geschichte ihrer Einschränkung. Das ist die *zweite* These.

Die Relevanz von Reformen und der Einschränkung der Demokratie wird umso deutlicher, wenn klar wird, dass es bei Demokratie um konkrete Praktiken geht wie die Unverletzlichkeit der Wohnung oder eine wirkungsvolle Sozialhilfe. Denn Gleichheit und Freiheit lassen sich lange verkünden, aber für die Magd, die verprügelt werden darf und kein Recht auf einen Lohn zum Überleben hat, erscheint diese Deklaration ohne Sinn. Demokratiegeschichte – das ist die *dritte* These des Buches – ist wesentlich eine Geschichte des Körpers, seiner Misshandlung, seiner Pflege, seines Darbens – und seiner Würde.[15] Es ist eine politische Geschichte des Körpers, die analysiert, wie Erfahrungen mit dem Körper und Vorstellungen vom Leib Macht und Herrschaft durchdringen und verändern, wie sich Demokratisierung durch Körper und an Körpern zum Ausdruck bringt.[16] Bourdieu weist darauf hin, dass die Akzeptanz von Macht «nicht auf der freiwilligen Entscheidung eines aufgeklärten Bewusstseins beruht, sondern auf der unmittelbaren und vorreflexiven Unterwerfung der sozialisierten Körper».[17] Menschen, die nicht über ihren eigenen Körper herrschten, etwa Sklaven oder Frauen, wurden von Gleichheitsvorstellungen in der Regel ganz selbstverständlich ausgeschlossen.

Demokratiegeschichte ist damit auch eine Geschichte der Gefühle und der Vorstellungswelten: Warum begannen Menschen, dem Körper ihrer Mitmenschen Respekt entgegenzubringen und

Folter oder Prangerstrafen nicht mehr als Unterhaltungsspektakel, sondern als widerlich, schließlich sogar als Skandal zu empfinden? Für die Internalisierung einer Vorstellung wie Gleichheit reicht eine abstrakte Idee nicht aus; damit die universale Gleichheit «self-evident» wurde, wie in der amerikanischen Unabhängigkeitserklärung festgehalten, musste sie inkorporiert und gefühlt werden. Diderot erklärte 1755, das für den Gleichheitsgedanken zentrale Naturrecht werde von allen als ein «sentiment intérieur» geteilt, als etwas, das jedem «évidemment» erscheine.[18] Meine These orientiert sich an der Forschung über den Zusammenhang von Menschenrechts- und Körpergeschichte, über die Verbindung von Gefühl und Recht, die seit einiger Zeit in der Germanistik und in der Rechts- und Politikwissenschaft diskutiert wird,[19] und sie knüpft an die historische Forschung über den engen Zusammenhang von Körper- und Gefühlsgeschichte an.[20] «Wenn Menschenrechte selbst-evident sind, müssen (und können) sie nicht gesondert begründet werden», erläutert die Germanistin Sigrid Köhler: «Das Gefühl, die Instanz, die im 18. Jahrhundert für das intuitive moralische (und rechtliche) Wissen zuständig ist, hat schon immer um sie gewusst.»[21] Dabei verstehe ich mit der Kulturanthropologin Catherine Lutz Gefühle als einen «kulturellen und zwischenmenschlichen Prozess», sie sind nichts Gegebenes und Festes, sondern etwas Gemachtes, oft etwas mit pädagogischem oder demagogischem Hintersinn Konstruiertes. Sie verändern sich, sie haben eine Geschichte, und sie machen Geschichte.[22] Das Mitleid beispielsweise wurde immer wieder von Interessengruppen geweckt und etwa im Kampf gegen Sklaverei systematisch gefördert. Wie jedes Gefühl hat Mitleid seine Konjunkturen, eine lag am Ende des 18. Jahrhunderts, während es beispielsweise in den 1970er Jahren in Misskredit geriet.

Keine Frage, die Geschichte der Demokratie ist auch Ideengeschichte und Politik- und Parteiengeschichte. Doch der Fokus auf die Gefühlswelten und auf den Körper öffnet neu den Blick für die Komplexität der Demokratiegeschichte. Diese Perspektive schließt ökonomische und demographische Entwicklungen mit ein, die große Masse der Menschen wird sichtbarer, die hungernden Bauern etwa oder die schuftenden Frauen. Demokratiegeschichte ist damit auch klassische Sozialgeschichte, Geschlechtergeschichte und die Geschichte von Arbeiterinnen und Arbeitern. Als wesentlich erweist sich zudem die Mediengeschichte. Das Aufkommen von Zeitungen und die dichter werdende Kommunikation erst ermöglichten Demokratie. Medien griffen immer wieder Gefühle auf, teilweise schufen sie diese erst. Entscheidend für die Demokratiegeschichte war auch deren Fähigkeit zur Skandalisierung: dass Armut nicht mehr als gottgegeben und unvermeidbar galt, dass Foltern und Quälen Gefühle der Abscheu hervorriefen, dass Ungleichheit als Unrecht empfunden wurde.[23] Demokratie lebt immer wieder von Affären, Empörung, vom Willen zur Veränderung.

Dabei wird schnell klar, dass die nationalen Erzählungen nicht ausreichen, denn die Entfaltung neuer Gefühlswelten erstreckte sich ebenso wie ökonomische Entwicklungen, Handel, Hunger oder Ernteausfälle über Ländergrenzen hinweg. Demokratiegeschichte, das ist die *vierte* These, ist eine internationale Geschichte; und zwar eine Geschichte des nordatlantischen Raums, in dem die moderne Demokratie entstand. Nicht zuletzt durch die Frage nach der Sklaverei in den Kolonien war von Anfang an der globale Horizont präsent.

Dass Demokratie eigentlich nur international verstanden werden kann, ist eine alte Einsicht.[24] Doch während soziologische oder politikwissenschaftliche Theorien wie selbstverständlich von dieser Internationalität ausgehen,[25] tendiert die Geschichtswissenschaft dazu, Demokratie national zu erzählen. Und tatsächlich bedarf Demokratie – weltweit! – des nationalen Rahmens. Der Nationalgedanke war für die Popularisierung der Gleichheitsidee ausschlaggebend, und seit Demokratie zum globalen Heilsversprechen geworden ist, bildet sie den Kern nationaler Identitäten. Die meisten Staaten erzählen ihre Geschichte als nationale Demokratiewerdung in enger Verbindung mit nationalen Schlüsselereignissen und Mythen. Speziell für Deutschland wird dieses Paradox deutlich. Tatsächlich war Demokratie immer auch eine deutsche Affäre. Wie andere Nationen haben sich Deutsche ihren eigenen Reim auf dieses beunruhigende Phänomen gemacht. Und auch die

Deutschen waren sich selten einig darüber, wie Demokratie zu verstehen, zu praktizieren oder zu bekämpfen sei. Wie andere Nationen hat Deutschland seine ganz besondere Geschichte mit der Demokratie.

Die Transnationalität von Demokratie und die selbstverständliche Einbettung Deutschlands in diese Geschichte wird an dem Diktum deutlich, das der amerikanische Präsident Abraham Lincoln 1863 aufgegriffen hat und das bis heute als prägnante Formel von Demokratie gilt: «government of the people, by the people, and for the people». Ernst Moritz Arndt, der zu den vielen Intellektuellen gehörte, die zu Beginn des 19. Jahrhunderts die Zukunft in der «Demokratie» sahen,[26] hatte schon 1814 erklärt: «Die besten Kaiser und Könige und alle edlen Menschen haben ja auch immer nur bekannt, daß sie für das Volk da sind und für das Volk und mit dem Volke regieren.»[27] Doch Arndt hatte damit an die 1791 von Claude Fauchet geprägte Sentenz angeschlossen: «Tout pour le peuple, tout par le peuple, tout au peuple».[28] Vermutlich stammt die Wendung aus der zweiten Hälfte des 16. Jahrhunderts aus der Monarchomachischen Tradition, die ein Recht zur Bekämpfung der Tyrannen aus dem Alten Testament ableitet. In dem Traktat *Strafgericht wider die Tyrannen* (*Vindicae contra tyrannos*) heißt es 1575: «Rex per populum et propter populum existat, nec absque Populo consistere possit.»[29] Die Berufung auf die Bibel ist ein Hinweis auf die religiösen Wurzeln der Demokratie.[30]

Der Historiker Edmund S. Morgan aber mahnt zur nüchternen Analyse und schreibt über diese Grundformel der Demokratie: «Nüchtern betrachtet ist es ohnehin klar, dass alle Regierungen vom Volk sind, dass alle behaupten, für das Volk da zu sein, und dass keine buchstäblich durch das Volk regieren kann.»[31] Tatsächlich haben Intellektuelle und Wissenschaftler immer wieder auf den utopischen und fiktiven Charakter von Demokratie hingewiesen.[32] Denn wie soll das funktionieren: dass alle herrschen und dass es zugleich Herrschaft und Gleichheit geben soll, obwohl Herrschaft Asymmetrie voraussetzt?

Demokratie ist eine Utopie. Dass Demokratie nicht nur in Deutschland, aber natürlich besonders dort, auch eine Geschichte mit viel Glück ist, das soll in diesem Buch deutlich werden. Mit ihrer identitätsstiftenden Funktion führt gerade Demokratiegeschichte vor Augen, dass auch historische Darstellungen Erzählungen sind, für die wir einen Plot wählen und in denen wir Bösewichte und Heldinnen auftreten lassen; wir setzen einen Anfang und schreiben auf ein Ende hin – ein geglücktes oder ein böses, in diesem Fall ein offenes.

Für historische Darstellungen bildet die Chronologie einen angemessenen Rahmen. Chronologisches Erzählen beruht letztlich auf dem Glauben, dass Dinge aufeinander aufbauen, nicht alles dem Zufall anheimgestellt bleibt und Prozesse nicht gänzlich willkürlich ablaufen, dass Menschen lernen und dass Kausalitäten – wenn auch meistens nur undeutlich erkennbar – sinnvoll erzählt werden können. In fünf Kapiteln soll sich der chronologische Erzählplot entfalten und dabei immer die vier Thesen im Blick haben: erstens den demokratischen Impuls, der auch von Eliten ausgehen kann und vielfach demokratische Reformen befördert, zweitens die Einschränkungen, mit denen Demokratiegeschichte stets einherging, drittens die zentrale Rolle des Körpers und viertens den internationalen Blick.

Den Auftakt bildet das erste Kapitel mit den Gleichheitsideen der Aufklärer, der Ächtung der Folter, mit der Französischen Revolution, die das Gleichheitsversprechen in die Politik und in die Welt brachte, mit den Anfängen einer weiten Partizipation, die um 1800 vor allem den Eliten, weniger jedoch den wahlberechtigten Männern einleuchtete. Das zweite Kapitel setzt in der ersten Hälfte des 19. Jahrhunderts an und erzählt von der Skandalisierung der Armut und von der Idee der «Nation», die Menschen zunehmend faszinierte und solidarische Gefühle weckte. Die große Reformzeit um 1900 bildet das dritte Kapitel. Es ist die Zeit der Massenpolitisierung, die sich im ganzen nordatlantischen Raum um 1870 Bahn gebrochen hatte, in der entscheidende Grundlagen der heutigen Demokratie gelegt wurden. Es kommt zu einer Konvergenz demokratischer Praktiken, weswegen es sinnvoll ist, bis ins dritte Kapitel einen genaueren Blick auf andere Länder und die unterschiedlichen Vorstellungen von Partizipation zu werfen, die sich um 1900 einander annähern. In dieser Zeit gleicht sich das Wahlverfahren international an, auch ein starkes Parlament wird Konsens, und selbst die seit den 1920er Jahren aufkommenden Diktaturen können diese Übereinkunft nicht grundsätzlich zerstören, sondern unterwerfen sich ihr in gewisser Weise. Die Jahrhundertwende ist zudem die Zeit, in der die Forderung nach der Befreiung der Frau erstmals hörbar in die Politik hineingetragen wurde und der Sozialstaat ein immer festeres Fundament erhielt.

Das vierte Kapitel gilt dem Zeitalter der Extreme mit der millionenfachen Zerstörung von Körpern, mit der Kriegs- und Friedenspolitik der Massen, den großartigen Aufbrüchen in der Zwischenkriegszeit und schließlich mit dem Nationalsozialismus und seiner totalen Demokratie, wie die Faschisten es nannten. Das Kapitel handelt vom Ende der Menschenwürde. Im fünften und letzten Kapitel geht es um die Zeit nach dem Zweiten Weltkrieg, in der lernbereite Menschen einer internationalen Gemeinschaft Institutionen zur Friedenssicherung schufen, die Menschenwürde in internationalen Abkommen festschrieben und in der immer mehr Staaten demokratische Herrschaft und sozialstaatliche Fürsorge einführten. Es ist zugleich die Zeit des drohenden Atomkriegs, des Ost-West-Konflikts mit Panik, Kriegen und Menschenrechtsverletzungen – aber es ist auch die Zeit, in der Gesellschaften patriarchale Strukturen aufbrachen. Geht man davon aus, dass Geschichte auch prozesshaft abläuft und in ihr nicht nur eine dunkle Kontingenz waltet, wird eines der wichtigsten Ereignisse der Demokratiegeschichte erkennbar, das vielleicht sogar die großartigste Errungenschaft von Demokratie überhaupt ist: die Emanzipation der Frau. Auch sie ist eine unabgeschlossene Geschichte.

Diese Geschichte präsentiert die Affäre der deutschen Demokratie als eine Serie – mit allen menschlichen Abgründen. Sie ist eine Modernisierungserzählung, deren Stoff Fiktionen, Wahrheiten und auch Zufälle sind. Sie ist eine leidenschaftliche, optimistische Chronologie von Fehlern und Lernprozessen, in deren Herz der Zivilisationsbruch des Holocaust steckt. Es ist keine geradlinige Geschichte, deren Ende feststeht. Ganz im Gegenteil. Die Affäre geht weiter. Die nächste Staffel folgt.

1. ELITEN UND VOLK

Ideen von Gleichheit

Im Sommer des Jahres 1766 wurde der zwanzigjährige François-Jean Lefebvre de la Barre in der nordfranzösischen Stadt Abbeville wegen «Gottlosigkeit, schändlicher und abscheulicher Blasphemien und Sakrilegien» hingerichtet.[1] Das Spektakel begann am frühen Morgen des 1. Juli mit der Folter: Über eine Stunde lang zerschlugen die Henker dem jungen Mann die Knochen. Am Nachmittag brachte man La Barre zum Hinrichtungsplatz, auf dem Rücken trug er das Schild «Gotteslästerer und schändlicher Frevler». Die Totenglocken läuteten. Als der Scharfrichter den Kopf des Verurteilten abschlug, spritzte das Blut «wie aus mehreren Fontänen», so ein Beobachter. Danach verbrannte man den Leichnam zusammen mit einem Exemplar von Voltaires *Philosophischem Wörterbuch*, dessen Besitz zu den Straftaten des jungen Adligen gehörte.[2] Die Asche wurde ins Wasser der Somme geworfen.

Doch der spektakuläre Tod des François-Jean Lefebvre de la Barre ereignete sich in einer Zeit, in der die Folter fragwürdig geworden war. Zunehmend galt die Misshandlung des Körpers durch die Obrigkeit als Skandal. Preußen hatte 1755 als einer der ersten Staaten die «Tortur» offiziell abgeschafft. Und im Jahr 1764 war der italienische Philosoph und Reformer Cesare Beccaria mit seinem aufklärerischen Werk über das Strafrecht an die Öffentlichkeit getreten, das scharfsinnig die Argumente gegen die Folter entfaltete. Kritik an der Folter gab es schon lange, doch blieb sie nun keine Einzelmeinung mehr, sondern dominierte in ganz Europa die sich entfaltende Öffentlichkeit. Kurz nach ihrem Erscheinen

1. Eliten und Volk

übersetzten europäische Gelehrte Beccarias Schrift in zahlreiche Sprachen, allein auf Deutsch erschien *Von den Verbrechen und von den Strafen* mehrfach innerhalb weniger Jahre.

Allmählich änderte sich der Charakter der Kritik, und diese Transformation sollte sich für die Diskreditierung von Folter als entscheidend erweisen. Die Argumentation bewegte sich zunehmend auf der Ebene des «natürlichen» Empfindens und der Gefühle – des Mitleids und des Mitgefühls gegenüber den Mitmenschen. Das Strafrecht sollte nach Ansicht des englischen Juristen William Blackstone vom «Gefühl der Humanität» geleitet sein.[3] Folter galt bei ihren Kritikern nicht länger lediglich als unvernünftig, als abträglich für einen ordentlichen Gerichtsprozess, Folter wurde zum Skandal. In seinem *Philosophischen Wörterbuch* hielt es Voltaire beim Eintrag «Folter» von 1769 für überflüssig, rationale Argumente anzuführen, weil für ihn die Ablehnung der Folter selbstverständlich war. Wie viele andere Aufklärer hielt er dies für eine der offensichtlichen Wahrheiten, der «self-evident truths», wie es dann 1776 in der amerikanischen Unabhängigkeitserklärung im Hinblick auf die Gleichheit und Freiheit heißen würde.[4] Voltaire eröffnete daher seinen Artikel mit dem sarkastischen Hinweis: «Die Römer haben nur Sklaven der Folter unterworfen, aber Sklaven zählten ja auch nicht als Menschen.»[5] Hier wird der intellektuelle Horizont eröffnet, in dem sich die neuen Ideale von Gleichheit, Freiheit und Gerechtigkeit mit dem Körperkonzept und mit den Gefühlen verbanden – und dadurch «self-evidence» gewinnen konnten. Sklaven galten nicht als Menschen, weil sie nicht Herren ihrer Körper waren. Wer physisch gepeinigt werden darf und nicht über seinen Körper bestimmen, kann nicht als gleichberechtigtes Subjekt gelten. Nun, mit dem naturrechtlich begründeten Anspruch auf Gleichheit für alle, auf Universalität, konnte dieser körperliche Akt der Entmenschlichung augenscheinlich nicht mehr als gerechtfertigt gelten.

Mitleid als demokratisierende Kraft

Stand nicht am Anfang das Mitleid? Das Gefühl für die Würde des Mitmenschen, Empathie angesichts seines Schmerzes, die Empörung gegen seine Misshandlung und sein elendes Leben – der Respekt für den Körper? Mitleid war ein Kind der Aufklärung und entfaltete sich zu einer mächtigen Idee. Rousseau galt das Mitleid als eine universelle, eine natürliche Kraft, als die Grundlage jeder Tugend und des menschlichen Zusammenlebens.[6] Mitleid blieb nicht im Ungefähren und wurde, wie bei Schiller, konkret mit der körperlichen Würde verbunden: «Würde des Menschen./ Nichts mehr davon, ich bitt euch. Zu essen gebt ihm, zu wohnen / Habt ihr die Blöße bedeckt, giebt sich die Würde von selbst.»[7] Lässt sich die Mitleidstheorie des 18. Jahrhunderts, so fragt der Germanist Hans-Jürgen Schings, womöglich als ein Signal für den bürgerlichen Ausgang aus theologischer und politischer Unmündigkeit verstehen? Vieles spricht dafür, womit sie eine Voraussetzung für die moderne Demokratie schuf.[8]

Die Kraft des Mitleids – oder auch der Sympathie, der Menschenliebe, Geselligkeit, Rührung, Zärtlichkeit, Empfindsamkeit – erwies sich gerade für diejenigen, die praktisch das Elend der Welt bekämpfen wollten, als entscheidend: «Brüderlichkeit war das Zauberwort», fasst die Philosophin Martha Nussbaum den Politikwandel in Europa um 1800 zusammen.[9] Der Hofrat Carl Friedrich Pockels ließ in seiner Anthropologie des Mannes von 1805 keinen Zweifel daran, dass Revolution schändlich sei, weil sie das Mitgefühl ablehne; er verbindet die Hartherzigkeit mit Männlichkeit, denn wegen ihrer emotionalen und körperlichen Unempfindlichkeit fänden sich nur bei Männern «Mord und Verwüstung predigende Revolutionäre».[10]

Mitleid nährte die Idee der Gleichheit. Mit empathischen Gefühlen konnte die Selbstverständlichkeit zum Tragen kommen, die für die Gleichheitsideale so wichtig ist, denn «self-evident truths» können sich nicht rein durch den Verstand und mit rationalen Argumenten durchsetzen und behaupten. Gefühle wie das Mitleid funktionieren als sanfte Macht, unmittelbar, vorreflexiv, ohne die Möglichkeit, durch Egoismus korrumpiert zu werden, davon waren viele Aufklärer überzeugt.[11] «Der mitleidigste Mensch ist der beste Mensch, zu allen gesellschaftlichen Tugenden, zu allen Arten der Großmuth der aufgelegteste», so Lessing.[12] Immer wieder haben Intellektuelle auf die Bedeutung von Gefühlen für die Gesellschaft hingewiesen, in der Gerechtigkeit und Gleichheit praktiziert werden konnten: von Rousseau und Johann Gottfried Herder über Louise Otto-Peters, John Stuart Mill und Walt Whitman bis hin zu John Rawls. Wenn eine demokratische Gesellschaft stabil sein soll, dann müssen die Grundprinzipien auf eine engagierte Zustimmung stoßen, sie benötigen positive Gefühle.[13] Viele dieser Gefühle der Liebe und Empathie sollten sich an die aufkommende Idee des Nationalstaates binden, ein Hinweis auf die eingeschränkte Geltung von «Universalität».

Ob die grundlegenden Ideen von Demokratie Erfolg haben würden, hing also davon ab, ob sie mit neuen Gefühlen und mit einem neuen Umgang mit dem Körper einhergingen. Herrschaftsverhältnisse sind zutiefst in Körper eingeschrieben.[14] Wer geschlagen werden darf, wer nicht seinen eigenen Körper besitzt und ihn beherrschen kann, der kann auch nicht als mündiges Subjekt angesehen werden. Daher war es zunächst für die allermeisten Menschen schlicht undenkbar, Frauen, Leibeigene oder besitzlose Bauern als Gleichberechtigte und mündige Bürger anzuerkennen – daher auch Voltaires Überlegung: Die Römer folterten nur deshalb, weil sie die Betroffenen, die Sklaven, nicht für vollgültige Menschen hielten. Auch hier wirkten Gefühle viel stärker als rationale Argumente. Die Gegnerinnen und Gegner der Sklaverei nutzten eher das Gefühl der Empörung als rationale Argumente. Die Berichte von körperlichen Misshandlungen, zunehmend auch Bilder von Versklavten offenbarten die Ungerechtigkeit am deutlichsten und riefen weltweite Empörung hervor.[15] Sklaverei stand wie Folter für «Barbarei»: der Begriff für einen beklagenswerten Zustand, der in den Augen der Zeitgenossen die schmerzliche Rückständigkeit innerhalb eines aufklärerischen Entwicklungsprozesses hin zur «Zivilisation» markiert. Dieses über den Körper und am Körper sich ausbildende Mitleid wurde zu einer Grundlage des neuen Rechtsempfindens: das Gefühl für ein Recht darauf, Rechte zu haben.[16]

Absage an Gewalt

Mitleid bedeutet aber noch mehr. Die aufklärerischen und gelehrten Ideen um das Mitleid bargen eine Absage an Gewalt. Die große Enttäuschung der europäischen Intellektuellen gegenüber der Französischen Revolution, der die anfängliche Euphorie wich, speiste sich nicht nur aus den Gewaltexzessen des Terrors von 1793 und 1794, sondern auch aus der – wie man empfand – Kriegslüsternheit des revolutionären Heeres. Als der Dichter Klopstock 1790 die Revolution im Nachbarland begeistert begrüßte, betonte er: «Sogar das gräßlichste aller/ Ungeheuer, der Krieg, wird an die Kette gelegt!»[17] Den Krieg sahen viele als Privatvergnügen der Fürsten. Kant spottete über «die Staatsoberhäupter, die des Krieges nie satt werden können».[18] Doch bedauerlicherweise galt das auch für die Fürsten der Revolution, denen zudem die gewaltbereiten Massen willig zur Verfügung standen. Kants Schrift *Zum Ewigen Frieden* von 1795 ist nicht zuletzt eine rigorose Schmähung aller «Gräuel der Gewalttätigkeit» und ein Nachweis für die Unvereinbarkeit von republikanischen Utopien mit physischer Gewalt und Krieg.[19] Herders *Briefe zur Beförderung der Humanität* (1793–1797) offenbaren die gleiche Sehnsucht nach Frieden, deren Grundlage die Liebe zum Vaterland sei. Der Krieg sei «ein unmenschliches, ärger als tierisches Beginnen». Herder empfiehlt als Gegenmittel Gefühle: «Alle edle Menschen sollten diese Gesinnung mit warmem Menschengefühl ausbreiten.» Auch bei ihm sind die Völker die Opfer der Kriege, die von der «Grille des Monarchen, aus einer niedrigen Kabale des Ministers» entstehen.[20] Herder verbindet in seiner Argumentation Frieden mit Weiblichkeit und sieht in den Frauen das versöhnende, friedensstiftende Moment.

Denn der Träger der Gewalt war der Mann, darüber herrschte kaum ein Zweifel. «Man kann gewiss sein, dass die Welt längst zur großen menschenleeren Wüste geworden wäre, wenn bloß Männer darauf gesetzt worden wären», erläuterte etwa Jakob Sprengel 1798 in seinem Buch *Das andere Geschlecht das Bessere Geschlecht*. Männer «würden unfehlbar in Kurzem sich alle einander ermordet haben. Die Welt weiß nicht, wie viel sie in dieser Hinsicht dem andern Geschlechte zu danken hat.»[21] Die Arbeit an einem neuen Körper- und Gefühlsregime verband sich in der Moderne von Anfang an mit einer Kritik an Männlichkeit.[22] Es war aber keine Kritik am Mann an sich, sondern an der ungezähmten Männlichkeit, der ein neues Ideal des gezähmten Bürgers entgegengestellt wurde.

Öffnung des Gleichheitshorizonts für die Geschlechter

Die Kritik am Mann ging weiter: Männer wurden als das prekäre Geschlecht präsentiert, das seinen Gelüsten und seinem Vergnügen an Gewalt willenlos ausgeliefert sei. Spiegelbildlich dazu kam es zur Aufwertung der Frau und ihrem Lobpreis. Frauen wurden als heiles, ganzes, mitfühlendes, selbstloses Pendant zum Mann angesehen. Seit der Aufklärung galt der Respekt vor der Frau als Nachweis einer besonders zivilisierten Kultur.[23] Gerade die (stets vorausgesetzte) Schwäche der Frauen wurde nun als eine schützenswerte Stärke interpretiert. Es entwickelte sich ein regelrechter Kult des Schwachen: Durch ihre körperliche Fragilität hätten Frauen erfindungsreicher sein müssen, klüger, umsichtiger – sie seien daher die eigentliche Triebkraft des Fortschritts gewesen, erklärte beispielsweise der Publizist Theodor Gottlieb von Hippel.[24] Hippels Freund Kant, sonst für misogyne Vorurteile bekannt, erklärte, die «Schwächen» des Weiblichen erst bewirkten «die Kultur der Gesellschaft und die Verfeinerung derselben».[25] In Kulturstaaten, so eine häufige Argumentation, werde das Geschlechterverhältnis nicht mehr durch rohe Gewalt, sondern durch Vernunft geregelt.[26] Die Historikerin Sylvana Tomaselli spricht von einem «enlightenment consensus» darüber, dass der tyrannische Mann die Frau im Naturzustand brutal versklavt habe und Zivilisation daher die Wertschätzung der Frau bedeute.[27] Die häusliche Frauensphäre entwickelte sich in der aufkommenden Industrialisierung zu der Vorstellung vom trauten Heim als einer Insel der Ruhe und der zeitlosen Glückseligkeit.[28]

Die aufklärerische Kritik am Mann trug dazu bei, dass die Höherwertung des Mannes gegenüber der Frau, aber auch die Gleichsetzung von Mann und Mensch brüchig wurden. Diese Umstellung hatte für das Geschlechterverhältnis schwerwiegende Folgen: Die Ungleichheit der Frau verlor ihre Selbstverständlichkeit. Denn Frauen hatten in der Vormoderne keineswegs als gleich gegolten.[29] Der Historiker John Tosh verweist auf die Langlebigkeit und Zähigkeit der Unterdrückung von Frauen und spricht von einer «gender longue durée».[30] Wie Kinder waren Frauen in besonderem Maß der alltäglichen Gewalt ausgesetzt.[31] Der Haushalt stellte sich seit Jahrhunderten als hierarchischer Ort dar, die Gehorsamspflicht der Frau, das Recht des Mannes auf häusliche Gewalt, die relative Rechtlosigkeit der Frau im Hinblick auf ihr Eigentum und ihren Körper gehörten überall in Europa lange vor dem 19. Jahrhundert in die festen Ordnungsvorstellungen.[32] Auch die Abdrängung der Frau aus der Öffentlichkeit war keine Neuerfindung der Moderne. Der französische Staatstheoretiker Jean Bodin wollte 1586 über die Frauen «nur das eine» sagen: Sie «sollten von allen Magistratsämtern, Befehlsfunktionen [...] und öffentlichen Ratsversammlungen so weit wie möglich ferngehalten werden, damit sie sich mit Hingabe ihren Aufgaben als Gattinnen und Hausfrauen widmen».[33] Das Schicksal der Frau hing zwar auch von ihrem Stand ab, dennoch taugte der Tagelöhner und Knecht vor Gericht als Rechtsperson, während das für Frauen unabhängig von ihrer Standeszugehörigkeit nur bedingt der Fall war.[34]

Gleichwohl erwies sich die scharfe Betonung der Zweigeschlechtlichkeit seit dem ausgehenden 18. Jahrhundert als neu, ihre detaillierte Ausformulierung in allen Bereichen des Lebens, in der Familie, in der Moral, im Recht und zunehmend auch in der Wissenschaft und im Körper. Wie lässt sich das erklären? Zum einen wurde die Geschlechterordnung umso wichtiger, als alte Systeme wie die Ständeordnung oder auch die Religion an Bedeutung verloren.[35] Sie war altbekannt und damit unmittelbar einleuchtend.

1. Eliten und Volk

Daher würde Männlichkeit weiterhin als Legitimationsmittel und als Nachweis für das «Richtige» dienen. Die Beharrungskraft von Geschlechtervorstellungen ist überaus zäh. Zum anderen aber bot die dichotomische Geschlechterordnung eine Lösung für das Dilemma, dass der Mann zwar abgewertet wurde, aber doch der Frau weiterhin in fast allen Bereichen übergeordnet blieb. Die streng dichotomische Geschlechterordnung bot eine Begründung für die anhaltende Ungleichheit der Geschlechter angesichts der universalen Gleichheitsforderung. Die anschwellenden biologischen Ungleichheitsdiskurse im 19. Jahrhundert sollten also nicht nur als eine diskriminierende Festschreibung dieser Ungleichheit gesehen werden, sondern auch als eine Rechtfertigung, warum die Frau, die doch in vielerlei Hinsicht ein moralisch höheres Wesen sei, in so vielerlei Hinsicht weiterhin benachteiligt wurde. Kurz: Die Ungleichheit war nicht mehr selbstverständlich wie zuvor, sondern musste begründet werden.

Der neue Gleichheitshorizont ist folglich weniger paradox als es bei dem modernen auf Abgrenzung zielenden Geschlechtermodell auf den ersten Blick erscheinen mag. Zudem beruhte die Ordnung nicht mehr ausschließlich auf einem hierarchischen Konzept, in dem die Frau unten und der Mann oben stand.

Allerdings war die Aufwertung der Frau vorerst ein feinsinniger Gelehrtendiskurs. Noch war der Alltag der allermeisten Frauen beherrscht von Gewalt und von ihrem tief verwurzelten Status als Minderwertige.

Die Weckung des Mitleids durch Skandalisierung und Kunst

Der Stachel der «Universalität» blieb nicht ohne Wirkung. Auch das Mitleid, das den Frauen in besonderer Weise zugeschrieben wurde, gewann seinen Neuigkeitswert vor allem aus dem Anspruch auf Universalität. Der Fall des jungen Folteropfers La Barre wurde zu einer internationalen Affäre, und in ganz Europa machte sich Empörung breit. Mitleid kannte ebenso wenig Grenzen wie die Diskurse um «Zivilisation» und «Barbarei». Demokratiegeschichte ist von ihren ersten Anfängen an eine internationale und transnationale Geschichte. Der Vergleich der «Nationen», bei dem deren Zivilisationsgrad bewertet wurde, gehörte zum gelehrten Austausch im 18. Jahrhundert. In seinem Folter-Artikel höhnte Voltaire, dass Frankreich sich selbst für zivil halte, aber mit der Folter vor aller Welt offenbare, wie «barbarisch» es sei. Erst später diente das Konzept von Nation dazu, Gleichheit verständlich zu machen und Solidarität zu ermöglichen.

Doch wie konnte sich in einer Zeit extremer Ungerechtigkeiten die Idee von einem allumfassenden Mitleid durchsetzen – als Menschen hungerten, immer noch gefoltert wurden, als in der jungen Republik der Vereinigten Staaten die Sklaverei blühte? Warum fanden diese Änderungen ausgerechnet in dieser Zeit statt? Gewiss führten zahlreiche und ganz unterschiedliche Faktoren zu dem Aufbruch. Bürger fühlten sich ermächtigt, sie begannen seit der zweiten Hälfte des 18. Jahrhunderts, sich in Clubs, Vereinen oder Freimaurerlogen zu organisieren. Als wesentlich erwies sich ein verändertes Zeitverständnis. Ereignisse wie die Französische Revolution stellten traditionelle Ordnungen in Frage und zeigten, dass Geschichte wandelbar und Zukunft gestaltbar war. Überhaupt, dass die Revolution in Frankreich die Welt auf den Kopf gestellt hatte, daran konnte niemand zweifeln. Politik hatte sich von den Fürstenhöfen aufgemacht und die Herzen der Bürger und Bürgerinnen erreicht. Auch wenn das Bürgertum nur einen kleinen Prozentsatz der Bevölkerung ausmachte, war Politik nun keine Sache unter Fürsten mehr. Neue Ideen drangen in die Vorstellungswelten ein, etwa die Frage, warum menschliches Leid als unveränderbar akzeptiert und nicht als vermeidbar bekämpft werden sollte.[36] Die wachsenden Mitleidsdiskurse verbanden sich mit dem neuen Machbarkeitsgefühl: Mitleid ruft zum Handeln auf.[37] Die Menschen entwickelten die Fähigkeit, über die eigene Familie, den eigenen Klan und das eigene Dorf hinaus Mitleid zu empfinden.

Ein wichtiger Motor für die Verbreitung des Mitleids war die Literatur. Die Aufklärer sprachen von der moralischen Aufgabe der schönen Künste: «Das Trauerspiel soll bessern», erklärte Lessing.[38] In den neuartigen Romanen erlebten die Leserinnen und

1. Eliten und Volk

Leser das Schicksal einer anderen Person hautnah mit, die Texte weiteten den Horizont über das eigene, physisch stark beschränkte Leben hinaus. Es wurde so viel gelesen wie noch nie.[39] Auch die Zeitungen trugen dazu bei; sie berichteten in einem beachtlichen Ausmaß vom Schicksal anderer Menschen in fremden Ländern. Auf die Ermächtigung durch die Lesefähigkeit und ihre demokratisierende Kraft werden wir noch öfter zu sprechen kommen – auch auf den Anspruch des Staates, alle zu alphabetisieren.

Ein ganzer Strauß an neumodischen Gefühlen bot sich dar: Bildungshunger, Empfindsamkeit, Entsetzen über das Leid, der Wille zur Veränderung und das Gefühl, ein Recht zu haben. Hier entfaltet sich also die faszinierende Geschichte der Moderne und der demokratischen Werte. Doch gerade eine Geschichte der Ermächtigung der Menschen, eine Geschichte der Demokratie, verdeutlicht, dass das Licht der Erkenntnis im 18. Jahrhundert keineswegs universal allen Menschen leuchtete. Auch wenn nahezu alle Daten und überlieferten Diskurse den tiefen Umbruch zeigen, mit denen die Jahrzehnte um 1800 die Welt veränderten, so sind die Kontinuitätslinien nicht zu übersehen. Physische Gewalt gehörte nach wie vor selbstverständlich zum Alltag. Zwar schwand die Folter, doch körperliche Strafen blieben bis weit ins 19., vielfach bis ins 20. Jahrhundert in großer Vielfalt erhalten, und das Volk spielte weiterhin begeistert mit und strömte zusammen, um das Leid des Mitmenschen zu bejubeln.[40] Die Zurschaustellung der Körperstrafen bedurfte der Anteilnahme des Volkes: Die Menschen begleiteten die Missetäter auf ihrem Weg zum Schafott mit Schmährufen, beschimpften und bespuckten die Verurteilten und bewarfen sie mit Kot und Steinen. Der Pranger ergab ohne den Hohn und ohne das Geschrei des Volkes wenig Sinn. Als der Terror der Französischen Revolution ausbrach, spielte die Menschenmenge ihre Rolle weiter und jubelte den Henkern an der Guillotine zu. In der Neuen Welt sah es nicht wesentlich anders aus. In Massachusetts verhängten die Gerichte in der zweiten Hälfte des 18. Jahrhunderts noch in jedem dritten Fall Strafen, die mit einer öffentlichen körperlichen Demütigung einhergingen: vom Ohrabschneiden über das Brandmarken mit glühendem Eisen bis zum Auspeitschen.[41] Sklavinnen und Sklaven in Nordamerika waren rechtlos oder durften mit dem offiziellen Segen des Gesetzes verstümmelt, gefoltert, vergewaltigt werden.[42]

Physische Misshandlungen blieben in der Moderne in vielfältiger Form Bestandteil des Lebens. Von einem Stuttgarter Waisenheim wurde 1761 berichtet, wie der Aufseher Kinder über Stunden in verrenkte Körperpositionen sperrte, wenn sie nicht ihr Arbeitssoll erfüllten.[43] Zwangsarbeit hielt in Europa oft bis weit ins 19. Jahrhundert an. Zwar wurden die Normen einer freien Lohnarbeit immer häufiger propagiert, doch die Praxis folgte oft erst Jahrzehnte später.[44] Gefühle der Gleichheit und Empathie sollten erst im Laufe des 19. Jahrhunderts die breite Masse der Menschen erfassen.

Der Traum vom mündigen Bürger

Im deutschsprachigen Raum gab es neben antiliberalen Traditionen eine etablierte Denkweise, die staatsbürgerliche Gleichberechtigung mit Freiheit, Menschenrechten und Formen des Republikanismus verband. «Die gesetzgebende Gewalt kann nur dem vereinigten Willen des Volkes zukommen», und: «Nur die Fähigkeit zur Stimmgebung macht die Qualifikation zum Staatsbürger aus», erklärte Kant 1797.[45] «Politische und bürgerliche Freiheit bleibt immer und ewig das heiligste aller Güter», schrieb Schiller 1793. Auch Schiller war der Meinung, dass es dafür der «Gefühle» und der «Wärme» bedürfe, die durch die Künste geschult werden müssten.[46] «Die Poesie ist eine republikanische Rede; eine Rede, die ihr eigenes Gesetz und ihr eigener Zweck ist, wo alle Teile freie Bürger sind, und mitstimmen dürfen», gab Friedrich Schlegel zu bedenken.[47] Die Germanophilie der Spätaufklärung verband ihre nostalgische Liebe zu den vermeintlichen Vorfahren mit neuen Ideen von Gleichheit und Menschlichkeit. Patriotismus galt vielen als urdeutsches Phänomen und Demokratie als eine deutsche Affäre.[48]

1. Eliten und Volk

Angesichts der Enttäuschungen durch das plündernde französische Revolutionsheer entwickelte sich der Begriff der deutschen «Kulturnation», denn in der Kunst und in der Schönheit sollten die Träume von Freiheit und Republik leben; Hölderlin hoffte 1797 auf eine «künftige Revolution der Gesinnungen und Vorstellungsarten»,[49] er beschwor die «Freiheit, aufzubrechen»[50] und Hegel forderte wenig später, etwas nüchterner, «dass die Magistrate von den Bürgern gewählt werden müssen».[51]

Weitere Wortführer im deutschsprachigen Raum, neben Schlegel etwa Ernst Moritz Arndt, Joseph Görres oder Karl Heinrich Ludwig Pölitz, sprachen sich ebenfalls für «Demokratie» aus, womit sie die verschiedensten Vorstellungen verbanden.[52] Ihre Ideen fielen häufig bei Monarchen und – was oft noch wichtiger war – bei deren Staatsmännern und Beratern auf fruchtbaren Boden. Es gehe bei den Wahlen darum, das Volk zu «bürgerlicher Freiheit, zur lebendigsten Bewegung innerhalb der Gesetze, zur Theilnahme an den wichtigsten Rechten zu erziehen und zu erheben», hieß es Anfang des 19. Jahrhunderts in einer von der preußischen Regierung lancierten Broschüre.[53]

Wirksamkeit der Partizipation

Die Haltung des Konservatismus, der sich in dieser Zeit in Gegnerschaft zur egalisierenden Moderne herausbildete, verdeutlichte die Tiefenwirkung der neuen Ideen. Die Schriften des Juristen und Staatsmanns Justus Möser lassen sich nicht nur als Verteidigung der alten Ständeordnung lesen, sondern auch als zutiefst infiziert mit aufklärerischen Ideen. Möser beschwört einen quasidemokratischen Zustand, in dem jeder Bürger gründlich über die Staatsgeschäfte informiert werden solle – und in dem der Gedanke und das Gefühl der menschlichen Würde aufgegriffen wird.[54] «Jeder Landmann», so der Osnabrücker Jurist 1775, solle «mit dem Gefühl seiner eignen Würde auch einen hohen Grad von Patriotismus bekommen; jeder Hofgesessener sollte glauben, die öffentlichen Anstalten würden auch seinem Urteil vorgelegt». Die Bildung des

Mannes im Verbund mit seiner Würde sollte den Sinn für die Nation wecken und der Stärkung des Staates dienen.[55]

Hier wird eine der neuen Staatsideen deutlich, die um 1800 der gelehrten Welt und zunehmend auch den Regierenden einleuchtete: Herrschaft musste in Zusammenarbeit mit den ermächtigten Individuen stattfinden – eine der grundlegenden Ideen von Demokratie erwies sich also bereits um 1800 als nordatlantische Idee, die auch in Deutschland propagiert wurde. Die Beherrschten sollten zum Wohle aller, insbesondere zur Stabilität des Staates, integriert werden. «Es schien mir nicht genug, daß ein Land mit Macht und Ordnung beherrscht wird, sondern es sollte dieser große Zweck auch mit der möglichsten Zufriedenheit aller derjenigen, um derentwillen Macht und Ordnung eingeführt sind, erreichet werden», so Möser.[56] Dazu gehörte auch die Einsicht, dass moderne Herrschaft weit mehr noch als früher reziprok ist und von der Öffentlichkeit, von der Zustimmung, vom Legitimationsglauben der Beherrschten lebt. In den folgenden Jahrzehnten festigte sich dieses Wissen, und in der Schrift eines preußischen Beamten, die von der Verwaltung verbreitet wurde, hieß es 1832: «Du musst bedenken, dass niemand mächtig ist auf der Erde, als durch Andere und durch die Gewalt ihrer Meinung; dass der Mächtigste zurücksinkt zur Ohnmacht, sobald Aller Meinung sich gegen ihn kehrt.»[57]

Wie ließen sich diese Ideen konkretisieren, wie schaffte man Öffentlichkeit und führte die Bürger zur aktiven Mitarbeit? Thomas Jefferson erklärte 1801 über die bürgerliche Mitbestimmung, sie sei die einzige Regierungsform, die jedermann dazu bringe, sich an das Gesetz zu halten und «Übergriffe gegen die öffentliche Ordnung als seine persönliche Angelegenheit» anzusehen.[58] Diese neue Idee von der Inklusion durch Partizipation setzte sich in den kommenden Jahrzehnten weitgehend durch.[59] Alexis de Tocqueville resümierte 1836: «Das mächtigste und vielleicht einzige verbleibende Mittel, die Menschen für das Schicksal ihres Vaterlandes zu erwärmen, besteht darin, sie an der Regierung teilhaben zu lassen.»[60]

Gewöhnung an die Égalité

Gerade in Preußen gab es vielfältige Gründe für die Verantwortlichen, auf die neuen Herrschaftskonzepte zurückzugreifen. «Demokratische Grundsätze in einer monarchischen Regierung: dieses scheint mir die angemessene Form für den gegenwärtigen Zeitgeist», schrieb der preußische Politiker Karl August von Hardenberg 1807.[61] Die Lage Preußens war ein Desaster. Durch den harschen Frieden von Tilsit, den Frankreich 1807 Preußen aufgezwungen hatte, waren Territorium und Einwohnerzahl halbiert worden. Wie so häufig bei der Entwicklung moderner Staaten erwiesen sich die Finanzprobleme als entscheidend. Die Französische Revolution hatte sich wesentlich an den maroden Staatsfinanzen Frankreichs entzündet.[62] Auch in Preußen waren die öffentlichen Schulden in einem bisher nicht gekannten Ausmaß angestiegen, weil im Zuge des Staatsbildungsprozesses die gesamtstaatlichen Aufgaben umfangreicher geworden waren und immer neue Ausgaben erfordert hatten. Die Kosten für die Kriege gegen Napoleon hatten die Situation zusätzlich verschärft.[63] Die anhaltende französische Besatzung im besiegten Preußen hemmte die staatliche Initiativkraft. Erst Ende 1808 zog das französische Militär ab. Nun galt es, das Gemeinwesen zu ordnen, die Steuerfähigkeit des Landes zu erhöhen und ein schlagkräftiges Heer aufzubauen.

Eines ergab sich aus dem anderen: Die Bewältigung dieser Aufgaben bedurfte der Mitverantwortung der Menschen und einer leistungsorientierten Gesellschaft. In Preußen nahmen einige Dutzend aufgeklärte Männer die Reformen in die Hand. Auch wenn es erhebliche Unterschiede zwischen diesen Reformern gab, so gehörten die meisten zur Beamtenschaft und hatten an den reformerischen Universitäten Göttingen oder Königsberg studiert, wo sie mit den Ideen Kants oder Adam Smiths in Berührung gekommen waren.[64] Sie glichen damit den aufgeklärten Beamten in den süddeutschen Staaten, die den Neuanfang durch Napoleon nutzten und ebenfalls Reformen durchführten, die sie teilweise selbst längst erhofft hatten.[65] Allen gemeinsam war das Projekt Staat: Sie wollten einen modernen, das hieß konsistenten, effektiven, territorial homogenen Herrschaftsbereich – mit dem Monopol einer legitimen Staatsgewalt.[66] Das bedeutete zum einen, dass religiöse Toleranz gelten müsse; Religion hatte spätestens seit dem Dreißigjährigen Krieg so viel von ihrer gesellschaftlichen Integrationskraft verloren, dass sie weder als homogenisierendes Herrschaftsinstrument taugte, noch dass die Regierenden wünschten – Seelenheil hin, Seelenheil her –, durch religiöse Komplikationen und Idiosynkrasien in ihrer Regierungsarbeit gestört zu werden.[67] Zum anderen bedeutete das Vorhaben des modernen Staates, dass das Volk beteiligt werden müsse – wie auch immer man es bezeichnete und wie auch immer das vonstattenging. Im Bau des modernen Staates also liegen wesentliche Wurzeln der Demokratie. Dass ein Monarch an der Spitze stand, änderte nichts an diesem Prozess. Der württembergische Fürst – seit 1806 durch Napoleons Gnaden König Friedrich I. von Württemberg – bildete mit seinem absolutistischen Stil eine kuriose Ausnahme, über die sich schon die Zeitgenossen wunderten. Doch selbst er führte die zeitüblichen Reformen durch und erließ 1819 eine liberale Verfassung, durch die rund 17 Prozent der Gesamtbevölkerung ein Wahlrecht für das Parlament erhielten.[68]

Die Gesellschaft war in Bewegung, Vernunft und Leistung sollten nach dem Verständnis vieler Zeitgenossen die Dinge lenken. Und so fanden sich immer mehr Bürgerliche in den Regierungsgeschäften. Unter den einflussreichen preußischen Reformern kamen einige aus einfachen Verhältnissen wie etwa Christian Scharnweber oder Christian Rother. Der bayerische Reformer Maximilian von Montgelas drängte in seinem großen Reformprogramm von 1796 darauf, mit der Beteiligung von Bürgern in den Regierungsgeschäften das Leistungsprinzip zu stärken.[69] Der konservative ostpreußische Kammerherr Ernst Ahasver Graf von Lehndorff beschrieb den säkularen Prozess der Verbürgerlichung in seinem Tagebuch: «Wenn ich die heutige Situation mit der Zeit meiner Jugend vergleiche, in der wir, die man zum Hochadel rechnet, niemals einem Bürgerlichen Zutritt zu unserer Gesellschaft gewährt hätten, während man nun dem Reichtum [...] seine Achtung erweist, so sehe ich ein, dass man vom hohen Ross herunter steigen muss.» Bei Tisch überlasse er die Ehrenplätze den Bürgerlichen, um sich selbst «an die ‹Égalité› zu gewöhnen».[70]

Gewiss, viele der Reformen zum friedlichen Bau eines modernen Staates ließen sich nicht so schnell wie gewünscht oder auch gar nicht umsetzen, und wie in Frankreich brach mit der Restaurationszeit ab 1815 der reformerische Impuls in vielerlei Hinsicht ab.[71] Dennoch konnte die Neuerungsdynamik nicht mehr gestoppt werden – schon deshalb nicht, weil die Veränderungen Teil eines langfristigen Prozesses waren: Die meisten europäischen Staaten hatten im 18. Jahrhundert längst mit einer umfassenden Regierungs- und Verwaltungsreform begonnen und sich um eine Neuordnung des Rechts- und Bildungswesens bemüht. 1786 war in Österreich das Josephinische Zivilgesetzbuch in Kraft getreten, 1794 das Allgemeine Landrecht für die preußischen Staaten – beide Kodifikationswerke waren machtvoller Ausdruck eines modernen Reformwillens, der sich schon vor der Französischen Revolution Bahn gebrochen hatte.

So stellte die «Modernisierungselite» zu Beginn des 19. Jahrhunderts die Weichen neu.[72] Die Historikerin Barbara Vogel hat mit der Bezeichnung der Reformen als «bürokratischer Revolution» wohl die beste Umschreibung für den Aufbruch gefunden.[73] Die «Revolution von oben» war dabei keineswegs ein typisch deutscher Kurs, sondern vielmehr der gängige europäische Weg. Auch in Großbritannien, Schweden oder Österreich nahmen um 1800 aufgeklärte Eliten Staatsreformen in Angriff. Demokratie begann in aller Regel als Staatsaffäre, als ein bürokratisches Eliten- und Reformprojekt. Blutige Revolutionen waren nicht die Norm, sondern die Ausnahme. Die entscheidenden Akteure handelten aber in dem Bewusstsein des Neuen – die Zeiten änderten sich, die Erwartungen weiteten sich. «Revolution» und «Evolution» wurden synonym verwendet, meinten aber beide: Hier entsteht eine neue Welt![74] Für viele Staaten bedeutete das einen Bruch mit dem Vorherigen. «Über den Süden brach nun urplötzlich und mit der Rohheit einer revolutionären Macht der moderne Staat herein», beurteilte Heinrich von Treitschke die Situation der süddeutschen Staaten zu Beginn des 19. Jahrhunderts, ein Urteil, das bis heute als angemessen gilt.[75]

Gleichheit und körperliche Freiheit

Eine wesentliche Quelle für Ungleichheit war jedoch kaum wegzudenken: die Ungleichheit zwischen den Städtern und den Menschen auf dem Land. So sehr sich das Leben von Stadt zu Stadt unterschied und der ländliche Raum in seiner Vielfalt sich schwerlich auf einen Punkt bringen lässt,[76] so ist die Unterscheidung zwischen beiden Sphären doch sinnvoll, schon allein deshalb, weil sie für die Zeitgenossen grundlegend war. «Der Bauer» galt als depriviert und war verachtet.[77] Recht betrüblich sei «der Anblick der politischen Zustände» auf dem Land, so der schwäbische Ökonom Friedrich List im Jahr 1842. Die Kleinbauern seien angesichts ihrer Unbildung und der verarmten Lebensumstände schlicht nicht in der Lage, «vollwichtige Staatsbürger» zu sein, also gültige, gleichberechtigte Bürger.[78] Menschen in ländlichen Räumen besaßen meistens weniger Rechte und blieben häufig ohne Wahl: im Hinblick auf ihr Essen, ihre Kleidung, ihren Beruf, ihre Lebensweise; selbst die Heirat mussten diese Frauen und Männer häufig erst genehmigen lassen. Sie führten ein Leben «unter der Würde des Menschen», wie Philipp Lindemann 1832 kritisch notierte.[79] Die Durchsetzung der Lesefähigkeit wurde dann vor allem eine Frage der Durchdringung des ländlichen Raums. Der «Landmann» war ein Analphabet, der ums blanke Überleben kämpfen musste, der sein Dasein in der Peripherie fristete, abseits der Stadt, in der die relevante Politik spielte und in der sich die Magistrate und Parlamente trafen. Diese Zuschreibungen durch die Zeitgenossen führten ganz selbstverständlich zu seinem Ausschluss aus jeder politischen Wahl. Allein die Frage, wie der Landmann zur nächsten Stadt hätte gelangen können, war vor Beginn des großen Straßen- und Eisenbahnbaus nicht ganz einfach und ließ häufig seine Inklusion gar nicht erst denkbar erscheinen.

1. Eliten und Volk

Die Bauernbefreiung, wie der lange Prozess zur Abschaffung unterschiedlichster Abhängigkeiten und körperlicher Unfreiheiten vereinfachend genannt wird, war ein Herzstück der Reformen um 1800. Das «Land» war die dominierende ökonomische und soziale Wirklichkeit. Hier lebten in Europa – mit starken Varianten – rund vier Fünftel der Bevölkerung. Die Bauernbefreiung wurde daher auch als «die große und fundamentale Reform der Gesellschaft überhaupt» bezeichnet, die Reform, «die das bürgerliche Zeitalter eröffnet».[80] Denn es ging – idealtypisch gesprochen – darum, der Mehrheit der Bevölkerung die individuelle Würde zu verleihen, die Hemmnisse gegen die Gleichheitsvorstellungen auch hier zu durchbrechen – und zwar auf Kosten des Adels, dessen Rechte und hierarchische Logik dadurch eine massive Einbuße erfuhren. Auch wenn die Bauernbefreiung für viele zunächst verwirrend war und neue Probleme und neues Elend für die Betroffenen schuf, so bedeutete sie doch einen wesentlichen Bruch mit der Ständegesellschaft. Hardenberg forderte in der Rigaer Denkschrift: «Der zahlreichste und wichtigste, bisher allerdings am mehrsten vernachlässigte und gedrückte Stand im Staat, der Bauernstand, muß notwendig ein vorzüglicher Gegenstand seiner Sorgfalt werden.»[81]

Wie die Folter galten auch die Leibeigenschaft und die Sklaverei im öffentlichen Diskurs als nicht «zivilisiert». Trotz der Verschiedenartigkeit von außereuropäischer Sklaverei und bäuerlicher Unfreiheit wurden beide Formen immer wieder – wie zunehmend auch die Ungleichheit der Frauen – als «Sklaverei» bezeichnet. Die Installierung «leibhaftiger Freiheit» (Peter Blickle) war denn auch generell ein entscheidender Schritt zur Installierung eines Körperregimes, das egalitäre Vorstellungen ermöglichte.[82] Das war keine Geschichte des sukzessiven Fortschritts. In Amerika erließ die gesetzgebende Versammlung Pennsylvanias 1777 das erste Gesetz in der westlichen Welt zur Abschaffung der Sklaverei. Und zumindest einem Teil der Gründungsväter war schon früh klar, dass Sklaverei gegen alles stand, wofür sie kämpften. Doch durch die Unabhängigkeit gewannen die US-Sklavenhalter an Macht und die Sklaverei blieb noch fast hundert Jahre bestehen.[83] In der französischen Kolonie Saint-Domingue kam es, inspiriert durch die Revolution, zu einem Sklavenaufstand unter dem lesekundigen einstigen Sklaven Toussaint L'Ouverture, wodurch sich der französische Konvent 1794 genötigt sah, die Sklaverei abzuschaffen. Doch Napoleon führte sie bereits 1802 auf Drängen der Briten wieder ein – die allerdings aufgrund des massiven Drucks vor allem frommer Protestantinnen und Protestanten die Sklaverei 1807 selbst verboten. Erst 1848 wurde in Frankreich die Sklaverei endgültig abgeschafft.[84]

Gleichheit für Sklaven war kein Ziel der französischen Revolutionäre. Gleichheit für Frauen ebenfalls nicht. Als Olympe de Gouges (1748–1793) die Égalité beim Namen nannte, war sie zur Erfolglosigkeit verdammt. «Die Frau wird frei geboren und bleibt dem Mann an Rechten gleich», schrieb sie in einem als Bittschrift an die Königin gekleideten Aufruf «Déclaration des droits de la femme et de la citoyenne». Die Autorin sah ihren Appell als Gegenstück zur Menschenrechtserklärung von 1789, der «Déclaration des droits de l'homme et du citoyen». Mittlerweile ist die Streit- und Bittschrift berühmt. Doch ihr Appell scherte die Revolutionäre wenig. 1793 wurde die bekennende Royalistin und Gegnerin der Todesstrafe, die öffentlich den Terror der Revolutionäre verurteilt und Mitleid für den König gefordert hatte, guillotiniert. Die Gleichheit der Frauen war noch weniger vorstellbar als die versklavter schwarzer Männer. Ihre Körper blieben, wie im Code Civil 1804 besiegelt wurde, selbstverständlich Eigentum der Männer.

Es spricht viel dafür, dass die extreme körperliche Unfreiheit – anders als viele andere Ungleichheiten – von den Menschen über die Zeiten hinweg als ein Unrecht empfunden wurde und wesentlich zu den Bauernaufständen in der frühen Neuzeit beigetragen hat.[85] Zu den Ursachen dieses Gefühls der Ungerechtigkeit gehört auch der Hunger, der immer wieder zu Revolten führte, wobei die Aufständischen durch Legalitätsvorstellungen motiviert waren, althergebrachte Rechte und Sitten anführten und sich auf einen Gerechtigkeitskonsens der Gemeinschaft beriefen.[86] Es gab ein weit verbreitetes Empfinden für diese «self-evident truths». An den Hungerrevolten beteiligten sich besonders viele Frauen, während sie in politischen Revolutionen eher keine tragende Rolle spielten.[87] Bürgerliche Rechte besaßen für die allermeisten Frauen

Unterschiedliches Maß an Gleichheit: Toussaint L'Ouverture, Olympe de Gouges und ein französischer Citoyen

wenig Relevanz, denn sie als weibliche Rechte zu denken war abwegig und wenig alltagstauglich.[88] Der Zug der «Fischweiber» nach Versailles, der prominenteste Ausdruck für die Beteiligung von Frauen an der Revolution, fügt sich in diese Tradition, denn die etwa sechstausend Marktfrauen aus den Pariser Arbeitervierteln forderten in Versailles die Senkung der Brotpreise.[89] Man könnte auch sagen: Wenn es um das fundamentale Recht auf den Körper ging, begehrten Menschen auf, egal welchen Geschlechts sie waren, denn sie wussten um die Selbstverständlichkeit ihrer Rechte.

Das Desinteresse des Volkes

Beständig redeten die Reformer von Erziehung oder, um mit dem Politiker Freiherrn vom Stein zu reden: von «Nationalerziehung».[90] Immer und immer wieder sprachen sie von der Weckung des «Gemeinsinns», des «Bürgersinns» oder des «Gemeingeistes». In der

Gefühlsskala griffen sie dabei in die höchsten Register und redeten von «Eifer» und von «Liebe»[91] – Formen von Empathie, die über den eigenen Gesichtskreis hinauswiesen. Die neue liberale Rechtsordnung verband sich also mit einer neuen Gefühlsordnung. Der «Gemeinsinn» rufe «innere Zufriedenheit hervor», erklärte der Jurist Karl Streckfuß, ein «selige[s] Bewusstsein».[92] Zuverlässig finden sich die neuen Ideen und Gefühle in der preußischen Städteordnung, die hier als Beispiel für den partizipativen Reformimpetus zu Beginn des Jahrhunderts dienen soll. Alle Bürger wurden vor dem Staat als gleich definiert. Gegen das «nach Klassen und Zünften sich theilende Interesse» setzten die Reformeliten den Gemeinsinn der Nation. Ziel der neuen Herrschaftsordnung war das Individuum. Jüdische Bürger waren gleichberechtigt, und Adel zählte nicht. Zwischeninstanzen wie Gutsherrschaften oder Universitäten, die in vielen gewählten Körperschaften Europas einen festen Sitz hatten, wurden ausgeschaltet. Auch in den süddeutschen Staaten waren Individualisierung und Egalisierung des Bürgers und die Abschaffung von Korporationen als politische Akteure elementare Reformziele.

1. Eliten und Volk

Die Städteordnung und die neuen Verfassungen schufen keine demokratischen Gesellschaften, sie übernahmen auch nicht egalisierende Reformvorhaben aus Frankreich, die dort im Übrigen wenige Jahre später einer harschen Restauration weichen mussten.[93] Doch trugen moderne Wahlen in den kommenden Jahrzehnten auch in Preußen dazu bei, die alte Ständeordnung zu verdrängen. Die Ideale von Gleichheit und Mitbestimmung und die neuen Gefühle von individueller Würde und Gemeinsinn bestätigen das Urteil Thomas Nipperdeys: In der preußischen Städteordnung finden sich «die Wurzeln von so etwas wie Demokratie».[94]

Das Hochamt der Wahlen

Für die Reformer waren diese Anfänge von Demokratie ganz klar eine sehr deutsche Affäre. Ihnen lag die Erzählung am Herzen, dass es in früheren Jahrhunderten in Deutschland mehr Partizipation und weniger Fürstenherrschaft gegeben habe. Sie nährten damit den aufkommenden liberalen Mythos, die moderne, auf das Individuum gerichtete Partizipation habe Vorläufer in den Stadtrepubliken des Alten Reichs gehabt – eine Argumentation, die historisch wenig stichhaltig ist.[95] Wie die Berufung auf die Antike dienen diese Traditionserfindungen teilweise bis heute dazu, der alles in allem jungen Herrschaftsform Demokratie den Ruhm und die Würde des hohen Alters und damit legitimatorische Stabilität zu verleihen.

Da die preußischen Stadtratswahlen mit so hohen Erwartungen verbunden wurden, war ihr Arrangement festlich. Sie sollten als Gemeinschaftserlebnis gefeiert werden, geradezu als ein Hochamt, in Kirchen und Betsälen, nicht nur, weil in diesen Räumen mehrere Hundert Personen Platz fanden, sondern auch, weil die Wahl als Gottesdienst zelebriert wurde, mit Liedern und einer Predigt als Auftakt. Die Reformer bedachten die Gefühle der Wähler, der Akt des Wählens sollte den Geist erheben, «Gemeinsinn» und «Liebe» wecken.[96]

Wie im 19. Jahrhundert üblich fanden die preußischen Wahlen

an einem Werktag statt. Nach der Predigt im Gottesdienst, wie der Auftakt genannt wurde, mussten all jene, die nicht wahlberechtigt waren, den Raum verlassen; die Kirchentüren wurden geschlossen. Durch Schließung der Türen wurden bereits in vormodernen Wahlen die Gleichheit der Anwesenden markiert und alle Asymmetrien ausgeblendet, die das Leben jenseits des Wahlgeschehens prägten.[97] Gewählt wurde mit schwarzen und weißen Kugeln. Ein «verdecktes und verschlossenes Gefäß» lief reihum, und die Bürger legten bei Zustimmung zum Kandidaten ihre weiße und bei Ablehnung die schwarze Kugel hinein. Die Kandidaten mit den meisten weißen Kugeln galten als gewählt, die mit den zweitmeisten Stimmen als Stellvertreter.[98] Das aufwendige Verfahren verhinderte Manipulationen und ermöglichte als eine der wenigen Wahlregulierungen zu Beginn des Jahrhunderts die geheime Stimmabgabe.[99] Das hieß, es kam auf die einzelne Stimme jedes Bürgers an. Die Städteordnung setzte damit auf die «schiere Kopfzahl» und das Mehrheitsprinzip.

Der wahlmüde Bürger

Doch der Bürger, in den die Reformer all die Erwartungen und das Vertrauen und die Hoffnungen legten, zeigte sich wenig interessiert. Der gewöhnliche Deutsche machte die demokratischen Aufbrüche nicht zu seiner Sache, und die Hochstimmung wollte nicht aufkommen. «Statt die sämmtlichen Wahlen zu einem Volksfeste zu machen [...], bey welchem jeder die Würde des Staatsbürgers fühlt», klagte gleich bei den ersten Wahlen das *Morgenblatt für gebildete Stände*, «ist vielmehr alles so in der Stille verhandelt worden, daß die Mehrheit kaum etwas davon gewußt hat».[100] Die Wahlen waren eine Bürde. Der Gottesdienst, die Predigt, die Wahl des Wahlvorstandes, die aufwändigen Wahlverfahren durch *Ballotage* – all das ließ die Wahlen zu einer nicht enden wollenden Veranstaltung werden. Die Wahlhandlung in den preußischen Kirchen dehnte sich meist auf vier bis fünf Stunden aus, und wenn alles schief lief, musste sie am folgenden Tag fortgesetzt werden.[101]

1. Eliten und Volk

Die lange Wahldauer blieb über die nächsten Jahrzehnte ein Problem; vermutlich trug die Ausarbeitung einer Technik für die schnellere Stimmabgabe später wesentlich zum Erfolg der Institution Massenwahlen bei.

Der Wahlverdruss herrschte überall in Preußen.[102] 1830 resümierte eine Gutachterkommission: «Die leider große Gleichgültigkeit bei dem Wahlgeschäft veranlasst, dass nur wenige Bürger Lust haben, ihre häuslichen Geschäfte und ihr Gewerbe früh Morgens zu verlassen.»[103] Die Laxheit und bürgerliche Verdrossenheit und Gleichgültigkeit waren indes kein preußisches Charakteristikum. Die liberalen und demokratischen Ideale stießen auch in Süddeutschland vorerst auf wenig Resonanz im Volk. Die Reformer in den Rheinbundstaaten hatten die Erweiterung von Partizipationsmöglichkeiten zunächst hintangestellt, dann aber mit der Verfassungsgebung, etwa in Baden seit 1818 oder in Württemberg seit 1819, ein beachtlich weitgehendes Wahlrecht auf Landesebene installiert.[104] In Baden war die Bürgerschaft von den «sich wiederholenden Gemeindewahlen ermüdet».[105] «Ach! schon wieder wählen», spottete in Württemberg der *Beobachter* 1844 über die Wahlunlust der Schwaben: «Sich für nichts und aber nichts, / nur für Andere quälen! / Einen ganzen Tag sich ab / An der Arbeit stehlen! / Wär's entleidet doch den Herrn, / Stimmen abzuzählen!»[106] Viele Bürger sahen in der ersten Jahrhunderthälfte keinen klaren Bezug zwischen den Wahlen und ihrer Lebenswelt. Kein Zweifel: Die demokratischen Anfänge waren eine Staatsaffäre, der sich die Bürger mit wenig Elan fügten – oder auch entzogen.[107]

Waren die Deutschen also in besonderem Maße demokratischen Herrschaftsformen abgeneigt? Doch dasselbe Muster von missmutiger Bevölkerung und eifernder Obrigkeit zeigt sich auch beim Wahlverlauf in anderen Ländern. Auch hier war Demokratie vor allem die Sache von Eliten. Dänemark führte 1837 aufgrund der geringen Beteiligung die Wahlpflicht ein.[108] In Frankreich erwiesen sich Wahlen ebenfalls nicht als ein Ereignis, das bei den Franzosen mehrheitlich Begeisterung auslöste.[109] Ohnehin bedeutete den französischen Bauern, wie meistens, wenn sich das Wahlrecht aufs platte Land ausweitete, die Ernte ungleich mehr als die

Stimmabgabe.[110] Eine höhere Wahlbeteiligung erzielten die französischen Regierungen vor allem dann, wenn sie viel Druck ausübten und die Wahlen intensiv von oben dirigierten.[111]

Disziplinierung und Freiheit

In der Geschichte der Wahlen, aber auch in der Politikwissenschaft wird immer wieder die Frage aufgeworfen, warum Bürger sich so oft dem Wahlgang entziehen. Vielleicht wäre es logischer danach zu fragen, warum sie sich ihm unterwerfen sollten – eine Frage, auf die sich ganz unterschiedliche Antworten ergeben, je nach Zeit und Region. Die preußischen Bürger etwa fanden oft keinen Bezug zur Städteordnung und konnten Wahlen nicht mit ihrer Lebenswelt und ihren eigenen Interessen verbinden.[112] So blieb es im Vormärz eine kleine gebildete, urbane Elite, die auf ein weites Wahlrecht setzte, ja überhaupt setzen konnte. Sie verstand den Zusammenhang von der Selbstermächtigung des Bürgers und seiner Fähigkeit, sich in das Gemeinwesen einzubringen.

Wie kann es sein, dass Mitbestimmung durch das Volk eine Affäre der Eliten und nicht des Volkes selbst ist? Was hatten die Eliten davon? Diese Frage öffnet den Blick für einen wesentlichen Teil der Demokratiegeschichte: Freiheit konnte als Instrument der Disziplinierung dienen.[113] In der «Erziehungsdiktatur»[114] der Reformer wurden die Bürger regelrecht zur Freiheit getragen, und diejenigen, die nicht zur Wahl erschienen, mussten eine schriftliche Entschuldigung vorlegen; das Wahlprotokoll listete die fehlenden Bürger eigens auf.[115]

Der erzieherische Impuls des Nationsprojekts zielte ebenfalls auf das neue Arsenal an Gefühlen, das schon Justus Möser in seinen *Patriotischen Phantasien* für den Bürger angemahnt hatte: «[D]ie Gesetze und ihr Geist sollten lebhaft in seine Seele dringen.»[116] Zum neuen Gefühlsregime gehörte die totale Erfassung des Menschen. Es genügte nicht mehr, als gehorsamer Untertan nicht wei-

1. Eliten und Volk

ter aufzufallen, die Menschen mussten vom Staatsgeschäft durchdrungen sein. Die Reformer griffen die Gefühlssprache auf und forderten «Eifer und Liebe für die öffentlichen Angelegenheiten».[117] Jeder Bürger sollte den partizipativen Staat zu seiner eigenen Affäre machen. Der Zusammenhang von Freiheit und Disziplinierung galt seit der Aufklärung bei intellektuellen Eliten weithin als anerkannt. «Ein schwachsinniger Despot kann Sklaven mit eisernen Ketten zwingen; ein wahrer Politiker jedoch bindet sie viel fester durch die Kette ihrer eigenen Ideen», erklärte der französische Aufklärer Joseph Michel Antoine Servan (1737–1807), dieses Band sei «umso stärker, als wir [...] es für unser eigenes Werk halten».[118]

Es wäre ein Missverständnis, sich diese freiheitliche Disziplinierung als heimtückischen Masterplan von oben vorzustellen. Vielmehr legten das Zusammenspiel von neuen Ideen, ökonomischen Entwicklungen, dem Aufblühen der Empathie und einem neuen Körperregime die Implementierung dieser frühen Formen demokratischer Mitbestimmung nahe. Freiheit lässt sich auch nicht – marxistisch gedacht – als Illusion abtun, vielmehr erweist sie sich in der Moderne als ein «Instrument der gouvernementalen Machtausübung», wie es die Politikwissenschaftlerin Gundula Ludwig formuliert.[119] Freiheitliche und egalitäre Legitimationsordnungen, die auf das Individuum abzielten, dienten auch dazu, die Ständeordnung zu verdrängen, alte Eliten zu disziplinieren und sie in das neue Staatsgefüge einzuordnen. War Freiheit nicht die einzige wirksame Herrschaftsform geworden, um den neuen Anforderungen gerecht zu werden: weil der immer komplexer werdende Staat der mitdenkenden Bürger bedurfte? Kants Appell von 1784, *Sapere aude!*, zeichnete sich durch diese Idee der Selbstermächtigung aus. Hardenberg sprach von der Notwendigkeit, Schüler und Studenten «selbst Denken» zu lehren.[120] Wilhelm von Humboldt, der sich mit anderen Reformern für die Gründung einer Berliner Universität einsetzte, erläuterte im Zusammenhang mit den geforderten Partizipationsrechten, dass der Staat «die Bürger in Stand setzen muss, sich selbst zu erziehen».[121] Freiheit und Disziplinierung gehören im Projekt der Demokratie untrennbar zusammen. Demokratie ist immer auch ein Erziehungsprojekt – ein zutiefst bürgerliches Projekt zur Selbstdisziplinierung.

Dieses Herrschaftskonzept von Freiheit, Partizipation, Selbstverwaltung, Demokratie oder – wie das Projekt häufig auf den Punkt gebracht wurde – Republik war für eine intellektuelle Elite evident geworden. Von «Beteiligung der Nation» war in Reformerkreisen oft die Rede, doch hielt die Sprache viele Varianten für den Sachverhalt bereit, dass der Staat auf der Legitimation einer breiten Zustimmung und Mitarbeit gründen müsse.[122] «Die ‹freie und feste Überzeugung› unseres Fürsten im Einklang mit der Volksstimme und mit dem Zeitgeist hat die heißbegehrte Verfassung in's Daseyn gerufen», hieß es bei dem Liberalen Carl von Rotteck.[123] Der bayerische Reformer Montgelas hatte bereits in den 1780er Jahren erklärt, Souveränität habe ihren Ursprung im Volk, während der Monarch abrufbar sein müsse – das Gottesgnadentum sei eine «Chimäre», die «zum Unglück des Menschengeschlechtes» noch immer aufrechterhalten werde.[124] Als Minister mäßigte er seine Äußerungen. Überhaupt regten sich mächtige Gegenstimmen, und viele Fürsten mochten nicht von ihrem Gottesgnadentum lassen. Und doch war der Aufbruch da.

Wahlen in den USA: Eine Sache der Besitzeliten

Um die vielfältigen Quellen von Demokratie im 19. Jahrhundert zu erfassen und ihren internationalen Charakter zu verstehen, soll hier ein Blick auf die frühen demokratischen Praktiken in den USA und Frankreich geworfen werden. Auch in den USA trieben gebildete und vor allem besitzende Eliten das Staatsprojekt voran. Wie in Europa erkannten sie die Bedeutung von Wahlen und hielten die Ökonomie für entscheidend.[125] Die progressiven Eliten glaubten an die Gestaltbarkeit der Welt, die Vernunft der Individuen und die Notwendigkeit, diese vernünftigen Individuen als «Nation» oder «People» einzubeziehen. Dabei wandten auch die amerikanischen Eliten die Gleichheitsidee zunächst auf den selbständigen Bürger an, den *Freeman* mit Land und Boden, nicht auf die Armen –

1. Eliten und Volk

und schon gar nicht auf die Menschen mit anderer Hautfarbe.[126] Zwar fanden sich beträchtliche Unterschiede in den amerikanischen Einzelstaaten, doch waren zu Beginn des 19. Jahrhunderts meistens ein gewisses Steueraufkommen und oft Landbesitz erforderlich, um wählen zu dürfen.

Freilich sollten die großen Unterschiede zwischen der Alten und der Neuen Welt – wie die Menschen es nannten – nicht übersehen werden. Zehntausende flohen vor der Armut in Europa über den Atlantik. In Amerika konnten sie nicht nur ein materiell besser abgesichertes Leben führen, sondern auch erstaunliche Freiheiten erleben: Die weißen amerikanischen Männer und Frauen blieben vom Staat weitgehend unbehelligt, zumal, wenn sie auf dem Land lebten, und vor allem dann, wenn es sich um den Zentralstaat in Washington handelte. Doch hatten sie kaum Einfluss auf die große Politik, was sie wahrscheinlich wenig bekümmerte. In den Briefen aus den USA berichten die Auswanderinnen und Auswanderer von ihren guten Verdienstmöglichkeiten, sie schreiben über die Arbeit oder über Freizeitbeschäftigungen. Dass sie nun in einer Republik lebten und in der Ferne kein Monarch mehr über sie herrschte, war den Menschen wohl eher gleichgültig.[127] Für die Jahre der jungen Republik bis in die 1820er Jahre beschreiben die Historiker Glenn Altschuler und Stuart Blumin Politik als Angelegenheit einer kleinen Elite. Sie war in ihrer Zusammensetzung zwar flexibler als beispielsweise die englische *Gentry*, doch galt auch hier: «politics [...] was not really the people's business».[128] Es herrschten klare Hierarchien.

Nicht zuletzt aufgrund der starken lokalen Unterschiede ist unklar, wer in den USA das Wahlrecht besaß und wer dann tatsächlich wählen ging. Unzweifelhaft ist, dass von den wahlberechtigten weißen Männern nur eine Minderheit wählte.[129] Das ist wenig erstaunlich, denn der Wahlakt war ungefähr so aufregend wie in den preußischen Städten.[130] Wenn halbwegs verlässliche Daten vorliegen, unterscheidet sich das Bild nicht allzu sehr von den europäischen Zuständen: Bei der Präsidentschaftswahl von 1800 etwa wurden die Wahlmänner von rund 62 000 Männern gewählt, das waren weniger als ein Drittel der Wahlberechtigten und im Übrigen ein Bruchteil der insgesamt 5306000 Einwohner. Wahlberechtigt waren demnach bei den Präsidentschaftswahlen 3,5 Prozent der Gesamtbevölkerung. Die – von der Wahlbeteiligung zu unterscheidende – Quote der Wahlberechtigten war also ebenfalls ähnlich niedrig wie in Europa. Bei den Wahlen zu Landesparlamenten oder Kommunalwahlen lag der Prozentsatz der Wahlberechtigten höher, doch blieb er auch hier zunächst eher im einstelligen Bereich.[131] Nicht nur wegen der Eigentumsqualifikationen war er so tief, sondern auch, weil Frauen, Minderjährige und Minderheiten wie Sklaven, Indianer oder Latinos kein Wahlrecht besaßen. Außerdem wurde die ländliche Bevölkerung, die wie in Europa abgeschottet lebte und an politische Diskussionen kaum angeschlossen war, oft wie selbstverständlich nicht zu den Akteuren gerechnet.[132]

Auch als mehr und mehr weiße Männer das Wahlrecht erhielten, blieb die Wahlbeteiligung bemerkenswert niedrig. Demokratie blieb also auch in den USA bis weit ins 19. Jahrhundert ein Elitenprojekt. Doch die Motive der Eliten in Amerika unterschieden sich zumindest in einer Hinsicht grundlegend von denen ihrer preußischen Zeitgenossen. Da die Amerikaner sich mit ihrer Unabhängigkeit von der britischen Krone zugleich von allen traditionalen Legitimationen losgesagt hatten, waren sie legitimatorisch auf «the people» angewiesen, und Wahlen hatten für die Herrschenden und die politische Gemeinschaft (der Besitzeliten) einen ganz anderen Rang. Der disziplinierende Effekt blieb dabei untergeordnet. In den Quellen aus dieser frühen Zeit finden sich keine Aufrufe an die Mehrheit der Müßigen und keine Appelle an die Bürgerpflicht.

Wahlen in Frankreich: Bestätigung der alten Eliten

So wichtig es ist, Demokratie als transnationales Unterfangen zu verstehen, so erhellend bleiben doch die nationalen Unterschiede, die es selbstverständlich in vielfältiger Form gab. Es lohnt sich, einen Blick auf Frankreich zu werfen. Erwies sich im Mutterland der Revolution die Demokratie in besonderer Weise als eine Affäre

1. Eliten und Volk

des Volkes, wie vielfach angenommen wird? Jedenfalls war die Tradition der Wahlen als Disziplinierungsmittel in Frankreich stark ausgeprägt, während der Erziehung zur Selbstermächtigung eine untergeordnete Rolle zukam. Die Ermächtigung des Mannes zum Staatsbürger verlief hier besonders deutlich parallel mit seinem Einsatz als Soldat und mit seiner Erfassung als Steuerzahler.[133] Die spezifisch französische Form der partizipativen Herrschaft, die Plebiszite, die in Frankreich während des 19. Jahrhunderts immer wieder von den Regierenden genutzt wurden, verdeutlichen plastisch, dass «peuple» bzw. «Volk» als Symbol einer neuen Herrschaftslegitimation diente. Die französischen Bürger mussten in den Volksbefragungen neuen Verfassungen, quasi-absoluten Alleinherrschaften, der Installierung der Republik oder deren Auflösung zustimmen. Die Plebiszite dienten allerdings nicht dem Ziel, den Willen des Volkes zu erkunden, sondern der vorausgesetzten Zustimmung des Volkes zum Willen der Herrschenden.[134] Der französische plebiszitäre Weg zur Demokratisierung wurde von den ausländischen Zeitgenossen als «Bonapartismus» mit Verwunderung beobachtet und oft verachtet.[135]

Die Volkszustimmung erfolgte durch ein «suffrage universel» für «citoyens» über einundzwanzig Jahre. Mit der männlichen Form «citoyen» oder «Bürger» waren selbstverständlich nur die Männer gemeint, und «Universalität» blieb auf Franzosen männlichen Geschlechts beschränkt. Damit definierte sich Allgemeinheit gleichwohl viel umfassender als in anderen Ländern, denn über 20 Prozent der Gesamtbevölkerung besaßen in Frankreich das Stimmrecht.[136] Da sich der Wille des einzelnen Bürgers in den plebiszitären Abstimmungen als mehr oder weniger irrelevant erwies, war es nur folgerichtig, dass auch die Bildung der Bürger keinen Einfluss auf die Wahlbefähigung nahm. In anderen Ländern hingegen spielte Bildung in den Demokratisierungsprozessen häufig eine herausragende Rolle, weil erst Bildung politische Kompetenz ermögliche – so die weit verbreitete Annahme. Tatsächlich lag die Alphabetisierungsrate in Frankreich um 1800 verhältnismäßig niedrig und blieb auch im Verlauf des Jahrhunderts hinter US-amerikanischen, preußischen oder britischen Raten zurück.[137]

Disziplinierung und Freiheit | 49

Es ist bemerkenswert, wie die Staatsmacht bei den Plebisziten schon um 1800 auch in entfernten Winkeln des Landes die Individuen zählte und zu einem homogenen Subjekt transformierte, über das nach Paris numerisch fixierte Zustimmung gemeldet wurde.[138] Vor den napoleonischen Plebisziten war die Beteiligung an den Parlamentswahlen auf unter 10 Prozent abgesunken.[139] Bei der legitimatorischen, universalen Logik der Referenden jedoch war für die Obrigkeit eine hohe Wahlbeteiligung essentiell.[140] Im Jahr 1799, beim Plebiszit zur Bestätigung der Konsularverfassung Napoleons, wurden die Wähler regelrecht zur Stimmabgabe genötigt. Eine Geheimhaltung war nicht mehr vorgesehen. Die Wahlberechtigten mussten ihr Votum offen in eine Liste hinter ihren Namen eintragen.[141] Teilweise trugen Funktionäre einfach die Wählernamen in die Listen ein, teilweise gingen sie mit den Listen von Tür zu Tür, um eine hohe Beteiligung zu erzielen – eine Nein-Stimme gab es selten.[142] Auch wenn der obrigkeitliche Druck von Plebiszit zu Plebiszit variierte, so glich sich in den kommenden Jahrzehnten doch das Muster, und die Staatsmacht griff immer wieder auf das Instrument der «electoral machine» zurück, wie der Historiker Jeff Horn die arrangierten Abstimmungen nannte (deren Ähnlichkeit mit den späteren staatssozialistischen Wahlen verblüffend ist).[143] Nicht nur bei den Referenden, sondern auch bei französischen Parlamentswahlen mit einem «suffrage universel» nutzten die Autoritäten in den ersten Jahrzehnten des 19. Jahrhunderts die Kollektivstimme («le vote communautaire»): Bürgermeister sprachen sich beispielsweise vor den Wahlen ab, welche Kandidaten in ihren Kommunen gewählt werden sollten.[144] Die Politikwissenschaftlerin Christine Guionnet betont den performativen Akt der Unterwerfung und spricht von der «vote de soumission».[145]

Die sekundäre Bedeutung der individuellen Stimmabgabe in Frankreich zeigt sich auch darin, dass selbst während der Restauration von 1815 bis 1830, als insgesamt nur rund 100 000 Männer das Stimmrecht besaßen, die Wahlen als Volksfest gefeiert wurden.[146] Selbst als Eliten-Event mussten französische Wahlen wie eine Volks-Affäre gefeiert werden. Man könnte diese Feierlichkeiten als eine Art erweiterte akklamatorische Partizipation verstehen, ähnlich wie die Wahlen des frühen 19. Jahrhunderts in Großbritannien interpretiert werden.[147] In jedem Fall bedeuteten den Menschen Wein und Geldgeschenke mehr als das relativ abstrakte Partizipationsrecht. Die Ausbreitung des Wahlrechts band sich nicht nur in Frankreich eng an Alkohol und monetäre Entlohnung für die Mühen der Stimmabgabe.[148] Auch hier drängen sich also wieder Gemeinsamkeiten in den unterschiedlichen Ländern auf.

Es gibt weitere internationale Parallelen, die ebenfalls auf den Zusammenhang von Freiheit und Disziplinierung hinweisen. Ebenso wie bei Referenden konnte die Stimmabgabe auch bei den «allgemeinen» Wahlen, die zu Beginn des 19. Jahrhunderts immer öfter und auf allen Ebenen stattfanden, der Herrschaftsbestätigung überkommener Eliten dienen. Auf lokaler Ebene etwa festigten in den preußischen und US-amerikanischen Städten vor allem kaufmännische Honoratioren ihre Position. «Wenn Sie in irgendeine Ortschaft in Neuengland kommen», so ein Zeitgenosse, «werden Sie feststellen, dass das Amt des Friedensrichters und sogar das des Ortsvorstehers, das doch stets auf den freiesten Wahlen beruhte, meistens von Generation zu Generation vererbt wird und zwar innerhalb von höchstens drei oder vier Familien.»[149] In Frankreich, wo die Wahlen von Anfang an auch zur Erfassung der Landbevölkerung genutzt wurden, wussten zahlreiche Angehörige alter Adelsfamilien die partizipativen neuen Praktiken für sich zu nutzen und ließen sich von ihren Leuten zu Volksvertretern wählen.[150]

Auch die rechtliche Trennung zwischen Stadt und Land findet sich zu Beginn des 19. Jahrhunderts in vielen Ländern. Städter mussten oft höhere Eigentumsqualifikationen aufweisen, genossen allerdings größere Privilegien. In den USA allerdings sorgte der höhere Wohlstand auch auf dem Land für eine schnellere Demokratisierung: Der Zeitungsmarkt entwickelte sich früher, und teilweise sorgten die Prosperität und die Inflation dafür, dass die bestehenden Besitzqualifikationen schneller von mehr Männern erreicht wurden.[151]

Die Welt der Zahlen

Die Durchdringung des Landes einerseits und die Erfassung der Bevölkerung andererseits sind eng mit der Entwicklung demokratischer Herrschaftsformen verbunden. Gewiss bedurfte es für diese große Aufgabe der Staatsbildung zahlreicher Mittel und Wege – vom Chaussee- und Eisenbahnbau über die Etablierung eines allgemeinen Schulsystems und eines Zeitungsmarkts bis hin zum Post- und Meldewesen. Demokratisierung und Wahlen ordneten sich in diese Prozesse ein, sie bildeten einen Faktor unter vielen, doch sie erwiesen sich als ein besonders feines Instrument. Ihre Wirksamkeit ergab sich nicht zuletzt aus der Verklammerung des Wahlrechts mit der Leistung des Bürgers als Steuerzahler. Hinzu kam die Verbindung mit dem Wehrdienst, auch wenn dieser Zusammenhang außerhalb von Frankreich oft eher ideeller Natur war und zwar häufig beschworen, aber selten in der Praxis Bedeutung hatte oder rechtlich ausformuliert wurde.

Individualisierung

Ein Kernstück des Staatsbildungsprozesses bildete die Erfassung des Individuums, seine Aufwertung und Würdigung und zugleich seine – dadurch ermöglichte – Disziplinierung. Die auf diese Weise vergrößerte Effizienz der Gesellschaft steht im Zusammenhang mit ihrer zunehmenden Differenzierung: Wirtschaft, Recht oder Kunst gewannen an Autonomie und Wirkkraft. Moderne Wahlen entkoppelten mit der Zeit das politische Funktionssystem von den anderen Systemen, indem geheime Wahlen dafür sorgten, dass von sozialen, wirtschaftlichen und religiösen Unterschieden abstrahiert wurde.[152] Bis dahin war es zwar noch ein weiter Weg, der vielfach heute noch nicht abgeschlossen ist, doch die Idee des individualisierten, rationalen Wählers trug wesentlich dazu bei, die einzelne Person aus den überkommenen Hierarchien zu lösen.[153]

1. Eliten und Volk

Doch aus der Individualisierung in Verbindung mit der Gleichheitsforderung ergab sich ein Paradox: Das aufgewertete, mit Menschenwürde bedachte Individuum wurde zum Massenphänomen. Es ist kein Zufall, dass eine Technik in jener Zeit ihren Aufschwung nahm, die in der Lage war, dieses Paradox zu bezwingen: die quantitative Statistik.[154] Das 19. Jahrhundert nahm Maß an den Dingen, zählte und berechnete sie, und der Glaube breitete sich aus, in der Zahl die Wahrheit fassen zu können.[155] Dieser Glaube drückt sich womöglich am reinsten im Wahlrecht aus: beim Zählen der Stimmen und im Vertrauen auf die Mehrheit. Das Mehrheitsprinzip, das allen modernen Wahlen zugrunde liegt, offenbart das Wahrheitspotential der Zahl auf höchster Ebene, der Ebene der Herrschaft. Wahlen erwiesen sich auch in dieser Hinsicht als Teil des modernen Glaubens an die Rationalität.

Das Paradox von Masse und Individuum wurde noch dadurch verschärft, dass die Massen rapide zunahmen: Die Bevölkerungszahl auf dem Gebiet des späteren Kaiserreichs wuchs zwischen 1816 und 1847 um über 30 Prozent von 25 auf 33 Millionen an.[156] Statistik wirkt mit ihrem umfassenden Zugriff homogenisierend. Doch vollzieht sie eben nicht nur schlicht eine Simplifizierung,[157] sondern schafft die Möglichkeit, Differenzen zu kennzeichnen (und zu konstruieren) und eine Vielzahl an Individualisierungsmerkmalen zu erfassen und zu kombinieren.[158] Beispielhaft dafür sind Neuerungen in der Technik der Volkszählung, die der preußische Statistiker Ernst Engel in der zweiten Hälfte des 19. Jahrhunderts einführte: Statt der bisherigen Methode, nach der die Volkszähler von Haus zu Haus liefen und die Angaben in große Register eintrugen, wurde nun für jedes Individuum eine eigene Zählkarte angelegt. Damit eröffnete sich eine gigantische Anzahl an Kombinationsmöglichkeiten.[159] Das Prinzip der Wahl funktionierte nach dieser Logik: Sie schuf Einheit, wobei zugleich die Person als Individuum gewürdigt und ermächtigt wurde. Der Freiburger Liberale Carl von Rotteck beschrieb 1818 die homogenisierende Kraft der Wahlen, die im Verbund mit der Verfassung aus den verschiedenen Gruppen in Baden «ein Volk» schufen: «Wir haben einen Gesamtwillen und ein anerkanntes Gesamtinteresse, d. h. ein Gesamtleben und ein Gesamtrecht.»[160]

In der ersten Hälfte des 19. Jahrhunderts richteten zahlreiche Staaten wie die USA und Großbritannien, aber auch Belgien, die Niederlande, Preußen oder Württemberg zentrale statistische Büros ein, um die großflächigen, bevölkerungsreichen Territorialstaaten besser durchdringen zu können.[161]

Bereits Émile Durkheim und Marcel Mauss haben auf das intime Verhältnis von Statistik und Herrschaft verwiesen.[162] Die jeweiligen statistischen Kategorien etwa, die bei der Volkszählung erfasst wurden, verweisen einerseits auf die Denkweisen und Werte der Statistiker und deren gouvernementale Auftraggeber; aber das durch sie gewonnene Wissen wirkte zurück und formte die Gesellschaft. Besonders deutlich wird das bei der Aufnahme ethnischer oder gesundheitlicher Kategorien.[163]

Die ursprünglichste und wichtigste Form der statistischen Selbstbeobachtung bildeten die Volkszählungen.[164] Diese wiederum waren die Voraussetzung für Wahlen mit einem Allgemeinheitsanspruch, und jede Wahl wurde selbst zu einer Volkszählung im Kleinen.[165] In Berlin lieferte das *Statistische Bureau* in der Jahrhundertmitte eine Fülle an Daten für Wahlresultate, bot Berechnungen möglicher Ergebnisse oder Überlegungen für die «Optimierung» des Wahlrechts, um Wahlergebnisse zu erzielen, die der Regierung genehm waren.[166] Das 1849 eingeführte preußische Dreiklassenwahlrecht hatte seine Entstehung auch den Tabellen und Zahlenkolonnen aus dem *Statistischen Bureau* zu verdanken.[167]

Durchdringung des Territoriums

Zum Aufbau eines effizienten Staates gehörte auch die Erfassung und Durchdringung des Raums. Das mit Grenzen klar definierte Territorium nivellierte die Unterschiede und formte Adlige und Bauern, Herren und Untertanen zu «Einwohnern». Der Staat *hatte* nicht mehr lediglich ein Territorium, sondern er *war* wesentlich Staatsgebiet.[168] Die Zeitgenossen maßen, arrangierten und ordne-

1. Eliten und Volk

ten den Raum neu, lösten ihn aus alten Herrschaftszusammenhängen, durchdrangen ihn mit Eisenbahnen und Straßen, nutzten seine Ressourcen. Die künstlerische Darstellung nationaler Landschaften – wie beispielsweise bei Caspar David Friedrich in Deutschland, der Schule von Barbizon in Frankreich oder der amerikanischen Hudson River School – drückte ein neues, inniges Verständnis von räumlicher Zugehörigkeit aus. Mit der Industrialisierung schließlich entwickelte sich die Steuerung der Menschenströme durch das Territorium zu einer der großen gouvernementalen Aufgaben.

Auch hier erwiesen sich Wahlen als ein Teil des Veränderungsprozesses. Ein modernes Wahlrecht erforderte einen klar definierten Wohnsitz. Meistens kam eine Mindestdauer hinzu, die der Wähler am Ort der Wahl und zudem in dem größeren Staatsterritorium gelebt haben musste. Die Kontrolle des Wohnortes aber gilt als zentrales Instrument moderner Staatsmacht.[169] Die Dauer der Residenzpflicht lag in den verschiedenen Staaten bei etwa sechs bis zwölf Monaten. Zwar zielte diese Anforderung auch darauf ab, dass sie beim Wähler gewisse Landes- oder Ortskenntnisse voraussetzen ließ. Doch liegt zugleich die disziplinierende Logik auf der Hand: Für die Nationsbildung sowie für die Nutzbarmachung der Individuen mussten diese identifizierbar und damit sesshaft sein. Die Kontrolle der Wohnsitzregelung bedurfte einer modernen effizienten Bürokratie. Ein Land wie die USA mit nur rudimentärer Bürokratie besaß keine feste Wählerregistratur und verlangte zunehmend – häufig während großer Einwanderungswellen –, dass die Wähler selbst vor jeder Wahl ihre Wahlbefugnis bei einer Registratur nachweisen sollten. Die Unfähigkeit der Staatsmacht, den Wohnort der Wähler zu registrieren, eröffnete zahlreiche Möglichkeiten der Wahlfälschung.[170]

Wo es aber möglich war, bildete im Laufe des 19. Jahrhunderts die territoriale Erfassung von Wahlergebnissen geordnet nach Kommunen, Wahlkreisen, Wahlbezirken und Ländern ein Pendant zur Erfassung der Subjekte.[171] Farbige Landkarten mit den Wahlergebnissen fanden immer größeren Absatz; sie konkretisierten Herrschaft, löschten weiße Flecken des Nichtwissens aus und lieferten über das weite Territorium und die Masse der Bevölkerung scheinbar klare Informationen und in gewisser Weise auch Handlungsanweisungen.[172]

Bedeutung des Wahlalters

Auch die Fixierung des Wahlalters verweist auf die disziplinierende Kraft moderner Wahlen. In einer Zeit, in der Kindheit oft noch wenig galt, in der Mädchen und Jungen hart arbeiten mussten, in der die Wehrpflicht für junge Männer installiert wurde und Jugendliche keine strafrechtlichen Begünstigungen genossen – in dieser Zeit blieben junge Männer vom Wahlrecht ausgeschlossen. In der Regel lautete die Begründung für die Altersbeschränkung wie 1849 im Verfassungsausschuss der Paulskirche, dass «eine gewisse Reife zur Ausübung des politischen Ehrenrechts gehöre».[173] Für das passive Wahlrecht lag die Anforderung an das Wahlalter noch höher.[174]

Die Seniorität der Wahlen in vielen Ländern Europas steht im Kontrast zur Hochschätzung der Jugend in den USA. Dort lagen Volljährigkeit und Wahlalter meist bei einundzwanzig Jahren. Da aber oft die bürokratische Kompetenz fehlte, um das Alter der Wähler festzustellen, da Menschen oft selbst nicht ihr Alter wussten, gaben vermutlich zahlreiche jüngere Männer ihre Stimme ab.[175] Die jungen Männer bildeten eine wesentliche Gesellschaftsgruppe, die oft – wie in den Frontstaaten – die Gesellschaft dominierte. In den USA hatten sie die Wahlen fest im Griff, während ihre Altersgenossen in Europa am Wahltag aus der Ferne zusahen oder – in revolutionären Zeiten – parallel dazu Randale veranstalteten. Junge Amerikaner dominierten die neu entstandenen Massenparteien und spätestens seit der Jahrhundertmitte die Abstimmungen, sie beherrschten die Straßen rings um das Wahllokal und bestimmten damit nicht selten den Wahlausgang.[176]

Um die Wende zum 20. Jahrhundert glichen sich die Altersvorstellungen in Europa und den USA an. Der Bevölkerungsanstieg seit dem ausgehenden 18. Jahrhundert hatte auf beiden Seiten des

Atlantiks für soziale Dynamik gesorgt und in Europa die Altershierarchien fragwürdig erscheinen lassen.[177] Immerhin sah das aktive Stimmrecht für die Reichstagswahlen bis 1912 ebenso wie in vielen deutschen Einzelstaaten ein Alter von fünfundzwanzig Jahren vor und sank später wie in England und Italien auf einundzwanzig Jahre.[178] In den 1970er Jahren senkten die westlichen Staaten das Wahlalter auf achtzehn Jahre (die USA 1971, die Bundesrepublik 1972, Frankreich 1974).

Im 19. Jahrhundert plädierten viele Regierende auch deshalb für ein hohes Wahlalter, weil es das «conservative Princip» bestärkte.[179] Daher waren es zumeist die Linken, die eine Herabsetzung des Wahlalters forderten. Nicht nur die Arbeiter, sondern generell die Wähler der Sozialdemokratie waren jünger als der Durchschnitt. Mit über vierzig wählte kaum noch jemand die Sozialdemokratische Partei.[180]

Rationalität und Romantik

Das Wahlalter verweist auf einen grundlegenden Gesichtspunkt demokratischer Entwicklungen, weil es für die Idee der Rationalität steht: Ein Wähler musste eine vernünftige Entscheidung treffen können und daher ein entsprechendes Alter haben. Zuvor war es möglich, dass ein Kind den Thron bestieg, und im Reichstag des Heiligen Römischen Reichs oder in den Landständen konnte Minderjährigen ein Stimmrecht zukommen. Dieser Logik entsprechend hatten manchmal in der Frühen Neuzeit auch besitzende Frauen etwa auf kommunaler Ebene ein Stimmrecht erhalten.[181] Da Frauen wie Kindern Rationalität grundsätzlich abgesprochen wurde, verschärfte sich zunächst ihre Exklusion in der Moderne. Als diese Einschätzung schließlich fragwürdig wurde und Frauen (und junge Männer) das Wahlrecht erhielten, blieb gleichwohl vielerorts noch ein Misstrauen bestehen, und das Wahlalter der Frauen wurde oft höher angesetzt als das für Männer. Großbritannien beendete erst 1928 diese diskriminierende Altersregelung für Frauen.[182]

Die Welt der Zahlen

Bei vielen Zeitgenossen rührte die Abneigung gegen ein modernes Wahlrecht aus seiner engen Bindung an die numerische Logik. Romantiker und Konservative fühlten sich wie Novalis von der Welt der «Zahlen und Figuren» abgestoßen. Konservative schmähten Wahlen mit einem weiten Wahlrecht als «Kopfzahlensystem» oder «Kopfzahlprinzip» und verwiesen darauf, wie absurd es sei, auf die Quantität statt auf die Qualität zu achten. Den Glauben an die Weisheit des Mehrheitsprinzips bezeichneten sie als «Hexeneinmaleins der Kopfzahlwahlen».[183] Die Brüder Edmond und Jules de Goncourt schrieben 1869 angewidert – «Die Wahlen? Ja, was denn?» – von der «Barbarei des Numerischen» und dem «Sieg des Schwachsinns blinder Massen».[184] Max Weber spottete später über die Gegner eines modernen Wahlrechts als «unsere Romantiker mit ihrem Abscheu vor der ‹Ziffer›».[185]

Die Sorge der Konservativen ist oft ein deutlicher Hinweis auf die Wirkkraft der Neuerungen. Denn die Subjektivierung des Individuums durch Zahlen, Statistik und Registratur barg emanzipatorisches Potential.[186] Erst die Identifizierung des Subjekts verschaffte diesem Relevanz und verhalf damit dem Prinzip der numerischen Mehrheit in Verbindung mit der Idee der Gleichheit zum Durchbruch: dem *universal suffrage*. Denn so alt das Mehrheitsprinzip innerhalb elitärer Gruppen wie ständischen Vertretungen war, so neu war es im Zusammenhang mit der Idee der Gleichheit aller. Die Technik der Statistik verhalf diesem Ideal zur Konkretisierung in der Massenpartizipation.

2. INKLUSION UND EXKLUSION

Armut als Skandal

«Hier wird der Mensch langsam gequält, / hier ist die Folterkammer, / hier werden Seufzer viel gezählt / als Zeugen von dem Jammer.»[1] So sangen die Weber im Sommer 1844. In dem Weberdorf Peterswaldau im schlesischen Eulengebirge hatte sich seit vielen Monaten der Zorn der Bevölkerung angestaut: Die Preise für ihre in Heimarbeit gefertigten Stoffe sanken aufgrund des Überangebotes, und die Fabrikanten, die den Stoff aufkauften, drückten zusätzlich die Entlohnung. Etliche der Herren stellten ihren neu erworbenen Reichtum zur Schau. All das widersprach dem Rechtsgefühl der schlesischen Baumwollweber und schürte ihre Empörung. Anfang Juni verabredeten sich rund zwanzig junge Männer, sangen ein Protestlied und zogen zur Villa der Gebrüder Zwanziger, den unbeliebtesten Kaufmännern in der Gegend. An den zwei folgenden Tagen, dem 4. und 5. Juni 1844, wuchs die Zahl der Protestierenden auf bis zu 1700 an. Sie zogen durch die Dörfer und attackierten Fabrikantenvillen und Fabriken. Die Obrigkeit schickte Militär, und als die Soldaten neun Männer und eine Frau erschossen, eskalierte die Situation. Nun begannen die Plünderungen. Erst am nächsten Tag, dem 6. Juni, gelang es, mit weiterer militärischer Verstärkung den Aufstand zu ersticken.[2]

2. Inklusion und Exklusion

Die hungrigen Vierzigerjahre

Der Aufstand der Baumwollweber war kein außergewöhnliches Ereignis. Es gab gerade unter Webern seit Jahrzehnten solche Aufstände, und gegen Mitte des Jahrhunderts häuften sich in ganz Europa die Unruhen.[3] Die Gründe waren vielfältig: In den 1840er-Jahren kam es zu zahlreichen Missernten. Da die meisten Familien 65 bis 70 Prozent ihres Einkommens für Nahrung aufwenden mussten, blieb kein Spielraum, und die Not brach unmittelbar aus. Die Reformen in Preußen und anderen europäischen Ländern mit ihren neuen Freiheiten führten zu unvorhersehbaren Entwicklungen, die den Mahnungen der Konservativen Recht zu geben schienen. Die neue Bewegungsfreiheit etwa verstärkte die Zahl der umherziehenden Obdachlosen. Die erweiterten Möglichkeiten zu heiraten trugen zum Bevölkerungswachstum bei, wodurch vor allem die unteren Schichten anwuchsen.[4] Durch die gestiegene Bevölkerungszahl wurde die Arbeit knapp. Bei den protestierenden Baumwollwebern aber gab es genug Brotverdienst; doch die ausländische Konkurrenz und das veraltete Produktions- und Verkaufssystem ließen die schlesischen Weber ins Hintertreffen geraten, und sie mussten ihre Ware billiger verkaufen und zugleich länger arbeiten.[5]

Die Regierenden sahen noch kaum den Staat in der Pflicht, sich mit einer systematischen Sozialpolitik um die Armen zu kümmern. In einem faszinierenden Prozess, der die ganze Gesellschaft umfasste, sollte sich das allmählich ändern. Bedeutete Politik bis zum Ende des 18. Jahrhunderts eine nachträgliche Regelung einzelner Konfliktbereiche, so entwickelte sie sich bis zur Mitte des 19. Jahrhunderts in westlichen Ländern zu einer «vorausschauenden (Um-)Gestaltung ganzer Lebensbereiche», wie der Historiker Willibald Steinmetz feststellt.[6] Die Transformation des Staates zu einer handelnden Instanz, zu einem Interventionsstaat, der für das körperliche Wohl der Bevölkerung zuständig ist, dessen Funktion und Legitimität sich zunehmend aus eben dieser Funktion speist, muss als ein zentraler Teil der Demokratisierung gelten.[7]

Armut als Skandal | 61

Die Weber forderten nicht den Umsturz, sondern verlangten die Aufrechterhaltung der alten Ordnung: einen angemessenen Lohn, respektvolle Behandlung und ein Ende des auftrumpfenden Protzens der Neureichen. Anders als das Schloss des Gutsbesitzers, der zum traditionalen Weltbild der Aufständischen gehörte, bedeutete der neu erworbene Reichtum der einstigen Weber unter den Fabrikanten einen Affront.[8] Der Weberaufstand war aber auch keine Hungerrevolte, denn die Baumwollweber führten zwar eine prekäre Existenz, konnten sich aber ausreichend Nahrung und ordentliche Kleidung leisten.[9]

Kurz: Der Weberaufstand war nicht ungewöhnlich, an sich ohne besondere Bedeutung und ohne außergewöhnliche Not. Und doch rief er ein ungeheures Echo in der Öffentlichkeit hervor, erhielt einen festen Platz in der Literatur- und Kunstgeschichte und findet sich bis heute in den Schulbüchern. Dank der Skandalisierung trat Demokratie als Affäre in eine neue Epoche. Die Gründe dafür liegen in einem neuen Verständnis von Armut. Der Schlesische Weberaufstand markiert ein neues Rechtsempfinden, eine neue Gefühlslage, die den Anspruch nach einem neuen Umgang mit dem Körper bestärkte: Das Arme-Leute-Leben wurde zum Skandal, das Leben also von etwa vier Fünfteln der Bevölkerung.[10]

Bis ins 18. Jahrhundert war ein Ende der Armut schlicht nicht vorstellbar gewesen. Sie hatte – idealtypisch zugespitzt – als gottgewolltes Schicksal gegolten, zuweilen als Strafe, zuweilen als Prüfung, jedenfalls als *conditio humana*, die man im täglichen Vaterunser mit der Bitte um das täglich Brot abzumildern suchte.[11] Mit der Aufklärung kamen Fortschrittsgedanken und Perfektibilitätsvorstellungen in die Welt, und in dem Erziehungsprojekt Demokratie, in der aufrührenden Vision von Gleichheit und der großen Inklusionsrevolution wurde die Welt als gestaltbar erlebt.

Nicht alle hatten den Fortschritt im Blick. Im Jahr 1798 publizierte der britische Ökonom Thomas Robert Malthus seine düstere Analyse *Essay on the Principle of Population*, die wesentlich das Menschenbild und die Armutspolitik der kommenden Jahre prägte: Die Verbesserung der Agrarwirtschaft könne nicht mit dem Anstieg der Bevölkerung Schritt halten, vielmehr müssten Krankheit,

Hunger und Tod für eine notwendige Korrektur sorgen. Diese Frage blieb drängend: Würde die Industrialisierung, deren fatale Folgen in England international als Warnung galten, zu immer mehr Elend führen? Davon waren viele überzeugt, und Marx und Engels entwickelten daraus ihre Lehre vom anschwellenden Zorn und den unvermeidbaren Revolutionen als den «*Lokomotiven der Geschichte*».[12] Die Publizität des Weberaufstandes und die neue Sichtbarkeit der Armut in der Frühindustrialisierung schien Adam Smith zu widerlegen, der von einem anwachsenden Wohlstand ausgegangen war – von einer irgendwann zu erreichenden «universal opulence».[13] Konnten Bürger, konnte die Gesellschaft oder gar der Staat etwas tun und der Verarmung Einhalt gebieten? Warum sollte eine Revolution unvermeidbar sein, wenn doch der Mensch sein Leben und die Gesellschaft gestalten und ändern konnte? Malthus jedenfalls stieß im Laufe des 19. Jahrhunderts auf wachsende Kritik, und die Vorstellung, Armut sei Teil der menschlichen Existenz, wich der Vorstellung, Armut sei: unmenschlich.

Das Bürgertum als Fürsprecher der Armen und frühe Arbeiterbewegung

Diejenigen aber, die für die neuartige Skandalisierung sorgten, waren die Bürgerinnen und Bürger einer stärker werdenden Zivilgesellschaft – im Sinne einer Organisationsform, die auf Öffentlichkeit, Freiwilligkeit, Selbstorganisation und kommunikatives Handeln ausgerichtet ist. Die Jahrzehnte zuvor hatten nicht zuletzt Adlige wie Katharina von Württemberg damit begonnen, die Armut mit konkreter Hilfe – etwa für ihre Untertanen bei der Hungersnot von 1817 – zu bekämpfen, aber auch mit weitreichenden Projekten wie der Gründung des «Zentralen Wohltätigkeitsvereins» oder der Errichtung einer Sparkasse. Nun brachte sich zunehmend das Bürgertum ins Spiel. In den deutschen Ländern bot der Weberaufstand die Initialzündung für die erste große öffentliche Diskussion über die «soziale Frage».[14] Dabei nutzten sie die neuen Publikations- und Vereinsmöglichkeiten und die wachsende Lesefähigkeit der Menschen. Auch die ersten Selbsthilfeorganisationen wie Kranken-, Hilfs- und Sterbekassen signalisieren ein zivilgesellschaftliches Erstarken und ein neues Bewusstsein dafür, Armut und Elend als Problem zu definieren.

Armut wurde zur Sensation. Zwar hatten die Klagen über den Pauperismus, wie man ihn nannte – im Französischen «paupérisme», im Englischen «pauperism» –, europaweit schon zuvor eingesetzt, doch nun erfuhren sie einen Boom.[15] Der «große Haufe» hat den «Hunger als Wahrheit und die anerkannte Notwendigkeit der Hilfe als Recht», formulierte 1832 der Reformer und Advokat Philipp Lindemann ein neues Rechtsempfinden.[16] Es war nicht zuletzt die Frage der Ungleichheit, die den Menschen zusetzte: Warum konnte sich ein Fabrikant eine Villa leisten, während die anderen nicht genug Lohn erhielten oder gar Hunger litten?

Die Anklagenden waren überwiegend Bürgerinnen und Bürger, eine kleine, nur wenige Prozent der Bevölkerung umfassende Schicht, die aber das Jahrhundert dominieren sollte. Sie konnten sich Gehör verschaffen. Hatten die Reformer in der Verwaltung dreißig Jahre zuvor vielfach noch gegen das träge Bürgertum Veränderungen durchgesetzt, so war mittlerweile eine «moderne bürgerliche Gesellschaft», so Reinhart Koselleck, zur Triebkraft der Erneuerung geworden.[17] Ihr Selbstbewusstsein, die gewachsene Öffentlichkeit, der weite Kommunikationsraum – all das ließ nun immer plausibler werden, was zu Beginn des Jahrhunderts für viele allzu abstrakt gewesen war: Partizipation.

Das Bürgertum beließ es nicht beim Klagen, startete Spendenkampagnen und gründete zahlreiche Hilfsvereine. Häufig wurde die Hilfe als christliches Projekt organisiert, nicht selten in kritischer Distanz zu den Kirchen, denen ähnlich wie dem Staat Versagen vorgeworfen wurde.[18] Ältere protestantische Hilfsvereine wurden in den 1830er und 1840er Jahren zunehmend politisch und fühlten sich dem Gemeinwohl verpflichtet, weil sie nicht länger lediglich soziale Nöte lindern, sondern die Verarmten auch zu guten Christen und damit zu sittlich gefestigten Mitgliedern der Gesellschaft formen wollten. Der Theologe Johann Hinrich Wichern begann 1833 mit seiner Arbeit unter verarmten Kindern im Hamburger «Rauhen Haus».[19] Theodor und Friederike Fliedner gründe-

2. Inklusion und Exklusion

ten 1836 das Diakonissenhaus in Kaiserswerth, in dem sich ledige Frauen zu einem asketischen Leben verpflichteten, Sozialarbeit leisteten und Kranke pflegten.[20] Das Ehepaar griff damit die weit verbreitete Idee auf, dass der weiblichen Natur Nächstenliebe näher stehe und sie für soziale Arbeit besonders zugänglich sei. Ebenfalls in diesem Sinn organisierte die Hamburger Senatorentochter Amalie von Sieveking (1794–1859) 1831 den «Weiblichen Verein für Armen- und Krankenpflege», in dem sie die Frauen zur Selbsthilfe anregte. Sie gab Mädchen in den Armenhäusern Unterricht und gründete eine Mädchenschule.[21]

Die Geschichte des Sozialstaats ist anders als etwa die Geschichte der Wahlen und Parlamente von Anfang an durch Frauen geprägt.[22] Zunächst galten diese beiden Elemente der Demokratie als getrennt; doch rund fünfzig Jahre später, an der Schwelle zum 20. Jahrhundert, sollte sich das nicht zuletzt durch das Engagement zahlreicher Sozialpolitikerinnen ändern.

Die mächtige Bewegung für soziale Gerechtigkeit wurde freilich von beiden Geschlechtern getragen. Bildungsbürger und Honoratioren engagierten sich im «Verein zur Erziehung verwahrloster Kinder», im Komitee «für die Hebung der unteren Volksklassen» oder im Verein «Zur Abhilfe der Not unter den Webern und Spinnern in der Provinz Schlesien».[23] Der 1844 gegründete «Centralverein für das Wohl der arbeitenden Klassen» bildete einen Dachverband für zahlreiche lokale Hilfsorganisationen.[24] Die Gründer des Vereins und seine Mitglieder, die einen hohen Jahresbeitrag bezahlen mussten, gehörten meistens zum Besitz- und Bildungsbürgertum, waren wohlhabend und häufig verbeamtet; sie wollten Reformen und keinen Umsturz.[25] Und sie verdeutlichten mit ihren Hilfsvereinen zunehmend auch den Anspruch auf politische Teilhabe.[26]

Gewiss spielte für die engagierten Bürgerinnen und Bürger die Sorge vor revolutionären Unruhen eine Rolle. Doch sollte man dabei nicht die große Bedeutung des Mitgefühls mit den Armen übersehen, die es im Bürgertum ebenso gab wie eigennützigen Kapitalismus. Häufig zielten die Hilfsappelle ausdrücklich darauf ab, Empathie zu wecken. Das wird auch an der Staatskritik deut-

Armut als Skandal | 65

lich, mit der die Gebildeten nicht hinterm Berg hielten. Sie forderten Reformen und einen Staat, der sich der Armen annehme.[27]

Hinzu kam, dass die Arbeiterbewegung gerade erst im Entstehen war und noch keine Revolutionsdrohkulisse aufgebaut hatte. Das Hambacher Fest von 1832 diente manchem als Auftakt. 1834 gründeten in Paris Männer wie Jakob Venedey, die nach dem Hambacher Fest nach Frankreich emigriert waren, den frühsozialistischen «Bund der Geächteten», der mit seinen rund fünfhundert Mitgliedern allerdings noch wenig Resonanz fand. Das «Proletariat», das sich hier organisierte, bestand überwiegend aus bäuerlichen und handwerklichen Unterschichten, während Fabrikarbeiter erst in der zweiten Hälfte des Jahrhunderts zu einer Masse anwuchsen, die als politischer Akteur zählte.[28]

Kunst, Literatur und Zeitungsmarkt als Verkünder neuer Werte

Erneut war es die Kunst, die dazu beitrug, ein neues Gefühls- und Körperregime zu popularisieren. Die junge Sächsin Louise Otto (später Louise Otto-Peters) beschrieb nach der blutigen Niederschlagung eines Arbeiteraufstandes in Leipzig in ihrem Roman *Schloss und Fabrik* die geteilte Gesellschaft und das traurige Dasein der Arbeiterfamilien.[29] Immer wieder fand sich das antikapitalistische Motiv des kaltherzigen Reichen ohne Menschlichkeit und Gefühl.[30]

Wie in der aufblühenden «Weberlyrik», die am Beispiel der Schlesier Armut skandalisierte, sparten Künstler nicht mit Kritik an der Obrigkeit. Bettine von Arnim beispielsweise wandte sich anklagend an den König und mahnte ihn zu einer besseren Sozialpolitik.[31] Adolph Schirmers Gedicht «Der Weber» von 1846 appellierte selbstbewusst an den Monarchen: «Blick hin – und willst Du dann noch nicht / Erfüllen Deine Fürstenpflicht, / So muss ich – droht auch Tod und Haft – / Die halb gebrochne Manneskraft / Verzweiflungsvoll zusammenraffen, / Und selber mir mein Recht verschaffen!»[32] Das Gedicht ist einer der eher seltenen Aufrufe zum Umsturz. Die eindrucksvollste Schilderung jedoch findet sich in

2. Inklusion und Exklusion

Heinrich Heines Weber-Gedicht von 1844: «Ein Fluch dem Gotte, zu dem wir gebeten / In Winterskälte und Hungersnöten; / Wir haben vergebens gehofft und geharrt, / Er hat uns geäfft und gefoppt und genarrt – / Wir weben, wir weben!» Der Text fand weite Verbreitung und wurde im Englischen und Französischen nachgedichtet.[33] Heine gehörte wie Karl Marx oder sein Freund Wilhelm Wolff, der Autor einer hochemotionalen Beschreibung des Weberaufstands, zu jener einflussreichen und wortstarken Minderheit im Bürgertum, die auf die Revolution hoffte und an den Mechanismus von Industrialisierung – Verelendung – Zorn – Umsturz glaubte. 1848 erschien das aufwühlende *Kommunistische Manifest* von Marx und Engels, das vor allem ein Ausdruck der neuen Skandalträchtigkeit von Armut war. Es ging darum, wie Marx betonte, «alle Verhältnisse umzuwerfen, in denen der Mensch ein erniedrigtes, ein geknechtetes, ein verlassenes, ein verächtliches Wesen ist».[34] Friedrich Engels sprach vom «sozialen Krieg».[35] Die Bürger, nicht nur die kommunistisch gesinnten, machten Menschenwürde zu ihrer Sache, und so wurde sie zu einer Staatsaffäre.

Ähnliche Entwicklungen gab es auch in anderen Ländern.[36] Die französische Schriftstellerin Flora Tristan analysierte 1843 in ihrem Hauptwerk *L'Union Ouvrière* das Leben von Arbeiterinnen und Arbeitern in London und anderen Großstädten. Auch in England gewannen das Thema Armut und die soziale Frage besorgte Aufmerksamkeit.[37] Charles Dickens oder Elizabeth Gaskell hatten große Erfolge mit anklagenden und emotionalen Erzählungen über Menschen in Armut. Ein bemerkenswertes Beispiel bietet Skandinavien, wo Armut und Hunger in Folge der Armutsliteratur geradezu Teil der nationalen Identitätserzählungen wurden.[38]

Auch die bildende Kunst arbeitete an der neuen Gefühlslage. Noch vor dem Weberaufstand trat 1844 der Maler Carl Wilhelm Hübner mit dem Ölgemälde «Die schlesischen Weber» an die Öffentlichkeit und präsentierte es unter großem Publikumsandrang in zahlreichen Städten. Er wurde dafür gerühmt, «die Missstände unseres socialen Lebens höchst ergreifend darzustellen».[39] Aus der Düsseldorfer Kunstakademie kamen im Vormärz Maler wie Wilhelm Kleinenbroich oder Johann Peter Hasenclever, die mit ihrer Kunst die Ungleichheit und das Elend schilderten, womit sie allerdings nicht zum Umsturz aufrufen wollten. In Wanderausstellungen der neuen bürgerlichen Kunstvereine wurden die Bilder weitergereicht und popularisiert.[40] Bilder vermochten in besonders eindringlicher Weise die konkrete körperliche Not darzustellen und die Gefühle des Mitleids und der Empörung zu wecken.

Skandalisierungen in den Zeitungen

Typisch für die neue Skandalisierung mit Hilfe von Bildern war der Holzschnitt «Armuth», den die neu gegründete *Leipziger Illustrirte Zeitung* 1843 abdruckte: Es zeigte das Familienleben in Armut, die hohe Anzahl der Kinder, die zerschlissene Kleidung, die verzweifelte Mutter mit dem Säugling an der Brust und den saufenden Vater. Schon damals wurde die «Branntweinwuth» als eine der Ursachen für Armut und Not gesehen und vom Bürgertum bekämpft.[41]

Die Illustration in dieser bürgerlichen Zeitung gehört zu einer Serie von Bildern, in denen die Armut dargestellt wird. Sie ist wiederum in einen Artikel eingebettet, der eine Besteuerung der Reichen fordert, für faire Arbeitsmöglichkeiten plädiert, für eine geordnete Auswanderung, für eine gute Erziehung zur Gesetzestreue, für bessere Ernährung und vor allem für mehr Bildung. «Nicht durch sein Militär, nicht durch Finanzen steht ein Staat hoch, sondern durch seine Schulen.» Der Autor nimmt den Staat in die Pflicht und verweist auf den Körper: «Der Staat hat neben der Aufgabe, allen seinen Angehörigen körperlichen Schutz angedeihen zu lassen, auch die, für ihre geistige Bildung zu sorgen, und auch aus dem Proletarier einen Bürger zu machen, d. h. einen, der das Bewußtsein des Staates in sich trägt.»[42] Immer mehr Bürger trafen sich nach 1830 zu Lesegesellschaften in privaten Salons, Cafés oder Wirtshäusern, lasen gemeinsam Zeitungen, Bücher und Traktate und diskutierten die Politik.[43]

Überhaupt bot der wachsende Zeitungsmarkt einen entscheidenden Beitrag zur Ausbreitung der «Sozialen Frage». Nach dem

2. Inklusion und Exklusion

Armut in Bildern sorgte für die Skandalisierung des Elends: Abbildung aus der «Leipziger Illustrirten Zeitung», Nr. 99, von 1843

Weberaufstand gelang es der Zensur nur für kurze Zeit, Berichte über das Ereignis zu unterdrücken, bis es umso stärker die öffentliche Aufmerksamkeit erregte. Von Breslau bis Mannheim druckte die Presse berührende Schilderungen vom Leben der Armen.[44] Insgesamt lockerte sich europaweit die Zensur, und die Durchsetzung von Schnellpressen, mit denen die umständlichen Handpressen abgelöst wurden, führte zu einer beschleunigten Produktion von Zeitungen und zu wesentlich höheren Auflagen.[45] In noch größerem Ausmaß zeigte sich die neue Skandalisierung der Armut durch die Medien bei der Großen Hungersnot in Irland, die in den 1840er Jahren eine Million Menschenleben forderte. Die *Times* sorgte neben anderen Zeitungen für die Mission, «die Hungrigen aus der Schmach zu retten und sie als vollwertige menschliche Wesen in die Mo-

Armut als Skandal

derne zu überführen», wie es der Historiker James Vernon ironisch auf den Punkt bringt.[46]

War es zunächst schwer, hungernde, zerlumpte Menschen als vollwertige Subjekte mit politischen Rechten zu betrachten, so drehte sich allmählich die Perspektive: Der Mensch, das würdige Individuum, habe ein Anrecht auf ein materiell sicheres Leben. Allerdings war diese Umkehrung ein langer und widersprüchlicher Prozess. Die «New Poor Laws» im Vereinigten Königreich von 1834 etwa schrieben den Armen die Verantwortung für ihr Elend zu und zielten darauf ab, die Betroffenen mit harschen Maßnahmen zum Fleiß zu erziehen. Solche Vorstellungen von «würdigen» und «unwürdigen» Armen prägten soziale Hilfe bis weit ins 20. Jahrhundert.

Hunger und Konjunktureinbruch

Die Hungersnöte der 1840er Jahre waren schlimm, aber sie sollten, abgesehen von der schwedischen Hungersnot 1866, die letzten in Kontinentaleuropa im 19. Jahrhundert sein.[47] Insgesamt nahmen Hungersnöte und Teuerungen seit dem 18. Jahrhundert ab.[48] Doch die Lebensverhältnisse waren nach wie vor prekär, ganze Familien lebten in einem Zimmer, Menschen besaßen oft nur ihre Arbeitskleidung, die sie auch nachts zum Schlafen tragen mussten, weil sie keine Decken besaßen.[49] Und gerade in den mittleren und späten 1840er Jahren führten Dauerregen und Trockenheit zu Missernten. In Notzeiten plünderte die Stadtbevölkerung die Bäckerläden und Speicher, die öffentliche Ordnung brach immer wieder zusammen – und die Polizei war überfordert. Die Obrigkeit zog nun regelmäßig das Militär hinzu, das oft genug – ganz wie beim Weberaufstand – mit sinnloser Härte durchgriff.[50] Die körperliche Erfahrung der Unsicherheit, der Ausgesetztheit gegenüber den oft fremden Soldaten und die Nützlichkeit der Selbstbewaffnung sollten 1848 eine bemerkenswerte Rolle spielen, als die Bürger forderten, als Milizen den öffentlichen Raum schützen zu dürfen.

2. Inklusion und Exklusion

Die Zahl der Auswanderer schnellte nach oben. Gesteigerte Auswanderung aber verweist nicht zuletzt auf einen Staatsapparat, der den Menschen wenig bieten kann und sich nicht um ihr Wohlergehen kümmert.

Sichtbarkeit der Armut

Dabei war die Armut kaum schlimmer geworden, aber nun war sie für jene sichtbarer, die sich Gehör verschaffen konnten: weil sie aufgrund der neuen Bewegungsfreiheit Einzug in die Städte hielt, weil die Zeitungen überall ihr trauriges Bild zeichneten und weil sie skandalisiert wurde. Die Skandalisierung verdeutlicht, dass sich die Menschen ermächtigt fühlten, den Staat zu kritisieren, sein Eingreifen zu verlangen und ihre Welt zu verändern. Tocquevilles Paradoxon spielt hier hinein: Oft beginne ein Volk, das «die drückendsten Gesetze» klaglos ertragen habe, diese zu beseitigen, sobald es Reformen gebe und die Last erleichtert werde. Weniger das Elend an sich führe zur Revolution als vielmehr das Gefühl, das Elend beseitigen zu können.[51]

Doch es wäre falsch, den Staat im Vormärz lediglich als die unterdrückende Instanz zu betrachten. Mit tastenden Schritten setzte eine Sozialgesetzgebung ein. So installierte Preußen 1839 das «Regulativ über die Beschäftigung jugendlicher Arbeiter in Fabriken», das erste Gesetz zum Arbeitsschutz von Kindern in Kontinentaleuropa, das weiter reichte als das ältere englische Gesetz von 1833. Das progressive «Regulativ» schützte Kinder bis zum 16. Lebensjahr und bestärkte die Schulpflicht. Zugleich zeigt das Gesetz die Härte des Kinderalltags: Bis zum neunten Lebensjahr war Fabrikarbeit verboten, doch bis zum sechzehnten Lebensjahr war sie legitim, wenn sie nicht länger als zehn Stunden am Tag dauerte.[52]

Das preußische Kinderschutzgesetz war nicht zuletzt ein Produkt der aufkeimenden Zivilgesellschaft und nicht, wie lange angenommen, des Militärs, das sich um seine Rekruten sorgte.[53] Am 29. März 1837 hatte ein Fabrikant und Abgeordneter des rheinischen Provinziallandtages aus Barmen, Johannes Schuchard, im Rheinisch-Westphälischen Anzeiger eine berührende Anklage gegen die Kinderarbeit veröffentlicht. Er berichtete von einem zwölfjährigen Mädchen, das sich in die Wupper gestürzt habe, um der elterlichen Strafe zu entgehen, weil ihm vom Lohn einige Groschen abgezogen worden waren. «Der Menschenfreund schaudert», schreibt Schuchardt und klagt über die vielen Kinder, die «von früh Morgens bis spät in die Nacht eingesperrt werden, worin sie um ihre Jugendheit, um die zum Wachsthum unentbehrliche Luft» gebracht würden. Er rief den Staat zur Tat auf und schlug bezeichnenderweise die Einbeziehung von Bürgern als einen Teil der Lösung vor, die in Kommissionen die Kinderarbeit überwachen sollten.[54] Der Provinziallandtag griff die Debatte über Kinderarbeit auf, und so kam es zum «Preußischen Regulativ».[55]

Der Staatsrechtler Lorenz von Stein prägte dann das Wort von der «socialen Demokratie» und forderte 1850 von Preußen, ein «Königtum der sozialen Reform» zu werden – eine Idee, die vermutlich zu Bismarcks Idee einer Sozialgesetzgebung beigetragen hat. Bezeichnenderweise berief sich Lorenz von Stein auf die preußischen Reformer zu Beginn des Jahrhunderts.[56]

Das Recht, gehört zu werden

Auch Wahlen und Repräsentation fanden allmählich breiteren Widerhall in der Gesellschaft. Zwar waren sie noch immer vor allem ein Herzensanliegen des gebildeten Bürgertums, aber über eine aufblühende patriotische Festkultur wurden insbesondere in Süd- und Mitteldeutschland schon im Vormärz breitere Schichten einbezogen. In zahlreichen deutschen Staaten gab es Verfassungen wie etwa in Baden (1817) und Bayern (1818), in Württemberg (1819), im Großherzogtum Hessen (1820) oder in Sachsen (1831). Süddeutschland gehörte zu jenen Regionen, in denen sich das Bürgertum stark und selbstbewusst zeigte und den Staat zu mehr Ge-

2. Inklusion und Exklusion

rechtigkeit und Freiheit aufforderte. «Es war ein Fest männlicher Entschlossenheit», hoben die Teilnehmer einer Versammlung in Offenburg am 12. September 1847 in ihrem Manifest hervor. Offenburg lag verkehrsgünstig an der Eisenbahn, weswegen es immer wieder Ort wichtiger Versammlungen wurde. Im Gasthaus Salmen, dem Stammlokal der radikalliberalen Partei, hatten sich rund 250 Männer versammelt, Saal und Rednertribüne waren geschmückt mit einem Exemplar der Verfassungsurkunde und Abbildern der badischen Großherzöge. Hier trafen sich keine gewaltbereiten Revolutionäre, aber auch keine Intellektuellen mit einer modernen Vision von Republik. Die versammelten Männer waren badische «entschiedene Verfassungsfreunde», wie sie sich selbst nannten. Sie forderten eine «Selbstregierung des Volkes», aber im Rahmen des monarchischen Prinzips «wie in England».[57] Monarchie und eine breite Partizipation widersprachen sich in den Augen der Zeitgenossen nicht. Monarchen wie der bayerische König Ludwig I. oder Württembergs König Wilhelm I. bildeten mit ihrer Stellung zwischen der Verfassung einerseits und dem Anspruch auf monarchische Souveränität andererseits keineswegs eine Ausnahme. Die *Rheinische Allgemeine Zeitung* erklärte in ihrem Gründungsaufruf im Januar 1840: «Für das heutige Europa» sei «der konstitutionelle Monarchismus eine Notwendigkeit und seine Verfassungsform die ihm natürliche».[58]

Souveränität und Waffentragen

Zu den Männern, die sich im September 1847 in Offenburg versammelten, gehörten auch die damals noch gemäßigteren Aktivisten Gustav Struve und Friedrich Hecker, aber auch lokale Größen wie der Offenburger Bürgermeister Rée und der Abgeordnete Christian Kapp.[59] Die ganze Inszenierung der Versammlung fügte sich in die Tradition der liberalen Feiern. Im August 1843 etwa hatten rund 100 000 Badener das fünfundzwanzigjährige Jubiläum ihrer Verfassung gefeiert, mit Gottesdiensten, Freudenfeuern, Umzügen und Festessen; die wohl größte Feier des Liberalismus im vormärzlichen Deutschland.[60] Aber auch in Sachsen, in der Pfalz oder in Bayern trafen sich in den 1840er Jahren immer wieder Bürger, um ihre Verfassungen zu bejubeln. In Sängerfesten beschworen Männer und Frauen die Freiheit, die Schönheit der Natur und die deutsche Einigkeit. «Gruß Euch, Ihr Sänger! einen Festesgruß / Aus meiner Heimat schall es Euch entgegen», schrieb 1844 die bereits erwähnte Louise Otto über die Aufbruchstimmung bei einem Sängerfest in Sachsen. Die junge Meißnerin war eine der wenigen öffentlich hörbaren Frauen.[61] Voller Erwartung priesen die Sänger und Verfassungsfreunde das bisher Erreichte – in den Abgrund seien «die barbarischen Gesetze, die schmählichsten Sklavenjoche» gesunken.[62] Demokratische Ideen und ein Bewusstsein für bürgerliche Rechte fanden sich in diesen Staaten also schon seit den 1830er Jahren in breiteren Bevölkerungsschichten.

Was die Offenburger Versammlung aus diesen Treffen bis heute hervorhebt, ist das abschließende Manifest mit den «Forderungen des Volkes», in denen das liberale Denken der Zeit beispielhaft auf den Punkt gebracht wurde. Wie beim Weberaufstand lag das eigentlich Bemerkenswerte letztlich in der gewonnenen Aufmerksamkeit. Dank neuer Drucktechniken konnten die «Forderungen», die genau auf eine Seite Papier passten, zu Tausenden reproduziert werden und schnelle Verbreitung finden.[63] In 13 Artikeln, die in Anlehnung an die amerikanische Unabhängigkeitserklärung als «unveräußerliche Menschenrechte» bezeichnet wurden, forderten die Männer Versammlungs-, Rede- und Gewissensfreiheit, Vereins- und Versammlungsrecht, eine gesamtdeutsche Volksvertretung und die Abschaffung sämtlicher Privilegien, ein Ausdruck des grundlegenden Gleichheitsideals. Als typisch erwies sich die Forderung, Waffen tragen zu dürfen. Ein Bürger war komplett mit Verfassung, Partizipationsrecht, Freiheit, Nation und Waffen – ein Verständnis, das sich weltweit im 19. Jahrhundert findet. Diese heute gerne übersehene Forderung nach dem Recht, Waffen zu tragen, ein verbindendes Element von Staatsbürgerschaft und Männlichkeit, hatte sich auch aus den unguten Erfahrungen des Bürgertums mit einem überforderten Staat bei Aufruhr und Hungerrevolten ergeben.

Entscheidend waren schließlich die Artikel, die sich gegen die soziale Ungerechtigkeit wandten: eine gerechte Besteuerung, Bildungszugang für alle und eine «Ausgleichung» zwischen «Arbeit und Capital», denn die «Gesellschaft ist schuldig die Arbeit zu heben und zu schützen».

Parlamentarisches Leben in den preußischen Provinziallandtagen?

Die Preußen konnten keine Verfassung feiern, weil der König sie verweigerte, aber maßgebliche Bürger forderten sie immer entschiedener ein: Schon in den 1830er Jahren hatten einige der Provinziallandtage die Einberufung der verheißenen «Allgemeinen Landstände» verlangt, also eine Repräsentation auf gesamtstaatlicher Ebene.[64] Seit 1840 wurden die Forderungen nach einer Verfassung in Flugschriften und Petitionen lauter. Fast alle Landtage debattierten nun über die versprochene Konstitution.[65] Überhaupt lassen sich die preußischen Provinziallandtage, die 1823 als ständische Vertretung für jede preußische Provinz eingerichtet worden waren, als potente Zwischenstufe in der parlamentarischen Entwicklung verstehen. Sie waren ein Hybrid zwischen romantisch ständischen, konstitutionellen und bürokratischen Ideen. Was «ständisch» genau bedeutete und was «Vertretung», was an «Repräsentation» erschreckend oder zukunftsweisend sei, das war keineswegs immer klar: Für die einen war «ständisch» die Rückkehr zu organischen Legitimationsvorstellungen mit dem Adel als Haupt und dem Ausschluss des Fußvolks von der Herrschaft, für Liberale bedeutete es im Gegenteil die Inklusion der verschiedenen Stände, insbesondere des Bürgertums, für andere wiederum war alles Ständische Teufelszeug, weil es unweigerlich in Richtung Repräsentation zielte und eine Einschränkung traditionaler Gewalt bedeutete. Die nachträglichen eindeutigen Zuschreibungen, in denen die Provinziallandtage keinen Platz in der Demokratiegeschichte haben, werden der Sache nicht gerecht.

Gewiss blieben die Landtage – ohne allgemeine Wahlen, ohne Gesetzgebungsrecht, ohne Periodizität – hinter einem gesamtstaatlichen Parlament zurück, das auf der vom preußischen König 1815 versprochenen Verfassung beruht hätte. Das passive Wahlrecht war an den immer konservativ wirkenden Grundbesitz gekoppelt (der ja im Vereinigten Königreich ebenfalls als kapitales Hindernis zu einem modernen Wahlrecht wirkte). Doch hatten die Konservativen Grund zur Sorge, was die Macht der Vertretungen betraf: Die Landtage besaßen das Recht auf Beschlussfassung in allen Fragen der Selbstverwaltung, das Recht auf Beratung der Gesetze der jeweiligen Provinz – und einen essentiellen Einfluss beim Budget, dem Herzstück parlamentarischer Macht. Bei gesamtstaatlichen Gesetzen hatten die Landtage ein Beratungsrecht, wenn es um Steuer- und Eigentumsfragen ging.[66] Der Reformer Stein hatte also nicht unrecht, als er die Provinziallandstände als «Anfänge einer freien Verfassung» begrüßte.[67]

Aus dem kleinen Quell eines partizipativen Rechts in den Provinziallandtagen wurde dann so etwas wie ein beachtlicher Strom parlamentarischen Lebens. Die Institutionen entwickelten sich zu einem Forum gesamtstaatlicher Politik, das vor allem von den oppositionellen Liberalen bespielt wurde, zu denen sich immer mehr Vertreter des Adels gesellten. Dass das oben erwähnte fortschrittliche «Preußische Regulativ» von 1839 zum Schutz der Kinder in Fabriken aus der Initiative eines Provinziallandtages hervorging, war kein Zufall. In den Landtagen saßen die relevanten Männer, und sie machten Politik. Seit Mitte der 1840er Jahre forderten die Abgeordneten zunehmend nicht nur eine Verfassung, sondern auch die Abschaffung ständisch differenzierter Strafen oder die Pressefreiheit ein. Die Zensur griff ohnehin häufig nicht und konnte liberale Schriften oft genug nicht mehr an der Ausbreitung hindern.[68]

Wie stark diese parlamentarischen Frühformen waren, wird daran deutlich, dass der romantische König Friedrich Wilhelm IV. schließlich nicht mehr umhin konnte, sie als vereinigte Institution einzuberufen: Um den Eisenbahnbau vorantreiben zu können, wollte er die Steuern erhöhen, und das ging nicht ohne die gesamtpreußischen «Reichsstände». So berief der König für April 1847 die acht preußischen Provinziallandtage zu einem ersten

2. Inklusion und Exklusion

«Vereinigten Landtag» nach Berlin. 237 Adlige, 182 Stadt- und 124 Bauernvertreter kamen zusammen – alle Grundbesitzer, das hieß, die wichtige Schicht der Beamten und Bildungsbürger blieb ausgeschlossen. Doch sehr zum Unwillen des Monarchen und seiner Berater erwiesen sich die Abgeordneten des Landtags in der Praxis als Parlamentarier. Anstatt ständische Interessen zu wahren, teilten sie sich nach politischen Himmelsrichtungen ein und bildeten damit Frühformen der Parteien. Liberale Bürger und Adlige kämpften gegen Konservative. Mit einer Zwei-Drittel-Mehrheit lehnte der Landtag die Bitte des Königs um Bewilligung der Anleihen ab – solange der Monarch nicht die Periodizität des Vereinigten Landtages anordnete. Beleidigt zog sich der König zurück, ließ den Landtag auflösen und stellte die Bauarbeiten an der Eisenbahn ein. Das stärkte nicht eben sein Image, während die liberalen Protagonisten – David Hansemann, Ludolf Camphausen oder Georg von Vincke – wie Helden gefeiert und ihre Reden in Kneipen diskutiert wurden.[69] Die Publikation der Sitzungsprotokolle verweist nicht nur auf den modernen Charakter des Landtags, sondern auch auf die wachsende Bedeutung von Öffentlichkeit.

Kirchlicher Konstitutionalismus

Parlamentarismus wurzelte aber nicht nur in den staatlichen Vertretungsorganen. Insbesondere in evangelischen Landeskirchen gab es vielfältige Formen der Mitbestimmung, und da sich das Leben der Menschen in den Kommunen abspielte, wo die Kirchengemeinden zu den entscheidenden Akteuren gehörten, konnte das womöglich mehr Gewicht haben als etwa ein Stimmrecht für ein fernes Landesparlament. Im 19. Jahrhundert wuchsen die Mitbestimmungsmöglichkeiten für protestantische Männer in Kirchengemeinderäten und Synoden häufig an, gegen Ende des Jahrhunderts teilweise auch für Frauen. In Preußen gewannen die partizipativen Traditionen in der presbyterial-synodalen Kirchenordnung der Herzogtümer Jülich-Kleve-Berg an Einfluss, seit diese 1815 preußisch geworden waren. Die vom preußischen König 1835 eingesetzte

Rheinisch-Westfälische Kirchenordnung war ein mühsam ausgehandeltes Zugeständnis an die Westprovinzen, das den männlichen Gemeindemitgliedern Mitbestimmungsrechte einräumte. Die Ordnung galt vielen Zeitgenossen als Grundlage für «kirchlichen Konstitutionalismus» und wurde zum Vorbild für andere evangelische Kirchenordnungen.[70] Die preußische Generalsynode, die im August 1846 im Berliner Stadtschloss tagte, trug zu diesem kirchlichen Konstitutionalismus bei. Wie ein Jahr später im Vereinigten Landtag, der in der Parlamentarismusgeschichte viel Beachtung findet, und wie 1848 taten sich in der Generalsynode «alle Preußen» zusammen; die Synodalen forderten mehr Freiheit, mehr Verfassung, mehr Mitbestimmung. Anwesende verlangten parlamentarische Verfahren für die Synode und drängten auf die Öffentlichkeit der Verhandlungen. Einige liberale Synodale wie Alfred von Auerswald oder Maximilian von Schwerin-Putzar zogen ein Jahr später in den Vereinigten Landtag ein.[71] Zum kirchlich-zivilgesellschaftlichen Leben gehörten in anwachsendem Ausmaß auch Vereine. 1841 etwa wurde in Darmstadt der Gustav-Adolf-Verein gegründet, der einerseits Ausdruck der neuen Konfessionalisierung war, andererseits aber deutlich das wachsende Engagement der Bürger in der Politik und Öffentlichkeit zeigte.[72]

Eine neue Öffentlichkeit in Deutschland

Die Liberalen nutzten die Aufbruchstimmung und vernetzten sich über die Ländergrenzen hinaus. Dem lag einer der elementaren Prozesse seit Beginn des 19. Jahrhunderts zugrunde: der Aufstieg des Bürgertums – und eng damit zusammenhängend, wie das Problem der Eisenbahn gezeigt hatte, die Macht der Ökonomie. Mit der *Deutschen Zeitung* riefen badische Liberale wie Karl Mathy oder Friedrich Daniel Bassermann eine gesamtdeutsche Kommunikationsplattform ins Leben und gewannen Gleichgesinnte aus allen Teilen Deutschlands als Autoren und Berichterstatter, darunter Maximilian von Schwerin-Putzar, David Hansemann oder Heinrich von Gagern. Thema war immer auch die soziale Frage in Deutschland und Europa. Überhaupt wurden die politischen Geschehnisse im Ausland intensiv verfolgt, seien es die Parlamentsdiskussionen in Großbritannien oder Volksbewegungen in Italien. Die liberalen Eliten dachten oft im internationalen Maßstab. Die Revolution von 1848 aber war mit den vielfach identischen Forderungen in den verschiedenen nationalen Bevölkerungen auch ein europäisches Ereignis von unten.

Bei einem Treffen für die Deutsche Zeitung beschlossen Mathy und Hansemann, die liberalen Abgeordneten in den deutschen Parlamenten systematisch zu koordinieren. Über Absprachen sollte so eine gesamtdeutsche Politik gefördert und Druck auf die einzelnen Regierungen ausgeübt werden. Für den 10. Oktober 1847, kurz nach der Offenburger Versammlung, beriefen Hansemann, Mathy und Bassermann die Heppenheimer Tagung ein. Hier diskutierten die geladenen Abgeordneten, wie die Einheit Deutschlands und eine gesamtdeutsche Volksvertretung zu erreichen seien. Und weil es mittlerweile Mode geworden war, stellten sie gleich liberale Forderungen nach Pressefreiheit, Volksbewaffnung und Bekämpfung von «Verarmung und Not», wie es in einem Bericht in der *Deutschen Zeitung* hieß.[73] Dieser Artikel, der von anderen Zeitungen aufgegriffen wurde, sorgte für Aufsehen, und dem Verleger Bassermann war klar, dass erneut die Öffentlichkeit «den großen Unterschied zwischen dieser Zusammenkunft und den früheren» ausmacht.[74]

Die Krisenerscheinungen der 1840er Jahre, die schwelende soziale Frage, die Skandalisierung des Lebens in Armut, der sich intensivierende Zeitungsmarkt, das wachsende Selbstbewusstsein der Bürger, ihr Bedürfnis nach Versammlungen und ihr Selbstbewusstsein, sich diese Rechte herauszunehmen: All das führte zu einer neuen Öffentlichkeit und zu einer Welle der Demokratisierung schon vor der Revolution von 1848.[75] Die immer dichter werdende Vereinsarbeit, die bis in die unteren Schichten drang, trug wesentlich dazu bei. Die Männer in den Lesevereinen diskutierten über Politik, Volksschullehrer verstanden ihre Berufsvertretung zunehmend politisch, ebenso agierten Gesellen- und Arbeitervereine auch als Teil einer offenen Zivilgesellschaft. Vereinsmitglieder schätzten ihre Arbeit generell weniger als unpolitische Selbst-

Das Recht, gehört zu werden | 79

hilfeorganisationen ein, sondern vielmehr als ein zentrales Freiheitsrecht des Staatsbürgers, mit dem er Öffentlichkeit schaffen und die Gesetzgebung beobachten und diskutieren konnte. Vereine entwickelten sich zu Transmissionsriemen zwischen Gesellschaft und Staat.[76]

Die Bürger wollten nun reden, laut und öffentlich, sie wollten mitdiskutieren, sie wollten mitbestimmen. «Wir verlangen Preßfreiheit; das unveräußerliche Recht des menschlichen Geistes, seine Gedanken unverstümmelt mitzutheilen, darf uns nicht länger vorenthalten werden», hieß es in den Offenburger Forderungen schneidig. So sehr hatte sich die Welt in den letzten Jahrzehnten geändert – und wenn es um die alte Frage geht, was der Vormärz denn außer Repressionen gebracht habe: Es war diese neue Gesinnung. Es war ein Kommunikationsraum entstanden, der nationale Ideen von Einheit und gemeinsamer Volksvertretung ganz praktisch bestärkte.

Was sollte das aber bedeuten: ein gesamtdeutsches Parlament? Warum war die nationale Frage so wichtig? Als der badische Abgeordnete Friedrich Daniel Bassermann am 12. Februar 1848 in der zweiten Kammer in Karlsruhe erneut eine einheitliche nationale deutsche Repräsentation und Verfassung forderte, traf er den Nerv der Zeit, und heute sehen einige Historikerinnen und Historiker darin den Auftakt zur Revolution – noch bevor in Paris die Unruhen ausbrachen.

Nationale Kommunikation

Gewiss war die Februarrevolution in Frankreich ein entscheidender Anstoß für das aufbrechende politische Leben in Deutschland im Jahr 1848. Doch begleiteten oft selbst die progressiven und liberalen Beobachter die Vorgänge dort mit Skepsis. Die fortschrittliche *Vossische Zeitung* war erschüttert über die Nachrichten, die im Frühjahr aus Paris nach Preußen drangen: «Untreue und rohe Gewalt», damit lasse sich das «Revolutions-Drama» auf den Punkt bringen. «Nur das wissen wir leider, daß das Drama abermals ein blutiges gewesen, daß die Furie der Revolution – entfesselt – ihre Opfer gefordert.» Selbst vor Gewalt gegen Frauen habe man in Frankreich nicht zurückgeschreckt, hieß es am 3. März; noch dauerte es Tage, bis Nachrichten von der Seine bis an die Spree gelangten.[77] «Ihr wollt die Republik!», klagte die Zeitung am Folgetag über die Revolutionäre, doch diese müsse «natürlich geboren, sie muß eine Wahrheit sein», der «Weg des Gesetzes stand euch offen, es war der einzige den Ihr betreten durftet».[78] – Gewalt und Revolution, das war nicht die Sache des Bürgertums, und es lohnt sich, die zahlreichen Appelle in den Zeitungen, in denen zu Ruhe und «Frieden» gemahnt wurde, als genuinen Ausdruck der bürgerlichen Gemütslage zu verstehen.

Das Neue ließ nicht mehr auf sich warten. Bereits am 23. Februar hielt der Rechtsgelehrte und liberale Politiker Karl Theodor Welcker im badischen Parlament eine furiose Rede. Von dem Aufruhr im Nachbarland wird er da noch nichts gehört haben: «Wir halten die Zensur für staatsgefährlich.» Welcker beschwor die Ziele, die «das badische und das ganze deutsche Volk» im Sinn habe: die Verfassungsfrage und das Einigungsversprechen. Welcker drohte offen mit der Revolution, wenn den Deutschen nicht Freiheit und Einigkeit geschaffen werde. «Ich beschwöre die Regierung, den schändlichen, schmachvollen Zustand zu ändern, sonst ist die deutsche Nation genötigt, es zu tun; sie muß, wenn sie Ehre hat!»[79] Die Drohung mit der Revolution diente den Bürgern, die eigentlich der Gewalt abgeneigt waren, als Waffe gegen die Obrigkeit.

Mit Zeitungen, Versammlungen, mit großem Hallo und Massendemonstrationen von Stadtbürgern, Gesellen, Arbeitern, Studenten und Bauern formierte sich die Öffentlichkeit. Immer öfter wurden die Forderungen nach Pressefreiheit und Menschen- und Bürgerrechten, nach einer gesamtdeutschen Nationalversammlung, nach der Neuordnung des Justizwesens und nach der «Volksbewaffnung» laut.[80] «Eine ungeheure Revolution hat Frankreich umgestaltet», hieß es in der Mannheimer Petition vom 27. Februar. «Ein Gedanke durchzuckt Europa. Das alte System wankt und zerfällt in Trümmer. Allerorten haben die Völker mit kräftiger Hand die

Rechte sich selbst genommen.»[81] Die zweite Kammer des Badischen Landtags, schon lange der Raum der dynamischen Reden all der großen Liberalen, übernahm die Forderungen der Protestierenden, die dann als die Märzforderungen in die Geschichte eingingen. Und der badische Großherzog lenkte ein.[82]

Am 1. März 1848 beschwor der Deutsche Bund vorsorglich die Einheit («innigste Eintracht unter allen deutschen Stämmen»). Die nationale Einheit wurde zu einer der wichtigsten Forderungen in der Revolution.[83] Schleswig und Holstein nutzten die nationale Euphorie und setzten sich im März 1848 von Dänemark ab – der einzige Fall, in dem es in Deutschland zur Ablehnung der herrschenden Dynastie kam. Die Erhebung führte zum Krieg gegen Dänemark, der die psychologische und physische Gewalt der nationalen Frage offenbarte und in der Folgezeit die deutsche Öffentlichkeit zutiefst erregte.

Ungeliebte Barrikaden

Der Aufbruch ergriff die Menschen. Das Wetter in diesem Frühling 1848 war strahlend und festlich, das Neue lag in der Luft. Ein «heiliges Jahr der Freiheit: 1848», ein Jahr des «Heils», erinnerte sich später Louise Otto-Peters.[84] Zumeist blieb es vorerst beim Jubeln und Rufen, bei Festzügen und Gesängen; nur selten brach Gewalt auf. Württembergs König Wilhelm I., der zwar Reformen in seinem Land vorantrieb, sich aber zugleich gerne als letzter Absolutist präsentierte, lenkte wie sein Nachbar in Baden schnell ein und gab den liberalen Forderungen nach. Preußen erreichten die Unruhen am 3. März, zuerst im Westen. Tausende Menschen versammelten sich vor dem Kölner Rathaus und formulierten radikale Forderungen: das «allgemeine» Wahlrecht (für Männer selbstverständlich), «Schutz der Arbeit» und die «Sicherstellung der menschlichen Bedürfnisse». Einer der Anführer, der Armenarzt Gottschalk, ein Mitglied des geheimen «Bundes der Kommunisten», war sich der Tatsache wohl bewusst, dass viele Menschen in der Stadt noch hungerten.[85] Die soziale Sicherheit und die Zurückdrängung des

2. Inklusion und Exklusion

«Capitals» gehörten nicht zum Kern der Märzforderungen, doch sie tauchten immer wieder auf. Überall verfassten die Bürger «Adressen» an die Obrigkeit. Petitionen standen für das neue Gefühl, ein Recht auf Mitsprache zu haben, ein Recht darauf, gehört zu werden. Dieses Rechtsgefühl ist eine von vielen Wurzeln der Demokratie, und die Petitionen gehören zu jenen Praktiken, die Demokratie für breitere Schichten erfahrbar machten. Allein im Rheinland folgten auf eine Petition mit den Märzforderungen in den folgenden Tagen rund sechzig weitere Bittschriften. Die Hamburger wiederum verfassten eine Petition für «gleiche politische Berechtigung aller Staatsangehörigen, öffentliche Verhandlungen der erwählten Abgeordneten und freie Presse». Wie in Bremen zwang dann eine Großdemonstration den Hamburger Senat zum Einlenken. In Crimmitschau in Sachsen hieß die Losung: «Preßfreiheit, Schwurgerichte, Volksbewaffnung, freies Versammlungsrecht, allgemeines Stimmrecht, Einkammersystem, deutsches Parlament».[86] Die Arbeiter wurden von den Zeitungsredakteuren eindringlich dazu aufgefordert, weder «falschen Versprechungen» noch Gerüchten von Entlassungen zu glauben.

Überall zeigte sich die Abneigung der Bürger gegen Gewalt. Noch immer galt, was Redakteure der *Rheinischen Allgemeinen Zeitung* erklärt hatten: «Selten waren Revolutionen notwendig, noch seltener rechtmäßig und am allerseltensten wohltätig in ihren nächsten Wirkungen. [...] [V]iele Revolutionen erreichten gerade das Gegentheil von dem, was sie erreichen wollten.» Frankreich habe durch seine Revolution nicht Freiheit, sondern letztlich Napoleons Despotismus errungen.[87] Revolution stand für Gewalt, für die Missachtung der Körper und der Menschenwürde, für Rechtlosigkeit – gegen so vieles, was die Anfänge der Demokratie prägte.

Und doch brachen im März 1848 die viel besungenen Barrikadenkämpfe in Berlin aus. Etwa 470 Menschen starben. Diese Straßenschlachten zählten europaweit zu den gewalttätigsten Ausschreitungen des Revolutionsjahres überhaupt. Das aber wollten die Bürger nicht. Welchen Weg wäre Deutschland ohne die physische Eskalation gegangen? Später trug die Erinnerung an die Gewalt und die Toten und an die Demütigung des Königs, als er bei ihrer Aufbahrung Spalier stehen musste, wesentlich zur Restauration bei. Die Revolutionsfurcht kann zu präventiven Reformen antreiben, aber auch durch Zukunftsangst und durch sie hervorgerufene Repressionen demokratisches Leben behindern.

Bei den Märzaufständen in Berlin 1848 zählte man elf tote Frauen unter den etwa 270 toten Bürgern. Müssen Frauen nicht stärker in den Revolutionsgeschichten berücksichtigt werden? Sicher ist, dass Frauen eine Minderheit blieben – während Arbeiter und Handwerker den Großteil der Barrikadenkämpfer bildeten.[88] Dass Revolutionen, insbesondere die Französische Revolution, den Frauen zugutegekommen wären, gehört zu den Revolutionsmythen des 20. Jahrhunderts. Den französischen Revolutionären war schnell klar geworden, wie wenig ihnen politisierte Frauen nutzten, ja wie delegitimierend sie in ihrem heroischen Konzept der Republik wirkten. Sie verboten die Frauenclubs, die allerdings ohnehin nur von einer kleinen Minderheit getragen worden waren und von den meisten Zeitgenossen als bedeutungslos eingeschätzt wurden.[89] Schnell stutzten die Männer die aufkeimenden emanzipatorischen Bestrebungen auf die alten Ideale zurück, diesmal mit rousseauscher-revolutionärer Einfärbung: Die Frau sollte die Kinder im Sinne der Revolution erziehen und die Barrikadenkämpfer pflegen.[90] Die Forderung der Schriftstellerin Olympe de Gouges nach gleichen Rechten für alle konnten die Revolutionäre leicht ignorieren; das hatte nichts mit ihren revolutionären Interessen und Welten zu tun.

Auch 1848 erkannten die Revolutionäre schnell, wie wenig Nutzen sie aus dem politischen Engagement der Frauen ziehen konnten.[91] Gerade in den umstürzenden Zeiten der Revolution diente die überkommene Geschlechterordnung als Anker. So verbanden und pflegten die Frauen auch 1848 die Revolutionäre weit häufiger, als dass sie selbst auf den Barrikaden standen. Wie schon während der Befreiungskriege gründeten Frauen wohltätige Vereine, sammelten Spenden für Freiheitskämpfer und Emigranten, nähten die Blusen der Freischärler und unterstützten politische Gefangene.[92] Frauen blieben die «Schmückerinnen männlichen

2. Inklusion und Exklusion

Tuns», ihr Beitrag lag in der «Unterstützung revolutionären Männermuts», so das Urteil der Historikerin Susanne Asch; letztlich habe «die kurze Zeit der Revolution nur eine Manifestierung und pathetische Überhöhung des Geschlechterverhältnisses» hervorgebracht.[93] Französische Revolutionäre präsentierten sich auch in der Mitte des 19. Jahrhunderts mit neuem Selbstbewusstsein in der Öffentlichkeit; später ließen sich Kämpfer mit der neuen Fotografietechnik als Helden auf Barrikaden abbilden und demonstrierten, wie intim die revolutionäre Ideenwelt mit männlicher Körperlichkeit verknüpft war.[94] Physische Gewalt kommt Frauen selten zugute, wahrscheinlich gilt dies auch für revolutionäre Gewalt.

Und doch: Auf die Fürsten wirkte Gewalt wie Dynamit. Sie beriefen neue Kabinette, die Märzministerien, in denen zumeist deutschlandweit bekannte Liberale das Heft der Regierung in die Hand nahmen wie der Kaufmann David Hansemann oder der liberale Junker Maximilian von Schwerin-Putzar in Preußen oder Heinrich von Gagern in Hessen.[95]

Die federführenden Akteure dieser Geschichte blieben die gebildeten Bürger, auch wenn sie die Barrikadengewalt nicht hatten verhindern können. Am 5. März 1848 trafen sich 51 führende Liberale und Demokraten in der Universitätsstadt Heidelberg. Von Struve bis Hansemann waren alle fortschrittlichen politischen Lager vertreten. Es war ein privates Treffen, ohne jegliche Legitimation. Doch die Bürger sorgten dafür, dass innerhalb von nur zehn Wochen überall in Deutschland Wahlen stattfanden und eine verfassungsgebende Nationalversammlung zusammentreten konnte.[96] Die Versammlung wählte den Siebenerausschuss, der die Notwendigkeit von Wahlen für ein nationales Parlament wiederholte und die Einladungen zum Vorparlament aussprach. Zu den 574 Geladenen des Vorparlaments gehörten die ehemaligen und gegenwärtigen Mitglieder der deutschen Landtage – was erneut ein Licht auf den hohen Legitimationsfaktor auch der preußischen Provinziallandtage wirft. Doch auch führende Politiker, die keine Abgeordneten waren, wie Robert Blum oder Johann Jacoby, erhielten eine Einladung.

Für die Radikalen war die Aussicht auf Wahlen und ein Parla-

Friedrich Hecker in Stulpenstiefeln und mit dem sogenannten Heckerhut. Holzschnitt, Juli 1848

ment unbefriedigend, und sie konnten sich auch im Frankfurter Vorparlament nicht durchsetzen, das vom 31. März bis 4. April tagte. Dort scheiterten sie wieder und wieder mit ihrem Programm zur «Aufhebung der erblichen Monarchie» gegen die Mehrheit der Liberalen. Diese blieben bei ihrer Doppelstrategie, die maximale Legitimation in den legitimatorisch immer prekären revolutionären Zeiten garantieren sollte: Ihre Initiativen sollten stets im Einklang mit dem Bundestag durchgeführt werden, der von den Fürsten anerkannt war. Die Radikalen hingegen wollten den Bundestag als undemokratisches Fürstengremium entmachten. Sie

2. Inklusion und Exklusion

wurden dann nicht in den Fünzigerausschuss gewählt, der als maßgebliches Gremium die Zeit bis zum Zusammentritt der gewählten Nationalversammlung überbrücken sollte. Wahrscheinlich war dieses Vorgehen nicht klug und trug wesentlich dazu bei, dass die Radikalen zur Gewalt griffen. «Wer in Frankfurt Gremienarbeit verrichtet, marschiert nicht in Stulpenstiefeln auf Donaueschingen», kommentiert der Historiker Frank Lorenz Müller – auf den populären Stil Friedrich Heckers anspielend, mit dem dieser im April seinen gewalttätigen «Heckerzug» in Baden antrat.

Friedrich Hecker im verwegenen Räuber-Look mit Bart, Pistolen und Feder am Hut wurde zum Inbegriff des revolutionären Demokraten. Wie stark hat dieses Männerbild auf die Demokratisierung gewirkt? Dem männlichen Auftritt Heckers entsprach sein bürgerliches Frauenbild. An seiner Ehefrau Marie Josefine lobte er die Fähigkeit, ihm «in ungetrübtem häuslichem Glück so oft Ruhe und Ersatz nach den Kämpfen im öffentlichen Leben» geboten zu haben.[97] Im Heckerlied, das die Menschen auf ihn sangen, klingen nicht nur seine Liebe zur Idee der Republik und seine Gewaltbereitschaft an, sondern auch das misogyne Motiv der Fürsten-Konkubine als Ursprung allen Verderbens: «Schmiert die Guillotine/ Mit Tyrannenfett!/ Schmeißt die Konkubine / Aus des Fürsten Bett!»

Nation

Eine der vornehmsten Aufgaben der Märzministerien war die Organisation der Wahlen zur Nationalversammlung, denn der gesamtdeutsche Bundestag hatte am 7. April 1848 ein Wahlgesetz beschlossen, das die Organisation der Wahlen den Einzelstaaten überließ. Mit Einschränkungen in manchen deutschen Ländern sollten alle deutschen Männer mit dieser starken doppelten Legitimation durch den fürstlich dominierten Bundestag in Frankfurt und durch die Einzelstaaten ein Parlament wählen, das für das ganze «Vaterland» eine Verfassung erarbeiten würde. Der alte liberale Wunsch sollte seine Erfüllung finden. Nation und Parlament – das waren Zwillinge, eines nicht ohne das andere denkbar. Und ohne Nationalismus hätte es kaum Demokratisierung geben können.

Die Gleichmacherin Nation

Tatsächlich wirkte Nation als Gleichmacherin.[98] Und dass Demokratie keine Sache der Eliten blieb, sondern zu einer Volksaffäre wurde, hing wesentlich mit der Idee «Nation» zusammen. Nicht zufällig hatte die kurzlebige polnische Verfassung vom 3. Mai 1791, die erste in Europa, die Idee der Gleichheit in Form der «Nation» bewahrt, von der «jede Gewalt» auszugehen habe. Mit der Nationalidee breitete sich daher das «suffrage universel» aus – für Männer, denn auf sie waren Nation, wehrhafte Bürgerschaft, öffentliche Kommunikation, die ganze «Gleichheit» zugeschnitten. Das patriarchale Staatsverständnis wich nun in vielem einer fraternalistischen Rhetorik, in der wie schon in der Französischen Revolution die Brüderlichkeit beschworen wurde.[99] Nation schenkt Identität, Zugehörigkeit, in gewisser Weise Geborgenheit. Ohne nationale Identität wäre das Parlament nicht praktikabel gewesen, denn die Wählenden und Repräsentierten mussten eine Gemeinschaft bilden, um dem ganzen Sinn zu geben. Es ist bemerkenswert, wie gut die nationale Konstruktion funktionierte und wie wenig sie bis heute an Attraktivität eingebüßt hat. Zugleich bedeutete das Konzept aber auch Exklusion aller, die nicht zur Nation gehörten.[100] Ein Parlament konnte nicht die Menschheit vertreten; rein praktisch war das nicht möglich, und auch ideell gab es dafür keine Grundlage.

2. Inklusion und Exklusion

Wahleuphorie

Je näher der Wahltermin im Mai rückte, desto erregter wurde die Stimmung: Aufruhr und Freude, Protest und Feierlaune wechselten einander ab. Eine regelrechte «Wahlschlacht» sah die *Vossische Zeitung* im Gange.[101] In manchen Staaten hatte erstmals die Mehrheit der Landbevölkerung die Möglichkeit der Stimmabgabe. Die Männer stritten sich darum, in ihrem Dorf die Abstimmungen abhalten zu dürfen.[102] Dann kamen im April und Mai die Wahlen, an denen erstmals ein Großteil der Männer ein deutsches Parlament wählen konnte, und zwar nach einem gleichen und geheimen Wahlrecht. In den wenigsten Staaten wurden wie in Württemberg oder Kurhessen die Abgeordneten direkt gewählt, sodass Honoratioren einen beträchtlichen Einfluss bekamen. Häufig waren die vom Volk gewählten Wahlmänner, die dann in einem zweiten Wahlgang die Abgeordneten wählten, beliebte und angesehene Persönlichkeiten wie Theodor Fontane oder Rudolf Virchow. In Preußen erklärten der Monarch und sein Staatsministerium den Wahltag offiziell zum Feiertag.[103] Kirchenglocken riefen die Männer im Frühjahr 1848 an die Urne.

Die Abstimmung in Form einer Zusammenkunft sollte als Zeichen der Einheit und Zugehörigkeit gelten, und die Gesetzgeber verwiesen darauf, wie wichtig bei den Wahlen «die Feierlichkeit einer öffentlichen Versammlung» sei.[104] Die Zeitungen konstatierten allenthalben, dass die Wahlen «von der größten Ruhe und Ordnung begleitet» waren.[105] Wahlen als Gegenprogramm zu den Barrikaden und zur Gewalt, das würde sich weiterhin durch die Demokratiegeschichte ziehen. Freilich war das doch oft auch die Wunschvorstellung. Es gab viele zornige junge Männer, die unter fünfundzwanzig Jahre alt und nicht stimmberechtigt waren. Sie hatten sich die Veränderung der Welt klarer vorgestellt, weniger kompliziert über Wahlen und Repräsentation. Während die Bürger sich am 1. Mai zu den Wahlversammlungen trafen, zogen viele junge Männer protestierend durch die Stadt, «petirten» in der Öffentlichkeit und beim Magistrat, zuweilen demolierten sie Geschäfte.[106]

Mitbestimmung gestaltete sich nicht mehr als ein Akt der Honoratioren, und die Männer saßen nicht länger gelangweilt mit Ballotage-Kugeln und Predigt in Kirchenbänken. «Aufruf an Aufruf drängt sich im lieben Vaterland, Versammlung auf Versammlung wird gehalten, um allen Klassen der Gesellschaft den Ernst und die Wichtigkeit [...] an das Herz zu legen», warb im *Augsburger Tageblatt* ein Kandidat 1848 am Tag vor den Wahlen. «Mit Stolz soll jeder Deutsche auf eine Versammlung blicken, die der reife Volkswille bestellte», hieß es weiter.[107] Am Wahltag selbst hieß es in der *Neuen Zürcher Zeitung*: Gegen die großen Ereignisse der letzten Wochen wirke die «Geschichte mancher Jahrhunderte» wie nichts. «Die Völker treten nun an die Stelle der Fürsten!», und diese Errungenschaft werde «schwerlich je wieder verloren gehen».[108] Auf dem Münchner Rathaus wurde am Wahlmorgen die schwarz-rot-goldene Fahne gehisst.[109] Überall galt das Wahlgeheimnis, denn die Stimmabgabe zielte auf die freie Meinungsäußerung des selbständigen Individuums.

Die Paulskirche, das deutsche Parlament

Es war ein großes Werk, das die politische Tradition in Deutschland wesentlich prägen würde: die Verfassung von 1849. Noch nach Jahrzehnten erinnerten sich die Bürger voller Sehnsucht an das Parlament in der Frankfurter Paulskirche – das war ihre Affäre. Damit verbanden sie 1848, nicht mit den Barrikaden. Es war ein bildungsbürgerliches Parlament – was denn sonst? Die Honoratioren waren die Träger der parlamentarischen Idee, hatten sie vorangetrieben – sie besaßen die Bildung, um die Ideen von Parlament und Präsentation zu verstehen und zu propagieren. Über 50 Prozent der Abgeordneten waren Beamte und fast jeder zweite ein Jurist, doch blieben die Herren nicht im geistesaristokratischen Elfenbeinturm.[110]

Die Eröffnung der Nationalversammlung erregte Aufmerksamkeit, und alle Zeitungen berichteten von dem großen Tag. Frauen saßen als Zuhörerinnen im Parlament. Sie durften wie die Männer

2. Inklusion und Exklusion

Sitzung der Nationalversammlung in der Frankfurter Paulskirche, 1848. Lithographie nach einer Zeichnung von Leo von Elliot

in der Galerie sitzen und erhielten auf der linken Seite zusätzlich eine eigene Damensektion. Die Plätze waren begehrt. Bei Konservativen rief die Gegenwart des anderen Geschlechts im Parlament Sorgen hervor: «Die Karten zur Damentribüne [...] erlangten fast größere Gunst als die österreichischen und preußischen Staatspapiere», schrieb ein katholischer Pfarrer aus Südtirol, und dann saßen die Frauen ja ausgerechnet hinter den linken Abgeordneten (die jünger und schöner waren, wie mancher Journalist bemerkte): «Diese rührende Einigung der Frauen mit dem Urwalde schöner Bärte auf der Linken ist wohl das prophetische Vorbild der Einheit Deutschlands.»[111] Die zumeist bürgerlichen Frauen berichteten begeistert von den Reden und von der Politik in Briefen und Tagebüchern und von den Welten, die sich ihnen hier eröffneten.

Die Abgeordneten in der Paulskirche hatten gute Gründe, sich nicht dem politischen Alltagsgeschäft zu widmen, sondern sich zunächst etliche Monate mit den Grundrechten zu befassen.[112]

Denn diese – verabschiedet am 20. Dezember 1848 – sollten mit dem Reichsbürgerrecht für jedermann die nationale Einheit sicherstellen. Die Verfassungsväter planten Deutschland als einen Bundesstaat, wobei das Vorbild der USA für die meisten eine wichtige Rolle spielte.[113] Die Freiheitsrechte trugen mit zur «stupenden Modernität» der Paulskirchenverfassung bei, so der Jurist Horst Dreier.[114] Sie setzten einen neuen Standard.[115] Sie sollten dafür sorgen, dass kein Deutscher mehr durch obrigkeitliche Willkür bedrängt werden konnte – eine Lehre aus den vergangenen Jahrzehnten. Das Feudalsystem und der Polizeistaat sollten ein für alle Mal beendet werden. Die Religionsfreiheit garantierte auch den Juden in ganz Deutschland gleiche Bürgerrechte. Zudem sollte das neue Recht die Eigentumsrechte sichern, und in den Paragraphen 8 und 9 hieß es: «Die Freiheit der Person ist unverletzlich. Die Todesstrafe [...] sowie die Strafen des Prangers, der Brandmarkung und der körperlichen Züchtigung sind abgeschafft.» Dass Frauen in der deutschen Sprache nicht mitgemeint waren, bedurfte keiner Erwähnung: Die «Wehrpflicht» sollte für «alle gleich» sein (§ 7), «Wissenschaft und Lehre» wurden für frei erklärt (§ 22), und es stehe jedem zu, «seinen Beruf zu wählen und sich für denselben auszubilden, wie und wo er will» (§ 28). Selbst die grundlegenden Rechte wie die Meinungs- und Versammlungsfreiheit (§ 13), aber auch die Unverletzlichkeit des Eigentums (§ 32) besaßen für Frauen allenfalls eingeschränkte Gültigkeit. Diese Feststellung ist keine moralische Verurteilung. Der Ausschluss der Frauen war eine Selbstverständlichkeit, die in der Geschichtsschreibung jedoch nicht unreflektiert reproduziert werden sollte.

Der Sozialstaat spielte in den Grundrechten keine Rolle. Die liberalen Bürger konnten sich mit der Ansicht durchsetzen, dass bei aller Bedeutung der sozialen Frage eine Festschreibung von Regulierungen in den Grundrechten eine Einschränkung der Freiheit bedeutet hätte.

Das Verhältnis von Staat und Kirche schließlich wurde nicht laizistisch, sondern gemäßigt geregelt, was der allgemeinen Religiosität der Bevölkerung Rechnung trug. Die Kirchen behielten die Aufsicht über den nach wie vor maßgeblichen Religionsunterricht

2. Inklusion und Exklusion

und konnten kirchliche Schulen einrichten. Gerade die religiösen Fragen erhitzten die Gemüter außerordentlich und besaßen für viele Männer und Frauen wesentlich größere Bedeutung als etwa die Frage nach dem Wahlrecht oder nach der Feudalordnung. Dennoch wurde die Trennung von Staat und Kirche vorangetrieben: Auch die evangelischen Kirchen wurden weitgehend selbständig, es gab nun die Möglichkeit der Zivilehe, und die Schulaufsicht ging grundsätzlich an den Staat.[116] Die konfessionelle Frage spielte immer wieder entscheidend in die demokratischen und parlamentarischen Entwicklungen in Deutschland hinein, sei es etwa bei der Frage, wie Liberalismus und Volkspartizipation zu bewerten seien, oder bei der Definition der deutschen Nation: War die großdeutsche Lösung mit Österreich vorzuziehen, wozu die Katholiken tendierten, oder die kleindeutsche Lösung mit einem protestantischen preußischen Monarchen an der Spitze?[117]

Zu den unstrittigen Vorannahmen der Paulskirche gehörte neben der Tatsache, dass der deutsche Staat auf einer Verfassung gründen sollte, auch das Weiterbestehen der Monarchie. Nur wenige Radikale wollten die Monarchie abschaffen, und nur in Südwestdeutschland stieß diese Vision in Teilen der Bevölkerung auf Zustimmung. Ansonsten plädierten selbst Republikaner für eine «monarchische» Republik. Ein Kaisertum sollte es sein, weil ein Kaiser über den Königen stand, die es ja schon gab, aber wohl auch, weil die Mittelalternostalgie schick war und der Kaiser schließlich ein Gewählter sein würde – womit sich das Feld der Zustimmenden ausweitete. Nur wenige Schritte von der Paulskirche entfernt hatten im Alten Reich die Feierlichkeiten der Kaiserwahl stattgefunden. Aber sollte es tatsächlich ein Wahlkaisertum sein, das zwischen Österreich und Preußen abwechselte, oder ein Erbkaisertum?

Hier drängte sich die Frage nach Großdeutscher oder Kleindeutscher Lösung dazwischen. Das Problem wurde nicht zuletzt deshalb nahezu unlösbar, weil die Habsburgermonarchie mit ihren vielen Ländern und Ethnien, die zur Hälfte außerhalb des Deutschen Bundes lagen, sich nicht in ein nationales Schema fügen konnte. Eine großdeutsche Lösung musste – wie schon bei den

Wahlen zur Nationalversammlung – zu einer Trennung innerhalb der österreichischen Länder führen, denn Deutschland sollte ein Nationalstaat mit gleichen deutschen Bürgern werden. Die Alternative wäre ein Hegemonialreich gewesen mit vielen Millionen Nicht-Deutscher, ohne Parlament, beherrscht von einem Direktorium. Das wollte man mehrheitlich nicht.

Vielfältige Hoffnungen und Widersprüche im Aufbruch

Die gebildeten Bürger dominierten das Parlament. Doch seit März 1848 organisierten sich immer mehr Arbeitervereine. Ihr zentrales Thema war die Lösung der sozialen Frage. Im Sommer 1848 bildete sich in Berlin der Verband der «Arbeiterverbrüderung», dem sich bis 1849 170 Vereine mit 15 000 Mitgliedern anschlossen.[118] Ein deutscher Handwerker- und Gewerbekongress trat im Juli 1848 in Frankfurt zusammen. Die Meister formulierten ihre Wünsche für die Nationalversammlung und verdeutlichten damit die unterschiedlichen Motivlagen von 1848: Sie wiesen die neuen Freiheiten des Gewerbes und des Handels zurück, erklärten die Zünfte zum Heilmittel und positionierten sich scharf gegen Industrie und Kapitalismus.[119] Es war ein Schrei gegen Veränderung, gegen Deklassierung, gegen die «Republik». Gleichwohl war auch für diese Handwerksmeister das neue Rechtsgefühl wichtig, dass ihre Stimme zählte, dass sie nun gehört werden mussten und zur Lösung jener Fragen beitragen wollten, die für sie entscheidend waren: ökonomische und soziale Anliegen. In den zahlreichen Petitionen der Zeit wird deutlich, dass darin für viele die entscheidenden Probleme lagen.[120] In diese Tradition lässt sich auch die Gründung des «Central-Ausschusses für Innere Mission» im Jahr 1849 einordnen, der die zahlreichen evangelischen Hilfsvereine organisatorisch bündeln sollte. Die Innere Mission war ein gesamtdeutsches Projekt der protestantischen Zivilgesellschaft, das die soziale Frage als urchristliches Anliegen verstand und mit ihrer kritischen Interpretation der Revolution von 1848 einem breiten Teil der Gesellschaft eine Stimme verlieh.[121]

2. Inklusion und Exklusion

Worum aber ging es den unteren Schichten? Soweit sie sich artikulierten und soweit die Quellen es überhaupt ermöglichen, dass wir ihre Stimme hören, ging es ihnen um bessere Lebens- und Arbeitsbedingungen. Bezeichnend für die divergierenden Interessen von Bürgern und unteren Schichten ist ein Missverständnis, das sich in ganz Deutschland in der ländlichen Bevölkerung beobachten ließ: dass die verheißene «Pressfreiheit» die Abschaffung aller Lasten und Pflichten gegenüber den Gutsherren bedeuten würde.[122] Diese Fehldeutung, die erweiterte Meinungsfreiheit mit Arbeitsentlastung verwechselte, ist geradezu symbolisch für die unterschiedlichen Ziele, die bürgerliche Nationalisten und hungrige Tagelöhner mit den Wahlen verbanden.

Politik bedeutete gerade für die Männer und Frauen auf dem Land einen bewussten Umgang mit Hunger und wirtschaftlicher Not – das trieb sie auf die Straßen. Wahlen oder parlamentarische Arbeit standen noch kaum in ihrem Fokus. Immer mehr Landarbeiter lebten ohne eigenen Grund und Boden und blieben damit jeder Laune des Wetters und des Grundherrn ausgeliefert. Das alte Handwerk befand sich im Niedergang. Die Empörung der Armen richtete sich 1848 gegen die lokalen Autoritäten, die Landräte, Dorfschulzen, Gutsherren, Besitzbürger. Wie in Frankreich und anderen kontinentaleuropäischen Staaten kam es auch in Deutschland zu gewalttätigen Aufständen der ländlichen Bevölkerung.[123]

Zahlreiche Propheten und Idealisten zogen 1848 durch die Städte und übers Land, um für ihre Sache und ihre Wahl zu werben. Sie hielten aufwühlende Ansprachen, verteilten Flugblätter mit Zukunftsversprechen und stellten häufig die Autorität der Gutsbesitzer in Frage. «Wie ein Lauffeuer verbreitete sich über ganz Pommern das Gerücht», erinnerte sich ein Gutsbesitzer, «dass jeder Tagelöhner drei Morgen Acker, einen Morgen Wiesen, dazu Wohnung, Garten, freie Weide für eine Kuh, drei Schafe und vor allen Dingen für seine geliebten Gänse erhalten solle, und es wurde fest geglaubt […], dass alle Pächter hinfort Eigentümer werden sollten.»[124]

Das Parlament in Frankfurt setzte mit der Verfassungs- und Nationalpolitik andere Prioritäten, und die Mehrheit der Abgeordneten plädierte für Freiheiten, für Wettbewerb und Industrie.[125] Der große Bereich der Sozialpolitik galt hier kaum als ein Thema des politischen Systems. Durch das Engagement von Bürgern und Bürgerinnen und durch den Druck der Arbeiter- oder Frauenbewegung sollte sich das zunehmend ändern.

Das Wahlrecht der Paulskirche von 1849

Bemerkenswert ist das weite Wahlrecht, das die Paulskirche für die Zukunft entwarf, obwohl die dominierenden Liberalen kein allgemeines und gleiches Wahlrecht wünschten, sondern von der Unfreiheit der Unselbständigen ausging. Tagelöhner und Fabrikarbeiter, Hausgesinde und Handwerksgesellen seien durch die soziale Abhängigkeit zu keiner freien Stimmabgabe in der Lage, die jedoch die Voraussetzung für die ganze Idee des Wählens sei. Das «allgemeine Wahlrecht», wie es in Anlehnung an das «suffrage universel» genannt wurde, könne zu einer Tyrannei der Mehrheit und über Demagogen zu einer Despotie führen. Napoleon III. bestätigte diese Ängste, als es ihm 1852 gelang, mit einem Plebiszit den «Volkswillen» zur Abschaffung der Republik und zur Thronerhebung zu zwingen. Es war daher unterschiedlichen taktischen Überlegungen zu verdanken, als am 2. März 1849 eine Mehrheit im Frankfurter Parlament trotz dieser Bedenken das allgemeine, gleiche, direkte und geheime Wahlrecht annahm. Teilweise stimmten Anhänger der großdeutschen Lösung dafür, um dem preußischen König eine Annahme der Krone unmöglich zu machen, andere hofften auf die Undurchführbarkeit dieses Wahlgesetzes. Nicht zuletzt war es ein Kompromiss, um auch die linken Kräfte einzubinden.

Nachdem Österreich darauf beharrt hatte, nur als Gesamtreich mit deutschen und nichtdeutschen Staaten einer Einheit zuzustimmen, lag die kleindeutsche Lösung, eine Einheit ohne Österreich, auf dem Tisch. Die Parlamentarier in Frankfurt entschieden sich für einen Kompromiss, um ihr Projekt zu einem guten Ende zu bringen: Sie wählten einen Kaiser, und der Erwählte sollte der erste in einem Erbkaisertum sein. Wenig symbolisiert so stark die Entwicklungen und Demokratisierungsprozesse in Europa in der Mitte des 19. Jahrhunderts wie dieser von einem Parlament gewählte Erbkaiser. Angetragen wurde die Krone dem preußischen König. Beide preußischen Kammern stimmten zu. Doch der preußische König Friedrich Wilhelm IV., der Romantiker und Konservative, lehnte ab. Er hing an seinem Gottesgnadentum, das ihm unvereinbar schien mit einer Parlamentskrone. Von diesem Schlag konnte sich das parlamentarische Projekt nicht mehr erholen.

Die Verfassung wurde von der Nationalversammlung am 28. März 1849 in Kraft gesetzt und von 29 Staaten anerkannt, darunter allerdings weder Österreich noch Preußen, weder Bayern noch Sachsen. Als Preußen am 14. Mai seine Abgeordneten zurückzog, hatten die meisten Österreicher das Parlament bereits verlassen. Das «Rumpfparlament» versammelte sich am 30. Mai in Stuttgart, wo es sich im Folgemonat allmählich auflöste.

Revolutionäres Nachspiel

Im Frühjahr 1849 kam es zur radikalen Mairevolution. Viele wollten die Paulskirche verteidigen, das wurde hier deutlich, aber letztlich blieben es Minderheiten, die zum bewaffneten Kampf gegen die Obrigkeit bereit waren. In der Pfalz konnte eine provisorische Regierung proklamiert werden, von überall her strömten radikale Linke und Freischärler. Doch Anfang Juni schlugen preußische Truppen den Aufstand nieder. Das Landvolk hatte sich kaum mit der revolutionären Sache identifiziert, was wesentlich zu ihrem Ende beitrug.[126]

In Dresden war es schon am 3. Mai 1849, nach der Auflösung des Sächsischen Landtags, zum Aufstand gekommen, und auch hier organisierten die Revolutionäre eine provisorische Regierung.[127] Bekannt wurde der Aufstand nicht zuletzt durch die Beteiligung Richard Wagners, Gottfried Sempers und eines russischen Revolutionärs: Die Aufständischen, so schrieb wenige Jahre später Friedrich Engels, «fanden einen fähigen, kaltblütigen Führer in dem russischen Flüchtling Michail Bakunin».[128] Er habe, wie Richard Wagner berichtete, «immer nur auf Zerstörung und wieder Zerstörung» gesonnen.[129] Die intensive Erinnerung an die Erzählung von der Revolution mit den drei großen Männern ist bemerkenswert und offenbart das Verhältnis von Revolution und Männlichkeit in besonders plastischer Weise. Preußische Truppen kamen schließlich auch dem sächsischen Militär zu Hilfe und erstickten vom 7. bis 9. Mai die Revolution.

In Baden organisierten sich zum Jahreswechsel 1848/49 35 000 bis 50 000 Demokraten in Volksvereinen, so dass etwa jeder zehnte badische Mann ein Mitglied war. Hier war die Revolution bis weit nach unten gedrungen. Unter der Leitung des Revolutionärs Amand Goegg trafen sich im Mai 1849 in Offenburg die Mitglieder des Volksvereines. Ihr Ziel war kein geringeres als die Ausrufung der Republik.[130] Doch anders als die Obrigkeit befürchtete, kam es weder zu Ausschreitungen noch wollte die Mehrheit der Männer die Abschaffung der Monarchie.[131] Nun strömten die Revolutionäre aus der Pfalz, aus Sachsen und aus der Emigration nach Baden. Und obwohl die badische Regierung die Reichsverfassung angenommen hatte, entzündete sich der Radikalismus, und es kam zu revolutionärem Terror. Die Niederschlagung des Aufstands durch preußische Truppen, die bis zum 23. Juli 1849 dauerte, war brutal. Den Festgenommenen drohten Todesstrafen, Hochverratsprozesse und Zuchthaus.[132]

Für die Mehrzahl der Menschen blieb auch in der Zeit von Verfassungen und Parlamenten die soziale Frage drängend, explosiv, gefährlich. Sie durchzog die ganze Gesellschaft: wegen konkreter materieller Not in den unteren Schichten und wegen des zunehmenden Gefühls, dass die erlittene Not ein Unrecht sei, wegen der Skandalisierung insbesondere durch das Bürgertum, das sich zunehmend in der Verantwortung fühlte. Louise Otto forderte in Sachsen die Regierung auf: «Meine Herren – wenn Sie sich mit der großen Aufgabe unserer Zeit: mit der Organisation der Arbeit, beschäftigen, so wollen Sie nicht vergessen, daß es nicht genug ist, wenn Sie die Arbeit für die Männer organisieren, sondern daß Sie dieselbe auch für die Frauen organisieren müssen.»[133]

2. Inklusion und Exklusion

Die Würde des Körpers

In ganz Europa bedeutete das Jahr 1848 einen kräftigen Schub für die Gleichstellung der jüdischen Bevölkerung, die nur in Frankreich bereits vollzogen worden war. Seit mit dem Ende des 18. Jahrhunderts die europaweite physische Abschottung von Jüdinnen und Juden in Ghettos und «Judenhäusern» und ihre körperliche Kennzeichnung auf Kleidern allmählich aufgehoben worden waren, wurden sie – nicht ohne dramatische Rückschritte – in immer mehr Ländern sukzessive gleichgestellt.

1848 traten Juden in Deutschland erstmals in größerer Anzahl als politisch Handelnde und Führer auf. Zu den Märzgefallenen gehörten weit mehr Juden, als ihrem Bevölkerungsanteil von zwei Prozent entsprach. Am Vorparlament nahmen sechs Juden teil, und in der Paulskirche waren neunzehn Abgeordnete jüdischer Abstammung, davon elf Getaufte.[134] Im Zuge der neuen Verfassungen wurde vielfach die Gleichstellung der Juden durchgesetzt. Auch wenn ihre volle Emanzipation teilweise wieder rückgängig gemacht wurde, so hoben doch die deutschen Länder und die anderen mittel- und westeuropäischen Staaten wie Großbritannien, Schweden, die Schweiz oder Italien insbesondere in den 1860er und 70er Jahren die letzten diskriminierenden rechtlichen Regulierungen auf.[135]

Frauen?

Wie aber sah es mit dem Vorurteil gegen die Frauen aus? In einer Wiener Revolutionszeitung bemerkte 1848 eine Leserbriefschreiberin «im Namen Unzähliger»: «Wir beanspruchen Gleichheit der politischen Rechte. Warum sollen Frauen nicht in den Reichstag gewählt werden?» Ähnlich forderte eine Flugschrift «die Gleichstellung aller Rechte der Männer mit den Frauen oder: Die Frauen als Wähler, Deputierte und Volksvertreter».[136] Und in Sachsen ver-

Die Würde des Körpers | 99

langte im Frühjahr 1849 Louise Otto das Frauenwahlrecht. Sie nahm den Gedanken der besonderen Kompetenz der Frauen im sozialen Bereich auf, der nicht zur hohen Politik gerechnet wurde. Otto formte daraus ihr Argument, und weltweit sollten Frauen noch bis ins 20. Jahrhundert mit dieser geschlechtlichen Differenz argumentieren: «[E]ben weil ich den Frauen eine andere Stellung als den Männern im Staate anweise [...], die heilige, stillwirkende Priesterschaft im Dienste der Humanität beanspruchend», müssten «Frauen bei denjenigen Gesetzen, welche sie selbst betreffen, eine Stimme haben». Otto zog aus der bipolaren Geschlechterordnung den Schluss: «Ich fordere diese Stimme für sie auch da, wo es gilt, Vertreter des ganzen Volkes zu wählen – denn wir Frauen sind ein Theil des Volkes.»[137]

Ein Jahr zuvor hatten sich im US-amerikanischen Seneca Falls, im Staat New York, Frauen und Männer versammelt, um die Gleichberechtigung der Geschlechter einzuklagen. Doch während sich die dreihundert Versammelten in Sachen Eigentums- oder Eherecht schnell einigen konnten, gab es bei der Frage des Frauenwahlrechts eine heftige Auseinandersetzung: Nur jede dritte anwesende Person unterstützte die Forderung. Zwar wurde dieses Treffen später von den Müttern der weißen amerikanischen Frauenbewegung geschickt als Gründungsgeschichte erzählt, und häufig wird behauptet, die Versammlung habe in den Vereinigten Staaten für große Aufmerksamkeit gesorgt – doch dem war nicht so.[138] Weibliche Stimmen blieben also auch in den USA, wo die Frauen sich systematischer organisierten als in Kontinentaleuropa, noch weitgehend ungehört. Hinzu kam die völlige Unsichtbarkeit afroamerikanischer Frauen, von denen keine einzige in Seneca Falls dabei war.

Immerhin. Die Forderung nach einem Frauenwahlrecht war ausgesprochen, und auch die Europäerinnen erinnerten sich später an das Revolutionsjahr 1848/49 als an einen Anfang ihrer Bewegung. Es wäre aber irreführend, die Ignoranz der Zeitgenossen gegenüber dem Anspruch zu übersehen, dass die eine «Hälfte der Menschheit» gleiche Rechte erhalten sollte.[139] Die Ablehnung der Gleichberechtigung war noch viele Jahre lang bei einer überwälti-

2. Inklusion und Exklusion

genden Mehrheit nicht zu erschüttern. Partizipation und Parlamentarismus waren in ihrer Entwicklung anhaltend mit Männlichkeit verbunden. «Wo sie das Volk meinen, zählen die Frauen nicht mit», hieß es resigniert 1849 in der Leipziger *Frauen-Zeitung*.[140]

Maskulinisierung

Auch in der erstarkenden Arbeiter-Organisation lässt sich die Konzentration auf das männliche Geschlecht beobachten. In den 1860er Jahren waren Frauen in der Fabrikarbeit ohnehin noch die Ausnahme, und so formierten sich die Interessenvertretungen der Arbeiter als Männerbünde. Doch ihre Vereinigungen blieben auch in den folgenden Jahren, als mehr und mehr Frauen in den Fabriken arbeiteten, ein Refugium der Männlichkeit. Arbeiter gewannen eine neue Respektabilität, einen Zuwachs an Bedeutung und aktiver Bürgerschaft. Weiblichkeit schien für diese neu gewonnene bürgerschaftliche Manneswürde eine Bedrohung darzustellen.[141] Gegen Ende des Jahrhunderts findet sich immer öfter das Phänomen, dass Arbeiter und Parteifunktionäre ihre Ehefrauen als lästig und geradezu gefährlich für die «heiligste Aufgabe, [die] Befreiung des Volkes» darstellten, weil diese nicht einsehen mochten, warum sie allein abends und an den Wochenenden die Last der Hausarbeit tragen sollten, während die Männer bis in die Nacht zur «Parteiarbeit» in den Kneipen verschwanden. Dass Frauen für den Haushalt zuständig waren und Männer für die Politik, daran gab es auch im Arbeitermilieu keinen Zweifel.[142]

Von Anfang an waren Arbeitervereinigungen zugleich auch Bildungsvereine. Allein deswegen sind sie ein wichtiger Teil der Demokratiegeschichte. Auch die Musik gehörte dazu. Doch anders als in den Kirchen, wo die Frauen mitsangen, hatte die Arbeiterbewegung nur Männerchöre; hier wurden Lieder von «Schwert» und «Wunde», von «Kampf» und vom «Freiheitsbanner» gesungen.[143] Arbeiter trugen ihre Gedichte vor und nahmen an komödienhaften Theaterdarbietungen teil, sie lauschten Reden und entdeckten ihre rhetorische Begabung. Die öffentlich erhobene Stimme definierte geradezu den Mann als Bürger, wie die Historikerin Mary Beard in ihrer Analyse republikanischer Traditionen aufzeigt.[144] «An die Männer! / Für Weiber ist genug geschrieben, / Sentimental und liebeweich», dichtete der Sozialdemokrat Wilhelm Hasenclever 1876, «Für Männer soll mein Lied erklingen, / Anfeuern sie zu frischer That, / Anfeuern sie zu muth'gem Ringen / Zu lenken selbst das Weltenrad.»[145] Im Bierdunst und Zigarrenqualm, im Smog der Gaslampen und Kerzen entfaltete sich demokratisches Leben, blühten Diskussionen auf, erwachten Gedanken und gediehen große Redner. Die klare Botschaft von Gerechtigkeit und Klassenkampf machte solche Veranstaltungen auch zu einem emotionalen Ereignis der aggressiven Gemeinschaft.

Die Arbeiterschaft war männlich und jung, der Sozialismus eine heiße und neue Bewegung, die «eiserne Faust» der Arbeiter sollte den Kapitalismus zerschmettern. «Die Süntfluth wird kommen. Ein furchtbares Ungewitter wird wie ein Sturm dahin fegen und diejenigen auskehren, die sich ihm in den Weg stellen», so August Bebel 1872.[146] Ähnlich prophezeite in den USA der radikale, freilich wesentlich weniger einflussreiche Arbeiterführer Albert Parsons 1887 eine gesellschaftliche Umwälzung «durch Blutvergießen und Gewalt».[147] Dass am Ende des Jahrhunderts gerade die Sozialdemokratie für das Frauenwahlrecht eintrat, zeugt auch von einem internen Disziplinierungsprozess der Partei, in dessen Verlauf nicht zuletzt (in Übereinstimmung mit dem Zeitgeist) Vorstellungen von wilder, gewaltiger Männlichkeit zurückgedrängt wurden.

Immer mehr Männer nahmen an der Politik teil, und überall fanden in der Mitte des 19. Jahrhunderts Massenwahlen statt: In der alten Welt und in der neuen Welt, auf dem Land und in den Städten. Dabei wuchs auch in den USA der Kreis der Wahlberechtigten zunächst nicht durch Druck von unten. Vielmehr waren Parteien die treibende Kraft, weil sie sich von einer breiteren Partizipation mehr Stimmen erhofften.[148] Ein weiterer Faktor, der zur Erweiterung des amerikanischen Wahlrechts führte, war der allmähliche Geldwertverlust des Landbesitzes, sodass gegen Mitte des 19. Jahrhunderts mehr und mehr Amerikaner ohne Proteste

2. Inklusion und Exklusion

oder irgendwelche demokratischen Reformen das Wahlrecht erhielten.[149] In der Jahrhundertmitte besaß daher eine Mehrheit der weißen Männer das Stimmrecht und damit etwa 20 Prozent der Gesamtbevölkerung.[150] In Frankreich lag die Wahlberechtigung bei etwa 25 Prozent, in den deutschen Ländern häufig um die 20 Prozent, teilweise wie in Bayern auch darunter.[151] England blieb mit seiner starken Beschränkung des Wahlrechts auf etwa 6 Prozent der Gesamtbevölkerung die Ausnahme. Wer jedoch «mit richtigem Blick die englischen Zustände» ansehe, erklärte der deutschschweizerische Politiker und Freigeist Carl Vogt 1849, der müsse «finden, daß es faul ist an der Wurzel und daß es gezwungen sein wird, baldigst dieses allgemeine Stimmrecht einzuführen, um sich vor dem Ruin zu retten, den ihm der Census und die Bevorzugung der Classen im Innern schafft».[152] Doch grundsätzlich war das Jahrzehnt vom Ende der 1830er Jahre bis zum Ende der 1840er Jahre in der ganzen nordatlantischen Welt eine Zeit, in der sich politische Partizipation für immer mehr Menschen mit Sinn füllte und dann auch von immer mehr Menschen eingefordert wurde. Das gilt durch die Bewegung der Chartisten eben auch für Großbritannien. Politisches Engagement galt nun nicht mehr länger als das Geschäft weniger wohlhabender Männer.

Wahlen und Politik wurden interessant für die Massen. Das zeigte sich vor allem an der hohen Wahlbeteiligung. Sowohl in Europa als auch in den USA gingen 60 bis 70 Prozent, teilweise sogar über 80 Prozent an die Urne, auch wenn es Länder wie Sachsen gab, in denen selbst in aufgewühlten Zeiten nur etwa 40 Prozent der Berechtigten wählen gingen.[153] Die höhere Wahlbeteiligung lag nicht zuletzt daran, dass auch die Partizipation eine Vermännlichung erfuhr. Ähnlich wie die Berufung auf vermeintliche mittelalterliche oder antike Traditionen der Republik diente diese Maskulinisierung dazu, die neuen demokratischen Herrschaftsformen an Bekanntes, an vorhandene Mentalitäten und eingespielte Praktiken zu binden und ihnen damit Legitimation zu verleihen.[154] Die Legitimation der neuen Herrschaftsform wurde mit der Selbstverständlichkeit der männlichen Dominanz bestätigt.[155] Mit Pierre Bourdieu könnte man den Wahlort als Spielfeld der Männer bezeichnen, auf dem sie ihre Kämpfe um die Anhäufung symbolischen Kapitals ausfochten: Trinkfestigkeit, physische Stärke, Ehre, Ansehen, Macht, Dominanz.[156] Die Männerspiele machten die eigentlich fiktionale «Volksherrschaft» zu einem Vorgang, den die Bürger ernst nahmen. Wahlen fanden in Europa meistens noch in einer Versammlung statt. Die Bürger drängten und stießen sich, immer wieder kam es zu unerlaubtem Tabakrauchen und Gewalt. In Frankreich mit seinem beeindruckenden bürokratischen Staatsapparat versuchten die Behörden 1848, die Sache besser zu ordnen: Unter der Führung der Bürgermeister, Pfarrer, teilweise sogar der Schlossherren zogen die Wahlberechtigten einer Kommune gemeinsam zum Wahllokal. Dort wurden die Gemeinden der Reihe nach zur Wahl aufgerufen. Die Abstimmung war zwar formal individuell, dennoch blieb der für französische Wahlen typische kollektive Charakter erhalten. Teilweise sprachen sich Bürgermeister vorher ab, wer zu wählen sei. Die hohe Teilnahme von 85 Prozent der französischen Wahlberechtigten auf dem Land war nicht zuletzt der strengen Organisation zu verdanken.[157] So zogen am Wahltag in Frankreich Heerscharen von Männern durchs ganze Land, belagerten die Städte, in denen gewählt wurde, kamen oft stundenlang nicht an die Reihe, ärgerten sich, mussten teilweise wieder nach Hause ziehen und am nächsten Morgen erneut antreten.[158]

Überall bei diesen Massenwahlen floss der Alkohol, und er galt vor und während der Wahl als probates Mittel, die Wähler von der Qualität des Bewerbers zu überzeugen.[159] Noch stärker als in Europa zeigte sich die neue, derbe, staatsbürgerliche Männlichkeit in den Vereinigten Staaten. Die Stimmabgabe hing hier nicht zuletzt von der körperlichen Kraft ab, aber auch von der Sauffestigkeit und den Mitteln für die ausufernde Korruption.

Der Körper als Eigentum

Die Ordnung wurde in vielerlei Hinsicht physisch hergestellt. Während andersgläubige oder arme Männer im Verlauf des 19. Jahrhunderts eher als gleich akzeptiert wurden, blieben die Frauen

2. Inklusion und Exklusion

weiter ausgeschlossen. Die Zähigkeit der alten Geschlechterordnung legt es nahe, für eine Erklärung der weiter bestehenden Ungleichbehandlung von Frauen auch die tiefe Verankerung in körperlichen Praktiken und Gefühlsregimen in Betracht zu ziehen. Wesentlich dafür ist die Vorstellung vom Körper als Eigentum. Die enge Verbindung zwischen Menschenrechten und Eigentum, die sich in den Menschenrechtserklärungen wie der *Déclaration des droits de l'homme et du citoyen* von 1789 oder der amerikanischen *Bill of Rights* von 1789/91 zeigt, verweist auf die komplexen Bedeutungen von Eigentumsrechten. Peter Blickle hat den engen Zusammenhang, den die Menschenrechtserklärungen zwischen Freiheit, Bürgerrechten und Eigentum knüpfen, damit erklärt, dass Menschenrechte auch gegen die (anthropologisch als Unrecht empfundene) Leibeigenschaft postuliert wurden. Das Recht auf Eigentum bedeute zuallererst das Recht auf die Verfügung über den eigenen Körper.[160] 1793 beschrieb der Gelehrte Constantin François Volney, Mitglied der französischen Nationalversammlung, den Körper als grundlegendste Form des Eigentums überhaupt: Der Körper sei Ausgangspunkt jeder Vorstellung von Eigentum und von Bürgerschaft. Bürger, das ist derjenige, der einen Körper «hat», der Bürger sei «der absolute Herr, der vollständige Besitzer seines Körpers».[161] John Locke, der in vielem seiner Zeit voraus war, erklärte bereits 1689: «Bürgerliche Interessen nenne ich Leben, Freiheit, Gesundheit, Schmerzlosigkeit des Körpers und den Besitz äußerer Dinge.»[162] Den Reformern zu Beginn des 19. Jahrhunderts waren diese Zusammenhänge klar. «Die Sicherheit des Eigentums und der Person», so ein Mitarbeiter Steins, «[sind] die alleinigen Zwecke des Staates».[163]

Der Individualisierungsprozess in der Moderne bedarf dieses Körperverständnisses. «Die Konstitution des Subjekts, das einen eigenen Körper hat», erfordert die Vorstellung von einem Subjekt, «das für seine Pflege, Wohl und Gestaltung verantwortlich ist», so die Politikwissenschaftlerin Gundula Ludwig. «Die aufklärerische Figur des männlichen, weißen rationalen Subjekts steht hierfür Modell.»[164] Das grundsätzlichste Recht auf Eigentum, vielleicht das grundsätzlichste Menschenrecht überhaupt, ist das Recht auf

Die Würde des Körpers

Unversehrtheit des Körpers, wozu auch der Schutz vor Sklaverei, Leibeigenschaft oder willkürlichen Verhaftungen und Gewalteinwirkungen gehört. Ein Rechtsstaat zeichnet sich dadurch aus, dass niemand das Recht hat, ohne staatliche Legitimation fremde Körper zu ergreifen und zu verletzen. John Lockes Eigentumstheorie gründet eben darauf: «Jeder Mensch hat ein Eigentum an seiner eigenen Person; auf diese hat niemand ein Recht als er selbst.»[165]

Die Emanzipation des Bürgers beginnt mit dem Respekt vor seinem Körper. Vorstellungen von einem rationalen und autonomen Individuum und von dessen Partizipationsrechten ergeben keinen Sinn, wenn sie sich auf Subjekte beziehen, deren Körper nicht autonom sind, deren Würde – grundlegend – nicht geschützt ist.[166] So gibt es deutliche Korrelationen zwischen körperlichen Strafen und politischen Bürgerrechten, und auch in dieser Hinsicht war die Zeit zu Beginn des 19. Jahrhunderts ein demokratischer Aufbruch, als in vielen Ländern die Prügelstrafe als Kriminalstrafe beseitigt wurde.[167] Zusammen mit der Einführung des allgemeinen Männerwahlrechts wurde 1871 dann deutschlandweit die Prügelstrafe generell abgeschafft.[168] In Großbritannien argumentierte William Gladstone 1866 für ein weiteres Wahlrecht mit der Begründung, die Arbeiter seien «our fellow-subjects, or fellow Christians, our own flesh and blood»[169] – unser eigen Fleisch und Blut. Dass damit selbstverständlich Frauen nicht gemeint waren, bedurfte keiner Erwähnung.

Warum aber ist der Herr seines Körpers nur der selbständige weiße Mann, wenn die Abschaffung von Folter und Qualen im ausgehenden 18. Jahrhundert und das Ende der Leibeigenschaft in Europa auch Frauen betraf? Das liegt nicht zuletzt daran, dass der Besitz des weiblichen Körpers nicht der Frau selbst zugesprochen wurde, sondern dem Ehemann oder dem Vater. Deutlich wird das am Beispiel der erregten Diskussionen um das *Jus primae noctis* im ausgehenden 18. Jahrhundert: Der adlige Herrscher habe das Privileg der ersten Nacht, er dürfe zuerst mit der Frau schlafen, wenn sie heirate. Das *Jus primae noctis*, das sich historisch kaum nachweisen lässt und primär wohl eine bürgerliche Phantasie war, eignete sich bestens dazu, Fürstenwillkür und Privilegien anzuprangern.

2. Inklusion und Exklusion

In Mozarts «Hochzeit des Figaro» zeigt sich die adlige Dekadenz des Grafen an dessen Anspruch auf das Recht der ersten Nacht, während sich in den liebenden Frauen die neue bürgerliche Moral offenbart. Das Unrecht gegen den Körper wird hier zum Spektakel, zur Volksunterhaltung, der Zugriff auf den Frauenkörper durch den fremden Mann gilt selbstverständlich als verwerflich.[170] Dass die Darstellung dieser «alten Fürstenwillkür» zugleich dem Publikum signalisierte, wie herrlich weit man es gebracht habe und wie hoch die eigene Zeit moralisch der Vergangenheit überlegen sei, war Teil des aufklärerischen Spektakels.[171]

Doch den weiblichen Körper besaß nicht die Frau selbst. Zwar sollten fremde Männer darauf keinen Zugriff haben, doch verfügten die männlichen Familienangehörigen darüber. Frauen konnten weiterhin von Rechts wegen geschlagen und in der Ehe vergewaltigt werden. Ihr Alltag blieb vielfach geprägt von Gewalt und Missbrauch. Bis ins 20. Jahrhundert galt es weithin als legitim, sie zu ohrfeigen, ein kleiner Akt der Demütigung, der in seiner unscheinbaren Regelhaftigkeit Herrschaft wirkungsvoll untermauerte.[172] Mehr noch: Während der Mann gemäß zahlreicher medizinischer Lehren seinen Körper beherrschte, galt die Frau als ein Wesen, das seinen «Nerven» unterworfen und von seinem Uterus geradezu in Besitz genommen war.[173]

Die Verfügungsgewalt über den Körper der Frau zeigte sich auch in dem gesellschaftlichen Bemühen, Frauen in der Öffentlichkeit unsichtbar zu machen. Während das Erscheinen der Frauen in der Paulskirche eine Sensation war, muteten sich die Briten diesen Ärger erst gar nicht zu. Beim Parlamentsneubau von 1852 in London wurde die Damengalerie mit einem Gitter versehen, damit das weibliche Publikum nicht gesehen werden konnte.[174]

Das neue Körperregime des selbstbewussten Bürgers bildete eine Grundbedingung des liberalen Staates, der auf Partizipation der Bürger angewiesen war. Wie beim Mitleid mussten auch hier der Geist und der Körper einbezogen werden. Erst wenn der Staat «in das Feld der Praxis und des Denkens der Menschen» eintritt und – so Michel Foucault – «von den Menschen angerufen, gewünscht, begehrt, gefürchtet, zurückgestoßen, geliebt, gehasst» wird, konstituiere sich die historisch spezifische Form des Staates – eines Staates, der die Menschen durch das Prinzip der Freiheit viel besser leitet als durch Gängelung und Druck von oben.[175] Auch hier zeigt sich der Zusammenhang von Freiheit und Disziplinierung. Man kann mit Foucault diese Internalisierung von Macht für problematisch halten. Aber liegt es nicht näher, sie als einen Gewinn für beide Seiten zu verstehen? Die Macht eignet sich den Bürger an – das heißt doch auch und vor allem: Der Bürger eignet sich die Macht an.

Die durch den Körper konstruierte Differenz zwischen vollberechtigten Bürgern einerseits und Menschen, die nicht im Vollbesitz bürgerlicher Rechte waren, andererseits sorgte auch für Ungleichheiten im Hinblick auf die Hautfarbe der Menschen oder auf ihr Alter. Beim Wahlakt spielte das Alter eine entscheidende Rolle, und die Frage nach «race» durchdringt ohnehin die Rechts-, Verfassungs- und Wahlgeschichte der Demokratie. Entscheidend blieb auch noch lange Zeit die Diskrepanz zwischen städtischen und ländlichen Bewohnern. Die Bauernbefreiung um 1800 war zweifellos ein großer Schritt zur politischen Ermächtigung. «[D]er Bauer fing einigermaßen an, sich als Mensch zu fühlen», notierte der Publizist Wilhelm Wolff 1844 die neue Gefühlslage der Freiheit auf dem Land.[176] Doch war damit die Unterwerfung des bäuerlichen Körpers keineswegs beendet. Zwangsarbeit existierte in unterschiedlichen lockeren Formen weiter, und Männer wie etwa die Knechte blieben im privaten Herrschaftsverhältnis der Prügelstrafe ausgesetzt. In den USA florierte die Sklaverei in der ersten Hälfte des 19. Jahrhunderts, und die Zahl der über den Atlantik zwangsverschleppten Menschen stieg zunächst an. Und doch gingen die Tendenzen der Zeit in eine andere Richtung. In Großbritannien hatte nicht zuletzt die starke Abolitionismus-Bewegung 1807 zur Bannung der Sklaverei geführt. Im Annex 15 der Wiener Schlussakte wurde auf Drängen der Briten die Sklaverei verurteilt, auch mit dem Hinweis auf die «öffentliche Meinung» und den Standard in «zivilisierten Ländern»; Europa war global eingebunden, und die «zivilisierten» Standards sollten auch für Menschen mit anderer Hautfarbe gelten.[177]

Wohlstand

Der Sinneswandel der Briten in Fragen der Sklaverei hatte damit zu tun, dass sie von dieser Institution in der neuen Weltordnung ökonomisch weniger profitierten. Tatsächlich stand im Herzen der großen Umwälzungen eine progressive und dynamische Kraft: das Eigentum. Eigentum oder «Kapitalismus» einerseits und Demokratisierung andererseits hängen historisch eng miteinander zusammen und bilden wohl, anders als oft angenommen, keinen Antagonismus. Die Verknüpfung von Besitz, Wohlstand und Demokratisierung ist allerdings hochkomplex. Viele halten den Faktor der Ungleichheit für entscheidend. So erklärt beispielsweise Carles Boix den Zusammenhang von Eigentum und politischer Partizipation damit, dass Eliten ab einer gewissen sozialen Gleichheit bereit seien, Macht abzugeben, weil dann der materielle Verlust, der durch die erweiterten partizipatorischen Rechte bevorstehe, weniger dramatisch ausfallen werde.[178] Boix geht dabei wie viele Demokratieforscher von dem grundlegenden Wunsch der Menschen nach Partizipation aus und übersieht die gouvernementalen Interessen der Eliten an breiteren Partizipationsrechten.

Doch vermutlich wird im politischen Alltag und in der politischen Theorie das Problem der materiellen Ungleichheit überschätzt. In den industriellen Gesellschaften des 19. Jahrhunderts gingen Demokratisierung und wachsende Ungleichheit Hand in Hand.[179] Wichtiger als die Frage der Gleichheit scheint für die Demokratisierung hingegen ein Wohlstandssockel zu sein, der für alle gelten muss und der auch bei größerer Ungleichheit Bildung und politisches Engagement in der Breite erlaubt. Untersuchungen mit großen Datenmengen über Demokratieentwicklungen weltweit geben keine eindeutige Antwort, welche Rolle die Ungleichheit spielt. Aus historischer Perspektive jedenfalls scheint die Wohlstandsockel-These plausibler zu sein.[180] Nicht jeder Staat, in dem Wohlstand herrscht, ist eine Demokratie, aber es gibt keine stabile Demokratie, die nicht zu den reicheren Ländern zählt.[181]

Wohlstand | 109

Die Gründe für diesen Zusammenhang sind vielfältig. Neben dem neuen freiheitlichen Körperregime bot die Ökonomie mindestens drei weitere Impulse für Demokratisierungsprozesse: *Erstens* flexibilisierte die kapitalistische Ökonomie den Besitz, und dieser neue Besitz verlieh Macht unabhängig von Geburt und Stand. Alexis de Tocqueville erläuterte: «Der Handel wird eine neue Quelle der Macht, und die Finanzleute werden eine politische Größe.»[182] Handel und Geld standen dabei häufig im Gegensatz zum vererbten und in alten Rechtsordnungen oft unveräußerlichen Bodenbesitz des Adels. Die wachsende Bedeutung der Ökonomie bereitete also den Boden für eine Gleichheitsvorstellung, in der die Menschheit neu geordnet wurde: Nach rationalen Maßstäben zeichneten sich die (grundsätzlich gleichen) Menschen nicht durch Geburt und Adel aus, sondern durch Leistung, die sich anhand des erwirtschafteten Eigentums manifestierte. Die «ganze Nation» der Gleichen, das waren in den aufkommenden Industrieländern die «freyen Eigenthümer».[183] Die Staatsreformer zu Beginn des 19. Jahrhunderts insistierten immer wieder auf Eigentum und Leistung als der entscheidenden Qualifikation im Gegensatz zur adligen Geburt. «Die Bourgeoisie hat in der Geschichte eine höchst revolutionäre Rolle gespielt», kommentierten 1848 Marx und Engels, sie habe «alle feudalen, patriarchalischen, idyllischen Verhältnisse zerstört».[184]

Zur Zerstörung der Feudalordnung gehörte auch, dass der moderne Staat immer mehr Aufgaben übernahm und finanzieren musste, so dass er auf ein neues, gut organisiertes Steuerwesen angewiesen war. Als neuer Leistungsträger erwies sich dabei insbesondere das Bürgertum, dessen Normen von Leistung, Kultur, Familie und Bildung den Adel, aber auch die Bauern und weite Teile der Unterschichten zunehmend prägten und die Gesellschaft veränderten. Wichtig war daher *zweitens* die Forderung der Steuerzahler nach einem Mitbestimmungsrecht über den Gebrauch ihrer Steuern. Vermutlich war das weniger entscheidend als häufig angenommen, dennoch spielte die Forderung – «no taxation without representation» – eine Rolle. Im Brockhaus hieß es 1820 zur Mitbestimmung: «Das, was alle Actionärs der Gesellschaft betrifft, müssen alle Actionärs auch wissen.»[185]

2. Inklusion und Exklusion

Der wachsende Wohlstand versetzte *drittens* die Masse der Menschen überhaupt erst in die Lage, Politik in einem modernen Staat zu betreiben, weil Wohlstand die für eine partizipative Staatsform lebensnotwendige Infrastruktur ermöglicht. Dazu gehören Schulen, die wiederum die Voraussetzung für Lesefähigkeit sind und die Möglichkeit bieten, sich zu informieren. Die Regierenden konnten einen Sklaven oder einen leseunkundigen Landarbeiter eben kaum als politisches Subjekt behandeln, und die lang anhaltende politische Irrelevanz des platten Landes rührte nicht zuletzt von der Unbildung seiner Bewohner her. Ganz anders gestaltete sich die Lage mit alphabetisierten Untertanen, die eine wachsende Öffentlichkeit bildeten und mit zivilgesellschaftlichem Engagement den Staat herausforderten. Auch für die Produktion von Zeitungen bedarf es des Kapitals. Ohne den Kapitalismus, der erst den Wohlstandsanstieg ermöglichte, hätte es also nicht zu den konkreten Veränderungen kommen können, die um 1800 einsetzten und die Logik der Gleichheit immer plausibler erscheinen ließen.[186]

Die Masse der Menschen fand aufgrund der Industrialisierung nicht nur ihren Lebensunterhalt, was angesichts der hohen Unterbeschäftigung bis weit ins 19. Jahrhundert viel war, sondern sie erhielt in dem System auch eine gewisse Flexibilität und vor allem produzierte sie erschwingliche Massenware für sich selbst, für die Masse der ärmeren Konsumenten. Die Ungleichheit wuchs, aber nicht zum Schaden der Armen.[187] Die Industrialisierung schuf für die unteren Schichten schlicht die materielle Basis, durch die erst ihre Würde gewährt werden konnte, auch wenn es einige Zeit dauerte, bis sie in den Partizipationsprozess integriert wurden. Dazu gehörte die Möglichkeit eines Lebens, das neben der Arbeit genug Mußestunden für den politischen Diskurs ließ. All das hatten die Zeitgenossen im Blick, weswegen sie zunächst nur den Besitzenden Unabhängigkeit und ein vernünftiges Urteil zutrauten («Selbständigkeit», wie der Terminus im 19. Jahrhundert hieß). Diesen Aspekt hoben auch die französischen Regulierungen nach der Revolution hervor, die 1795 mit einem hohen Zensus die demokratischen Ansprüche dämpften. Die 1814 eingeführte *Charte constitu-*

tionelle erteilte das Wahlrecht sogar nur den 110 000 reichsten Steuerzahlern.[188] «Die Freiheit ist eine wirkliche erst in dem, der die Bedingungen derselben, den Besitz der materiellen und geistigen Güter, als die Voraussetzung der Selbstbestimmung, besitzt», erklärte Lorenz von Stein 1850.[189]

Zum Zusammenhang von Demokratie und Ökonomie gehört auch, dass der Staat Biopolitik betreiben musste, um den Wohlstand im Dienste der erwünschten Partizipation zu steigern. Die staatliche Obrigkeit konnte nicht länger gleichgültig zusehen, wenn die Bürger und Bürgerinnen auswanderten, sie musste Leben ermöglichen, Kindersterblichkeit senken, Schulen und Straßen bauen, Rechtssicherheit und Chancen bieten, Gesundheit fördern und Armut bekämpfen. Dabei ging es nicht einfach um eine technokratische Ressourcenverwertung, denn die bürgerliche Philanthropie und das humane Mitleid spielten hier ebenso mit wie die aufkommenden Arbeiterorganisationen.

Besitz und Wahlrecht

Das Zensuswahlrecht, das im 19. Jahrhundert in vielen Ländern die Partizipation prägte, wurde zum Inbegriff der Exklusionskraft von Besitz: Wer mehr Besitz hatte oder mehr Steuern zahlte, hatte ein stärkeres Stimmengewicht oder überhaupt erst das Wahlrecht. Doch das aus Frankreich vordringende Zensuswahlrecht, mit dem die Rheinländer auf kommunaler Ebene im Vormärz bereits gute Erfahrungen gemacht hatten, war schon imprägniert durch das Neue. Es war ein Hybrid zwischen dem alten ständischen Wahlrecht und einem egalitären allgemeinen Wahlrecht. Es half dabei, die Ablösung des Wahlrechts von ständischen Qualifikationen zu erleichtern. Das ist entscheidend, denn Demokratisierung konnte nur gelingen, wenn auch die einflussreichen Schichten der konservativ Denkenden mitgenommen wurden.[190]

Im Laufe des 19. Jahrhunderts entwickelten sich zahlreiche hybride Formen des Wahlrechts. In Korsika etwa verband sich das moderne Wahlrecht zunächst mit patriarchalischen Herrschafts-

2. Inklusion und Exklusion

formen, und adlige Grundbesitzerfamilien ließen im 19. Jahrhundert ihre Sprösslinge in republikanische Ämter wählen. Auch das in vielerlei Hinsicht ungleiche Wahlrecht in den Südstaaten Amerikas bis zum Bürgerkrieg war eine solche Mischform zwischen Vormoderne und Moderne, zwischen Grundbesitz und Kapital, zwischen individuellem und ständischem Wahlrecht.

Weltweit war das Wahlrecht meistens zunächst an Bodenbesitz gekoppelt, denn zu Grund und Boden gehörten häufig politische Rechte, wie etwa in Preußen die Patrimonialgerichtsbarkeit. Den liberalen Denkern war jedoch klar, wie wichtig die Loslösung von altangestammtem Grundbesitz war, um Politik zu dynamisieren und den Staat zu modernisieren und um die neuen Klassen ins Staatsgeschehen einbinden zu können.[191] In Preußen entzündete sich die konservative Bewegung im Vormärz bezeichnenderweise aus Protest gegen die Entkoppelung von politischen Rechten und Grundbesitz.[192] Wie so häufig gelang es den Konservativen, die Entwicklung zwar nicht zu stoppen, aber doch zu verlangsamen.[193] Die Kräfte, die Partizipation weiterhin an Grundbesitz binden wollten, fanden sich nicht nur in ländlichen Gebieten wie Pommern oder den Südstaaten der USA. In England blieben die Regulierungen des *strict settlement* erhalten, die Grundbesitz an Adelsfamilien knüpften. Grundbesitzer besaßen auf der Insel bis zum Vorabend des Ersten Weltkrieges ein privilegiertes Wahlrecht.

Vor diesem Hintergrund ist es verständlich, warum gerade Konservative das Zensuswahlrecht und die Verknüpfung von Stimmrecht und Steuern ablehnten, weil damit die mit dem Grundeigentum vererbten Rechte verdrängt wurden. Das Zensuswahlrecht, das heute oft als Inbegriff preußischer Demokratiefeindschaft gilt, war progressiv, weil es von keinem ständischen Gedanken getrübt war. Es schrieb das Wahlrecht dem Individuum zu und nicht einer Familie, einem Rittergut oder Adelstitel, es zählte nur die Leistung des Individuums für den Staat und schließlich setzte es die dynamische, egalisierende Kraft des Kapitalismus ins Herz des Staatsgeschehens. Der Steuerzensus, der sich in vielen westlichen Ländern fand, lässt sich also als ein Meilenstein auf dem Weg zur Gleichheit verstehen.

Wohlstand

Das preußische Dreiklassenwahlrecht, mit dem die Preußen am 17. Juli 1849 ihr Parlament erneut wählten, brachte zwar gegenüber der revolutionären Wahlordnung von 1848 massive Einschränkungen mit sich. Es blieb aber ein allgemeines Männerwahlrecht. Jeder erwachsene Mann, der mindestens vierundzwanzig Jahre alt war, durfte wählen, von den üblichen Ausnahmen wie Kriminellen oder Armenhilfeempfängern abgesehen.[194] Doch es teilte die Wähler nach ihren direkten Steuern in drei Klassen ein. Für jedes Drittel der erbrachten Steuern gab es eine Klasse. Dadurch wurde das Recht ungleich: Der ersten Klasse, die allein ein Drittel der Steuern bezahlte, gehörten – relativ stabil bis zum Ende der Kaiserzeit – nur etwa 3 bis 5 Prozent der Wähler an, der zweiten etwa 12 bis 15 und der dritten Klasse 80 bis 83 Prozent. Jede «Abteilung», wie die Klassen offiziell hießen, sollte in indirekten Wahlen die gleiche Anzahl an Wahlmännern in offener Abstimmung wählen.[195] Zur Hierarchisierung trug die Indirektheit bei: Die Urwähler durften nur die Wahlmänner wählen; die stimmten dann einige Tage oder Wochen später in einer zweiten Wahlversammlung über die Abgeordneten ab.[196]

Und doch zeugt das neue preußische Wahlrecht davon, welche Veränderungen die Jahre 1848/49 mit sich gebracht hatten. Unter den Regierenden herrschte nun ein breiter Konsens darüber, dass bestimmte Standards und Rechte nicht mehr zurückzunehmen waren.[197] Mitte des 19. Jahrhunderts war es in einem Land, das sich auf den Weg in die Moderne gemacht hatte, kaum vorstellbar, Wahlen abzuschaffen und wieder zu einem rein monarchischen Herrschaftssystem zurückzukehren.[198] In einem progressiven Provinzblatt hieß es, Demokratie sei nunmal der «wahrhaftige Gedanke der Zeit, wie einst das Christentum, wie einst die Reformation».[199] Typischer war die etwas gemäßigtere Aussage des Abgeordneten Dietrich Wilhelm Landfermann von 1849, es gebe ein «Gesetz», dass «nach und nach der Kreis der zur Theilnahme am öffentlichen Leben und namentlich am aktiven Staatsleben Berechtigten sich mehr erweitert».[200] Die preußische Verfassung von 1848 hatte ständische und religiöse Differenzen beseitigt und damit zur säkularisierten Staatsbürgergesellschaft beigetragen;

2. Inklusion und Exklusion

auch die revidierte Verfassung von 1850 blieb dabei.[201] Wesentlich dafür war der Gleichheitsparagraph, Artikel 4: «Alle Preußen sind vor dem Gesetz gleich.»

Die Konservativen in Preußen waren über diese Allgemeinheit der Wahlen ähnlich entsetzt wie zuvor über die Qualifikation durch das Geld.[202] Der Ultrakonservative Leopold von Gerlach klagte über die neue Verfassung: «Traurige Anerkennung des Constitutionalismus und Aufgeben des stolzen Gehorsams.»[203] Es waren vor allem drei Punkte, an denen sich die konservativen Vorbehalte gegen das Massenwahlrecht entzündeten: Erstens die Rationalität der Herrschaftslegitimation bzw. ihre naturrechtliche Begründung (anstelle göttlicher, «organischer» Legitimation), zweitens die Allgemeinheit, die Konservative – nicht ganz zu Unrecht – für eine verkappte Form der Gleichheit hielten, und drittens die Risikohaftigkeit und Willkür: Wahlen sind ein Ausdruck davon, dass Herrschaft nicht gottgegeben ist, nicht objektiv da ist, sondern durch Menschen und ein Verfahren konstruiert werden muss.

Die wohlhabenden Mittelschichten waren dagegen mit dem neuen Gesetz von 1849 zufrieden. Schließlich war das Klassenwahlrecht ein deutliches Zugeständnis an sie und ein liberal-konservativer Kompromiss zwischen Bürgertum und Regierungsverantwortlichen. Die Verknüpfung von Wahlrecht und Wohlsituiertheit war eine alte Logik der politischen Partizipation und fand sich noch lange weltweit: Wer für den Staat Steuern zahlte, sollte mitbestimmen. In Schweden beispielsweise galt bis 1911 ein Zensuswahlrecht, das nur einigen Tausend Männern das Wahlrecht einräumte. In Italien herrschte ein verklausuliertes Zensussystem, das Kenntnisse im Lesen und Schreiben verlangte, vermögende Bürger davon jedoch ausnahm, eine Regulierung, die sich um 1900 auch in einigen US-Staaten fand. Frankreich galt seit Jahrzehnten als Land des Wahl-Zensus; nach der Revolution von 1830 war die Wählerschaft von 110 000 auf lediglich 170 000 Männer angestiegen. Immerhin konnte die Regierung nach der Revolution von 1848/49 das allgemeine und gleiche Wahlrecht nicht mehr zurücknehmen. In Großbritannien schließlich blieb das Wahlrecht bis weit ins 20. Jahrhundert mit Elementen eines Zensuswahlrechts verknüpft.[204]

Während in Frankreich die Einführung eines gleichen Massenwahlrechts in einer extrem heterogenen Gesellschaft Wahlen in Verruf brachte,[205] ließen sich die Regierenden in Preußen mit dem Dreiklassenwahlrecht nur beschränkt auf die Forderung nach Gleichheit ein, was aus Sicht einflussreicher Eliten die Lage entspannte. Damit trug das Klassenwahlrecht bei der Reichsgründung 1871 wahrscheinlich maßgeblich zur reibungslosen Einführung eines allgemeinen und gleichen Männerwahlrechts auf Reichsebene bei.[206] Insbesondere wenn man diesen Übergang zu einem gleichen Männerwahlrecht mit den USA vergleicht, erscheint das preußische Dreiklassenwahlrecht als eine verkannte Alternative auf dem Weg in die Moderne. Denn in Amerika konnte das gleiche Männerwahlrecht erst um 1870, einige Jahre nach dem extrem gewalttätigen Bürgerkrieg, mit dem erneuten Eingriff föderaler Truppen in den Südstaaten durchgesetzt werden. Doch selbst dieser Gewaltakt blieb vergeblich, denn bereits in den 1890er Jahren war den Schwarzen das Wahlrecht de facto wieder entzogen worden, ein Zustand, der bis in die 1960er Jahre andauerte.

1848/49: eine erfolgreiche Revolution?

Ein Blick auf diese Verfassungsentwicklungen, auf den Parlamentarismus, die Wahlpraxis oder die Emanzipation der Juden zeigt, dass 1848/49 keineswegs eine gescheiterte Revolution war.[207] Am ehesten war sie ein Rückschlag für Frauen, jedoch weniger für die Bürger, auch wenn für einige das Ende der Revolution eine große Enttäuschung bedeutete. Und tatsächlich gehört die lähmende Enttäuschung zu jenen unvermeidbaren Konsequenzen von Revolution, denen wohl zu wenig Beachtung geschenkt wird. Die radikalen Geister wanderten nach Amerika aus, andere schienen zu resignieren.[208] Doch liberale Pragmatiker wie Graf Maximilian von Schwerin-Putzar nutzten die neuen Möglichkeiten und arbeiteten am Staatsleben mit. Dass nun selbst Preußen eine Verfassung und ein Parlament hatte – beides noch 1847 vom König erbittert abgelehnt –, sah er als «das Product der geschichtlichen Entwicklung»:

2. Inklusion und Exklusion

Revolution hin oder her – es hatte so kommen müssen, und das war gut so.[209] Dass die Verfassung mit dem Makel behaftet gewesen sei, von oben «oktroyiert» worden zu sein, entsprach dem Denken weniger radikaler Zeitgenossen und späterer Historiker. Für viele andere Zeitgenossen aber war die Anerkennung einer Verfassung durch den Monarchen eine wichtige Grundlage der Legitimation.

Gerade für die Landbevölkerung, die nach wie vor zwei Drittel der Gesellschaft bildete, kann die Bedeutung der Revolution von 1848/49 kaum überschätzt werden. Die Männer auf dem Land durften nun auch in Staaten wie Preußen wählen, im Zuge der Revolution wurde die Entfeudalisierung des Agrarsektors endgültig abgeschlossen, und allen Bauern war es möglich, das Eigentumsrecht an dem von ihnen bewirtschafteten Land zu erwerben.[210]

3. DAS BÜRGERLICHE PROJEKT: MOBILISIERUNG UND BESCHRÄNKUNG

Die Massen machen Gesellschaft

«In einer Zeit, in der die Arbeitnehmer auf eine Verkürzung ihrer Arbeitszeit drängen und für viele Berufe sich die Stundenzahl auf neun und acht Stunden bereits ermäßigt, gewinnt die Beschäftigung in der nun verbleibenden freien Zeit eine wachsende Bedeutung. Hier wird die Gelegenheit zur Gartenarbeit außerordentlich segensreich wirken», schrieb der Künstler und Gartenstadtpionier Hans Kampffmeyer 1903.[1]

Die Reformzeit um 1900 setzte neue Maßstäbe für die «soziale Frage», für das Wohlergehen des Individuums und für die Ästhetik, neue Standards auch für den Körper, der zunehmend über Klassen- und Geschlechtergrenzen hinweg normiert wurde. Noch um 1870 gab es in den Industriestaaten im Leben der Männer mit einer rund Siebzig-Stunden-Woche wenig mehr als Arbeit. Für die mit der harten Hausarbeit belasteten Frauen lag die Arbeitszeit eher darüber. Wenn sie zusätzlich einer Lohnarbeit nachgingen, mussten sie nicht nur früh aufstehen, sondern sich auch bis spät in die Nacht mit der Wäsche und mit Putzen schinden.[2] Nun sank die Arbeitszeit vielerorts auf fünfzig Stunden pro Woche. Der Bankier und Politiker Georg von Siemens sprach von der neuen «Genussfähigkeit eines grossen, bisher fast wunschlosen Teiles der europäischen Bevölkerung».[3] Gewiss waren diese Mehrheiten bisher nicht «wunschlos» gewesen, doch nun fühlten sie sich ermächtigt, ihre Wünsche zu formulieren und einzufordern.

Die Massen und ihre sozialen Ansprüche erhielten enorme Aufmerksamkeit: durch die Wissenschaft, die Bürger und die öffentlichen Diskussionen, durch Kirchen und Vereine, aber auch durch den Kaiser. Bismarck, der schon Mitte der 1860er Jahre vom preußischen Königtum als dem Königtum der Armen gesprochen hatte, installierte seine Sozialgesetzgebung in den 1880er Jahren nicht in isolierter Genialität. Von der «Religion der Humanität» redeten die Gebildeten, und die große britische Sozialreformerin Beatrice Webb erklärte 1884: «Social Questions are the vital questions of today: they take the place of religion.»[4] Doch nicht zuletzt die Kirchen beförderten tatkräftig den Aufbruch. Evangelische Arbeitervereine gab es seit den 1880er Jahren, später kamen katholische hinzu. 1891 setzte Papst Leo XIII. mit seiner Sozialenzyklika «Rerum novarum» für Katholiken und Katholikinnen einen neuen Standard. Er sprach sich nicht nur gegen Revolution und Gewalt aus, sondern forderte Lohngerechtigkeit und Sonntagsruhe und sprach von der «Würde» des Menschen.[5] 1897 wurde in Berlin unter intensiver Mitarbeit von Frauen die katholische Caritas gegründet. Frauen gehörten auch weiterhin zu den treibenden Kräften dieser Bewegung, unter ihnen beispielsweise Hedwig Dransfeld, die 1919 zu den ersten weiblichen Abgeordneten in Deutschland zählte und für die Zentrumspartei in die Nationalversammlung einzog. Die katholische Kirche holte mit der Caritas in Deutschland nach, was es in Form der «Inneren Mission» schon seit Jahrzehnten für die protestantischen Kirchen gab.

Demokratisierung der Empathie

Die Empathie für den Mitmenschen diente nicht mehr lediglich dazu, das Überleben zu sichern und die grundlegenden Bedürfnisse der Menschen zu respektieren. Leibeigenschaft und Folter gehörten in Europa der Vergangenheit an, und Hungersnöte hatte es lange nicht mehr gegeben; der letzte Bauernaufstand war 1848 gewesen.[6] Nun ging es darum, allen ein gutes Leben zu ermöglichen. Das Mitleid, das im 18. Jahrhundert aufgeblüht war und die Menschen gelehrt hatte, über ihren engen Kreis hinaus zu schauen, änderte sich in der neuen sozialen Ordnung. Friedrich Nietzsche bezeichnete das «Mitgefühl mit allem Leidenden» als eines von drei Idealen der «Modernität»[7] und lehnte es als ein schädliches Sentiment ab.[8] Sein Ressentiment war verständlich, denn im letzten Drittel des 19. Jahrhunderts kam das Mitleid in Mode und «demokratisierte» sich, wie die Historikerin Gertrude Himmelfarb zeigt.[9] Nun erreichte die Wohlfahrt nahezu alle Menschen, und die Leistungen erwiesen sich als immer umfassender. Erstmals konnte die überwältigende Mehrheit der Gesellschaft in materieller Sicherheit leben, auch wenn diese noch ganz basal war: Zeitweiliges Hungern gehörte für manche zum Leben, aber niemand verhungerte mehr – ein gewaltiger Unterschied. Und während die haushälterische Lebensführung des Bürgertums sprichwörtlich wurde, entwickelte sich unter der wachsenden Schar von jungen Arbeiterinnen und Arbeitern eine eigenwillige und demonstrative Konsumfreude.[10] Manche Arbeiterfamilien richteten sich eine gute Stube ein, und der Besitz zusätzlicher festlicherer Kleidung für Parteiveranstaltungen oder den Kirchgang, für Vereins- oder Gewerkschaftsfeste war kein Luxus mehr.[11]

Außerdem bedeutete die existenzielle Absicherung die Grundlage für die Massenpolitisierung dieser Jahrzehnte. Es wurde immer deutlicher, dass der Kapitalismus gerade auch die Ökonomie der armen Leute war und sie befähigte, an den politischen Prozessen teilzunehmen. Die Ungleichheit wuchs, aber nicht unbedingt zum Schaden der Armen.[12] Denn Bürger brauchen Zeit, um sich informieren zu können, Geld, um am Stammtisch die letzte Rede im Reichstag zu diskutieren, überschüssige Energie, um sich politisch und zivilgesellschaftlich zu engagieren. Eng verbunden mit den allgemeinen Erleichterungen im Alltag der Massen trat schließlich – in seinem Ausmaß schlicht nicht zu überschätzen – erstmals für breite Schichten in den Bereich des Möglichen, was bis dahin gar nicht denkbar gewesen war: dass Frauen gleichberechtigt sein konnten. Frauen aller Schichten und aller politischer Couleur wie die Sozialdemokratin Tony Sender, die Liberale Gertrud Bäumer oder die nationalistische Politikerin Käthe Schirmacher kämpften für Frauenrechte. Ohne die langfristigen struk-

3. Das bürgerliche Projekt: Mobilisierung und Beschränkung

turellen Veränderungen wie den wachsenden Wohlstand oder den Ausbau des Sozialstaates, der das harte Leben der Frauen ein wenig erleichterte, wäre es den Frauen nicht möglich gewesen, sich in immer größerer Zahl zu organisieren. August Bebel schrieb 1909 über den Aufbruch der Frauen: «Es dürfte kaum eine zweite Bewegung geben, die in so kurzer Zeit so günstige Resultate erzielte [...]. Wir leben bereits mitten in der sozialen Revolution.»[13] Darüber gab es tatsächlich einen recht breiten Konsens. So hieß es in einem Gesetzesentwurf für das Reichs-Vereinsrecht von 1908, mit dem insbesondere in Preußen der Ausschluss der Frauen aus politischen Vereinen ein Ende fand: «Die Entwickelung der letzten Jahrzehnte hat dahin geführt, daß die Teilnahme der Frauen an öffentlichen Angelegenheiten eine erhebliche Steigerung erfahren hat; ihre Betätigung ist nicht nur im Handel, im Gewerbe und in der Industrie, sondern auch im übrigen öffentlichen Leben in aufsteigender Bewegung begriffen», daher seien Frauen «an der Lösung öffentlicher Aufgaben in der Gegenwart in weit höherem Maße beteiligt als früher».[14]

Dennoch sollte man nicht übersehen, wie groß die ideologischen und praktischen, vielmals körperlichen Hürden für Frauen immer noch waren, wenn es um Gleichberechtigung ging.

Die Massen in der Politik

Der vordergründige Aspekt der Demokratisierung war zweifellos die Massenpolitisierung in den Industriestaaten. Arbeiter und Intellektuelle gründeten Arbeiterparteien und organisierten Gewerkschaften.[15] Eine Grundlage der Massenpolitisierung bildete die Einführung eines weiten Männerwahlrechts in zahlreichen Staaten um 1870, also in der Zeit, als die Massen von der Idee des Nationalismus ergriffen wurden. Diese Epoche gehört zu den in internationaler Hinsicht wenig beachteten Demokratisierungsschüben. Vielleicht spielt hier erneut die List der Revolutionserzählung eine Rolle, denn die Demokratisierung im letzten Drittel des Jahrhunderts war – wenn man vom amerikanischen Bürger-

Globalisierung demokratischer Praktiken: «Die Eröffnung des türkischen Parlaments» im Dolmabahçe-Palast am 19. März 1877. Holzstich aus Deutschland

krieg absieht – durch Reformen geprägt, nicht durch Revolution. In Schweden, Belgien, den Niederlanden, Norwegen, Österreich und Ungarn, Serbien oder Luxemburg vergrößerten Reformen das Wahlvolk oder stärkten den Parlamentarismus. Frankreich errichtete die Dritte Republik, und Großbritannien verdoppelte 1867 durch den «Reform Act» die Zahl der Wahlberechtigten. Der britische Liberale William Ewart Gladstone kommentierte: «Man kann nicht gegen die Zukunft ankämpfen.»[16] Die Deutschen führten 1866 im Norddeutschen Bund ein allgemeines und gleiches Männerwahlrecht ein, das 1871 für das Deutsche Reich bestätigt wurde. In den Vereinigten Staaten von Amerika garantierten die 13., 14. und 15. Verfassungszusätze auch den afroamerikanischen Männern das volle Bürgerrecht und damit das Wahlrecht. Das allgemeine Männerwahlrecht wurde in den USA also wenig später als in Deutschland eingeführt. Auch die Verfassung des Osmanischen Reichs von 1876 kann in diesem internationalen Kontext verstanden werden. Zwar schloss Sultan Abdülhamid II. das Parlament schon 1878 wieder, und ein Verfassungsleben konnte sich kaum entwickeln, doch die Konstitution mit ihrer Orientierung an euro-

3. Das bürgerliche Projekt: Mobilisierung und Beschränkung

päischen Verfassungen ist ein Zeugnis für die Attraktivität des nordatlantischen Staatsmodells und ein Ausdruck der Selbsteuropäisierung nichtwestlicher Staaten.[17]

Das Wahlrecht für den 1867 gegründeten Norddeutschen Bund und ab 1871 für die Parlamentswahlen im Deutschen Reich war für seine Zeit außerordentlich progressiv. Mit wenigen Einschränkungen durfte jeder Mann ab dem fünfundzwanzigsten Lebensjahr die Abgeordneten des Reichstags wählen. Das neue Gesetz übernahm entscheidende Passagen aus dem Wahlgesetz der Paulskirche von 1849, womit Bismarck an eine viel gerühmte demokratische Tradition anknüpfte.[18]

Bismarcks Motive waren vielfältig und sicherlich auch widersprüchlich. Zunächst bedeutete für den künftigen Reichskanzler das «allgemeine Wahlrecht», wie das gleiche Stimmrecht für alle Männer genannt wurde, die Lehre aus dem ungleichen Dreiklassenwahlrecht in Preußen, das ihm nicht schmeckte, weil es in der Regel den widerspenstigen Liberalen gute Wahlergebnisse bescherte. Bismarck erhielt in den Jahren vor 1866 zahlreiche Briefe von konservativen Männern aus ganz Preußen, die ihm erklärten, wie sehr das Dreiklassenwahlrecht den Mehrheitswillen verzerre, denn die Mehrheit des Volkes sei königstreu. Von diesen Stimmen blieb Bismarck nicht unbeeindruckt.[19] Gewiss hatte der erfahrene Politiker auch das disziplinierende Potential der Wahlen vor Augen. Wahlen sollten seine Politik bestätigen und seine Gegner schwächen. Allerdings darf man Bismarck auch keine allzu große Naivität unterstellen. Er hatte schon 1848 beobachtet, wie wenig zuverlässig das Volk wählen konnte und wie ganz eigennützig es bei aller Königstreue sein Stimmrecht nutzte. Orientierte sich Bismarck an Napoleon III., der in Frankreich mit einem strengen Regiment Wahlbeteiligungen und Wahlergebnisse erzielte, wie sie erst wieder in den Diktaturen des 20. Jahrhunderts erreicht wurden?[20] In kommunistischen und hochkonservativen Kreisen war die Angst vor «bonapartistischen» Verhältnissen groß. Engels war sich sicher, dass das neue Wahlrecht nur französische Verhältnisse bringen würde und schrieb 1866 an Marx: Wie «es den Anschein hat, wird der deutsche Bürger nach einigem Sträuben darauf eingehn, denn der Bonapartismus ist doch die wahre Religion der modernen Bourgeoisie».[21]

Es gab weitere Gründe für das weite Wahlrecht, die das Bild verkomplizieren. Das Gespräch zwischen Bismarck und Ferdinand Lassalle über eine Einführung des allgemeinen und gleichen Wahlrechts,[22] das Bismarck 1863/64 während des Verfassungskonflikts anregte, zeigt, dass Bismarck die Ansprüche der Arbeiter erkannte, zumal die beiden auch über die soziale Frage redeten. In jedem Fall bedeutete ein allgemeines und gleiches Männerwahlrecht, das Lassalles Allgemeiner Deutscher Arbeiterverein 1863 gleich im ersten Paragraphen seines Gründungsdokumentes forderte, ein klares Zeichen des Entgegenkommens von Seiten der Regierung. Schließlich bremste Bismarck mit dem liberalen Wahlrecht zugleich Österreich aus, weil er mit der Berufung auf 1848/49 den preußischen Anspruch auf den deutschen Nationalstaat untermauerte und die preußische Reformfreudigkeit im Gegensatz zur österreichischen Stagnation unterstrich.

Doch lässt sich das Wahlrecht auch weitgehend ohne einen großen Staatenlenker erklären, denn moderne Massenwahlen mit einem Anspruch auf Allgemeinheit entwickelten sich weltweit zur Norm. Gerade die internationalen Parallelen zeigen, dass hier nicht ein einzelner Akteur das Zepter führte – sei es Lincoln in den USA, Bismarck in Deutschland oder Gladstone in Großbritannien. Wenige Jahre nach der Installierung der Reichsverfassung erklärte der Zentrumspolitiker Windthorst: «Dazu kommt, dass wir in allen Staaten der Welt sehen, dass es mit dem Beschränken des Wahlrechts nicht mehr geht. In Amerika hat man das Wahlrecht auf die Neger ausdehnen müssen, in England sehen Sie, wie stetig die Reform vorschreitet, und es wird nicht lange dauern, so wird man dort eben so gut, wie wir im Deutschen Reiche, bei dem allgemeinen Wahlrechte angelangt sein.»[23] Die Zeit war reif, Deutschland ging voran, und die Briten würden es auch noch mitkriegen – so selbstgewiss fühlten sich die deutschen Bürger.[24]

Alle Männer wählen

Das Jahr 1867 wurde zum transatlantischen Superwahljahr. In Deutschland gingen am 12. Februar 1867 die Männer nach knapp neunzehn Jahren wieder unter einem gleichen und diesmal auch allgemeinen Männerwahlrecht an die Urne, sofern sie im Territorium des Norddeutschen Bundes lebten. Die Beteiligung an den Wahlen für die Verfassungsgebende Versammlung des Norddeutschen Reichstags lag bei beachtlichen 65 Prozent.[25] Ähnlich wie 1848 spielte dabei der Nationalismus eine wichtige Rolle: Viele verstanden die Wahlen als Ausdruck der neuen nationalen Einheit. «Durch das allgemeine und directe Wahlrecht» sei «der *Kastengeist*» gründlich zerstört, schrieb der Arbeiter Heinrich Lehmberg an den preußischen König, «denn die Menschen sind im Staate alle gleich, selbst jeder bescheidene und fleißige Arbeiter wird geachtet».[26]

Bismarck und seine Regierung legten Wert auf einen ordnungsgemäßen Verlauf der Wahlen. Und wie fast alle Regierenden zu allen Zeiten lag ihnen eine hohe Wahlbeteiligung am Herzen.[27] Wenn die Wahlen als Legitimation funktionieren sollten, mussten sie alles in allem nach dem Gesetz ablaufen, das war die Logik in Deutschland. Die Geheimhaltung wurde nicht überall, aber doch für die Maßstäbe der damaligen Welt recht ernst genommen. Wahlzettel, auf die Wähler ihre Namen notiert hatten, wurden aussortiert.[28] Engels schrieb nun an Marx, «dass in Deutschland noch lange nicht das zu machen ist, was in Frankreich [mit den Wahlen] gemacht werden kann, und das ist immer gut».[29]

Bei den Wahlen zum konstituierenden Norddeutschen Reichstag konzentrierten die Sozialdemokraten erstmals ihre Aktivitäten auf die Wahlen und lenkten damit den Fokus weg von «revolutionären Umtrieben» und Streiks. Die Lösung der nationalen Frage mit der Reichsgründung befriedete auch manchen Arbeiter und Sozialdemokraten. Wahlen verdrängten gewalttätige Proteste und eschatologische Revolutionshoffnungen. Radikale Sozialisten hatten daher gute Gründe, sie abzulehnen.[30]

Ein dreiviertel Jahr später fanden auch in vielen US-Staaten erstmals Wahlen nach einem allgemeinen und gleichen Männerwahlrecht statt. Am 19. und 20. November wählten viele afroamerikanische Männer zum ersten Mal in ihrem Leben. Diese Wahlen gehören wahrscheinlich zu den bewegendsten Ereignissen der Demokratiegeschichte. Nicht mit Gleichgültigkeit nahmen die neuen Bürger das Wahlrecht hin, wie die Männer in Preußen oder die amerikanischen Bürger zu Beginn des 19. Jahrhunderts. Mit heißer Sehnsucht begrüßte das Wahlvolk das Recht – und übte es aus. Ein schwarzer Wahlkämpfer in Charleston, der ehemaligen Hochburg für Sklavenhandel in South Carolina, fragte: «Träume ich? Ist das hier Charleston, wo ich vor zehn Jahren war und ansehen musste, wie Menschen auf Auktionen versteigert wurden?»[31] Die Wahlen gestalteten sich als ein Triumph der Volksherrschaft. In diesem Herbst des Jahres 1867 lag die Wahlbeteiligung bei den Afroamerikanern zwischen 70 und 90 Prozent. Nun zogen auch nichtweiße Abgeordnete in amerikanische Volksvertretungen ein.[32]

Gewalt, Fälschungen, Manipulation

Das *universal suffrage*, oder, wie es im Deutschen hieß, das «allgemeine Wahlrecht» war Ausdruck des erstarkten nationalen Zentralstaats und zugleich ein wichtiges Instrument der Einheit und Disziplinierung. Der Anspruch auf das Gewaltmonopol durch den zentral organisierten Staat stand dabei in Spannung zu den Partizipationsrechten der freien Männer. Der Staat bedurfte der Bürger bei der Stimmabgabe als Legitimationsspender, doch die Masse war nicht berechenbar. Wahlen versprachen daher einerseits ein rationales Verfahren, bei dem mittels Additionsverfahren eine legitime Entscheidung getroffen wurde. Andererseits bargen sie ein hohes Risiko, keineswegs nur für Machthaber und Konservative, sondern auch für die Mehrheit der Bevölkerung, deren Leben sich – anders als in heutigen Wohlstandsgesellschaften – je nach Wahlausgang dramatisch verändern konnte. Ebenso stand das Ideal einer rationalen, zentralen Herrschaft in einem gewissen Gegensatz zur Risikohaftigkeit der periodisch wiederkehrenden

3. Das bürgerliche Projekt: Mobilisierung und Beschränkung

Wahlen. Nicht zuletzt, um diese Spannungen zu lösen oder doch abzumildern, bildeten sich die Praktiken der Manipulation und Korruption von Wahlen heraus.[33] Dass verschiedenste Gruppen Wahlen manipulierten, zeigt zugleich, wie wichtig Wahlen geworden waren. Wahlbeeinflussungen durch die Exekutive galten geradezu als selbstverständlich. Das war keineswegs ein deutsches Spezifikum. In den USA beispielsweise, wo der Staat in gewisser Weise in der Hand der jeweils regierenden Partei lag, manipulierte und fälschte diese die Wahlen, wenngleich die anderen Parteien ebenfalls keine Scheu an den Tag legten. Ein amerikanischer Wähler konnte über viele Jahrzehnte hinweg seine Stimme für einen Dollar verkaufen. Für die Korruption war entscheidend, dass die Wahlen – unabhängig von der Gesetzeslage – nicht geheim abliefen. Denn der bestochene Wähler musste nachweisen können, dass er für sein Geld auch die entsprechende Partei gewählt hatte. Da die Parteien selbst ihre Stimmzettel druckten, sorgten sie daher dafür, dass diese spätestens beim Akt der Übergabe an den Wahlleiter leicht zu identifizieren waren.

Eine wichtige Funktion der Bestechungen war es, Wähler an die Urne zu locken und für die Mühen der Stimmabgabe zu belohnen. Neben dem Geld konnte das auch Essen oder Kleidung sein, wichtig aber war vor allem Alkohol. Besonders gut lässt sich das in den USA beobachten, wo sich der Wahltag seit der Jahrhundertmitte zunehmend als ein Fest für das Mannsvolk gestaltete, das in immer größeren Scharen auftauchte. In Fackelzügen und Parteiuniformen marschierten die Männer die Dorf- und Stadtstraßen ab, sie soffen und sie prügelten sich. Immer wieder kam es zu Mord und Totschlag. Häufig trug die physisch stärkste Partei den Sieg davon. Afroamerikaner aber mieden am Wahltag lieber die Straßen. Die Beteiligung lag in der zweiten Hälfte des 19. Jahrhunderts in den USA oft bei 80 Prozent.[34] Ein entscheidender Faktor waren die Ämter und Posten, die Wahlsieger zu vergeben hatten. Das verstärkte zugleich die Korruption und die Gewalttätigkeit: Denn dieses System band die amerikanischen Staatsdiener, die keine lebenslang angestellten Beamten waren, existenziell an den Sieg ihrer Partei.[35] Als besonders merkwürdiges Phänomen der Gewalttätigkeit entwickelte sich in den USA die erzwungene Wahl. Parteileute ergriffen Männer und zwangen sie zur Stimmabgabe.[36] Die mehrfache Stimmabgabe durch einen Wähler war in den USA, aber auch weltweit eine der häufigsten Wahlfälschungsmethoden. In den deutschen Einzelstaaten wie im Deutschen Reich kam es nicht zu diesen Exzessen. Partizipation war hier keine heiße Korruptionsaffäre, vielmehr wurden Wahlen in Deutschland eher mit einer Art Ehrfurcht ausgeübt. Üblicher als direkte Fälschungen waren Manipulationen, wie sie auch in anderen Ländern mit einem breiten Partizipationsrecht vorkamen: Die Regierung teilte Wahlkreise so ein, dass die eigene Wählerschaft bevorzugt wurde – in den USA Gerrymandering genannt –, Regierungsstellen beteiligten sich am Wahlkampf, und immer wieder wurden Beamte genötigt, die regierungsnahe Partei zu wählen.[37] Das Verhältnis von Regierung, Staatsdienern und dem freien Stimmrecht war tatsächlich kompliziert und nicht auf einen Punkt zu bringen, und es dauerte nicht nur in Deutschland mehrere Jahrzehnte, bis sich die Erkenntnis durchsetzte, dass Staatsdiener beim Akt der Wahl primär Staatsbürger waren und dieses Recht Vorrang vor der Loyalität gegenüber der Regierung hatte.

Der renommierte amerikanische Journalist Edwin L. Godkin erklärte 1889, es gebe keine Demokratie auf dieser Welt, in der ein «unwissender Wähler» nicht «in irgendeiner Weise dazu gebracht wird, seine Stimme nach den Vorgaben anderer Menschen abzugeben».[38] In Deutschland gelang es nicht nur Regierungen und regierungsnahen Eliten, bei den Wahlen ihre «natürliche Autorität» durchzusetzen (wie die Konservativen das gerne nannten), sondern auch Adligen, Priestern und allen voran dem liberalen Bürgertum.[39]

Neue Theorien über die Massen

Um 1900 übten also die Bürger in fast allen Industriestaaten mit einem mehr oder weniger allgemeinen Männerwahlrecht ihr Stimmrecht aus. Das große Versprechen der Moderne, die partizipative Selbstbestimmung, schien für das männliche Geschlecht

3. Das bürgerliche Projekt: Mobilisierung und Beschränkung

eingelöst. Max Weber sprach vom Typ der rationalen Herrschaft, die durch rationale Verfahren legitimiert werde. Wahlen, so Weber, seien das «wichtigste (wenn auch nicht einzige) Merkmal des modernen Parlaments», erst damit «entsteht die moderne rationale Form der staatlichen Willensbildung».[40] All das weckte den apokalyptischen Argwohn. «Die Massen haben nur Kraft zur Zerstörung», schrieb der Franzose Gustave Le Bon 1895 in seiner vielfach übersetzten *Psychologie der Massen*.[41] Korruption und Gewalt, teilweise aber auch die Schwerfälligkeit von Parlamenten und die wachsende Macht von Parteien riefen massive Kritik hervor – nicht nur in Deutschland.[42] Die Kritik hatte teilweise einen antidemokratischen Impuls, teilweise aber auch einen demokratischen, wenn etwa Reformer darauf drängten, die Wahltechniken weniger manipulationsanfällig und unabhängig von direktem Parteieinfluss zu gestalten.[43]

Reformer und liberale Zeitgenossen überzeugte der elitäre Diskurs gegen die «Massen» in der Regel nicht. Sie nahmen die Relevanz der Mehrheit als eine Gegebenheit und Zwangsläufigkeit hin: Eine der grundlegenden Entwicklungen der Geschichte sei die «fortschreitende Befreiung der Massen», so Otto Hintze.[44] Und Hans Delbrück erläuterte: «Die Masse regiert, nicht, weil sie weise ist, sondern weil sie Macht ist.»[45] Ohne die Massen ließ sich kein Staat mehr machen. Die zeitgenössischen Analysen sahen Massenpolitisierung und Demokratisierung weniger als ein moralisches Dogma, sondern vielmehr als eine unvermeidliche Konsequenz der Nationalstaatsbildung, des Bevölkerungswachstums und der höheren Bildung: Demokratisierung sei in einem modernen Staat schlicht unausweichlich.[46] Tatsächlich brachte die Wende zum 20. Jahrhundert eine neue Welle der Demokratisierung, und zwar weltweit: in China und Mexiko, im Osmanischen Reich, in Portugal und Russland kam es zu demokratischen, teilweise revolutionären Aufbrüchen, in Dänemark, Österreich, Großbritannien bis hin nach Kanada intensivierten sich demokratische Tendenzen.[47] «Das allgemeine Stimmrecht ist im siegreichen Vordringen begriffen», resümierte Georg Meyer, Jurist und nationalliberales Mitglied im Reichstag.[48] Selbst der entschiedene Monarchist Heinrich

Die Massen machen Gesellschaft | 129

von Treitschke erkannte am Ende des 19. Jahrhunderts «ein historisches Gesetz der Demokratisierung der Staatsformen», wobei er zugleich monierte, dass man in dieser Hinsicht in Deutschland «*leider an der äußersten Grenze angelangt*» sei.[49] Demokratische Partizipationsmöglichkeiten waren – unter unterschiedlichen Namen – in der Zeit vor dem Ersten Weltkrieg Konsens geworden. Dieser Konsens konnte selbst von den später aufkommenden Diktaturen nicht grundsätzlich in Frage gestellt werden, und an ihn wurde mit großer Selbstverständlichkeit nach den Weltkriegen jeweils wieder angeknüpft. Der Staatsrechtler Paul Laband erklärte 1900, die «unmittelbare Beteiligung des Volkes an den staatlichen Angelegenheiten» in Deutschland sei der «größte und wichtigste Fortschritt».[50]

Das ungleiche Dreiklassenwahlrecht in Preußen wurde nun als peinliche Endmoräne empfunden. Entsprach es bei seiner Einführung internationalen Standards und erwies es sich in den ersten zwanzig Jahren mit seiner hybriden Form als wichtiges Instrument, um alle an die Demokratisierungsprozesse zu gewöhnen, so galt es nun als völlig veraltet. Kaum jemand wollte es noch verteidigen. Beamte murrten dagegen, Sozialdemokratinnen und Sozialdemokraten zeigten in Massendemonstrationen ihre Wut, und liberale Bürger demonstrierten immerhin zu Tausenden in Kundgebungen und auf den Straßen dagegen. Für eine Reform konnte sich wohl deshalb keine Mehrheit finden, weil die linke Seite dafür war, das Dreiklassenwahlrecht durch das allgemeine und gleiche Männerwahlrecht des Reichs zu ersetzen, was dem anderen Lager zu weit ging, das gerne ein Pluralwahlrecht wollte, wie es in anderen europäischen Ländern galt, etwa in Belgien oder in gewisser Weise auch in Großbritannien: Je nach Verdienst erhielt ein Bürger zusätzliche Wahlstimmen, etwa für höhere Bildung, mehr Besitz oder auch für den Familienstand.[51] Die Massenpolitisierung aber bildete auch, wie sich zeigen wird, einen nicht zu unterschätzenden Faktor für den Ausbruch des Ersten Weltkriegs.

In den USA wurde um 1900 die Wende zum demokratischen Realismus nicht zuletzt durch die anhaltende Wahlkorruption hervorgebracht.[52] Die neuen amerikanischen Intellektuellen dis-

3. Das bürgerliche Projekt: Mobilisierung und Beschränkung

tanzierten sich von den früheren antidemokratischen Ressentiments, die sich wesentlich am Wahlrecht der afroamerikanischen Männer entzündet hatten und zunehmend die Abschaffung des allgemeinen und gleichen Männerwahlrechts gefordert hatten.[53] Sie mahnten stattdessen zu Nüchternheit und Realismus. Der transnationale Austausch intensivierte sich immer mehr.[54]

Auf die Tatsache der Massenpolitik gab es auch antiliberale Analysen und Antworten, die ebenso wie die westliche Demokratisierung das 20. Jahrhundert grundlegend prägen würden: Lenin entwarf 1902 in «Was tun?» eine Politik der disziplinierten Partei von Berufsrevolutionären, denen sich die Massen unterwerfen mussten, und der deutsch-italienische Soziologe Robert Michels entwickelte das «Eherne Gesetz der Oligarchie», dem zufolge Massenorganisationen sich notwendigerweise Eliten und deren Einzelinteressen auslieferten.

Die Theoretiker, Politiker, Revolutionäre und Gelehrten, die über Massen und Demokratie räsonierten, blendeten allerdings das weibliche Geschlecht aus. Und es fragt sich, was verblüffender ist: diese Blindheit oder die einsame Hellsichtigkeit eines Mannes wie August Bebel, dem früh klar war, was der politische Aufbruch der Frauen bedeutete. Dabei wurde die Massenpolitisierung gerade an der Mobilisierung der Frauen besonders deutlich. Unter der Leitung von Louise Otto-Peters hatte sich bereits 1865 der Allgemeine Deutsche Frauenverein gegründet. Ein Jahr später folgte die Gründung des Vereins zur Förderung der Erwerbsfähigkeit des weiblichen Geschlechts, der überaus einflussreiche «Lette-Verein». Auch wenn vielen der Aktivistinnen dieser ersten Frauenbewegung das Wahlrecht am Herzen lag, so sahen sie zumeist zwei andere Aufgaben als vordringlicher an: erstens die Verbesserung der sozialen Lage für Frauen und – damit eng verbunden – die Erhöhung der Bildungschancen.[55] Hedwig Dohm forderte 1876 in einer hinreißend geistreichen und aggressiven Streitschrift: «Die Frauen fordern das Stimmrecht als ihr Recht. Warum soll ich erst beweisen, daß ich ein Recht dazu habe? Ich bin ein Mensch, ich denke, ich fühle, ich bin Bürgerin des Staates.»[56] Dohm forderte – «ich fühle!» – den Modus der Selbstverständlichkeit für Frauenrechte,

Hedwig Dohm um 1870

ähnlich wie Voltaire hundert Jahre früher gegen die Folter gekämpft hatte. Doch noch war sie eine Ausnahme. Ebenso wie John Stuart Mill. Als es diesem Vorkämpfer für Frauenrechte 1867 gelang, das Frauenstimmrecht im britischen Parlament diskutieren zu lassen, fühlten sich nur wenige Abgeordnete bemüßigt zu antworten, denn die Forderung erschien den Männern als augenscheinlich absurd. Der «Instinkt», hieß es in einer der wenigen Gegenreden, «of nine men out of ten – nay, of nine women out of ten – was opposed to the proposal», jeder «Logic», wenn es sie denn gäbe, stehe der viel stärkere «instinct» entgegen.[57]

Doch um 1900 änderten sich die Selbstverständlichkeiten. Frauen begannen sich überall zu organisieren. In Deutschland fasste der 1894 gegründete Bund deutscher Frauenvereine die zahllosen Organisationen zusammen und zählte vor dem Weltkrieg eine halbe Million Mitglieder. Vorbild für den deutschen Bund war der 1888 gegründete Nationale Frauenrat in den USA.

Ein Jahr nach den Deutschen folgten 1895 die britischen Frauen mit der Gründung eines nationalen Dachverbandes. Die Stimmrechtsbewegung wurde so stark, dass sie – ähnlich wie in Großbritannien oder den USA – einen starken Antifeminismus hervorrief.[58] Die deutschen Sozialistinnen wurden führend und ein Vorbild für die Arbeiterbewegung in anderen Ländern. Ihre Zeitschrift *Die Gleichheit* bestimmten die Delegierten der internationalen Frauenkonferenz von 1907 in Stuttgart zum Organ der gesamten internationalen sozialistischen Frauenorganisation.[59] August Bebels Buch *Die Frau und der Sozialismus* wurde in zahlreiche Sprachen übersetzt und bestärkte weltweit die Frauen in ihrem neuen Rechtsgefühl. Die Organisation der Frauen, ihre politische Erfassung in allen politischen Lagern war ein bedeutender Teil der allgemeinen Massenmobilisierung.

Verfassung und Parlament

Diese Entwicklungen ruhten wesentlich auf dem Parlamentarismus und auf modernen Verfassungen. Wo Partizipation und Massenpolitisierung funktionierten und die Würde der vielen Einzelnen zunehmend geschützt wurde, ging es nie nur um Mehrheitswillen und Volkes Stimme. Das zeigt beispielhaft die Verfassung des Deutschen Reichs von 1871, die auf der Verfassung des Norddeutschen Bundes von 1867 beruhte.

Ambiguitätstoleranz des verfassten Staates

Nietzsche hatte es kommen sehen: Er bezeichnete die Reichsgründung 1871 als Übergang des «deutschen Geists» «zur Vermittelmäßigung, zur Demokratie» und zu den «modernen Ideen».[60] Das Parlament als eine entscheidende Instanz im Verfassungsgefüge wurde in den Jahren um 1870 international Konsens, mit ihm fuhr

Preußen seit rund zwanzig Jahren ganz gut, und viele andere deutsche Länder hatten damit seit Jahrzehnten gute Erfahrungen gemacht. Wie in nahezu allen Staaten des nordatlantischen Raums wurden in Deutschland im 19. Jahrhundert Verfassungen und Parlamente eingerichtet, und wie in nahezu allen anderen Staaten entstand und entfaltete sich das Parlament unter einer Monarchie.

Parlamente boten eine Lösung für den Umgang mit den immer komplexeren Fragen der sich ausdifferenzierenden Gesellschaft. Politik wurde neben Ökonomie, Wissenschaft oder Kunst ein eigenes Funktionssystem, das nicht von jedermann bedient werden konnte und der Experten bedurfte – ganz unabhängig vom Gleichheitsideal. Vor allem aber erwiesen sich Parlamente als die zentrale Instanz, um die tragende Schicht des 19. Jahrhunderts, das Bürgertum, in das Staatsgeschehen und in die Herrschaft einzubeziehen. Parlamente boten mit dieser Fähigkeit den idealen Rahmen für die spannungsgeladene Transformation eines monarchischen Untertanenstaats in eine liberale Demokratie. Dass das Wahlrecht allmählich auch auf Männer ausgeweitet wurde, die wenig oder keine Steuern bezahlten, verdeutlicht die sich wandelnde Bedeutung des Parlaments, das etwa seit der Jahrhundertmitte zusammen mit den Wahlen und der Verfassung zu einem wirkmächtigen Symbol für die Nation wurde: eine Gemeinschaft der gleichen und freien Männer. Parlamente wurden zu Volksvertretungen, die immer mehr diesen Namen verdienten, je weiter sich das Wahlrecht ausbreitete. Der Gleichheitsgedanke bildet aber nicht den Ursprung der Parlamente.

Tatsächlich sind Parlamente und Repräsentativität zugleich ein mächtiges Mittel, um Demokratie zu beschränken. Sie ermöglichen nicht nur die sinnvolle Einbindung aller Bürger, sondern auch die Einhegung ihrer Macht. Die Bürger bestimmen nicht selbst, vielmehr wird ihr Wille über die Repräsentanten transformiert.

Wie Parlamente verdeutlichen auch Verfassungen, aus welch unterschiedlichen Quellen sich Demokratie speist. Konstitutionen mit ihrer vielförmigen, oft widersprüchlichen Genealogie bereicherten die Herausbildung von *checks and balances*, von denen zweifellos alle liberalen Demokratien heute leben. Die deutsche Verfassung von 1871 verdeutlicht das beispielhaft. Ihr Text ist kurz und – angesichts der politischen Lage nicht unklug – ziemlich offen. Es kam darauf an, wie die Menschen ihn interpretieren würden. Ein Grundrechteteil wie in der Paulskirchenverfassung von 1849 fehlte, weil man nicht wie 1848/49 übermäßig lange über sie diskutieren wollte und damit das Verfassungswerk überhaupt gefährden wollte, so argumentierten die Abgeordneten des konstituierenden Reichstags von 1867. Vor allem aber garantierten mittlerweile die Einzelstaaten die Rechte.[61] Die Reichsverfassung war ein Kompromiss zwischen der starken Monarchie und der nationalen Demokratie, zwischen konservativen Beharrungskräften und liberalem Fortschritt; sie stand für die preußische Hegemonie, doch ermöglichte sie den unabdingbaren starken Zentralstaat, und Preußen-Nostalgiker sahen zurecht im Beginn des Reiches von 1871 das Ende des alten Preußen. Die Verfassung band nicht nur das Bürgertum, sondern auch das Militär und den Adel an den Staat; hier gelang es ihr ebenfalls, zwischen den oft gegenläufigen Interessen zu vermitteln.

Der Monarch mit dem Titel «Deutscher Kaiser» war stark und konnte über die Exekutive bestimmen, er ernannte den Kanzler und das Regierungspersonal: in Preußen die Minister, im Reich die Staatssekretäre. Und er war der oberste Kriegsherr. Dennoch war das Reich konstitutionell, und die halb- und ganz-absolutistischen Zeiten waren ohnehin passé. Bei aller Machtfülle war der Kaiser eingehegt, der Kanzler lenkte mit der Regierung die Politik, und im Regierungsgeschäft gelang es den maßgeblichen Männern, den monarchischen Einfluss entschieden zu dämmen. Dafür entwickelte der Reichsmonarch überraschenderweise repräsentative Qualitäten und wurde zur Integrationsfigur des Reichs, zum Symbol der Nation, die sich doch immer in enger Verschwisterung mit Parlament und Verfassung befunden hatte. Grade der alte, bärtige, zunehmend als liebenswürdig empfundene Wilhelm I. ermöglichte den Männern und Frauen in den Einzelstaaten in kurzer Zeit eine multiple nationale Identität zu entwickeln: als Bayern oder Sachsen – und zugleich als Deutsche.

Ein wichtiger Faktor der Verfassung war der Föderalismus.

Verfassung und Parlament | 135

Dass das Deutsche Reich ein «Fürstenbund» sei, in dem die Monarchien der Gliedstaaten die Träger der Souveränität darstellten und in dem der Bundesrat als Kammer mit den Ländervertretungen die eigentliche Exekutive sei, war eine von Bismarck in die Welt gesetzte Legende, die weder der Rechtslage noch dem Verfassungsalltag entsprach, die jedoch einigen Fürsten eine gewisse Genugtuung verschaffte.[62] Der Bundesrat, der die Regierungen der Mitgliedstaaten vertrat, hatte zwar ebenso wie der Reichstag ein Gesetzinitiativrecht und musste den Gesetzen zustimmen. Er hatte auch exekutive Gewalt: Zusammen mit dem Kaiser konnte er den Krieg erklären und den Reichstag auflösen, was eine beachtliche Beschränkung der parlamentarischen Macht bedeutete. Im Verfassungsalltag jedoch führte der Bundesrat seine Macht nicht aus und blieb blass. Die Kammer kam den Anforderungen der aufmerksamen Zivilgesellschaft nicht nach, sie veröffentlichte keine Protokolle, wurde von oft mediokren Bevollmächtigten bespielt und nicht von Männern, die in Wahlkämpfen gekürt worden waren. Denn wie international üblich wurde die zusätzliche Kammer nicht gewählt und war ein Element der Machtbalance. Die Einzelstaaten behielten in vielen Bereichen ihre Hoheit, bestimmten ihre Verfassung und damit das Wahlrecht für die Wahl der Länderparlamente. Länder wie Württemberg oder Baden nutzten in den folgenden Jahrzehnten ihre Kompetenzen zur Liberalisierung, demokratisierten das Wahlrecht, integrierten die Sozialdemokratie, öffneten die Tore weit für die Massenpolitisierung.

Der Reichstag – eine zweifellos «national-demokratische»[63] Institution – errang im Chor der Verfassungsorgane die Rolle der Primadonna. Hier, auf der Reichsebene, wurden die wesentlichen Gesetze diskutiert, beraten, gemacht: der immer größer werdende Bereich des Sozialen, das Rechtswesen, die Wirtschaftsordnung und die Militär- und Zollgesetze. Das Parlament war nicht nur ein Symbol für die Nation, was insbesondere den Gebildeten am Herzen lag, es bot dieser Nation auch ein Forum. «Die wirkliche Verantwortlichkeit, das ist jene öffentliche Meinung», erklärte Heinrich von Sybel 1867 im Parlament. Keine «Regierung hat in den modernen Verhältnissen Bestand, die auf die Dauer vor dem Anspruch *dieses* Gerichtes nicht besteht».[64] Im Reichstag besprachen die maßgeblichen Männer die Probleme des Landes, die Zeitungen berichteten darüber, die immer mächtiger werdende «Öffentlichkeit» diskutierte und schrieb und polemisierte. Gerade in dieser Fixierung auf Sprache und Schriftlichkeit, ohne die doch kein Austausch und keine Öffentlichkeit möglich war, werden die bürgerlichen Wurzeln der Demokratie deutlich.

Neben der Gesetzgebung bildete das Budgetrecht die zweite Machtbasis des Parlaments. Der Reichstag, bis 1888 für drei Jahre, danach für fünf Jahre gewählt, legte jährlich den Etat fest, zusätzliche Mittel bedurften eines Nachtragshaushalts. Der große und kaum zu beschneidende Militäretat allerdings war längerfristig festgelegt. Das Militär, der Offizier, aber zunehmend auch der gemeine Soldat erfuhren in Deutschland – wie in ganz Europa – in dieser Zeit eine enorme Aufwertung.[65] Durch Haushaltsanträge, Interpellationen, Behandlung von Petitionen ließ sich nahezu jedes Thema im Halbrund des Parlaments diskutieren und zu einer öffentlichen Debatte machen. Die Regierungen entzogen sich kaum den Anfragen der Abgeordneten, Bismarck nutzte das mächtige Forum des Reichstags für öffentliche Erklärungen. So kam dem Reichstag eine Art Kontrollrecht der Regierung zu. Es war nahezu unmöglich, gegen eine Mehrheit im Parlament den Staat zu lenken, denn die Macht von Kanzler, Monarch und Bundesrat, den Reichstag aufzulösen und Neuwahlen anzuordnen, ließ sich nur beschränkt ausspielen.

Muss der Kompromisscharakter der Reichsverfassung als Defizit verstanden werden oder war er nicht vielmehr eine Voraussetzung, um in Transformationszeiten flexible Gestaltungen zu ermöglichen, ohne dabei größere gesellschaftliche Gruppen auszuschließen? Deutschland war ein Obrigkeitsstaat, gewiss, aber zugleich ein Rechtsstaat mit einem demokratisch orientierten Parlament. Es galt zweifellos als westlich orientierter «Kulturstaat» oder «zivilisierte Nation», wie die Zeitgenossen es nannten, ein Land, das die Gesellschaft integrierte – auch deswegen, weil es zunehmend ein Sozialstaat wurde mit starker Wirtschaft, selbstbewusstem Bürgertum und einer stolzen Arbeiterschaft. Denn da der Staat die «absolute Gleichheit des Rechts» für jeden garantieren müsse, schrieb Lorenz von Stein 1876, müsse er auch den wirtschaftlichen Fortschritt aller fördern, sodass der Staat ein Rechtsstaat, aber auch ein «socialer Staat» sein müsse.[66] So bestärkte auch die Verfassung mit ihrer Ambiguitätstoleranz das Prinzip des Machtausgleichs.

Gewaltenteilung bedeutete selbst in der amerikanischen Verfassung keine fein säuberliche Trennung zwischen Exekutive, Judikative und Legislative. Man kann das bedauern.[67] Man kann aber auch zur Kenntnis nehmen, dass jede funktionierende liberale Demokratie immer eine kontaminierte Mischform darstellt, ein ausgeprägtes System von *checks and balances* hat und bis heute eine «mitigated democracy» ist, eine «gemäßigte Demokratie», wie es in den USA hieß.[68] Thomas Jefferson lehnte einen «elective despotism» ab, denn die Gewalt müsse zwischen den politischen Körperschaften aufgeteilt werden.[69] Das bürgerliche Projekt der Demokratie war auf Einhegung und Mäßigung angewiesen.

Kommunikation

Die vielen Männer, die vor den Wahlen diskutierten und Zeitungen wälzten, und die Parteifunktionäre und Kandidaten, die um die Stimmen warben, zeugen von einer immer wichtigeren Funktion der Wahlen: Kommunikation. Wahlen ermöglichten den Herrschenden (egal ob französischen Beamten, preußischen Ministern oder amerikanischen Parteibossen), mit den Bürgern in Kontakt zu treten, sie für ihre Projekte zu erwärmen, sie in die Pflicht zu nehmen, aber auch ihre Anliegen anzuhören. Bei Wahlen erhalten Wähler eine staatliche Relevanz, die sie im Alltag nicht besitzen. Sie werden befragt, umworben, gebeten. Es ist eben zuallererst die Obrigkeit (und sei es in Form von Parteien), die Interesse an den Wahlen hat: Sie will Zustimmung oder doch zumindest Teilnahme als einen Akt der Loyalität und Legitimierung. Obwohl die Kommunikation immer in beide Richtungen ging, definierte Joseph

Schumpeter richtig die grundlegende Tendenz der Wahl-Kommunikation als *top-down*: «‹Der Wille des Volkes›» sei «das Erzeugnis und nicht die Triebkraft des politischen Prozesses».[70]

Die weißen Männer in den USA signalisierten bei jeder Wahl ihre Unabhängigkeit, aber doch auch ihre Bereitschaft zum Mitmachen. Die Wahl diente als Scharnier zwischen der fernen Gewalt in der Hauptstadt und den Bürgern. Wählen hieß, den Staat konstituieren. In Deutschland verlief die Kommunikation mit der Obrigkeit formalisierter. «Unser vielgeliebter Herrscher, der König und Kaiser Wilhelm II., weiß leider nichts von unserer Noth und von unseren Drangsalen», ließen die polnischsprachigen Masuren 1897 in einem Aufruf wissen, als sie sich erstmals mit eigenen Kandidaten beteiligten. «Also wählen wir masurische Abgeordnete, damit diese in Berlin unsere Noth schildern können.»[71] Diese *Bottom-up*-Kommunikation hat in der Wahlforschung mehr Beachtung gefunden als die Interessen der Herrschenden.[72] Im 19. Jahrhundert spielten dabei konkrete, meistens materielle Wünsche der Wähler eine entscheidende Rolle, die Bürger auf Wahlversammlungen oder in Petitionen formulierten.[73] In manchen Ländern, etwa in Frankreich oder Österreich, nutzten die Wähler im 19. Jahrhundert auch die Stimmzettel, um ihren Wünschen Ausdruck zu verleihen.[74] Viele Zeitgenossen sahen in den Willensäußerungen den Hauptgrund für das Wahlrecht der unteren Schichten.[75] Häufig knüpften sie daran die Überlegung, dass Wahlen der «Staatsmaschinerie» als «Sicherheitsventil» dienten. Ohne das Wahlrecht, so der Jurist Georg Meyer, wären die Arbeiter «ein Element der Gärung und Unzufriedenheit im Volke».[76] Die Periodizität der Wahlen (ein entscheidendes Element) sorgte dafür, dass die Kommunikation nach der Wahl nicht völlig abbrach.

Wahlreformen

Dass Demokratiegeschichte immer auch die Geschichte ihrer Einschränkung ist, wird an ihrem bürgerlichen Charakter besonders deutlich. Als ein wichtiger Schritt erwies sich dabei um 1900, die

Wahlen so zu organisieren, dass sie bürgerlichen Standards entsprachen und Rationalitätsannahmen genügten. In zahlreichen Ländern fand in diesen Jahren eine grundlegende Reform der Wahlpraxis statt. Sie war Teil der internationalen Konvergenz von demokratischen Praktiken in dieser Aufbruchszeit. Bei den Wahlreformen ging es nicht zuletzt darum, die demokratische Idee von Wahlen zu befördern: Die Stimme des Einzelnen sollte so geschützt werden, dass jede Stimme gleich und frei war.[77] Wahlfälschungen wurden nun zu einem Skandal, zu einer regelrechten Staatsaffäre. Damit verschwanden sie nicht, aber die Skandalisierung sorgte für Veränderungen. Die Reformen ähnelten sich im nordatlantischen Raum. Wahlkabinen und Wahlurnen etwa wurden standardisiert und die Stimmzettel vereinheitlicht oder durch einen Umschlag neutralisiert. Vor den Reformen hatten Parteien die Stimmzettel gedruckt, so dass sie ohne Umschlag leicht identifizierbar waren. Wenn sich nun die Partei beim Einwerfen des Stimmzettels nicht mehr erkennen ließ, wenn die Wände der Kabinen hoch genug waren, um den Wähler vor den Blicken der anderen zu schützen, und wenn die Urnen so groß waren, dass die Wahlzettel sich mischten: Dann erst war die Stimmabgabe geheim, dann wurde die Stimme des Einzelnen und seine Würde als autonomes, partizipierendes Individuum geschützt.[78]

Die Wahllokale sollten das Ideal des nüchternen Bürgers widerspiegeln: sauber, ruhig, nüchtern, elektrisch beleuchtet. Und anders als früher hatten die Wahlen nicht mehr in Kneipen und Schenken und dunklen Spelunken stattzufinden, sondern möglichst in modernen Räumen des öffentlichen Lebens, wie in Gerichtsgebäuden oder Schulen, die in jener Zeit zahlreich und mit historistischem Prunk gebaut wurden. Im Wahllokal wurde der Körper diszipliniert. Tatsächlich gaben die Reformer minutiöse Anweisungen, wie der Mann durch das Wahllokal zu gehen habe, wo er den Stimmzettel erhielt, wo er ihn abgeben musste, und wie viele Minuten er dazwischen in der Wahlkabine verbringen durfte. In Verordnungen und Gesetzen wurde jene Wahltechnik konstituiert, die bis heute für Demokratien gültig ist. Die Wahlen als wilder Mannesritus mit Alkohol, Prügeleien, gewalttätigem Rassismus gerieten in Verruf.[79]

Neben der Rationalisierung trugen die veränderten Wahlpraktiken dazu bei, dass das Wahlrecht für Frauen allmählich in den Bereich des Möglichen rückte. In einem disziplinierten Wahlablauf, in einem bürgerlich geordneten Wahllokal mit gezähmter Männlichkeit wurde die Gegenwart der Frau für die Zeitgenossinnen und Zeitgenossen denkbar.

Reformzeitalter

Die Würde des Einzelnen, in der die neue Bedeutung der Massen gipfelte, stand den Zeitgenossen deutlich vor Augen. Zahlreiche Zeitdiagnosen am Ende des Jahres 1899, die ein Resümee für das 19. Jahrhundert zogen, legen davon Zeugnis ab. Die Stimmung war optimistisch, geradezu strahlend, die Menschen lebten im Gefühl, aus der Dunkelheit ins Licht getreten zu sein, ein Ende des Fortschritts schien ihnen nicht vorstellbar.

Das soziale Jahrhundert

«Die Schätze, mit denen das 18. Jahrhundert prunkte, waren erlogene, erträumte,» schrieb am Vorabend des Jahres 1900 die *Vossische Zeitung*. «Die Güter der Aufklärung, der Menschliebe und Duldung kamen einem Kreise von satten Menschen zugute. In welchem dumpfen Drucke, in welchem Mangel für Magen, Herz und Geist die ungeheure Menge ihr Dasein zubrachte, sah man nicht.» Erst das 19. Jahrhundert, von dem man als «dem sozialen Jahrhundert» sprechen müsse, habe die Welt verändert.[80] Tatsächlich hob Bismarcks Sozialgesetzgebung die Basisversorgung auf einen neuen Standard. Das Krankenversicherungsgesetz von 1883 verbriefte Arbeitern den Anspruch auf Hilfe, und es entwickelte

Plakat «Die Deutsche Sozialversicherung», Berlin 1914

sich ein starkes Gefühl für soziale Rechte, das dem Staat die Aufgabe zuordnete, für das leibliche Wohl der Bürger und Bürgerinnen zu sorgen. Erstmals hatten damit breite Schichten Zugang zu einer umfassenden medizinischen Hilfe. 1884 folgte das Unfallversicherungsgesetz, 1889 das Alters- und Invalidenversicherungsgesetz. Deutschland war führend in der Sozialpolitik, seine Expertise allgemein anerkannt, und die Vertreter des Reichs rühmten sich gerne dieser Fortschrittlichkeit.[81]

Staatsbürgerschaft bedeutet um 1900 nicht mehr nur das Recht zu wählen, das Recht auf Bildung, das Recht der Mitbestimmung und Mündigkeit. Staatsbürgerschaft hatte sich zu dem grundlegenden «Recht, Rechte zu haben», entwickelt, wie Hannah Arendt es auf den Punkt brachte.[82] Dem Staat kam die Funktion als «Hüter und Förderer des Gemeinwesens» zu, so Georg Jellinek.[83]

«Es ist der bleibende Ruhm des neunzehnten Jahrhunderts», hieß es im *Vorwärts*, durch die Industrialisierung die «Massen selbst zu den entscheidenden Trägern der menschlichen Kultur» gemacht zu haben. Dass die Geschichte der Industrialisierung als

Erfolgsgeschichte zu verstehen sei, schien unumstritten: In den Anfängen habe der Arbeiter «die Lebensweise des antiken Sklaven» gefristet, hieß es im *Vorwärts* weiter, «da er sich aber immer wieder gegen seine «gewaltsame Entmenschlichung empört» habe, sei er schließlich «aus den Tiefen der Barbarei zu den Höhen der Civilisation» emporgeklommen.[84] Immer wieder wurde die Geschichte des 19. Jahrhunderts als die Befreiungsgeschichte aus dem Elend der «Sklaverei» beschrieben.[85] «Was waren die Fürsten vor hundert Jahren? Sie dachten nicht an ein deutsches Vaterland», kleidete eine Zeitung zu Beginn des Jahres 1900 das Fazit der vergangenen hundert Jahre in rhetorische Fragen: «Was war das Bürgertum? Geknechtet und geknebelt.» Und der Bauer? «Nicht viel mehr als ein weißer Sklave.»[86]

Vorherrschend war nicht das Gefühl, in einer rückständigen Monarchie zu leben. Auch hier wird deutlich, dass es nicht um die Frage ging, die nach 1945 so häufig für das 19. Jahrhundert gestellt wurde: «Demokratie» – ja oder nein? Vielmehr ging es den Menschen darum, wie es mit der Gerechtigkeit stand, mit der Freiheit der Menschen und mit dem Einfluss der Massen, ob sie ein gutes Auskommen hatten und ein gutes Leben, wie die Bildungsmöglichkeiten waren. Man könnte auch so formulieren: Die Frage war, wie es mit der sozialen und demokratischen Kultur steht – zeitgenössisch hieß das häufig «Zivilisation» oder «Kultur». Und die Sozialdemokratie war stolz darauf, diese Kultur in Deutschland in weiten Teilen bereits durchgesetzt zu haben – so die Selbsteinschätzung.

Sozialdemokratie: Reform oder Revolution?

Die Arbeiterpartei und die Sozialisten waren zugleich massiven Anfeindungen ausgesetzt. In westlichen Ländern wuchs die Angst vor einem sozialistischen Umsturz, und bei Verfolgungen linker Kräfte und der Niederschlagung von Streiks kam es in den USA und in Frankreich auch zu Toten. In Deutschland verboten die Sozialistengesetze von 1878 bis 1890 die Organisation und alle

Aktivitäten der Sozialdemokratie, ihre Veröffentlichungen, Gewerkschaften und die Parteiversammlungen, die doch vielen Männern Identität und Selbstbewusstsein boten. Die Führer der Partei wurden verfolgt, eingesperrt oder aus Deutschland ausgewiesen. Viele flohen ins Ausland, darunter die Politikerin Clara Zetkin. Es war eine Zeit massiver Repressionen, und in den zwölf Jahren wurden insgesamt rund 1500 Menschen verurteilt. «Verglichen freilich mit den Blutorgien, die in Frankreich die Niederschlagung der Kommune begleitet haben», so Thomas Nipperdey, «und dem anschließenden Rachefeldzug ist – man muss das Ungewöhnliche sagen – das Sozialistengesetz ein Kinderspiel gewesen.»[87] Die deutschen Sozialisten gingen aus dieser Zeit gestärkt hervor. Das Ende des Gesetzes 1890 empfanden sie als ungeheuren Sieg, den sie sich selbst zuschrieben. Die Erinnerung an die Verfolgung gerann zum einigenden Heldenmythos von Unterdrückung, Kampf und Triumph. Eine Zeichnung aus dem *Wahren Jacob* vom Juli 1893 zeigt die Siegessicherheit und verdeutlicht, wie sehr sich die Sozialisten auf den Parlamentarismus eingelassen hatten: Die Männer – Arbeiter, Bauern und die großen Führer wie Liebknecht oder Marx (Frauen sind nicht darunter) – sammeln sich um die «Freiheit» mit der Jakobinermütze, erhöht im Vordergrund steht die Wahlurne mit der Aufschrift «Allgemeines Wahlrecht». Die Sozialistische Arbeiterpartei errang 1893 mit über 23 Prozent die meisten Stimmen und ging für alle sichtbar als Siegerin aus ihrer Verfolgungszeit hervor.

Woher kam die Angst der Mehrheit in der Bevölkerung vor der Sozialdemokratie?[88] Ein wichtiger Grund war, dass die Sozialisten zumindest rhetorisch auf dem Pathos von Revolution und Gewalt beharrten. Für die Zeitgenossen auch in anderen Ländern war kaum zu erkennen, inwiefern die Drohungen ernst gemeint waren.[89] Dabei fühlten sich keineswegs nur die oberen Schichten gefährdet, sondern auch große Teile des Kleinbürgertums und der konfessionell gebundenen Arbeiterschaft. Im Reichstag bildeten die Sozialisten zwar die größte Fraktion, waren aber weit von einer Mehrheit entfernt. Es ging den Menschen besser als zuvor, warum also das System stürzen? Von dem «großen Kladderadatsch», dem

Untergang der Gesellschaft, den Bebel unermüdlich prophezeite, wollten die Massen nichts wissen.

Mit über einem Fünftel der Wählerstimmen wurde die Sozialdemokratie im Kaiserreich neben dem Bürgertum gleichwohl zum einflussreichsten Player. Der afroamerikanische Soziologe W. E. B. Du Bois, der einige Zeit in Deutschland verbrachte, wunderte sich über die freiheitliche Grundstimmung in der Monarchie und über die Loyalität der Arbeiter, die er so bei den Afroamerikanern in seiner Heimat nicht erlebt hatte.[90] Die Reformkräfte in der Sozialdemokratie gewannen tatsächlich an Einfluss. Auch angesichts des steigenden Wohlstands für alle schien vielen Sozialistinnen und Sozialisten das Engagement für Reformen einleuchtender als die Revolution.[91] Vieles spricht dafür, das wachsende Gewicht der Sozialdemokratie dem Umstand zuzuschreiben, dass sie sich immer mehr dem Bürgertum und dem Zeitgeist anglich. Von Anfang an, seit dem konstituierenden Norddeutschen Reichstag von 1867, saßen Sozialdemokraten im deutschen Parlament. Vor dem Weltkrieg gab ein Drittel der Wähler der sozialdemokratischen Partei die Stimme. Sie war trotz anhaltender Revolutionsrhetorik ein Teil jener Kraft, die der Zeit ihren Stempel aufdrückte: der Reformbewegung. – Zum Jahresende 1899 hieß es im *Vorwärts*: «[U]nsere Sache hat große Fortschritte zu verzeichnen in Deutschland wie in allen übrigen Kulturländern.»[92] Der sozialistische Historiker Franz Mehring erklärte siegessicher über die Sozialdemokratie: «Mag auch noch mancher Sturm um die Wipfel des Stammes brausen, seine Wurzeln kann keine Gewalt und keine List mehr dem deutschen Boden entreißen.»[93]

Globale Reformbewegung

Reformen sind ein Ausdruck der Moderne, ein Kind der Aufklärung, weil sie davon ausgehen, dass sich die Welt verändern lässt und verbessert werden sollte. Gewiss, es gab sie auch in den Jahrhunderten zuvor. Doch wurden Reformen im ausgehenden 18. Jahrhundert auf Dauer gestellt, gewissermaßen als Seinsmodus

Reformzeitalter | 145

installiert. Reformen sind die friedlichen Schwestern der Revolution – und haben sie nicht zum Gedeihen von Demokratie mehr beigetragen als die revolutionäre Gewalt? Gewiss haben Revolutionen Reformen immer wieder angetrieben, doch sie haben Reformen oft genug auch gehemmt. Zudem hatten sich Reformen als Prinzip schon vor der Revolution durchgesetzt. Die Reformer zu Beginn des 19. Jahrhunderts bereiteten den Boden, um die Gesellschaft aus den «feudalen Fesseln» zu lösen, wie es zeitgenössisch hieß. Das 19. Jahrhundert wurde zu einem Jahrhundert der Weltverbesserung – einem Jahrhundert des Optimismus. Als logische Konsequenz entfalteten sich in diesem Jahrhundert die Konservativen, die hellsichtig erkannten, dass ihre Welt dem Veränderungswillen nicht standhalten konnte.

Um 1900 erreichte der «Kulturoptimismus» einen Höhepunkt.[94] In den USA wird die Zeit der Jahrhundertwende bis in die Zwischenkriegszeit *Progressive Era* genannt oder *Reform Era*. Auch für Deutschland ist die Bezeichnung Reformära passend, doch die spezifischen Umstände der deutschen Geschichtsschreibung haben gerade die Reformen und die Aufbrüche häufig in die zweite Reihe geschoben – das Militär, die Außenpolitik, der Kaiser und seine Mannen erschienen von größerem Interesse. Ihre Bedeutung ist unbestritten. Doch die Reformen werden oft in kuriosen Randgebieten der Geschichtswissenschaft abgehandelt – Lebensreform, Architektur-, Körper- oder gar Frauengeschichte – und nicht als eine zentrale Kraft des Zeitalters verstanden.[95] Das bewirkt eine Verzerrung des Blicks, unterschätzt die demokratischen Kräfte und verdeckt den Aufbruch der Frauen. Das Kaiserreich der Jahrhundertwende war ein anderes als zur Zeit seiner Gründung. Hier lebte eine gemessen an den Maßstäben der Zeit freie Zivilgesellschaft, in der mehr oder weniger alle tun und lesen und lassen konnten, was sie wollten.

Die große schwedische Reformerin Ellen Key widmete ihr populäres Buch *Das Jahrhundert des Kindes* von 1900 «Allen Eltern, / die hoffen, im neuen Jahrhundert / den neuen Menschen zu bilden».[96] Tatsächlich ging es in dieser Zeit um nicht weniger als um den neuen Menschen. Ein Projekt, das deswegen so umstürzend und beängstigend war, weil es sich an alle richtete, weil nun die Masse im Fokus stand, weil der Mensch als gesellschaftliches Phänomen nicht zuletzt mit der neuen Wissenschaft der Soziologie ins Zentrum gerückt war.[97]

Die Reformkräfte fanden sich in allen Schichten, und alle bildeten Vereine. Sozialistinnen bekämpften die Armut, aber ebenso sahen sich auch die Frauen der Inneren Mission in der Pflicht, sie beschäftigten sich mit dem Problem mangelnder Hygiene genauso wie die Mitglieder konservativer Wohltätigkeitsvereine. In Deutschland gehörten viele hohe Beamte zu den Reformkräften, was wohl schlicht daran lag, dass der Beamtenstatus (anders etwa als der des Staatsdieners in den USA) attraktiv und prestigeträchtig war. Die Reformen ähnelten sich in den Ländern des nordatlantischen Raums und oft darüber hinaus. Reformerinnen und Reformer hielten untereinander Kontakt und tauschten sich auf internationalen Konferenzen aus, auf denen es um Hygiene, Architektur, das Rote Kreuz oder das Frauenstimmrecht ging.[98] Die Wirtschaftsbürger wirkten in internationalen Netzwerken und fühlten sich einer weltweiten Schicht zugehörig, trieben in London, Paris und Mailand Handel, gingen dort ins Theater und in die Gottesdienste.[99] Doch auch die dunklen Seiten dieser Jahrzehnte – der exklusive Nationalismus, der Militarismus, der Antisemitismus und Rassismus und der genozidale Kolonialismus – waren nicht national beschränkte, sondern internationale Phänomene. Zurecht wurde diese Zeit als der Anbruch der Hochmoderne verstanden.

Die Welt wurde weiter und zugleich dichter, sie wurde schöner mit steigendem Anspruch an den Kunstsinn des Alltags.[100] Das Projekt einer Universalsprache kam nicht zufällig in dieser Zeit auf. Demokratie, weltumfassende Kunst und Humanität spielten in dieser Idee zusammen: Esperanto sollte nicht nur als Verkehrssprache dienen, sondern auch dazu, allen Menschen die große Literatur von Shakespeare über Gogol bis Goethe zugänglich zu machen.[101] Die Städte wuchsen und schmückten sich mit eleganten Chausseen und immer neuen Kirchen (mit immer weniger Gottesdienstbesuchern, wie der Journalist Alfred Kerr spottete). Die Kommunen errichteten sich repräsentative Rathäuser, in denen der ganze Bürgerstolz zum Ausdruck kam. Der 1907 gegründete Deutsche Werkbund, wesentlich angeregt durch den Beamten Hermann Muthesius und den Politiker Friedrich Naumann, setzte sich dafür ein, sachliche Schönheit mit Massenproduktion in Einklang zu bringen. In Berlin entstand das Reichstagsgebäude, das in seiner Eleganz und Größe der wachsenden Bedeutung des Parlaments gerecht wurde – und in seiner Höhe zum Verdruss des Kaisers das Stadtschloss überragte.[102] Deutschland wurde durch den Zuzug von Arbeitskräften vom Auswanderungs- zum Einwanderungsland. Die *Berliner Illustrirte Zeitung* verkündete in einer «Bilanz des Jahrhunderts» 1898/1899, die Gründung des Deutschen Reiches sei für die Mehrheit der Leserschaft das größte historische Ereignis und die Gegenwart die beste Zeit.[103]

In Deutschland entwickelten die Bürger und – insbesondere im sozialen Bereich – auch die Bürgerinnen ein beachtliches mäzenatisches Engagement, und sie übertrafen mit rund 50 Milliarden Mark am Vorabend des Weltkriegs darin sowohl Großbritannien als auch die USA.[104] Bayern, Preußen und Hessen fühlten sich mittlerweile als Deutsche und errichteten Bismarck-Säulen und -Statuen auf ihren Hügeln und Plätzen, um ihre Einheit zu feiern – auch das zum Verdruss des Kaisers, der Skulpturen seines Großvaters «Wilhelms des Großen» errichten ließ.

Den Körper neu denken und leben

Ein neues Verhältnis zum Körper und zur physischen Kraft entfaltete sich. Das eben erfundene Kino abstrahierte von der Materie. In der dänischen Schauspielerin Asta Nielsen, in dem rassistischen Regisseur Griffith und in dem Freigeist Chaplin fand es erste Genies und angehende Stars. Ab 1905 publizierte Einstein seine Erkenntnisse zur Relativitätstheorie. Freud veröffentlichte 1900 die Traumdeutung; die Psychoanalyse ergründete die Psyche, aber auch den Körper neu und suchte nach ihren Verbindungen mit dem Sozialen. Hilma af Klint in Schweden, Wassily Kandinsky in Russland und weitere Künstler in anderen Ländern lösten die Malerei vom

Gegenstand; in Wien begründete Schönberg eine nicht tonale Musik. Der Körper war für die oberen Schichten zu einem Experimentierfeld geworden, dem sie sich mit spielerischer Neugierde näherten. Die Abgründe des Körpers ließen sich in spirituellen Sitzungen und schwebenden Medien erfahren. Das Bürgertum fand immer neue Anlässe, über Sex zu sinnieren: ein Thema, über das «mehr geredet und geschrieben wird als über jedes andere», wie die Schriftstellerin Grete Meisel-Hess notierte.[105] Reformerinnen wie Helene Stöcker forderten mehr Freiheit in der Liebe. Der Arzt Magnus Hirschfeld gründete 1897 in Berlin ein «Wissenschaftlich-humanitäres Komitee» für die Rechte von Schwulen, weltweit die erste Organisation gegen die Kriminalisierung von Homosexualität. Er publizierte über ein drittes Geschlecht, über Transvestiten – ein von ihm geschaffener Begriff –, wurde vor Gericht als Gutachter für Sexualfragen tätig und führte statistische Befragungen über sexuelle Orientierungen in der Bevölkerung durch.

Überhaupt setzte ein Großteil der Reformen um 1900 am Körper an: von der Freikörperkultur, dem Kampf gegen Prostitution und Alkohol über die große Wohnungsreform, in deren Gefolge sich die Lebensbedingungen in den Städten verbesserten und neue Gartenstädte entstanden, bis hin zur Nahrungsreform. Der Körper wurde normiert, seine Bedürfnisse gemessen, und dabei ging es auch um sein objektivierbares Schutzbedürfnis – das essentiell für die Würde des Individuums war. Die Idee des Wandervogels, dass junge Menschen selbständig ihre Zeit gestalten, Freiheit und Gesundheit genießen und ihren Körper in der Natur stählen – das entsprach einerseits den neuen Gesundheitsnormen, war andererseits aber geradezu revolutionär.[106] Der Frauenkörper erfuhr besondere Aufmerksamkeit. Er wurde im Arbeits- und Mutterschutz ausdrücklich bedacht. Aber ihm kam auch zugute, dass die neuen Normen von Gesundheit und Sport die Unterschiede zwischen weiblichen und männlichen Körpern verminderten. Manche forderten die «Ausbildung des bisher mißhandelten und mißachteten Frauenleibes».[107] In der Frauenbewegung galt vielen die Ausdehnung räumlicher und körperlicher Freiheiten als wichtiges Ziel. Frauen begannen, Berge zu besteigen, Sport zu treiben und bequeme Badekleidung anzuziehen. Das Korsett wurde als Inbegriff der alten, irrationalen Deformierung der Frauen bekämpft.[108]

Die Debatten über die Todesstrafe zeigen weit über Deutschland hinaus den zunehmenden Respekt vor dem Körper. Die Kritik an Exekutionen wurde immer lauter. Pressekampagnen attackierten die Todesstrafe als «barbarisch» und «mittelalterlich».[109] Die Stadt New York richtete 1888 eine Kommission ein, die untersuchen sollte, ob die Guillotine nicht die «humanste» Hinrichtungsform sei. In Deutschland interessierte sich die Regierung sehr dafür, doch die New Yorker Kommission kam zu dem Schluss: «Der tödliche Streich, das rohe Fleisch des Halses, das spritzende Blut beleidigen sehr das Gefühl.»[110] Tatsächlich: Die Gefühle wurden feiner, subtiler. Die Gewaltkriminalität nahm weiterhin ab. «Die Folter ist abgeschafft, die Prügelstrafe auf Ausnahmefälle beschränkt», schrieb 1907 das *Berliner Tageblatt*. «Das Empfinden humanisiert sich von Generation zu Generation.»[111] Die Sozialdemokratie bekämpfte vehement die Todesstrafe und verwies einmal mehr auf die barbarische Vergangenheit, «wo die Städte auf ihre Galgen so stolz, wie heute auf ein gutes Krankenhaus waren».[112]

Die aufblühende Bewegung des Natur- und Tierschutzes, die das traditionelle instrumentelle Verhältnis zur Natur in Frage stellte, war eng mit Gefühlen der Empathie und des Ekels verbunden und etablierte neue Vorstellungen von Normalität. So verstärkte sie die lebensreformerischen Bewegungen für eine neue Ernährung, Vegetarismus, Alkoholabstinenz, Nacktkultur oder Naturheilkunde. Im ganzen nordatlantischen Raum wurden Naturschutzgebiete eingerichtet. Die «Anti-Vivisektionsbewegung» kämpfte mit Bildern von gequälten Tieren gegen medizinische Tierversuche.[113]

Arbeitsschutz

Gerade für die Massen bedeutete der neue Umgang mit dem Körper eine tiefgreifende Veränderung des Alltags. Der Arbeitsschutz, häufig ein zentrales Thema für Frauenrechtlerinnen, entwickelte sich zu einem staatlichen Aufgabenfeld. Körperliche Normierung und menschliche Würde spielten hier eng zusammen. Seit den 1850er Jahren wurde die Gewerbe- und Fabrikinspektion ausgebaut, wobei nicht selten Frauen wie die promovierte Sozialwissenschaftlerin Marie Baum den Inspektionsberuf ausübten. Wie immer bot das Vereinswesen die zivilgesellschaftliche Plattform für die Aktivitäten. Führende Intellektuelle, Beamte und Wirtschaftsbürger bildeten Vereinigungen wie die Gesellschaft für Soziale Reform oder den Verein für Socialpolitik. Aus der 1900 in Paris gegründeten Internationalen Vereinigung für gesetzlichen Arbeiterschutz, in der sich unter anderem Werner Sombart und der preußische Beamte Hans Freiherr von Berlepsch engagierten, ging später die Internationale Arbeitsorganisation in Genf hervor. Selbst die Kriegervereine, in denen es nach ihrem Selbstverständnis wesentlich darum ging, «die verschiedenen Stände sich menschlich näher» zu bringen, betrieben mit Waisenhäusern und Sterbekassen soziale Arbeit.[114]

Zur Jahrhundertwende erfuhr unter dem bemerkenswerten Staatssekretär des Innern, Arthur von Posadowsky-Wehner, die Sozialpolitik im Reich eine Blütezeit. Nachdem die «Zuchthausvorlage» gescheitert war – ein letzter Versuch der Konservativen, den Sozialisten mit massiven Staatsrepressionen beizukommen –, begann der schlesische Hochadlige eine Politik, die auf Vermittlung mit der Sozialdemokratie setzte. Auch weil sich die Reichsregierung auf das Zentrum stützen musste, das sich in christlicher Solidarität der Sozialpolitik verpflichtet fühlte, standen die Zeichen auf Sozialreform. 1900 wurde in Deutschland der Zehnstundentag gesetzlich festgelegt. Seit 1891 galt für Frauen schon der Elfstundentag. Der Achtstundentag wurde in England bereits zu Beginn des 19. Jahrhunderts gefordert und war zu einem der zentralen Ziele der internationalen Arbeiterbewegung geworden. 1884 hatte die Degussa als erstes deutsches Unternehmen den Achtstundentag eingeführt, Großbritannien folgte 1889 mit den Gasarbeitern in London. In den USA sorgte der Brand des Fabrikgebäudes der Triangle Shirtwaist Company in New York 1911 für einen Sturm des Mitgefühls mit den zumeist weiblichen und teilweise minderjährigen Opfern und befeuerte die Gesetzesnovellen zum Arbeitsschutz.[115]

Die Politikerin Marie Baum (ca. 1920) und der Politiker Arthur von Posadowsky-Wehner (um 1906)

Allerdings lagen Gesetzeslage und Realität, gerade die der Frauen, oft weit auseinander.[116] Auch Jugendliche mussten weiterhin ein schweres, entbehrungsreiches Leben führen; wie in den USA war auch in Europa Kinderarbeit keineswegs abgeschafft. Doch die Selbstverständlichkeiten änderten sich. Kinder- und Jugendarbeit galt als kritikwürdig[117] – und nahm massiv ab. Alle profitierten vom Verbot der Sonntagsarbeit.

Zur Geschichte des Arbeitsschutzes gehört nicht nur die Skandalisierung der schlechten Arbeit, sondern auch das Selbstbewusstsein, Rechte einzufordern. Der *Vorwärts* titelte «Frauen Berlins, wahret Eure Rechte!», listete die Arbeitsschutzrechte auf und druckte gleich noch eine Liste mit Rechtsberatungsstellen von und für Frauen ab, Institutionen, die damals in allen größeren Städten von Frauenrechtlerinnen eröffnet wurden.[118]

Weltweit führten Regierungen in dieser Zeit ein ganzes Geflecht an schützenden Regulierungen für Schwangere, Stillende, Kinder, Jugendliche und zunehmend für alle in Fabriken und im Gewerbe Arbeitenden ein.[119] Diese Gesetze wurden vielfach gegen den vehementen Widerstand der Unternehmen durchgesetzt, die darin Wettbewerbsnachteile und unangemessene bürokratische Zwänge sahen. Oft gingen den Verbesserungen Arbeitskämpfe voraus, harte Streiks, die wie im Fall des Hamburger Hafenstreiks von 1896/97 unterdrückt oder wie in den USA sogar blutig niedergeschlagen wurden. Es gab Bürgerinitiativen und Petitionen zum Schutz der Arbeitenden. Die Normen hatten sich massiv zugunsten der arbeitenden Massen verschoben – ihr Körper galt als schützenswert, und mit dem Ziel, ihre Würde zu verteidigen, ließen sich Wahlen gewinnen und Staat machen.

Skandal! Hygiene, Wohnraum, Alkohol

Die Forderungen nach Hygiene oder «Sozialhygiene» verbanden sich mit allen anderen sozialpolitischen Themen. Die Bemühungen der Regierungen, der Frauenvereine und Wohlfahrtskommissionen erzielten im Verbund mit einer verbesserten Medizin beeindruckende Erfolge. Die Lebenserwartung stieg erstmals in bemerkenswertem Umfang an, und die Kindersterblichkeit sank.[120]

Die Sorge um den Körper und um seine Würde lässt sich nicht ohne den wachsenden Wohlstand verstehen. Zwar nahm die Ungleichheit nie gekannte Ausmaße an. In Deutschland gab es nun 16 000 Millionäre.[121] Doch der Wohlstand kam – und das war entscheidend – auch den unteren Schichten zugute, deren Reallöhne seit den 1850er Jahren fast kontinuierlich anstiegen und allein von 1871 bis 1913 um 90 Prozent zunahmen.[122] Die Prosperität ermöglichte, dass die Körper der Massen wie nie zuvor den brutalsten Unbilden der Natur entzogen waren. Ohne den Wohlstandsanstieg wäre die Massenpolitisierung und Demokratisierung nicht möglich gewesen.

Die Skandalisierung, die in den 1830er und 1840er Jahren wesentlich zum Ausbau der Armenfürsorge beigetragen hatte, wurde um 1900 erneut gesteigert, als mediale Innovationen die Diskussionen anfachten. Eine neue Fotografie-Technik ermöglichte Aufnahmen in dunklen Wohnräumen und brachte damit ans Licht,

Reformzeitalter | 153

was vielen im Bürgertum zuvor verborgen geblieben war: die Wohnverhältnisse armer Menschen. Vielköpfige Familien lebten in einem Raum, in dem manchmal noch Untermieter schliefen, Fenster führten in dunkle Hinterhöfe, Kinder saßen im Dreck. Obwohl sich die Lebensbedingungen insgesamt gebessert hatten, der Wohnplatz pro Person größer war und zugleich die Mieten niedriger lagen, entwickelten sich die Wohnungen der unteren Schichten nun zum Skandal.[123] In den USA sorgte der dänisch-amerikanische Journalist Jacob Riis mit seinen Aufnahmen der Elendsviertel in New York für Aufsehen.[124] Auch in Großbritannien oder Deutschland stießen Fotografien vom Leben der Armen auf Entsetzen und beförderten die Reformdiskurse.[125] Gerade die Kinder der Ärmsten gerieten ins Visier. Es war die Zeit, in der Maria Montessori mit ihrer Arbeit unter Mädchen und Jungen in einem Armenviertel in Rom begann.

Skandalisiert wurde auch der Alkohol. Eine «Trinkerfürsorge», der Bund abstinenter Frauen, der Arbeiter-Abstinentenbund, der Internationale Verband gegen den Missbrauch geistiger Getränke, die Women's Temperance Union, das Blaue Kreuz und zahlreiche weitere Clubs und Vereine kämpften weltweit gegen die Trunk-

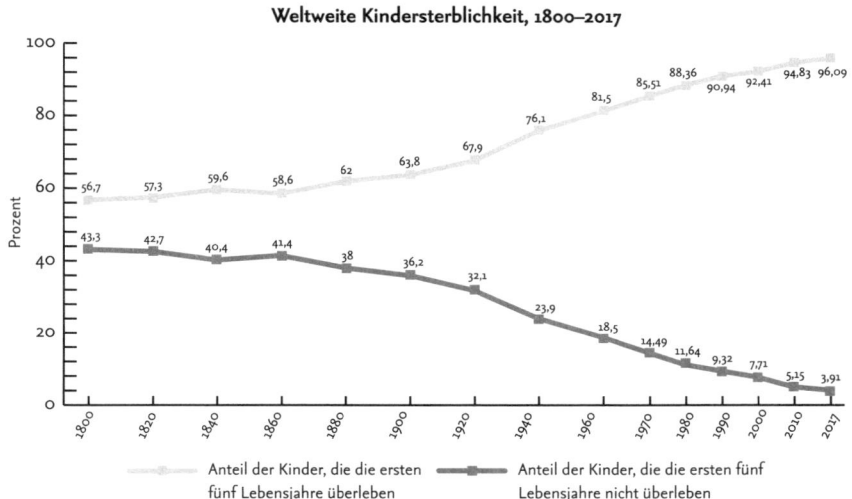

Weltweite Kindersterblichkeit, 1800–2017

— Anteil der Kinder, die die ersten fünf Lebensjahre überleben
— Anteil der Kinder, die die ersten fünf Lebensjahre nicht überleben

sucht. Auch hier wirkten Reformerinnen und Reformer aus allen Schichten. Ein hoher Beamter wie der erwähnte Posadowsky schrieb nicht nur Bücher über *Die Wohnungsfrage als Kulturproblem*, sondern engagierte sich auch intensiv gegen den Alkoholismus.[126] Der Kampf gegen den Alkohol verweist darauf, dass die Reformzeit zu einer gewissen Verbürgerlichung der Sozialdemokratie führte. Die Arbeiterpartei, so ließe sich argumentieren, trug entscheidend zur Disziplinierung breiter Bevölkerungsschichten und damit zur Demokratisierung bei, die nicht zuletzt als ein bürgerliches Projekt der Einschränkung und Selbstbeherrschung verstanden werden kann. «Der Endsieg des Proletariats», wurde der belgische Sozialdemokrat Émile Vandervelde in einer deutschen Abstinenzler-Zeitschrift zitiert, müsse «nicht nur ein Sieg über den Kapitalismus, sondern auch über sich selbst sein».[127] Und wie so oft rückten die Frau und ihr Schutz ins Zentrum. Der Alkoholismus schade den Familien, weil der Mann häufig das Geld versaufe, er erschwere das Leben der Frau.[128] In diesem Zusammenhang wurde auch häusliche Gewalt gegen Frauen thematisiert.[129]

Erneut kämpften Künstlerinnen und Künstler gegen die Armut und trugen zu einem neuen Gefühlsregime bei. Gerhart Hauptmann beispielsweise griff 1892 den Weberaufstand von 1844 auf, und sein Drama *Die Weber* wurde zu einem der am meisten beachteten Theaterstücke des Jahrzehnts. Das zeitweilige Verbot wegen Aufrufs zum Klassenhass sorgte für zusätzliche Aufmerksamkeit. 1893 sah Käthe Kollwitz das Stück, war tief beeindruckt und arbeitete ihren Zyklus *Ein Weberaufstand* aus, der ebenfalls auf größte Resonanz stieß und ihr zum künstlerischen Durchbruch verhalf. Die Weber wurden in diesen sozialistischen Zeiten zu Revolutionären, die gegen die Ausbeutung ankämpften, und so lag die Aktualität des Motivs für alle offen zutage. Wenn die Herren nicht hören wollten und nicht für ein würdiges Leben der einfachen Menschen sorgen, so muss sich das Volk mit Gewalt selbst Gerechtigkeit schaffen. Käthe Kollwitz' Gewaltaffinität aber wich während des Ersten Weltkriegs einem rigorosen Pazifismus.[130]

Die neue Skandalisierung von Armut wurde in vielfacher Hinsicht durch die Wissenschaften unterstützt. Der bereits erwähnte Verein für Socialpolitik, dem bedeutende Gelehrte wie Rudolf von Gneist oder Gustav Schmoller angehörten, war einer der Ursprünge der Deutschen Gesellschaft für Soziologie. Seine Gründung im Jahr 1873 verdankte sich der Einsicht, dass die Armut mit wissenschaftlichen Mitteln bekämpft werden müsse. In Großbritannien entstanden sozialwissenschaftliche Pionierstudien über das Ausmaß und die Ursachen von Armut. Die Soziologie, die Kriminologie, die grade unter Frauen aufblühende soziale Arbeit: Sie alle trugen dazu bei, die großen Probleme der Zeit, insbesondere die Armut, zu bekämpfen und allen Menschen ein würdiges Leben zu ermöglichen.[131] Für Frauen bedeutete das eine doppelte Herausforderung: Viele von ihnen wollten soziale Arbeit ausdrücklich nicht mehr als eine Auseinandersetzung mit den Symptomen betreiben, sondern als einen Kampf gegen die Ursachen. Dazu gehörte die Bildung der Armen, um sie zur Selbsthilfe zu ermächtigen. Entscheidend war für sie zugleich die Professionalisierung der sozialen Berufe, die von Persönlichkeiten wie Alice Salomon vorangetrieben wurde.[132]

Rassismus aber stand in vielfacher Weise und in erschreckend enger Verbindung zu den Reformen. Zahlreiche Rassistinnen und Rassisten sahen den Schutz des individuellen Körpers als Teil der Bemühung, den «Volkskörper» gegen «Fremdes» und «Krankes» zu verteidigen. Die Frauenrechtlerin Ellen Key war eine der Vorkämpferinnen für Euthanasie. Ähnliche problematische Zusammenhänge zwischen Reformgeist, Hygiene und Eugenik fanden sich auch bei Frauenrechtlerinnen wie Helene Stöcker in Deutschland oder Margarete Sanger in den USA. Amerikanische Bundesstaaten legten Programme zur Sterilisierung von Menschen mit Behinderung auf, dem zahlreiche Frauen – oft aus einfachen Verhältnissen – zum Opfer fielen.[133]

Technik

Viele Zeitgenossen sahen, in welch merkwürdiger Verschwisterung sich das Gute und der Schrecken befanden. So betonten sie immer wieder das Dilemma, dass sich aus dem Fortschritt in der Technik die Kriegskunst steigerte. Vielen war klar, dass ein Krieg mit den neuen Waffen unvorstellbare Zerstörung bringen würde.[134] Doch der Krieg war in den Vorstellungen der meisten Menschen weit weg. Technik eröffnete neue Welten, neue Möglichkeiten und Horizonte. Autos und Zeppeline schienen die lästige Schwerkraft des Körpers zu relativieren. Die alles überstrahlende Göttin war, wie man in der Pariser Weltausstellung 1900 sehen konnte, die Elektrizität. Sie ermöglichte die Technisierung, die physische Körperkraft relativierte.

Henry Ford, der Antisemit, brachte 1908 mit dem Model T ein Auto für «alle» auf den Markt, das er millionenfach verkaufte. Doch noch war es viel eher das Fahrrad, das vielen Menschen einen neuen Umgang mit Raum und Zeit und nie dagewesene Freiheiten ermöglichte. Das Fahrrad habe mehr zur Emanzipation der Frauen beigetragen als alles andere in der Welt, soll Susan B. Anthony gesagt haben. Und Elizabeth Cady Stanton erklärte: «Woman is riding to suffrage on the bicycle.»[135] Fahrradfahrende Frauen erregten Aufsehen.

Der beachtliche Fortschritt sollte nicht vergessen lassen, wie körperlich hart und bedrängend das Leben gemessen an heutigen Maßstäben immer noch war. Vage formulierte Regelungen erlaubten es den Herrschaften noch immer, das Dienstpersonal im Haus oder die Knechte und Mägde auf den Höfen körperlich zu bestrafen.[136] Arbeiterinnen hatten ein bedrückendes Arbeitspensum, zumal die Mithilfe in der Hausarbeit für Männer keine Option war. Der Fabrikarbeiter Moritz Bromme beschreibt, wie seine Ehefrau an den Werktagen keine Zeit fürs Wäschewaschen fand, «um jede freie Minute der Erwerbsarbeit widmen zu können», und wie sie als Näherin oft bis zum frühen Morgen arbeitete. Also werde für die Wäsche der Sonntag genutzt, wobei die Arbeit bereits am Sams-

Reformzeitalter | 157

Neue Bewegungsfreiheiten für alle. Postkarte, Königsberg, 1901

tagabend und bis Mitternacht dauert. Arbeiter Bromme hatte gleichwohl wenig Verständnis für den Ärger seiner Frau, wenn er zur sozialistischen Versammlung und trinken ging.[137]

Domestizierung der Politik

Immer mehr Frauen verdienten ihr eigenes Geld als Arbeiterin oder Hausmädchen, aber auch in Berufen wie Lehrerin oder Stenotypistin. In Deutschland standen besonders viele Frauen in Lohnarbeit. Nach zeitgenössischen Angaben betraf das mit rund neuneinhalb Millionen die Hälfte aller erwachsenen Frauen.[138] Für Arbeiterfamilien und Alleinstehende war ihr Lohn zumeist lebensnotwendig. Die beschworene Idylle der zuhause waltenden Hausfrau ergab hier wenig Sinn, auch wenn manche Sozialisten der Ansicht waren, in einer gerechten Welt müsse auch die Ehefrau des Arbeiters daheimbleiben. Sozialistinnen aber forderten mehr Rechte für Frauen auch in der Arbeitswelt, ergriffen die vielen Weiterbildungsmöglichkeiten der Sozialdemokratie und gründeten Gewerkschaften wie die Arbeiterin Paula Thiede, vermutlich die weltweit erste Vorsitzende einer gemischtgeschlechtlichen Gewerkschaft.[139]

Für die Frauen aus der nach wie vor recht kleinen Schicht des Bürgertums bedeutete ein Beruf oft die Befreiung aus der totalen Abhängigkeit und dem Warten auf einen angemessenen Heiratsantrag, das oft von Panik begleitet war. Sie griffen die empirisch zwar fragwürdige, jedoch weitverbreitete Behauptung auf, es gebe einen «Frauenüberschuss»: Selbst bei bestem Heiratswillen und bei allem Mutterinstinkt sei es für viele anständige Bürgertöchter eine Notwendigkeit, ihr eigenes Geld zu verdienen. Die Frauenrechtlerin Helene Stöcker, die unter den Nazis sofort aus Deutschland floh und vereinsamt im Exil in New York sterben musste, erinnerte sich, wie sich in der Kaiserzeit «so Vieles an Starkem, Neuem und Hoffnung Erweckendem geregt» hat.[140] So zogen junge Frauen zu Tausenden an die Universitäten. Allein in Preußen stellten sie vor dem Weltkrieg 8 Prozent der Studierenden.

Berlin war überhaupt eine Hochburg der Emanzen, hier gab es hervorragende Mädchenschulen, große Bildungsinitiativen wie den renommierten Letteverein oder Gymnasialkurse für Frauen. In ganz Deutschland ließ sich auch der internationale Trend beobachten, dass konservative Frauen wie Anna von Gierke weibliche Imperien der Sozialarbeit aufbauten, in denen sie schalteten und walteten und die Welt veränderten – auch das sind Quellen der Frauenemanzipation und der Demokratie.[141]

Wohnung, Hygiene, Gesundheit und Familienleben gehörten nach den Vorstellungen der Zeit zur weiblichen Sphäre. Doch im Laufe des 19. Jahrhunderts ereignete sich, was die Historikerin Paula Baker als «domestication of politics» bezeichnet: Frauen, die sich meistens mit dieser Sphäre identifizierten, trugen dazu bei, dass die häuslichen Themen auf die politische Agenda kamen. Sie betonten ihre besondere Expertise und verlangten als logische Konsequenz oft ein Mitspracherecht. Als zentrales Argument führten sie ihre moralische Überlegenheit an, eine Behauptung, die sich seit der Zeit um 1800 immer lauter vernehmen ließ.[142] Da Sozialpolitik zunächst als Problem der Kommunen galt, erhielten Frauen häufig wie etwa in Dänemark oder Großbritannien zunächst das Kommunalwahlrecht. Etliche Frauen auf der konservativen Seite argumentierten: Da die weiblichen Felder der Pädagogik oder Armenpflege kommunale Themen seien, könne man sie nicht als Politik bezeichnen, und es sei angemessen, Frauen das «unpolitische» kommunale Wahlrecht zu gewähren.[143] Insgesamt wurden durch das epochemachende Projekt der Armutsbekämpfung zahlreiche Bürgerinnen, Sozialistinnen und Frauen aller Couleur aus den unteren Schichten in den politischen Prozess integriert.[144] Es handelte sich um einen reziproken Prozess. Das erweiterte politische Themenspektrum ließ die Zahl an politisch Aktiven ansteigen und zugleich galt: Je mehr Menschen als politische Subjekte in Frage kamen, desto mehr Bereiche der sozialen Welt gerieten in den Fokus der Politik.[145]

Paula Bakers «domestication of politics» ist freilich doppeldeutig, weil sie auch Zähmung des Mannes bedeutete. Viele der genannten Reformen wandten sich an den Mann oder auch: gegen

3. Das bürgerliche Projekt: Mobilisierung und Beschränkung

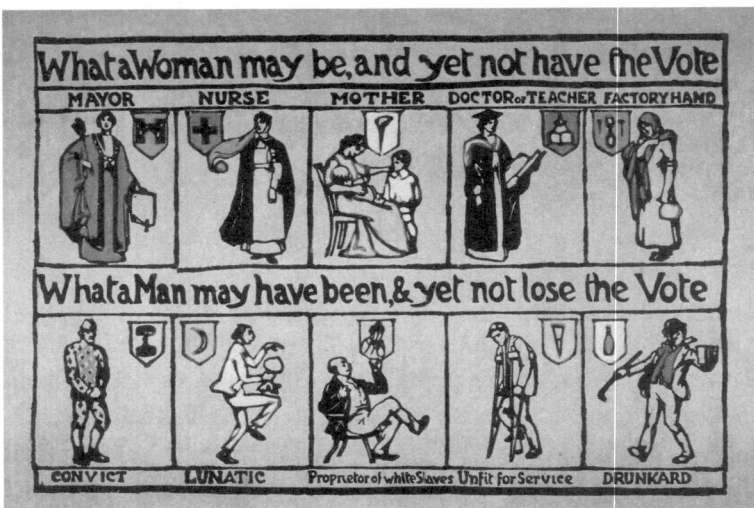

Als Poster und als Postkarte in Großbritannien verbreitet: «What a Woman may be, and yet not have the Vote», Publikation des Londoner «Suffrage Atelier», das Künstler dazu aufrief, sich für die Frauenbewegung einzusetzen, um 1912

ihn. Sie zielten auf die Domestizierung der Männlichkeiten. Viele männlich konnotierte Praktiken von alltäglicher Gewalt wurden problematisiert: häusliche Gewalt, Vergewaltigung in der Ehe oder Prostitution. Die ganze große Anti-Alkohol-Bewegung argumentierte mit der Zurückdrängung der männlichen Aggressivität. Männlichkeit wurde um 1900 noch prekärer und problematischer. Ein Sozialreformer sprach von «Männersterblichkeit».[146]

Trugen die Veränderungen – insbesondere das neue Körperregime, das mehr Respekt verlangte und auf Zähmung abzielte – womöglich zu einer veränderten Geschlechterordnung bei? Es spricht vieles dafür. In jenen Jahren wurde die Emanzipation der Frauen von einer breiteren Gesellschaftsschicht getragen als je zuvor. Das entspricht der wachsenden Zustimmung zur Demokratie in der Zeit. Für immer mehr Menschen wurde denkbar, was bislang als abwegig gegolten hatte: Mit «alle» und mit Gleichheit waren auch Frauen gemeint.

Kolonialismus

Wie lässt sich erklären, dass in der Zeit der umfassenden sozialen und politischen Reformen um 1900 physische Gewalt, Brutalität und terroristische Regime eine Hochzeit erlebten? Durch die Zeit des kindlichen Glaubens an den Fortschritt, des wachsenden Wohlstands und der Fürsorge für die Armen und Bedürftigen – durch diese Zeit ging ein Abgrund von Rassismus und Menschenverachtung. Die Kluft offenbarte sich im Antisemitismus, der wie ein Krebsgeschwür Europa durchzog und in der Dreyfus-Affäre zutage trat, sie zeigte sich im anhaltenden Lynching in den USA, das der US-Kongress nicht verurteilte, und sie manifestierte sich in den Eugenik- und Züchtungs-Phantasien in den nordatlantischen Ländern. Besonders deutlich offenbarte sich der Abgrund im Kolonialismus, einem weltumspannenden Projekt, in dem sich die Kolonialherren in Grausamkeit überboten und gegenseitig inspirierten.[147]

Vernichtungen

Während in den Mutterländern die Herrschaft der Massen mit progressiver Munterkeit begrüßt oder mit konservativem Seufzen großmütig hingenommen wurde, lebten auf anderen Kontinenten unter der Herrschaft der selbsterklärten «Zivilisationsstaaten» und «Kulturnationen» entrechtete Bevölkerungen, die bekämpft, vernichtet, geschlagen, vergewaltigt wurden. Ist der Hochimperialismus «die schreckliche Kehrseite des europäischen, kapitalistischen und demokratischen Glanzes» der «Belle Époque», wie Alain Badiou fragt, eine Kehrseite, deren Unmenschlichkeit nur von «ein paar wenigen Zeugen oder Künstlern» als «Bestialität» erkannt wurde?[148]

Doch die Sache gestaltet sich komplizierter, schon allein deswegen, weil die Gesellschaften plural geworden waren. Dem Großteil

3. Das bürgerliche Projekt: Mobilisierung und Beschränkung

der Menschen in den Industriestaaten begegnete der Kolonialismus nicht in seiner alltäglichen Herrschafts- und Verwaltungspraxis, sondern in folkloristischer Propaganda, zuweilen in Form von Waren, besonders häufig aber durch Skandale. Wenn Details des kolonialen Terrors in die Presse kamen, stießen sie in der Bevölkerung weithin auf Empörung und konnten zu schweren Regierungskrisen führen.[149] Berichte über die brutalen Burenkriege der Briten in Südafrika etwa erschütterten die Öffentlichkeit. Bezeichnenderweise war es eine Krankenschwester, für viele Inbegriff reformerischer Aufbrüche um 1900, die auf die Gräuel hinwies: Emily Hobhouse. Als Geschäftsführerin einer Frauenvereinigung organisierte sie in Südafrika Hilfe für die burische Bevölkerung und berichtete 1901 in einem Report von den «Concentration Camps» – in denen schließlich von den 160 000 eingesperrten Buren mindestens 25 000 den Tod fanden. Hobhouse verstand ihre Arbeit ausdrücklich als weibliche Solidarität: «I came quite naturally, in obedience to the feeling of unity or oneness of womanhood.»[150]

Besonders aufrüttelnd wirkte erneut eine Fotografie: diesmal das Bild des zu einem Skelett abgemagerten halbnackten burischen Mädchens Lizzie van Zyl, das im Lager mit sieben Jahren verhungert war. Zwar blieb die Mehrheit der britischen Presse auf der Seite der Regierung und wandte sich gegen Hobhouse, aber die Regierung bemühte sich in der Folge um eine Verbesserung der Lebensbedingungen in den Lagern.[151] Auch im belgischen Kolonialgebiet Kongo-Freistaat sorgten Fotos für Öffentlichkeit und Protest, etwa das Bild, auf dem nach Auskunft der Fotografin ein Mann namens Nsala vor den mutwillig abgehackten winzigen Gliedmaßen seiner fünfjährigen Tochter Boali sitzt. Die Fotografin war Alice Seeley Harris, eine Missionarin, die mit ihren Bildern die belgische Herrschaft anklagte.[152]

Der Erfolg Europas im 19. Jahrhundert hing nicht zuletzt mit der Fähigkeit zusammen, seine Kriege einzuhegen. Es gab klare Regeln, und nach einer Niederlage in der Schlacht war Schluss. Ganz anders sah es in den Kolonien aus, wo unter Umständen der Feind bis zum letzten Kind ermordet wurde.[153] Für die Nichteuropäer war das 19. Jahrhundert eine Epoche entsetzlicher Kolonialkriege, zu denen auch der Vernichtungskampf gegen die Indianer Nordamerikas gerechnet werden kann.[154] Allein für Großbritannien lassen sich in den Jahren 1869 bis 1902 vierzig Kolonialkriege und Strafexpeditionen aufzählen. Dabei kam es selten zu Vernichtungskriegen, denn die Logik des Kolonialismus setzte auf die Ausbeutung der indigenen Arbeitskraft. Und doch wurde in den Kolonien das sinnentleerte Morden immer wieder möglich, und Fachleute sehen darin Genozide: Unter dem belgischen König Leopold II. führte das außergewöhnlich brutale Kolonialregime in den beiden Jahrzehnten um 1900 möglicherweise zu einer Halbierung der Bevölkerung. Britische Soldaten zogen von 1893 bis 1899 mit den Methoden der «verbrannten Erde» in Uganda in den Krieg, um die Lebensgrundlage der Zivilbevölkerung zu zerstören.[155] Die Spanier «konzentrierten» 1896/97 die aufsässige Bevölkerung Kubas in umzäunten Lagern, in denen mehr als 100 000 Menschen an Unterernährung und Vernachlässigung starben. Inspiriert vom Umgang der Briten mit den Buren empfahl der junge Journalist Winston Churchill den US-Amerikanern, mit derlei Methoden die Menschen auf den Philippinen zu besiegen, was auch bald geschah. In diesem Krieg von 1899 bis 1902 starben mindestens 200 000 Zivilisten.[156]

Im genozidalen Krieg der Deutschen in Namibia – einem «der blutigsten und zerstörerischsten Kolonialkriege der Geschichte», so der Experte Jürgen Zimmerer – starben mehrere Zehntausend Herero.[157] Dieses Morden war kein singuläres Ereignis in der Kolonialgeschichte und damit kein «kolonialer Sonderweg» des Deutschen Reiches, doch es offenbarte scharf das Gewaltpotential kolonialer Siedlergesellschaften.[158] Die Verbrechen an den Herero waren nicht von oben von langer Hand geplant worden, sondern ein Ergebnis der Gewaltbereitschaft der weißen Kolonialgesellschaft.[159] Die Reichstagsabgeordneten verweigerten 1906 aus Protest dagegen mit den Stimmen des Zentrums und der Sozialdemokratie einen Nachtragshaushalt für die Weiterführung der Kriegszüge.[160] Unter großer Aufmerksamkeit hatte bereits 1905 der sozialdemokratische Abgeordnete Georg Ledebour im Reichstag den «Vernichtungsbefehl» des General von Trotha vom 2. Oktober 1904 vorgelesen, der zwei Monate Bestand gehabt hatte. Jeder Herero, der das Land nicht verlasse, werde erschossen, hieß es darin, und: «Ich nehme keine Weiber und keine Kinder mehr auf», las Ledebour den «Aufruf an das Volk der Herero» unter der Empörung der Abgeordneten vor. Er «treibe sie zu ihrem Volke zurück oder lasse auf sie schießen».[161]

In den Kolonialdebatten bewies das Parlament seine Macht, seinen Einfluss und auch seine moralische Kompetenz. Der *Vorwärts* erklärte 1899, der Reichstag sei die «Stätte, wo die Wahrheit über die Regierungs-Anarchie gesagt werden kann».[162] Deutschland besaß immerhin rein flächenmäßig das drittgrößte Kolonialreich. Doch nicht allein die Sozialdemokratie sorgte für die wachsende Bedeutung des Parlaments. Ein scharfer Kolonialkritiker wie der Zentrums-Abgeordnete Matthias Erzberger wurde über das katholische Milieu hinaus als Held gefeiert, weil er die Missstände in bohrenden Reden beim Namen nannte.[163] Das Parlament bot den Skeptikern eine Stimme, und Abgeordnete mahnten früh, dass die Kolonien nichts als «ein sehr teures Spielzeug» seien, wie sich der Liberale Ludwig Bamberger ausdrückte,[164] ein Projekt, das dann tatsächlich – anders als für einige Privatunternehmen – für den Staat ein Verlustgeschäft wurde.[165]

Die Entgrenzten

Neben den grausamen Kolonialkriegen erregten einzelne Gewaltexzesse die Öffentlichkeit. Die Hitze der Tropen steigere ganz natürlicherweise die Erregung, hieß eine Erklärung für die sexuellen Übergriffe der Europäer in den Kolonien, sie müssten ja irgendwie ihre Männlichkeit befriedigen; und die «afrikanischen Weiber» – da stimmten auch die Männer in den fernen Regierungen zu – hätten keinen echten Ehrbegriff und schon gar kein Schamgefühl.[166] Die Kolonialreiche entsprachen den Abgründen in den Industriegesellschaften, aber womöglich waren sie – neben vielem anderen – auch eine Gegengesellschaft zu den europäischen Ländern.

Kolonialismus | 165

Der kolonialskeptische Reichskanzler Leo von Caprivi bezeichnete die Kolonien als «Kinder des Gefühls und der Phantasie», andere Zeitgenossen sprachen von «Kolonialschwärmerei». Konnten nicht in den kolonisierten Gebieten jene Männerträume ausgelebt werden, die in Europa und im sich disziplinierenden Mutterland zunehmend in Misskredit geraten waren?[167] Die Männer kamen, «um Krieg zu führen und wilde Thiere zu jagen», wie es in der *Kreuzzeitung* hieß.[168] Die koloniale Herrlichkeit war wie eine «Chiffre für sexuelle Träume»,[169] und die sexuelle Imagination bildete eine wesentliche Triebkraft der kolonialen Expansion.[170] Anders als im Wilhelminischen Deutschland, in der dritten französischen Republik oder im Viktorianischen England waren in den Kolonien polygame, aber auch homosexuelle Beziehungen möglich.[171]

Doch die Freiheiten, die sich europäische Männer nahmen, erhielten noch eine ganz andere Qualität: In den Kolonien wurde geprügelt, gefoltert, gehängt, Pädophilie betrieben. Während im Deutschen Reich die Prügelstrafe für Kinder problematisiert wurde, vergewaltigten koloniale Siedler Minderjährige. Und in einer Zeit, in der die Gesellschaften Europas den Frauen hochgeschlossene Kleidung abverlangten und ein weibliches Bein Aufsehen erregte, sahen Europäer vom Schaukelstuhl aus zu, wie nackte Frauen bis aufs Blut ausgepeitscht wurden.[172] Als Joseph Conrads Roman *Herz der Finsternis* 1899 von einer Reise ins dunkle Afrika erzählte, dessen verstörende Details wohl die belgischen Kolonialgräuel zum Vorbild hatten, konnten die Zeitgenossen die Geschichte als eine Fahrt in die Abgründe des modernen Mannes im Zustand der misslingenden Zähmung deuten.[173]

Die Kolonien waren nicht zuletzt ein Raum, in dem es teilweise an jeder staatlichen Kontrolle fehlte.[174] Koloniale Macht entfaltete sich oft nur auf Inseln der Herrschaft inmitten weiter Territorien; die große Mehrheit der Bevölkerung in Kamerun etwa begegnete niemals einem einzigen Europäer. Anderseits ermöglichte der rechtsfreie Raum den Kolonialherren fast grenzenlose Freiheiten. In Großbritannien erfuhr die Öffentlichkeit von den Exzessen des Afrika-Eroberers Henry Morton Stanley. Ein «thrill of horror throughout the civilised world» ging nach den Worten der *Times* um, und das internationale Publikum konnte in den Zeitungen nachlesen, wie englische Offiziere in Stanleys Expeditionstrupp Afrikaner zu Tode prügeln ließen, vergewaltigten, Menschen hinrichteten, wie sie Sklavenhandel unterstützten und zur eigenen Belustigung den Kannibalismus an einem Mädchen beförderten.[175] Das Unrecht fand kein Ende, und die Skandale hörten nicht auf. Beamte aus europäischen Ländern kauften regelmäßig Frauen und mordeten nach Gutdünken.[176] 1895 wurde aus dem gefeierten Eroberer, Pastorensohn und Kolonialherrn Carl Peters der «Hänge-Peters», wie die Presse höhnte, weil ihm neben vielen anderen Gewalttaten nachgewiesen werden konnte, dass er eine junge Frau aus Eifersucht kurzerhand mit ihrem Liebhaber öffentlich hatte erhängen lassen.[177] Die Verbrechen und die Gewalt waren keine Ausnahme, auch wenn sie als Skandale oft so gekennzeichnet wurden; sie gehörten zum kolonialen Alltag.[178]

In Großbritannien kam dabei ebenso wie in Deutschland die rassistische Panik auf, Geschlechtsverkehr mit Nicht-Weißen sei eine Gefahr für den Volkskörper. Frauen-Kolonial-Vereine, in denen es Querverbindungen zur Frauenbewegung gab, bildeten eifrig weiße «Bräute» aus, die sich in den Kolonien den Männern als Ehefrauen zur Verfügung stellten.[179]

August Bebel, einer der großen Parlamentsredner des Kaiserreichs, fand ein Bild für die Grausamkeit: Er brachte Nilpferdpeitschen mit zum Rednerpult des Reichstags, um seine Schilderungen über den «barbarischen» Alltag der Kolonialherren zu veranschaulichen.[180] Die deutschen Gerichte jedoch hatten nicht diesen moralischen Anspruch. Bezeichnenderweise erklärten sie eine afrikanische Frau zu einer «Sache», da sie gemäß den Landessitten «der freien Verfügung des Mannes ähnlich wie eine Sache unterliegt».[181] Kurz, den Kolonisierten kam keine Würde zu, sie wurden nicht als gleich gedacht: Sie waren nicht die Herren ihrer Körper, die Frauen schon gar nicht. Dabei ging es keineswegs nur um die Hautfarbe, wie etwa der Kampf gegen die weißen Buren verdeutlicht.[182] Es war für die Gewalttat entscheidend, die Menschen zu Anderen zu machen, wofür sie vor allem physisch exkludiert werden mussten, um sie abseits der «Zivilisation» – gewiss auch: abseits einer sich demokratisierenden, kritischen Öffentlichkeit – körperlich zu enthumanisieren.[183]

Imperial die Welt verbessern

Teil der Kolonialgeschichte ist die «Zivilisierungsphantasie», wie Rebecca Habermas den Glauben an die eigene zivilisierende Kraft in den Kolonien genannt hat.[184] Wenn die Nachricht von den «Barbareien» in die Heimat drang, stieß sie weitgehend auf Ablehnung, musste umständlich gerechtfertigt und zuweilen gar juristisch geahndet werden. Nach dem Skandal um einen hohen Beamten notierten Polizeispitzel 1896 kritische Stimmen. «Deutschland als einer der kultiviertesten Staaten der Welt hat in den letzten Jahren leider durch die schlechte Behandlung der Eingeborenen in Afrika gezeigt, wie mangelhaft es mit der Kultur bestellt ist», wurde aus einer Hamburger Kneipe berichtet; es sei «unglaublich», so ein anderer Gast, «wie die höheren Beamten dort über Leben und Tod der Menschen urteilen».[185] Viele Europäer und Europäerinnen ließen sich gerne für die Kolonien begeistern, aber sie wollten das mit gutem Gewissen und in dem Bewusstsein tun, als Überlegene Macht, Recht und Fortschritt in diese Territorien zu bringen. Die *Daily Mail* trat 1896 ihre Arbeit an unter dem Motto: «for the power, the supremacy and the greatness of the British Empire». Zugleich erklärte sie: «Für uns bedeutet der Sieg unserer Flagge nichts anderes als der Schutz schwächerer Rassen, Gerechtigkeit für die Unterdrückten und Freiheit für die Geschundenen.»[186]

Bei der von Bismarck einberufenen Kongokonferenz in Berlin 1884/1885 offenbarten die vierzehn teilnehmenden Mächte beispielhaft diese Hybris, darunter neben Deutschland die USA, Großbritannien, Frankreich, Belgien und das Osmanische Reich. Mit verblüffender Selbstverständlichkeit bestimmten die Staatenlenker in der abschließenden «Kongoakte» über fremdes Land und unterwarfen das ganze Projekt dem Ziel des freien Handels. «Entwickelung des Handels und der Civilisation» gingen in ihren Vorstellungen Hand in Hand. Alle betroffenen Mächte «verpflichten sich, die Erhaltung der eingeborenen Bevölkerung und die Verbesserung ihrer sittlichen und materiellen Lebenslage zu überwachen und an der Unterdrückung der Sklaverei und insbesondere des Negerhandels mitzuwirken» (Kap. I., Art. 6). Betont wurde zudem die «Gewissensfreiheit und religiöse Duldung», die sowohl «den Eingeborenen wie den Landesangehörigen und Fremden ausdrücklich» gewährt werde. Bemerkenswert ist die erneute Verurteilung des Sklavenhandels (Kap. II.). Zwangsarbeit gehörte fest zum kolonialen System der Ausbeutung.

Die Skandale schadeten dem Ansehen der Kolonialmächte, und Regierungen führten zunehmend den Leumund im Ausland als Argument für Reformen an. Später wurde das Image-Argument für die Menschenrechtsorganisation Amnesty International ein entscheidendes Instrument. In dieser Hinsicht waren die Skandale Teil des großen globalen Wettbewerbs um 1900, in dem es nicht nur um die größte Wirtschaftsmacht, die großartigste Nation, die gewaltigste Flotte ging, sondern eben auch um die Gesellschaft mit der höchsten «Kultur», «Zivilität», «Humanität». Dazu gehörte, dass beispielsweise die Deutschen 1908 in der Hauptstadt Tsingtau (Qingdao) der Kiautschou-Kolonie eine Universität gründeten, weil die rassistischen europäischen Ordnungsvorstellungen China als «Hochkultur» einordneten. Eine Universitätsgründung in Afrika wäre ihnen nie in den Sinn gekommen.[187]

Trugen die Skandale mit dazu bei, dass sich um 1900 die kolonialen Methoden änderten? Auf jeden Fall führten sie in Deutschland auch zu einem «silencing», zum Beschweigen der Verbrechen, das Reformen noch schwieriger machte. Bei der indigenen Bevölkerung der Kolonien aber trugen sie zur Formierung von Unabhängigkeitsbewegungen bei.[188] Die physische Unfreiheit, der Zugriff des anderen auf den eigenen Körper drängte die Unterdrückten zur Empörung. Der Abschluss der Eroberungen in Afrika sorgte bis zum Beginn des Ersten Weltkriegs für eine wohlwollendere Rhetorik und zu Reformbemühungen, die in humanistische Traditionen eingebettet waren.[189] Es war eine weniger gewalttätige Herrschaft, die zugleich effizienter war und den Exportaufschwung aus den Kolonien förderte.[190] In den deutschen Kolonien war der Wandel mit Bernhard Dernburg verbunden. Seine Berufung zum obersten Kolonialbeamten durch Reichskanzler Bernhard von Bülow im Jahr 1906 galt geradezu als reformerische Sensation.[191] Dernburg stammte aus einer liberalen jüdischen Familie, sein Vater war Redakteur beim Kolonie-kritischen *Berliner Tageblatt*. Er selbst war ein versierter Ökonom, der in den USA Erfahrungen im Börsenhandel gesammelt hatte. Er leitete umgehend Disziplinarverfahren ein, zog hohe Kolonialbeamte wie Gouverneur Jesko von Puttkamer zur Rechenschaft und entließ eine Reihe von Beamten.[192]

Waren Kolonien ein Auslaufmodell, in dem die fragwürdigsten Zeitgenossen noch einen Freibrief hatten, aber selbst dort durch die freie Presse, die kritischen Parlamente und die humanen Normen in den Mutterländern eingeholt wurden? Oder muss die Kolonialherrschaft als Vorläuferin der Massenverbrechen im 20. Jahrhundert verstanden werden?[193] War also die Reformzeit vor dem Ersten Weltkrieg ein «Prolog» zu den Verbrechen der kommenden Jahrzehnte?[194] Die These, es gebe eine Verbindungslinie zwischen der deutschen Kolonialgewalt und dem Holocaust,[195] ist nicht zuletzt wegen der mangelnden empirischen Evidenz in der Holocaustforschung fast durchgehend auf Kritik gestoßen.[196] Klare Kausalitäten und Kontinuitätslinien zu ziehen, ist schon methodisch kaum möglich, so dass «von einem spezifisch deutschen Pfad, der vom Kolonialismus direkt zum Holocaust führte, nicht die Rede sein kann», wie die Holocaustforscherin Sybille Steinbacher betont.[197] Doch lohnt es sich, nach Wissensbeständen zu fragen, die durch den Kolonialismus entstanden sind, etwa über Rassismus, über die Tötung von «Untermenschen», über «Whiteness» oder über die Segregation und Ausbeutung von Anderen. Zu diesem Wissen gehört auch der viel ältere, aber im Kolonialismus intensivierte Glaube, ein Recht auf den Raub fremden Landes zu haben – ein nordatlantischer Wissensbestand freilich, dessen Transnationalität die Unmöglichkeit klarer Linien innerhalb einer Nationalgeschichte noch deutlicher macht.[198]

In vieler Hinsicht war die Kolonialwelt auch nach zeitgenössischem Maßstab verbrecherisch. Und doch lässt sich die Einstellung der europäischen Bevölkerung kaum auf einen Nenner bringen. Die Befürworter des Kolonialismus konnten mit einer bunten Postkarten- und Uniformfolklore weite Kreise erreichen, sie warben mit Vorstellungen von Herrenmenschen und populärdarwinistischen Phantasien eines – weit entfernten – heroischen Überlebenskampfes. Der völkische Alldeutsche Verband gehörte zu den lautstärksten Organisationen des Kaiserreichs, die den Kolonialismus und Rassismus propagierten. Seine Vertreter litten unter den Aufbrüchen, den neuen Freiheiten, der zunehmenden Akzeptanz und anwachsenden Macht der sozialen Demokratie. In diesen Milieus fanden sich Militaristen, antiliberale Geister, Antisemiten, und für viele von ihnen bedeutete der Ausbruch des Weltkriegs die Verheißung, all die modernen Entwicklungen zu beenden.

4. GEWALT: HOMOGENISIERUNG UND DIVERSITÄT

«Liebe Grete!», schrieb 1942 SS-Obersturmbannführer Johannes Kleinow an seine Ehefrau. «In den letzten Tagen konnte ich nicht an dich schreiben, wir waren in der Gegend von Tarnow auf Judentreibjagd. Morgens um 1 hiess es heraus aus den Betten, die Dörfer umstellen und die Juden zusammentreiben. Tolle Drecksjuden sage ich dir. Gestern wars am Schlimmsten. 3500 haben wir geholt, Männer, Weiber und Kinder.»[1] Nach der Morgenröte der Jahrhundertwende und den weltweiten Aufbrüchen in der Reformzeit sank eine Menschenverachtung über die Welt, die alles bisher Bekannte in den Schatten stellte. Die Deutschen wandten sich ab von dem Bemühen um Freiheit, um Menschenwürde und um eine friedfertige Welt; mit revolutionärem Sturm zerstörten die Nazis das feine Gewebe der Demokratie, demütigten und brandmarkten ihre Mitmenschen in der Öffentlichkeit, folterten sie und vernichteten mit unvorstellbarem Hass die Leiber der anderen. Auch wenn die Würde der Menschen in den Weltkriegen, im Völkermord an den Armeniern, in den Lagern und Hunger- und Hinrichtungsstätten der Sowjetunion oder in einem global grassierenden Rassismus weltweit an ein Ende gekommen schien, so fand der neue Furor seinen entsetzlichsten Ausdruck im Holocaust.

4. Gewalt: Homogenisierung und Diversität

«Mitleiderregend wie Menschen»: Zerfetzte Körper im Krieg

Kriegsaversion und patriotische Gesänge

Wie kam es zur Urkatastrophe des Jahrhunderts, zum Ersten Weltkrieg? Wie nahm die Selbstzerstörung Europas ihren Ausgang? Wenig spricht dafür, dass die Menschen am Vorabend des Weltkriegs generell des Friedens müde und lüstern nach Gewalt waren. Die Sozialdemokratie beschwor auf ihren internationalen Konferenzen 1907 in Stuttgart und 1912 in Basel die antimilitaristische Haltung. Der Pazifismus wurde um 1900 – ähnlich wie die Frauenbewegung und zuweilen mit ihr zusammen – laut und sichtbar.[2] Die meisten Menschen dachten zwar nicht pazifistisch und waren davon überzeugt, dass eine starke militärische Macht unabdingbar sei; doch sollte das Militär der Verteidigung dienen. «Darum tritt kampfbereit unser Deutsches Reich in des Jahrhunderts offene Tür», erklärte der Rektor der Technischen Hochschule Karlsruhe in seiner Neujahrsrede Ende 1899; doch der «eiserne Zaun von Waffen» sollte «nur zum Schutz der Arbeit und der Werke des Friedens» dienen.[3] Zudem wurde immer wieder darauf verwiesen, dass ein Krieg in den technisierten Zeiten unvorstellbares Unheil über die Menschheit bringen werde.[4] «Die Kriege von Völkern werden schrecklicher sein als die der Könige», vermutete Winston Churchill 1901 hellsichtig,[5] und selbst der Chef des Großen Generalstabes Helmuth von Moltke, der 1914 den Präventivkrieg forderte, erklärte, «die gegenseitige Zerfleischung der europäischen Kulturstaaten» werde «die Kultur fast des gesamten Europas auf Jahrzehnte hinaus vernichten».[6] «Kulturvölker» jedoch hatten nach einer weit verbreiteten Vorstellung die kriegerische Zeit hinter sich gelassen wie die Menschen «gebildeter Schichten Raufereien und Messerstechereien», so das *Berliner Tageblatt*.[7] Statt Krieg sollte es friedlichen Wettbewerb geben. «Die Kämpfe des nächsten Jahrhunderts», erklärte der Bankier Georg Siemens, würden «weniger mit dem Säbel und Gewehr als mit industriellen und kommerziellen Waffen ausgefochten werden».[8] Schon ökonomisch, davon waren weite Kreise überzeugt, ergäbe der Krieg keinen Sinn mehr. Der britische Publizist Norman Angell drückte diese Haltung 1910 in seinem Antikriegsbuch The Great Illusion aus, das in zahlreiche Sprachen übersetzt wurde und weltweit Anerkennung fand. Die erste Auslobung des Friedensnobelpreises im Jahr 1901 erhielt überall Aufmerksamkeit und Wertschätzung. 1905 wurde die österreichische Pazifistin Berta von Suttner ausgezeichnet. Als sich die Stimmung aufheizte und sich die Krise 1914 zuspitzte, heulten nicht nur die vaterländischen Kriegsgesänge auf. In ganz Deutschland versammelten sich – zumeist unter Führung der Sozialdemokratie – Menschen zu riesigen Antikriegsdemonstrationen, etwa im Treptower Park zu einer verbotenen Kundgebung am 28. Juli mit fast 100 000 Teilnehmenden.[9]

Die Menschen marschierten nicht einmütig und freudig in den Kampf. Auch die deutsche Führung unter Reichskanzler Theobald von Bethmann Hollweg wünschte sich, anders als man lange Zeit vermutet hatte, keinen Krieg, aber sie schloss ihn in ihrem Krisenmanagement als «Präventivkrieg» auch nicht aus. Ehre und männlicher Stolz prägten weithin das Denken und die Gefühlswelt, und eine Beschwichtigung Österreichs nach dem Attentat in Sarajewo oder die Bemühung um einen Ausgleich mit England passten nicht in dieses Koordinatensystem.[10]

Die Kriegsbegeisterung brach im Juli 1914 insbesondere in den Städten aus und weniger auf dem Land, weit eher im Bürgertum als in der Arbeiterschaft und bei den Bauern.[11] «Schwerer Kummer aber ist bei vielen unserer Bauernfamilien eingezogen», hieß es in den Münchner Neuesten Nachrichten, «denn die Väter oft sehr kinderreicher Familien müssen fort, die Söhne, Pferde und Wagen werden von den Militärbehörden gefordert, und draußen steht die Ernte».[12] Auch in anderen Schichten regten sich Zweifel und Ängste. Im Wirtschaftsbürgertum konnte man ahnen, wie viel es zu verlieren gab. Eine Unternehmerfrau schrieb an ihren Sohn: «Man zittert vor dem Weltkrieg, es ist nicht möglich, ihn sich vorzustellen, all' das in den Jahren des Friedens ruhig erarbeitete zu zerstören.»[13] Liberale Intellektuelle wie Helene Stöcker waren schockiert, als das Morden begann. Wie konnten die «Kulturnationen» plötzlich einander abschlachten? «Ich bin fassungslos vor Entsetzen.»[14] Am ehesten ließ sich die bürgerliche Jugend mitreißen, die Jugendbewegten und die Wandervögel. Die völkische Schriftstellerin Ina Seidel, eine typische moderne junge Frau, dichtete: «Und unser Blut ging dick und träge,/ [...] Wir hatten keine Lieder mehr./ Drum jauchzen wir in diesen Tagen,/ Drum sind wir trunken ohne Wein,/ Drum dröhnts uns aus der Trommeln Schlagen:/ O heilges Glück, heut jung zu sein.» Ein Zeitgenosse zählte eineinhalb Millionen Kriegsgedichte.[15]

Dass der Krieg innerhalb kurzer Zeit weite Kreise der Bevölkerung in einen nationalistischen Taumel reißen konnte, hing wesentlich damit zusammen, dass es den Regierungen gelang, ihn als einen Verteidigungskrieg zu propagieren. In Deutschland diente vornehmlich die russische Generalmobilmachung am 31. Juli dazu. Noch am gleichen Tag forderte die Reichsführung in einem Ultimatum an Russland, innerhalb von zwölf Stunden die Generalmobilmachung einzustellen. Am 1. August sammelten sich die Menschen zu Tausenden, um den Ablauf des Ultimatums abzuwarten. Als am Berliner Schloss um 17 Uhr ein Offizier der Menschenmenge die Mobilmachung verkündete, stimmten die Versammelten in den Choral ein «Nun danket alle Gott». Die damit scheinbar nachgewiesene Aggression des Zarenreichs kombiniert mit der Reformunfähigkeit des «russischen Despotismus», wie der Sozialdemokrat Hugo Haase erläuterte, bot auch vielen Genossinnen und Genossen in der sozialistischen Partei das ausschlaggebende Argument.[16] So entfaltete nach dem Ultimatum der «Geist von 1914» eine demokratische Integrationskraft, die alle Reformer und gemäßigten Liberalen im Kaiserreich nicht hatten wecken können. In den Städten trafen sich die Menschen in Cafés, sangen Kriegslieder, spürten einen kollektiven Freudenrausch. Aus dem Alltag fühlten sie sich zu Höherem gezogen.

Der Weg zum Krieg war ein gesamteuropäischer, vom Volk getragener. Immer mehr Menschen erkannten die scheinbare Notwendigkeit, in Einigkeit ihr Land zu verteidigen. «Thank god we are one nation again!», stand in dem euphorischen Leitartikel der

Zerfetzte Körper im Krieg | 175

Daily Mail.[17] «Ungeheure Volksmassen», hieß es aus Wien, «Freudentaumel», vaterländische Gesänge.[18] In St. Petersburg kniete die Menge nieder und sang die Nationalhymne, als Zar Nikolaus vom Balkon des Winterpalasts grüßte, und in Paris erfasste die Masse eine ungeheure Begeisterung, als Präsident Poincaré die Einheit aller Franzosen im Angesicht der Gefahr verkündete.[19] «Union sacrée» nannten die Menschen in Frankreich, was in Deutschland der «Burgfrieden» wurde, für den alle innenpolitischen und wirtschaftlichen Auseinandersetzungen zurückgestellt wurden.[20] Für die national oft so verachteten Arbeiterbewegungen war das Ereignis besonders berührend. In zahlreichen Selbstzeugnissen fand sich das Glücksgefühl der Zugehörigkeit. Der linksradikale Sozialdemokrat Konrad Haenisch erinnerte sich an «dieses drängendheiße Sehnen, sich in den gewaltigen Strom der allgemeinen nationalen Hochflut» hineinzustürzen, und dann «einstimmen» zu dürfen in den «Sturmgesang: Deutschland, Deutschland über alles».[21] Auch in Großbritannien, Österreich und Frankreich waren die Arbeiterparteien davon überzeugt, dass ihre Länder sich gegen einen Aggressor verteidigen müssten,[22] und egal ob im deutschen, französischen, österreichischen oder britischen Parlament: Überall stimmten die Abgeordneten für die Kriegskredite. Allein die russischen Sozialisten enthielten sich der Stimme.[23] Mit «Blut und Boden» und «la terre et les morts» ließen sich die Menschen ergreifen.[24]

Der Kriegsbeginn offenbarte eine unheimliche Gewalt von Demokratie. Regierungen und Monarchen konnten dem Feuer eines von ihnen selbst geschürten militanten Nationalismus schwerlich Einhalt gebieten. Was die Welt noch kurz zuvor in dutzenden Auflagen und Übersetzungen in der *Psychologie der Massen* des französischen Psychologen Gustave Le Bon gelesen hatte, schien eingetreten: Die Vernunft gerät unter die Räder, wenn das Individuum den irrationalen Affekten der Masse ausgeliefert ist. Gerade die intime Nähe von Nationalismus und Demokratie hat immer wieder an diesen Abgrund geführt.

Dennoch gilt es festzuhalten: Trotz der wortmächtigen Kriegsdichter, trotz der Fotografien aus den Städten mit winkenden

4. Gewalt: Homogenisierung und Diversität

Frauen und glücklichen Soldaten und trotz des lautstarken Jubels der Studenten war die Begeisterung nicht überall gleich, die Skepsis in den Dörfern wurde von keinem Lied besungen, und die niedergedrückte Mutter einer Arbeiterfamilie fand nirgendwo einen Fotografen. Widerstand gegen den Krieg zeigte sich allerdings kaum. Für viele war er das von der Regierung erklärte Unvermeidliche, dem man sich zu fügen hatte. In Frankreich widersetzten sich nur 1,4 Prozent der Einberufenen der Mobilisierung, dabei hatte die Regierung mit über 10 Prozent gerechnet.[25]

Die Bedeutung des Verteidigungsarguments in ganz Europa zeigt aber auch, dass sich das Augusterlebnis nicht allein auf einen Gefühlstaumel beschränken lässt. Die Menschen wollten auch rationale Argumente. In der Sozialdemokratie spielte neben der Bekämpfung der reaktionären Zarenherrschaft zunehmend die Idee eine Rolle, mit dem Vereinigten Königreich auch den Weltmarktbeherrscher zu bekämpfen, von dem die Arbeiterschaft befreit werden müsse.[26] Das Deutsche Reich selbst bot mit seinem Einfall in Belgien, bei dem deutsche Soldaten gleich zum Auftakt Tausende Zivilisten inklusive Kinder ermordeten, den Gegnern den klarsten Nachweis seiner Barbarei.[27]

Weil demokratische Prinzipien und die Ermächtigung des Volkes in den Industriestaaten zum Konsens geworden waren, konnten Stimmungen und das Drängen der Öffentlichkeit nicht mehr von hellsichtigen Politikern zur Seite geschoben werden. Das galt für ganz Europa. In den Schützengräben erfuhren auch die zuvor kriegsskeptischen Männer eine Einheit und Kameradschaft, die eine irritierend mächtige Egalisierungskraft entfaltete, und das geteilte Leid mit den Frauen in der Heimat, der gemeinsame Kampf für ein hehres Ideal erfüllte die Idee der Gleichheit in allen Industriestaaten mit neuem Sinn. Das war eine Demokratisierung von unten, mächtiger als jede Revolution, die ihre Wirkkraft auch daraus gewann, dass die Eliten übereinstimmten.

Das Parlament zum Auftakt des Kriegs

Der deutsche «Burgfrieden» wurde am 4. August ausgerufen. Der Verlauf dieses dramatischen Tages versinnbildlicht die Bedeutung und den Rang des Parlaments, zugleich aber auch die Machtfülle, die der Monarch noch in Händen hielt. Nach Gottesdiensten im Berliner Dom und in der katholischen St. Hedwigs-Kathedrale fanden sich die Parlamentarier mittags um ein Uhr mit dem Bundesrat im Weißen Saal des Hohenzollernschlosses zur Thronrede ein. Die Sozialdemokraten aber blieben fern, denn sie hatten gefordert, dass die Rede im Parlamentsgebäude und nicht im Schloss verlesen werde. In seiner von Bethmann Hollweg geschriebenen Ansprache[28] betonte Kaiser Wilhelm II. die «Redlichkeit» der deutschen Regierung und ihr Ringen um Frieden. «Uns treibt keine Eroberungslust», betonte er. «Mit schwerem Herzen habe Ich Meine Armee gegen einen Nachbarn mobilisieren müssen, mit dem sie auf so vielen Schlachtfeldern gemeinsam gefochten hat. Mit aufrichtigem Leid sah Ich eine von Deutschland treu bewahrte Freundschaft zerbrechen.»[29] Diese Worte lassen sich nicht einfach als Rhetorik abtun. Bevor der Kaiser später in Depressionen versank, erlitt in den ersten Kriegswochen einer der führenden Kriegsbefürworter, Helmuth von Moltke, einen Nervenzusammenbruch. Das Wissen um das Unheil, mit dem die Verantwortlichen in den Krieg zogen, gehört zu den merkwürdigen Umständen dieser Katastrophe. Am Ende fügte der Kaiser die Worte hinzu, die millionenfache Verbreitung auf Flugblättern, in Zeitungen und auf Plakaten finden würden: «Ich kenne keine Parteien mehr, ich kenne nur noch Deutsche.» Der Monarch forderte im Weißen Saal zuletzt «die Parteiführer» auf, ihm in die Hand ihre Unterstützung zu geloben. Das taten die anwesenden. Nun trat der Reichskanzler vor und eröffnete den Reichstag. Hoch-Rufe und allgemeiner Jubel; dann stimmten die Männer «Heil Dir im Siegerkranz» an, bevor der Kaiser – Abgeordneten die Hand schüttelnd und unter Hurrarufen – aus dem Saal schritt.

Am Nachmittag trafen sich die Abgeordneten im Reichstagsgebäude, wo martialische Töne erklangen. Reichskanzler Bethmann Hollweg warb für die Kriegskredite und erklärte: «So zieht das Volk in Waffen im Bewußtsein seiner Stärke hinaus in den heiligen Kampf, alt und jung von der gleichen Begeisterung durchdrungen. Aus den Augen unserer Brüder und unserer Söhne blitzt der alte deutsche Kampfesmut.»[30] In den folgenden Gesetzesberatungen beschworen die Abgeordneten – gerade auch aus der Sozialdemokratie –, wie sehr sie den Frieden wünschten, wie sehr sie sich bedroht sahen, wie sehr sie unter Zugzwang stünden: «Die Sozialdemokratie hat diese verhängnisvolle Entwicklung mit allen Kräften bekämpft, und noch bis in die letzten Stunden hinein hat sie durch machtvolle Kundgebungen in allen Ländern, namentlich in innigem Einvernehmen mit den französischen Brüdern, für die Aufrechterhaltung des Friedens gewirkt», erklärte der Abgeordnete Hugo Haase. Was mochte das für ein ergreifendes Gefühl sein, als plötzlich die Bravo-Rufe im Reichstag bei der Ansprache eines Sozialisten nicht nur von der linken Seite kamen, sondern aus dem ganzen Halbrund, als der Abgeordnete erklärte: «Wir lassen in der Stunde der Gefahr das eigene Vaterland nicht im Stich.»[31] Am 4. August stimmten die Abgeordneten mitsamt den Sozialdemokraten für die Kriegskredite in Höhe von fünf Milliarden Reichsmark.

Die prominente Einbeziehung des Reichstags zum Auftakt des Krieges verweist ebenso wie die neue Rolle der Massen auf die demokratischen Grundlagen, auf denen Herrschaft zunehmend begründet wurde. Sie zeigt aber auch die Grenzen des deutschen Parlaments auf. Verfassungsrechtlich war seine Stellung in Kriegsfragen extrem schwach, denn sein Votum war für den Krieg selbst gar nicht erforderlich; freilich brauchte die Regierung für dessen Finanzierung dennoch die parlamentarische Zustimmung.

Organisatorisch bedeutete der «Burgfrieden» für das Parlament, dass Neuwahlen verschoben wurden. Auf Dissens wollten die Abgeordneten künftig verzichten – und damit auf Innenpolitik. Wegen seiner Zuständigkeit für Finanzierungs- und Budgetfragen blieb das Parlament allerdings auch in den Kriegsjahren nicht ausgeschaltet. Der Haushaltsausschuss intensivierte seine Tätigkeit und trat nun als eine Art Hauptausschuss häufiger zusammen. Und schon 1915 gab es wieder rege, teilweise kämpferische Debatten auf dem Parlamentsparkett. Spätestens seit 1916 trat der Reichstag in der Öffentlichkeit erneut als Machtinstanz in Erscheinung. Die lebhafte Zivilgesellschaft ließ sich nicht stilllegen, zu viel gab es zu diskutieren: die Parlamentarisierung, die Rolle der Sozialdemokratie, das längst peinlich rückständig gewordene Wahlrecht in Preußen und die vielen Probleme der sozialen Frage.[32]

Fleisch und Blut und Kot

Der Untergang nahm seinen Anfang im Ersten Weltkrieg. Überall lagen damals gequälte, zerstörte Körper, Tod und Schmerz und Elend gehörten wieder zum Leben. Als der französische Frontkämpfer Jean Dartemont 1915 während einer Schlacht zu seinem Schützengraben kam, sah er: «Leichen in allen möglichen Haltungen, auf alle möglichen Arten verstümmelt, zerrissen und gequält.» Alles lag voller «Fetzen von Körpern und Kleidungsstücken, Organe, nicht zueinander gehörende Gliedmaßen, rotes und violettes Menschenfleisch». Draußen vor dem Graben setzte sich der Horror fort: «Die Ebene war mit unseren niedergemähten Leuten bedeckt, sie waren mit dem Gesicht in den Schlamm gefallen, mit hochgestrecktem Hintern, in einer anstößigen Haltung, grotesk wie Hampelmänner, mitleiderregend wie Menschen.»[33] Ernst Jüngers Beschreibungen fanden gerade auch in Frankreich Anklang, denn in der Verwesung waren Feind und Freund gleich: «Manche zergingen in grünliches Fischfleisch, das nachts durch zerrissene Uniformen glänzte», schrieb er 1922. Freund und Feind, Tod und Leben zerflossen in eins: «Lag ich nicht selbst vier Tage lang in einem Hohlweg zwischen Leichen? Waren wir da nicht alle, Tote und Lebendige, mit einem dichten Teppich großer, blauschwarzer Fliegen bedeckt?»[34]

Wer noch nicht gefallen war, lebte in Kälte und Nässe, unter Ungeziefer und Ratten, im Hunger und im Durst, häufig ohne

4. Gewalt: Homogenisierung und Diversität

Schlaf.[35] «Wir verbringen den Tag in unserem Erdloch, liegen im Artilleriefeuer, frieren ganz fürchterlich und haben immer Hunger», schreibt der Leutnant Alfred Bauer vor Verdun. Sein Kamerad war in der Nacht «total mit den Nerven zusammen[gebrochen], nachdem eine Granate dicht neben ihm auf einen Schlag zehn Mann zerrissen hatte».[36] Alle Fingerspitzen und Zehen von Alfred Bauer waren erfroren. Nachts kam die Ablösung, und die überlebenden Männer zogen ab, «total fertig, seelisch und moralisch».[37] Betäubungsmittel gehörten wie seit Jahrhunderten zum Schlachtfeld; im Ersten Weltkrieg tranken die Männer viel Alkohol. Die Schlachten bei Verdun und an der Somme zerstörten alles Leben, auch die Landschaften, sie ließen keinen Baum stehen und keine Wiesen gedeihen, die Tiere waren verschwunden, die Hügel abgetragen, die Erdoberfläche zur Wüste geworden, mit Kratern übersät.

In den Schützengräben der Westfront dachte der französische Soldat und Schriftsteller Henri Barbusse über die Körper seiner Kameraden nach, die zu einer Masse geopferten Fleisches wurden, reduziert auf die Fasern ihrer Leiber, auf den Kot und auf das Blut. Sein Kriegsbuch *Das Feuer* erschien noch 1916, wurde in über sechzig Sprachen übersetzt und auch auf Deutsch viel gelesen. «Man spürt seine furchtbare Trostlosigkeit am ganzen Körper, als sei man nackt»,[38] resümiert Barbusse. Eine Explosion schmeißt den Körper des Waffenbruders «in die Höhe, aufrecht, schwarz, die beiden Arme ausgestreckt, soweit sie konnten, und eine Flamme loderte an der Stelle des Kopfes».[39] Besonders das Warten an der Front wird zur Pein der «müde[n] und frierende[n] Soldaten, die in ihrem Fleische leiden und nicht wissen, was sie mit ihrem Körper anfangen sollen».[40] Die Soldaten warten auf den Morgen und auf die Nacht, sie warten auf den Heimaturlaub und auf die nächste Schlacht, sie warten auf die technische Gewalt des Gegners, und wenn der Schuss kommt, liegt der Kamerad Mondain mit zerschlagenem Brustkorb im Unterstand. Ein anderer Kamerad schien auf den ersten Blick unversehrt, «aber den Kopf vollständig platt gedrückt wie ein Kuchen, und gross; so breit».[41] Dann die Attacke: Wer weiterlebt, läuft «durch das Spiel des Todes, das blindlings in das Fleisch unsrer Leiber fährt».[42] Taucht irgendwoher eine Frau auf, gleicht sie einer Erscheinung, begehrenswert, aber feindlich, «ihre Zähne glitzern in der heissen Wunde ihres halbgeöffneten Mundes, der sich wie Herzblut rötet», sie versteht nicht und bleibt eine Fremde.[43]

Am 22. Mai 1915 setzten die Deutschen in Ypern erstmals Giftgas in großen Mengen ein. Wie Wahnsinnige liefen die Männer durch das Feld, schrien nach Wasser, spuckten Blut, manche wälzten sich am Boden, mit aufgerissener Kleidung, verstört, nach Luft ringend.[44] Das Gas wurde zum Inbegriff neuer oder weiterentwickelter totaler Kriegswaffen wie Panzer, Flammenwerfer, Luftattacken durch Fliegerbomben, Torpedos von Unterseebooten. Massenhaft und auf Distanz konnten die anderen getötet werden, die Zerstörung fremder Körper bedurfte nicht mehr des Einsatzes mit dem eigenen Körper. 1915 war das Jahr, in dem sich über tausend Frauen in Den Haag zum Internationalen Friedenskongress trafen. Zu den Initiatorinnen zählte auch die Juristin Anita Augspurg. Die Frauen protestierten «gegen das abscheuliche Unrecht, dessen Opfer Frauen in Kriegszeiten immer sind». Da «the masses of the people» in allen kriegführenden Ländern davon überzeugt seien, lediglich in Selbstverteidigung zu handeln, könne es keine unüberbrückbaren Gegensätze geben und ein ehrenhafter Frieden für alle müsse möglich sein. Die Resolution der Frauen, in der sie politische Gleichberechtigung, das Selbstbestimmungsrecht der Völker, eine demokratisch kontrollierte Außenpolitik oder einen ständigen internationalen Gerichtshof forderten, war ihrer Zeit weit voraus.[45]

Spätestens 1916 bildete sich ein neues Konzept des Krieges heraus: Statt in der heroischen Entscheidungsschlacht sollte der Gegner durch Zermürbung und Verluste niedergerungen werden. Der Begriff «Menschenmaterial» ging als neue Selbstverständlichkeit in die militärische Verwaltungssprache ein.[46] Hindenburg konstatierte: «Dem feindlichen Menschenmaterial gegenüber sind unsere Menschenvorräte beschränkt.»[47] Die Reduzierung des Körpers auf seine Materie konkretisierte sich im Alltag: «Fehlen Sandsäcke, so ist der Graben mit Erde, auch feindlichen Leichen zu verstopfen», lautete eine deutsche Dienstvorschrift.

4. Gewalt: Homogenisierung und Diversität

Das Bild der Westfront prägt in besonderem Maß die Erinnerung an den Ersten Weltkrieg, sein Schrecken krallte sich ins öffentliche Gedächtnis, wozu Bücher in allen Sprachen der verfeindeten Nationen beitrugen, sei es Henri Barbusse auf französischer Seite, Ernst Jünger auf deutscher Seite oder Erich Maria Remarque, dessen Beschreibung der Schlachten durch die Oscar-gekrönte Hollywood-Verfilmung 1930 große Verbreitung fanden. Doch gestaltete sich der Soldatenalltag je nach Zeit und Frontverlauf ganz unterschiedlich. Im August und September 1916 hatten die Deutschen die höchsten Verluste, bis zu knapp 17 Prozent Tote, Verwundete, Vermisste und Gefangene, gemessen an der Gesamtstärke der aktiven Einheiten. Danach betrugen die Verluste an der Westfront bis zum Frühjahr 1918 im Durchschnitt noch 3,5 Prozent, um zuletzt erneut anzusteigen. An den östlichen Frontlinien lagen die Verlustquoten etwa zwei Drittel unter denen an der Westfront. Fast jeder zweite Gefallene auf beiden Seiten der Front war zwischen neunzehn und vierundzwanzig Jahre alt; die jungen Männer waren zu unerfahren.[48]

Feldgraue Egalität

Auch in der Heimat wurde gehungert, das Leben ging bedrückt weiter, die Männer fehlten. Lebensmittel wurden rationiert. Im Deutschen Reich kam es wegen der Vorrangstellung der Rüstungsindustrie schon im Winter 1916/17 zu verschärften Mangelerscheinungen. In Frankreich und Großbritannien, die besser auf das Wohl der Zivilbevölkerung achteten, war dies erst im letzten Kriegsjahr der Fall.[49] 700 000 Menschen starben im Deutschen Reich an direkten und indirekten Folgen der Mangelwirtschaft. Der Tod trat selten als unmittelbare Folge des Nahrungsmangels ein, und doch herrschte ein durchgehendes Gefühl von Hunger, und der Durchschnittsverbrauch lag weit unter dem der Vorkriegszeit. Der Alltag kriminalisierte sich, der Schwarzmarkt blühte auf.[50]

Die Einführung des Wehrdiensts stieß in Großbritannien auf

«Die Inschrift am Reichstagsgebäude»: Grafik aus dem «Kladderadatsch» vom 12. September 1915 mit den darunter stehenden Versen: «Und ohne Inschrift ist's lange geblieben. – / Da kam der Deutsche in Feldgrau daher, / Er sprach die Worte weittönend und schwer / Und hat – mit dem Schwert sie eingeschrieben!»

Widerstand, und manche empfanden ihn als Verrat an den freiheitlichen Idealen, für die man doch in den Krieg ziehe. Die Zensur griff überall um sich. In Frankreich ermöglichte die bürokratische Zentralisierung ein dichtes Kontrollnetz mit zahllosen Berichten der Präfekten über Stimmung und Unmut in der Bevölkerung.[51]

In Deutschland wurde der Kaiser immer unwichtiger, eine logische Folge der Tatsache, dass er schon in Friedenszeiten mit seinen Uniformen und seiner prunkenden Phalanx an Söhnen eher als

Maskottchen und bunt gefeierter Star der Nation denn als tatsächlicher Lenker gedient hatte – von den Massen geliebt, von den Intellektuellen verspottet. Nun, da der Glanz abblätterte, welche Rolle blieb ihm übrig? Die Öffentlichkeit nahm die Oberste Heeresleitung, allen voran Generalfeldmarschall Paul von Hindenburg, als die eigentliche Führung wahr. Doch auch der Reichstag drängte wieder an die Öffentlichkeit, und die Diskussionen wurden lebendiger und härter. Dass 1916 die Inschrift «Dem deutschen Volke» an den Architrav über dem Haupteingang des Reichstags angebracht wurde, war mehr als ein leeres Symbol. Die Satirezeitschrift *Kladderadatsch* feierte sie – inmitten ihrer hässlichen Feindpropaganda – als einen Akt der Demokratisierung durch den «Feldgrauen», der die Buchstaben mit seinem Schwert ins Parlamentsgebäude meißelt – wobei die Uniformfarbe zum Inbegriff des egalitären Soldatenstandes wurde.

Was bedeutete die «feldgraue» Demokratie? Es war eine Gleichheit im Elend, im gemeinsamen Kampf, motiviert durch groteske Feindbilder, mit denen sich die Zeitungen füllten. Der Andere wurde zum Unmenschen. Dennoch schien teilweise das Gefühl der gemeinsamen Fronterfahrung über die Grenzen hinweg stark zu sein. Wenn sich feindliche Soldaten in anderen Zusammenhängen begegneten, übertrug sich das Gleichheitsgefühl nicht selten auch auf die Männer der anderen Nation.[52]

Im Ersten Weltkrieg starben mehr als doppelt so viele Menschen auf dem Schlachtfeld und an ihren Verletzungen wie in allen bedeutenden Kriegen zwischen 1790 und 1914 zusammen. Er hinterließ insgesamt 17 Millionen Tote. Von den 71 Millionen kämpfender Soldaten (32 Millionen davon auf Seiten der Deutschen und ihrer Verbündeten) starben rund 10 Millionen, davon 2 Millionen Deutsche, was 15 Prozent aller Mobilisierten entsprach. Daneben brachte der Krieg Millionen verkrüppelter Körper hervor. Allein in Europa lebten sieben Millionen Versehrte, darunter 350 000 Schwerinvalide.[53] Ein beträchtlicher Teil dieser Männer war bis zur Unkenntlichkeit entstellt. Amputierte gaben dem Schrecken des Krieges anhaltende Präsenz im Alltag. Ihr Anblick «hakt sich im Hirn fest, quält. Und bleibt», hieß es im *Vorwärts* später, wo regelmäßig moralisierende Appelle über die Lage der Invaliden erschienen.[54] Ansichtskartengeschäfte in Frankreich boten Fotoserien mit Verwundeten und Entstellten aus dem Weltkrieg an.[55] Kriegsgegner nutzten die Fotografien zur Abschreckung, und der Pazifist Ernst Friedrich stellte in seinem viersprachigen Buch *Krieg dem Kriege! Guerre à la Guerre! War against War! Oorlog aan den Oorlog!* die entstellten Soldaten den heroischen Aussagen der Kriegsherren gegenüber.

Der Aufbruch geht weiter

Hat der Gewaltausbruch im Ersten Weltkrieg die Menschen verroht und sie gewappnet für alle weiteren Gräuel des 20. Jahrhunderts?[56] Erneut sollten keine zu einfachen Kausalitäten behauptet werden. Vier Jahre Krieg haben die Aufbrüche der Vorkriegszeit nicht ausgelöscht. Ein Großteil der Menschen empfand den Weltkrieg als unabweisbares Argument für die alten Reformvorhaben: mehr Menschenwürde, mehr Gerechtigkeit, mehr Frieden, mehr Frauenrechte. Die weitgehend auf Aufbruch gestimmte Weimarer Republik und überhaupt die europäische Zwischenkriegszeit war ein komplexes Zusammenspiel zwischen den Entwicklungen des Weltkriegs, die nicht nur hemmenden Einfluss auf die Demokratisierung nahmen, und den Reformtendenzen um 1900. Thomas Mann, der geläuterte Demokrat, hielt fest: «Man muss die Demokratie als diejenige Staats- und Gesellschaftsform bestimmen, welche vor jeder anderen inspiriert ist von dem Gefühl und Bewußtsein der Würde des Menschen.»[57] Das schuf eine starke Legitimation für neue Aufbrüche.

Erster Aufbruch: Demokratisierung der Demokratie

Als die Frauen in Deutschland 1919 zum ersten Mal das nationale Parlament mitwählten, wirkte das wenig spektakulär. Ohne Pathos und nennenswerten Widerstand hatte die provisorische Regierung, der «Rat der Volksbeauftragten», am 11. November 1918 das allgemeine und gleiche Wahlrecht im Deutschen Reich eingeführt. Dabei kann dieser Aufbruch kaum hoch genug veranschlagt werden. Die Minderwertigkeit der Frau hatte über Jahrtausende ziemlich unangefochten gegolten, und noch fünfzig Jahre zuvor hatte ein Frauenstimmrecht auf nationaler Ebene in nahezu allen Industriestaaten als Absurdität gegolten. Die Emanzipation der Frau, die sich im Laufe des 20. Jahrhunderts vollzog, ermächtigte nicht nur die Hälfte der Menschheit, sondern veränderte mit der Neukonzeption der Geschlechterrollen tief die Strukturen und Mentalitäten der Gesellschaften – ein Prozess, der bis heute anhält.

Die Diskrepanz zwischen der Glorie eines menschheitsgeschichtlichen Wendepunkts und der Selbstverständlichkeit, mit der am 19. Januar 1919 die Nationalversammlung gewählt wurde, registrierte die Frauenrechtlerin Gertrud Bäumer mit klarem Blick: «Der erste Wahlgang der Frauen. Ziel eines Jahrhunderts – Beginn eines Jahrtausends. So werden wir, nicht erfüllt von uns, sondern von allem, dem wir dienen, hinübergedrängt über die Schwelle. Fast unbewußt was sie bedeutet. Es ist schön, und wie selbstverständlich.»[58] Viele «Wähler und Wählerinnen» hätten Stunden ausgeharrt, «um ihr Recht nicht zu versäumen», schrieb die *Vossische Zeitung*.[59] Die Wahlbeteiligung lag bei Frauen wie Männern bei rund 83 Prozent. Auch auf dem Land gingen die spontan gebildeten Räte – unabhängig von der Proklamation des Frauenwahlrechts in Berlin im November 1918 – selbstverständlich davon aus, dass Frauen nun ein Stimmrecht besaßen.[60]

Wie war es zur Einführung des Frauenwahlrechts gekommen und wie lässt sich die unspektakuläre Selbstverständlichkeit erklären, mit der es aufgenommen wurde? Vieles spricht dafür, dass die Revolution und der Krieg nicht die entscheidende Rolle spielten.

Revolutionen haben sich nicht der Gleichstellung der Frauen verschrieben, weder 1789, noch 1848/49, noch die weiteren Revolutionen bis ins frühe 20. Jahrhundert. Es wäre erstaunlich gewesen, wenn sich das plötzlich geändert hätte, ohne dass weitere Faktoren eine entscheidende Rolle gespielt hätten. Auch wenn das Frauenwahlrecht wie alle demokratischen Neuerungen national installiert und gefeiert wurde, so war es doch ein Kind der internationalen Veränderungen vor dem Krieg. Die ersten Länder installierten bereits um 1900 das Frauenwahlrecht, etwa Neuseeland 1893 oder Finnland 1906. In den USA konnten Frauen vor dem Weltkrieg immerhin in elf Bundesstaaten wählen.[61] Deutschland gehörte dennoch im internationalen Vergleich eher zu den Vorreitern des Frauenwahlrechts. Die Zeitschrift der internationalen Frauenstimmrechtsbewegung *Ius Suffragii* war enthusiastisch: «Dies ist zweifellos der mit Abstand durchschlagendste Sieg, den unsere Sache jemals errungen hat [...]. Deutschland wird die Ehre zuteil, die erste Republik zu sein, die auf den wahren Grundsätzen der Demokratie und dem allgemeinen gleichen Wahlrecht für alle Männer und Frauen beruht.»[62]

Während man die Bedeutung der Revolution für die Einführung des Frauenwahlrechts relativieren muss, gilt es, die Rolle der starken Frauenbewegungen und ihrer Kämpfe vor dem Weltkrieg zu berücksichtigen.[63] Sie waren ein Teil des massenpartizipativen Konsenses, der sich schon vor dem Ersten Weltkrieg herausgebildet hatte. Bereits im 19. Jahrhundert sei, wie der Rechtsgelehrte Hans Kelsen 1920 notierte, «das demokratische Ideal beinahe zu einer Selbstverständlichkeit des politischen Denkens» geworden.[64] Selbst die *Deutsche Allgemeine* analysierte bei den Wahlen im Januar 1919 dieses aus der Vorkriegszeit tradierte Gefühl der Selbstverständlichkeit: «Es zeigte sich, daß ein Volk monarchisch oder republikanisch, aristokratisch, plutokratisch oder demokratisch, gut oder weniger gut regiert werden kann, daß es recht und schlecht, unter welcher Form es auch sei, bestehen muß, daß es aber nicht ohne Parlament sein kann, weil dieses die moderne Seele jedes Staates überhaupt geworden ist.»[65]

Der Demokratisierungsschub war kein deutsches Phänomen.

Bis 1920 führten siebzehn weitere Staaten das Frauenwahlrecht ein, darunter Österreich, die Niederlande und Polen; in Großbritannien wurde endlich für Männer ein allgemeines und gleiches Wahlrecht installiert, für die Frauen immerhin ein eingeschränktes. Der Begriff «Demokratie» erhielt auch in den alliierten Ländern neue Attraktivität. Nach dem Krieg gab es unter den achtundzwanzig europäischen Staaten nur zwei Diktaturen: Sowjetrussland und das Horthy-Regime in Ungarn.[66]

Demokratie, Wahlen und Parlament standen nicht für die Revolution. Sie vermittelten vielmehr gerade in den unsicheren Zeiten und in den gewalttätigen Unruhen Kontinuität und Sicherheit; auch das ein Hinweis auf den demokratischen Konsens. Harry Graf Kessler notierte über den Wahlgang in Berlin: «Das Ganze untheatralisch wie ein Naturereignis; wie ein Landregen.»[67] Dabei fanden die Wahlen in Zeiten statt, in denen die Gewalt keineswegs ein Ende gefunden hatte, sondern sich vielerorts immer wieder Konflikte mit großer Brutalität entluden.

Der Krieg als Motor der Demokratisierung

So wichtig die Vorkriegszeit für die Demokratisierung war, so hatte doch auch der Weltkrieg einen demokratisierenden Effekt. Die Erfahrung des Kriegs, der alle bis ins Mark erfasste, der ohne Ansehen der Person Leben gewährte und Leben nahm, entwickelte einen ungeheuer egalisierenden Effekt. Insbesondere in seiner Anfangszeit stärkte der Krieg die problematische Seite von Demokratie, ihr massenhysterisches oder, wie man heute sagen würde, populistisches Potential. Er befeuerte nicht zuletzt mit der Kriegspropaganda den egalitären nationalen Rausch und einen «Volkswillen», der sich rationalen Argumenten gegenüber schwer zugänglich zeigte. Der wachsende Einfluss der Mehrheiten und die Massenmedien schufen in vielen Industriestaaten eine Eigendynamik des Kriegs.[68] Diese Facetten der Demokratie trugen nicht nur für lange Zeit den Krieg, sondern vertieften die Verbitterung, die einen guten Frieden so schwer macht.

Doch zu den demokratischen Effekten gehörten auch die Gärungen in der Arbeiterschaft. Mit dem Hunger stieg die Unzufriedenheit, die Opposition erwachte, Lebensmittelrevolten brachen aus, und ab 1916 kam es zu politischen Streiks.[69] Progressive Politiker und intellektuelle Eliten nutzten das Veränderungspotential der Ausnahmesituation und trieben das Programm der formalen Demokratisierung voran – neben der Obersten Heeresleitung, deren Machtfülle ans Diktatorische grenzte, teilweise auch gegen sie. Die zivile Reichsleitung war nie ganz ausgeschaltet worden. Intellektuelle wie Friedrich Meinecke oder Max Weber agitierten wie schon vor dem Krieg gegen das Dreiklassenwahlrecht in Preußen. Auch wenn die Männer in den Schützengräben andere Sorgen plagten, führten sie nun die Soldaten als Argument ins Feld, denen gegenüber die Einführung eines gleichen und allgemeinen Wahlrechts auf allen Ebenen eine «Anstandspflicht» sei.[70] Im April 1917 sorgte Reichskanzler Bethmann Hollweg für eine Erklärung des Kaisers, die Osterbotschaft, in der es hieß: «Nach den gewaltigen Leistungen des ganzen Volkes in diesem furchtbaren Kriege ist nach Meiner Überzeugung für das Klassenwahlrecht in Preußen kein Raum mehr.»[71] Die Frauen waren damit zur großen Enttäuschung von Frauenrechtlerinnen nicht gemeint, sie kamen den um Demokratie bemühten Männern nicht in den Sinn. Der Reichstag aber übernahm angesichts der problematischen Kriegslage und der wachsenden Unruhe im Volk, aber auch aufgrund der bestürzenden Februarrevolution in Russland eine vermittelnde und immer mehr auch eine führende Rolle.

1917 begann das Reich damit, in der Praxis auf eine parlamentarische Regierungsform umzustellen. Den Ausgangspunkt bildete die Gründung des Interfraktionellen Ausschusses Anfang Juli 1917 zwischen Sozialdemokratie, Zentrum und Linksliberalen. Die Regierungen in Deutschland gründeten – mit Ausnahme der NS-Zeit – von nun an bis zum Aufstieg der Grünen in der Bundesrepublik auf diesen gesellschaftlichen Kräften. Der Ausschuss koordinierte die Parlamentsmehrheit und ermöglichte in seinen regelmäßigen Sitzungen ein enges Vertrauensverhältnis maßgeblicher Politiker wie Friedrich Ebert, Matthias Erzberger oder Friedrich von Payer.

4. Gewalt: Homogenisierung und Diversität

Auch das sollte zu einer beachtlichen Kontinuität im Deutschen Reich nach Kriegsende beitragen.

Am 19. Juli 1917 ergriff das Parlament die Initiative. Mit großer Mehrheit nahm es eine Friedensresolution an, in der es hieß: «Zur Verteidigung seiner Freiheit und Selbständigkeit, für die Unversehrtheit seines territorialen Besitzstandes hat Deutschland die Waffen ergriffen. Der Reichstag erstrebt einen Frieden der Verständigung und der dauernden Versöhnung der Völker.»[72] Doch die Reichsleitung ließ sich dadurch in ihrer Politik nicht beirren, und in aller Deutlichkeit wurden noch einmal die Grenzen der parlamentarischen Macht offenbar. Auch international blieb die Friedensresolution ohne jede Resonanz.

Der Krieg förderte die Demokratisierung auch dadurch, dass im Frühjahr 1917 die Etablierung von «populären Regierungen», wie die Briten es noch unter Vermeidung des Begriffs «Demokratie» nannten,[73] zu einem Kriegsziel der Entente avanciert war. Der Kriegseintritt der USA am 6. April 1917 konkretisierte dieses Ziel.[74] Die Erhöhung der Demokratie zur moralischen Grundlage des alliierten Kämpfens lässt sich in der Rückschau als eine einschneidende Zäsur auch in der deutschen Geschichte erkennen. Denn damit erhielt die Vorstellung von einem antidemokratischen, antiwestlichen Deutschland starken Rückenwind. Sie überzeugte in verschiedenen Varianten sowohl in Deutschland als auch außerhalb der Reichsgrenzen immer breitere Kreise.

Nicht zuletzt die abwehrenden Reaktionen von Intellektuellen auf die Vorstellung der Alliierten, mit Deutschland den Gegner aller demokratischen Werte überhaupt zu bekämpfen, verdeutlichen, wie wenig plausibel diese Behauptungen waren. Friedrich Meinecke ärgerte sich über diesen «Popanz einer deutschen Regierung, die vom Militarismus und Junkertum beherrscht werde».[75] Max Weber, einer der schärfsten Kritiker des Kaiserreichs, verwies 1917 einerseits auf die «unerhörten Fehler» der Deutschen, die den Krieg und «die endlose Dauer des Krieges» verschulden, doch zugleich spottete er über die «neugebackene russische ‹Demokratie›», deren Konstruktion der alliierten Demokratie-Offensive diene.[76] Die Reformen, für die sich die maßgeblichen Intellektuellen in

Deutschland nun einsetzten, wollten diese ausdrücklich nicht als eine Folge der neuen alliierten Ansprüche sehen. Vielmehr griffen sie auf reformerische Argumentationen der Vorkriegszeit zurück, die sich wiederum auf eigene Traditionslinien wie die preußischen Reformen beriefen.[77] Einen alliierten Alleinvertretungsanspruch für Demokratie lehnten selbst die Sozialdemokratie und jene bürgerlich-liberalen Kreise ab, die schon im Kaiserreich mehr Demokratie gefordert hatten.[78]

Die Deutschen aber hatten sich mittlerweile unter der verantwortungslos agierenden Obersten Heeresleitung in eine ausweglose Situation manövriert. Die Zahl der Überläufer, die bisher gering gewesen war, schnellte von August bis November 1918 in die Höhe, und über 386 000 Deutsche kamen in alliierte Kriegsgefangenschaft. In der Heimat nahmen die Streiks zu, im Januar 1918 legten deutschlandweit eine Million Menschen für «Frieden, Freiheit und Brot» ihre Arbeit nieder. Im Oktober trat die Künstlerin Käthe Kollwitz an die Öffentlichkeit. «Es ist genug gestorben! Keiner darf mehr fallen!», schrieb sie in der *Vossischen Zeitung* und hatte mit ihren pazifistischen Forderungen große Resonanz in der Bevölkerung.[79]

1918 gelang den progressiven Kräften, wesentlich forciert durch die Sozialdemokratie, mit den «Oktoberreformen» ein Akt der verfassungsrechtlichen Demokratisierung. Unter einem neuen Kanzler, dem südwestdeutschen Reformer Max von Baden, verabschiedete das Parlament am 26. Oktober 1918 gegen die Stimmen von Konservativen und Unabhängigen Sozialisten die Gesetze, die den Übergang zur parlamentarischen Monarchie markieren. Dazu gehörte an erster Stelle die Bindung der Regierung an den Reichstag. In einer ersten Lesung stimmte selbst das preußische Herrenhaus der Abschaffung des Zensuswahlrechts und der Einführung des gleichen Männerwahlrechts in Preußen zu.[80] «Deutschland wird parlamentarisch», notierte die aufmerksame Beobachterin Käthe Kollwitz. «Es will Demokratie werden.»[81] Hinter dieser Reform stand auch die Hoffnung, dass sich die Alliierten dem Besiegten gegenüber milder zeigen würden, wenn sie dem Kriegsziel der Demokratisierung näher kamen.[82]

4. Gewalt: Homogenisierung und Diversität

Das alarmierte die Frauenrechtlerinnen, denn erneut berücksichtigten die Reformen nicht die Frauen. Nun fanden sich die Sozialistinnen bereit, mit den Bürgerlichen zusammenzuarbeiten. Die große Liberale Gertrud Bäumer vom Bund Deutscher Frauenvereine, Marie Stritt, die Vorsitzende des Deutschen Reichsverbandes für Frauenstimmrecht, Anita Augspurg vom Deutschen Frauenstimmrechtsbund und die Sozialistin Marie Juchacz, außerdem Gewerkschafterinnen, Sozialpolitikerinnen und viele weitere richteten gemeinsam am 25. Oktober 1918 ein Protestschreiben an den Reichskanzler. Anfang November hielten Frauen in Berlin, Hamburg und München große Kundgebungen zur Einführung des allgemeinen Wahlrechts ab.[83] Am 8. November 1918 brachten die Fraktionen des Interfraktionellen Ausschusses einen Gesetzesentwurf zur Einführung des allgemeinen und gleichen Wahlrechts ins Parlament ein – «ohne Unterschied des Geschlechts».[84] Da hatten die Matrosen in Wilhelmshaven schon den Aufstand geprobt, die ersten Republiken wurden ausgerufen.

Einiges spricht für die Argumente der liberalen Intellektuellen, dass mit den Reformen ein Prozess fortgesetzt wurde, der in der Vorkriegszeit und teils im 19. Jahrhundert begonnen hatte. Diese Dynamik zeigte sich keineswegs nur in der Politik, sondern auch in der Wirtschaft oder im kirchlichen Bereich. Dass die evangelischen Kirchen bis 1945 obrigkeitsfixiert, autoritätsgläubig und ohne jeden Sinn für soziale Gerechtigkeit Reformen verweigert hätten, ist eine Vorstellung, die nach 1945 insbesondere im sozialistischen Teil Deutschlands Verbreitung fand. Neben den starken konservativen Strömungen, die sich im Übrigen meist ebenfalls der sozialen Frage verpflichtet fühlten, gab es in den Kirchen stets auch liberale oder linke Kräfte. «Die Zeiten sind vorbei, wo die Kirchenregierungen die Kirche darstellen», hieß es auf dem Dresdner Kirchentag 1919. Ein Slogan hieß «von der Beamtenkirche zur Volkskirche».[85]

Nicht nur beim Frauenwahlrecht stellt sich die Frage, ob der Krieg die Demokratisierung hinausgezögert hat. Gerade reaktionäre Kräfte hatten gehofft, die Modernisierung durch den Krieg zu stoppen, durch die neue Kaiser- und Vaterlandseuphorie, durch den Primat in der Außenpolitik gegenüber der auf Reform gestimmten Innenpolitik.[86]

Dass die Demokratien der Nachkriegszeit weltweit in vielem noch nicht den heutigen Vorstellungen entsprachen und man unter «Demokratie» gemeinhin nicht das meinte, was heute weithin darunter verstanden wird, offenbarten der Antisemitismus, der insbesondere in Deutschland zu wuchern begann, sowie der anhaltende Rassismus in den Kolonien und in den USA, wo die Entrechtung der Afroamerikanerinnen und Afroamerikaner bis hin zum Lynching weiterging und Woodrow Wilson seine Wahlversprechen nicht wahrgemacht hatte, die Rassentrennungsgesetze abzuschaffen. Woodrow Wilson, der Hoffnungsträger der Welt, hatte in den USA als überzeugter Rassist sogar die Rassentrennung in den Bundesbehörden und im Militär wieder eingeführt.[87] Wahlregularien schlossen nicht nur weitgehend schwarze Bürgerinnen und Bürger aus, sondern durch die Anforderung der Lesefähigkeit zunehmend auch neu Eingewanderte. So wird verständlich, warum die Yale-Professoren und Wahlforscher Charles Seymour und Donald Paige Frary 1918 erklären konnten: «Die Theorie, dass jeder Mann von Natur aus ein Wahlrecht hat, wird von Gelehrten der Politikwissenschaft nicht mehr vertreten.»[88] Sie verabschiedeten sich damit von dem Konsens, dass Gleichheit universell zu gelten habe, ein Dispens, der weitgehend der amerikanischen Regierungspraxis entsprach.

Die Weimarer Verfassung

Am 19. Januar 1919 zeigten sich bei den ersten demokratischen Nationalwahlen in Deutschland die Mehrheitsverhältnisse in der Bevölkerung: 7,6 Prozent gaben der USPD ihre Stimme, von der sich ohnehin nur ein Teil für die gewalttätige Revolution aussprach. Eberts Mehrheitssozialdemokratie erhielt 37,9 Prozent. Das Zentrum führte mit knapp 20 Prozent die bürgerlichen Parteien an, gefolgt von der linksliberalen Deutschen Demokratischen Partei mit 18,5 Prozent, die Deutsche Volkspartei kam auf

4. Gewalt: Homogenisierung und Diversität

4,4 % der Stimmen. Das Wahlergebnis war ein Vertrauenszeichen für Friedrich Eberts Kurs. Die Weimarer Republik war keine «Demokratie ohne Demokraten».[89] Am äußeren rechten Rand aber bildete sich mit der Deutschnationalen Volkspartei eine braune Masse mit zunächst 10,3 Prozent, voller Ressentiments und Hass, gegen die Republik und ihre Politiker, gegen Juden, gegen Ausgleich, gegen Mäßigung – gegen Demokratie.

Dem neuen Parlament mit 423 Abgeordneten gehörten 41 Frauen an, darunter erfahrene Politikerinnen wie Lore Agnes von der USPD und Elfriede Ryneck von den Mehrheitssozialisten – beide ehemalige Dienstmädchen –, Gertrud Bäumer, Mitbegründerin der linksliberalen DDP, Hedwig Dransfeld vom Zentrum oder Margarete Behm, die Mitbegründerin der völkischen und antisemitischen DNVP. Ihre Parteikollegin Anna von Gierke war als Vorsitzende des Ausschusses für Bevölkerungspolitik die einzige Frau in einer solchen Position. In der ersten Rede einer weiblichen Abgeordneten im deutschen Parlament erklärte Marie Juchacz am 19. Februar 1919: «Was diese Regierung getan hat, das war eine Selbstverständlichkeit: sie hat den Frauen gegeben, was ihnen bis dahin zu Unrecht vorenthalten worden ist.»[90] Doch die selbstverständliche Ungleichheit der Geschlechter dauerte an.

Nahezu alle Parlamentarierinnen hatten sich schon in der Vorkriegszeit als Sozialreformerinnen profiliert. Diese Einseitigkeit war der diskriminierenden Gesellschaftsordnung geschuldet, doch die Frauen selbst sahen sie als Stärke und setzten sich auch im Parlament mit Verve für soziale Fragen ein, für die Rechte von Kindern, für Bildungschancen und für die Gleichstellung der Frau. Der oft langjährige Einsatz der Politikerinnen im sozialreformerischen Bereich in der Vorkriegszeit – häufig verbunden mit parteipolitischem Engagement – verweist auf eine der langen Kontinuitätslinien deutscher Demokratiegeschichte.[91]

Am 31. Juli 1919 konstituierte sich das Deutsche Reich verfassungsrechtlich als parlamentarische Republik. Artikel 1 stellte klar: «(1) Das Deutsche Reich ist eine Republik. (2) Die Staatsgewalt geht vom Volke aus». In ihren berühmten «Grundrechten und Grundpflichten der Deutschen» schützte die Verfassung die Frei-

Die weiblichen Mitglieder des Zentrums in der Weimarer Nationalversammlung: Vorn v.l.n.r.: Helene Weber, Hedwig Dransfeld, Agnes Neuhaus und Marie Zettler. Hinten: Christine Teusch und Maria Schmitz

heit des Individuums gegenüber dem Staat. Die Verfassung schützte aber auch die Demokratie, war wehrhaft und erlaubte das Verbot und die Verfolgung von Feinden der Demokratie – wovon die Weimarer Politiker später Gebrauch machten.[92] Die Vorstellung, die Nationalsozialisten seien völlig legal an die Macht gekommen gegen eine wehrlose Demokratie, gehört zu dem Argumentations- und Rechtfertigungsgeflecht, das später insbesondere bundesrepublikanische Eliten anführten: Deutschland sei prinzipiell demokratieunerfahren und -unfähig und insofern den Nazis recht schutz- und damit in gewisser Weise auch schuldlos ausgeliefert gewesen.

Für den Grundrechtsteil wurde die Paulskirchenverfassung zu Rate gezogen.[93] Neben das tradierte Leitbild des freiheitlichen Rechtsstaates trat das Ideal des Sozialstaates.[94] Demokratie musste sozial sein, an diesem mittlerweile international weithin anerkannten Grundsatz sollte kein Zweifel aufkommen. Die Verfassung gab dem Reichstag neben der Gesetzgebungskompetenz nun auch die Kontrolle der Exekutive. Da der Parlamentarismus in der

4. Gewalt: Homogenisierung und Diversität

Vorkriegszeit weltweit einen fraglichen Ruf genossen hatte – die Kritik daran war kein deutsches Ressentiment gegen westliche Institutionen –,[95] installierten die Verfassungsväter und -mütter einen mächtigen Reichspräsidenten, der für sieben Jahre direkt vom Volk gewählt wurde. Er konnte das Parlament auflösen und – fatalerweise – mit Artikel 48 den Ausnahmezustand ausrufen. Zur Einschränkung des Parlaments gehörten auch die starken plebiszitären Elemente. Der Rechtswissenschaftler Hans Kelsen, der zur gleichen Zeit die Verfassung des neuen Staates Deutschösterreich ausarbeitete, verwies 1920 darauf, dass die Erstarkung des demokratischen Gedankens schon in der Vorkriegszeit den Antiparlamentarismus intensiviert habe, weil das Repräsentativsystem «eine Verfälschung des demokratischen Gedankens» bedeute.[96]

«Das Wesen unserer Verfassung soll vor allem Freiheit sein, Freiheit für alle Volksgenossen», erklärte Friedrich Ebert.[97] Die Trennung von Kirche und Staat gehörte dazu. Tatsächlich war es eine Verfassung, die stark durch den Liberalismus geprägt war: Von dem Linksliberalen Hugo Preuß stammte der erste und grundlegende Entwurf, der Württembergische Liberale Conrad Haußmann fungierte als Vorsitzender des Verfassungsausschusses, auch Männer wie Friedrich Naumann oder Max Weber waren maßgeblich beteiligt. Als einzige Frau gehörte Marie Juchacz von der USPD dem Verfassungsausschuss an. Die erfahrene Sozialpolitikerin, die im Dezember 1919 zu den Gründungsmitgliedern der Arbeiterwohlfahrt zählte, trug mit zur Installierung eines starken Sozialstaates bei.[98] Als Friedrich Ebert am 21. August 1919 vereidigt wurde, brachte er in seiner kurzen Ansprache die neue Regierungsform prägnant auf den Punkt: «für Freiheit, Recht und soziale Wohlfahrt».[99]

Zweiter Aufbruch: Warum soll ein Frieden nicht möglich sein?

Nach der Demokratie bildeten die Friedensbemühungen ein zweites großes Feld der Aufbrüche nach dem Weltkrieg. Alle wollten den Frieden – wie schon vor dem Krieg. Es war zum Verzweifeln.

Erich Maria Remarques Antikriegsroman *Im Westen nichts Neues* wurde noch in der Zwischenkriegszeit in Dutzende Sprachen übersetzt und fand in Millionenauflage ein Massenpublikum. Die Nationen sehnten sich nach dem «lange versprochenen Land» des Friedens, berichtete der britische Starjournalist E. J. Dillon 1919 von der Pariser Friedenskonferenz, und alle seien überzeugt, «den Moses» gefunden zu haben, der sie dorthin führe: Woodrow Wilson.[100] Nicht nur der amerikanische Präsident erkannte bereits in seinem 14-Punkte-Plan, mit dem er eine gerechte Weltordnung schaffen wollte, dass ein internationales Gremium entscheidend sein würde. Die Welt hatte aus dem Horror des Krieges gelernt, und die Männer in Paris wussten: Für die Begründung einer neuen und gerechten Weltordnung mussten globale Regeln zur Friedensbewahrung gefunden werden, wozu auch eine Lösung der Kolonialfrage gehörte und – wahrhaft weitsichtig – Gerechtigkeit für die Arbeiterinnen und Arbeiter. Für Europa schließlich mussten die Männer in Paris einen Umgang mit den Besiegten finden und den Kontinent territorial neu ordnen. Siebenundzwanzig Siegermächte traten hier zusammen mit mehr als eintausend Delegierten, Zehntausende Experten nahmen an dieser gigantischen Weltkonferenz teil.

So begann der Vertrag von Versailles mit der Errichtung des Völkerbunds – ebenso wie die vier weiteren Pariser Vorortverträge mit Österreich, Bulgarien, Ungarn und dem Osmanischen Reich. Diese Gründung gehörte zu den wenigen unumstrittenen Punkten in Paris. Die Satzung des Völkerbundes, zugleich Teil I des Versailler Vertrags, ächtete grundsätzlich den Angriffskrieg. Die Völker verpflichteten sich zur Solidarität und Beistandshilfe. Wilson, einer der wichtigsten Ideengeber des Völkerbunds, glaubte, Demokratien würden keinen Krieg gegeneinander führen. 1924 kennzeichnete das Genfer Protokoll den Angriffskrieg als ein «internationales Verbrechen». Mit dem Briand-Kellogg-Pakt von 1928 verzichteten die Unterzeichnerstaaten, zu denen unter anderen die USA, Frankreich, Großbritannien und auch Deutschland gehörten, auf das «ius ad bellum», also darauf, den Krieg als Instrument nationaler Ziele zu nutzen. Dass Streitfälle besser auf friedlichem Weg bei-

4. Gewalt: Homogenisierung und Diversität

gelegt werden sollten und Kriege allen schadeten, war auch schon in der Vorkriegszeit den meisten klar gewesen, das wird gerne übersehen. Doch der Schock des Krieges hatte gezeigt, wie wichtig es war, diese Einsicht so weit wie irgend möglich rechtlich zu fixieren und zu garantieren. – Das Völkerbundprojekt war mehr als utopische Träumerei, es brachte den Willen zum Ausdruck, Gewalt einzugrenzen und scheinbare Naturkräfte wie Krieg und martialische Männlichkeit – neu besungen von Dichtern wie dem international gefeierten Ernst Jünger – einzudämmen.

Der Völkerbund hatte von Anfang an mit massiven Schwierigkeiten zu kämpfen. So mussten die Besiegten zwar mit dem Friedensvertrag die Satzung des Völkerbundes unterschreiben, durften zunächst jedoch selbst kein Mitglied werden. Hinzu kam, dass der amerikanische Senat den Friedensvertrag und damit den Völkerbund ablehnte. Als hinderlich für die Völkerverständigung erwies sich schließlich das Fortleben des Kolonialismus; die Menschen aus den kolonisierten Weltteilen hatten fast so wenig zu melden wie die Besiegten. Wie schon in der Berliner Kongokonferenz von 1884/1885 blieb die Rhetorik selbstverständlich hierarchisch und paternalistisch, Gleichheit galt nicht für die Kolonisierten: «Das Wohlergehen und die Entwicklung dieser Völker bilden eine heilige Aufgabe der Zivilisation», hieß es in Artikel 22 der Völkerbundsatzung. So hellsichtig die Verfasser waren, was den sozialen Frieden betraf, so unempfindlich erwiesen sie sich gegenüber der Zerstörungskraft des Rassismus: einer Ungleichheitsvorstellung, die sich in den aufblühenden Ideologien immer stärker auf den Körper fixierte und dort scheinbar unveränderliche Differenzen identifizierte. Zwar unterstützte eine Mehrheit der Verhandlungspartner die japanische Forderung, die Rassengleichheit in der Satzung festzuschreiben, doch stellte sich letztlich Großbritannien dagegen und verhinderte die Aufnahme.[101]

Für Sieger und Besiegte besaßen im Nachkriegsalltag ohnehin die weiteren Artikel des Vertrags größere Bedeutung. Ein Ergebnis der neuen Grenzen in Europa waren zahlreiche Minderheiten innerhalb der neuen Nationalstaaten, die dem Primat des Nationalgedankens und der Fiktion national homogener Gebiete in den

Verträgen geschuldet waren. Doch Nation ergab sich geradezu notwendig aus den Demokratisierungsprozessen. Demokratien entstanden im Rahmen von Nationen, nicht zuletzt, weil diese das utopische Gleichheitsgebot auf staatsbürgerlicher Ebene einzulösen vermochten. Für die Menschen boten Nationen Identität. Und die Nation ermöglichte mit dem Sozialstaat eine Solidarität, die es noch nie zuvor in diesem Umfang gegeben hatte. Das Konzept der Nation war attraktiv, die Mehrheiten verlangten nach ihm, doch die Minderheiten fielen dem zum Opfer. Das ergab sich aus dem Mechanismus von Inklusion und Exklusion: Nation diente als Gleichmacherin, doch alle, die als nicht zugehörig galten, wurden umso schärfer exkludiert.[102]

Dabei vergaß die Neuordnung von Paris keineswegs die Minderheiten, sondern gewährte ihnen in einigen Fällen das Recht, selbst zu bestimmen, wohin sie gehören wollten. Sie führte eine Beschwerdemöglichkeit ein und war von dem Glauben beseelt, dass die neuen Staaten als Demokratien die besten Voraussetzungen für einen fairen Umgang mit Minderheiten boten – ein fataler Fehlschluss.[103] Der Minderheitenschutz ist keine Idee, die sich selbstläufig aus einer demokratischen Verfassung ergibt, sondern steht im Gegenteil in Spannung zu einem System, das auf Mehrheiten beruht. Vor allem in den Regionen zwischen Ostsee und Krim mit ihren sprachlich, kulturell und religiös höchst heterogenen Bevölkerungen erwies sich die Nationalstaatsidee als fatal. Nach dem türkisch-griechischen Krieg meinte die Weltgemeinschaft 1923, eine Lösung gefunden zu haben: Zwei Millionen griechisch-orthodoxe Menschen wurden aus der Türkei nach Griechenland vertrieben und in umgekehrte Richtung eine halbe Million Muslime. Wie schon bei den genozidalen Massakern an den Armeniern in den Jahren 1915 und 1916 durch die Türken verbanden sich hier auf unheilvolle Weise nationale und religiöse Identitäten.[104]

Deutschland wurde nicht, wie von Frankreich gewünscht, territorial zerstückelt und seine Wirtschaftskraft nicht zerstört. Doch verlor es rund 10 Prozent seines Territoriums und seiner Bevölkerung. Schätzungsweise 15 Prozent der landwirtschaftlichen Pro-

4. Gewalt: Homogenisierung und Diversität

duktion und 25 Prozent der Steinkohleförderung gingen damit verloren – ebenso der Kolonialbesitz. Artikel 231 des Vertrags, der die Verantwortung für den Krieg allein den Deutschen zuschrieb, legitimierte formaljuristisch die Reparationszahlungen. Die Empörung in allen politischen Lagern Deutschlands konnte im In- und Ausland niemanden überraschen. Die Logik, die Legitimation und das ganze Verfahren der Aushandlung und Unterzeichnung des Friedensvertrags von Versailles beruhten auf der Annahme einer Alleinschuld der Deutschen. Für die Alliierten brachte das der französische Ministerpräsident Georges Clemenceau unmissverständlich zum Ausdruck. Die Höhe der Reparationen wurde im Vertrag nicht festgelegt. Der letztendlich gezahlte Betrag von 32 Milliarden Goldmark bis zum Jahr 1932 war zwar moderat, doch der Young-Plan von 1930 sah Reparationen von 116 Milliarden Mark vor, die bis 1988 zu zahlen waren. Die erste Jahresrate wurde mit 1,8 Milliarden Mark angesetzt, was 26 Prozent des Reichshaushaltes von 1928 entsprach.[105]

Dass der Versailler Vertrag so viele Fragen offenließ und wenig Empathie für die Besiegten zeigte, lag wesentlich an der neuen Macht der Öffentlichkeit. Schon der weitgehende Ausschluss der Besiegten aus den Verhandlungen signalisiert – anders als knapp hundert Jahre zuvor beim Wiener Kongress – die veränderte demokratisierte Welt. 1815 konnte ein Zirkel an Verantwortlichen die Dinge unter sich aushandeln, nun aber standen sich die Massengesellschaften gegenüber. Am Verhandlungstisch saßen in gewisser Weise die Familien der Gefallenen, die Versehrten und Zerstörten.[106] Frankreich hatte den Krieg anders als Deutschland auf dem eigenen Boden erleiden müssen. 1,4 Millionen Soldaten fielen dem Krieg zum Opfer, ein Viertel der Männer zwischen achtzehn und siebenundzwanzig Jahren. Zwei Millionen Hektar Kulturland wurden verwüstet, 200 000 Häuser und Tausende Straßen- und Eisenbahnkilometer zerstört. Die Ökonomie lag begraben unter einem Milliarden-Berg an Schulden.[107] Allzu große Nachsicht mit den Besiegten wäre beim französischen Volk schwer zu vermitteln gewesen; selbst die Versailler Bedingungen erschienen vielen Franzosen und Französinnen als zu milde – aus nachvollziehbaren

Fünf Männer mit «zerstörten Visagen» – cinq gueules cassées – waren bei der Vertragsunterzeichnung am 18. Juni 1919 in Versailles dabei. Ihr Bild wurde danach in hohen Auflagen als Postkarte verbreitet.

Gründen. Der Krieg hatte den aufklärerischen Impetus des universalen Mitleids suspendiert.

Auch die Regie für den Abschluss des Friedensvertrags mit den symbolischen Demütigungen der Besiegten muss als ein Zugeständnis an das zutiefst verletzte französische Volk verstanden werden. Der Auftakt der Friedensverhandlungen am 18. Januar 1919 im Spiegelsaal von Versailles war der Jahrestag der deutschen Reichsgründung 1871 an eben diesem Ort, und dort fand auch am 28. Juni die Vertragsunterzeichnung statt. Die französische Seite bestand darauf, dass die deutschen Delegierten vor der Unterschrift an fünf Männern mit von Kriegswunden zerstörten Gesichtern vorbeigehen mussten. Konnten die Sieger nicht erkennen, dass die Deutschen beim Anblick dieser Versehrten an die gleichen Verletzungen in ihrer Heimat denken würden?

Doch viele der anwesenden Sieger erkannten die Problematik, wie Briefe und Tagebücher zeigen. Auch das beeindruckende Gemälde des Briten William Orpen, «The Signing of Peace in the Hall of Mirrors», kann als Kritik interpretiert werden: Die beiden

William Orpen, «The Signing of Peace in the Hall of Mirrors». Gemälde, 1919

gedemütigten Deutschen werden mit Sympathie gemalt, geduckte, fragile, würdige Gestalten, denen gegenüber vor einer in den Spiegeln gebrochenen Welt selbstgerecht die überwältigende Zahl der Sieger posiert; die siegreichen Männer haben eine neue Ordnung zu verantworten, die durch den monarchischen Pomp der goldenen Räumlichkeit krass ironisiert wird – oben ist als Abschluss des Gemäldes und im Eckstein der barocken Deckenkonstruktion zu lesen: «Le Roi gouverne par lui-même» – Der König regiert allein.[108]

In Deutschland waren von links bis rechts alle maßlos entsetzt über die, wie sie fanden, gnadenlosen Bedingungen. Obwohl die Deutschen mit Russland im März 1918 selbst den harschen Frieden von Brest-Litowsk abgeschlossen und auch sonst bis zu ihrer Niederlage wenig Grund zur Milde geboten hatten, waren sie von der Illusion beseelt gewesen, mit der Umsetzung von Wilsons 14-Punkte-Plan rechnen zu können. Mit diesem wären die Deutschen recht unbehelligt geblieben.

Doch diejenigen, die eine Demokratie aufbauen oder auch nur eine Besetzung Deutschlands durch die Alliierten mit verheerenden, womöglich bis zur Vernichtung führenden Folgen abwenden wollten, erkannten die Notwendigkeit, sich mit dem Unabänderlichen abzufinden und den Vertrag zu unterschreiben. Die Feinde der Demokratie aber begannen schon im Mai 1919 eine aggressive Agitation gegen den Vertrag. Hassgerüchte und Falschinformationen nisteten sich in die Gesellschaft ein, an erster Stelle der Glaube, Deutschland habe keine Schuld am Weltkrieg, zum anderen die «Dolchstoßlegende» von der im Felde unbesiegten Armee, der aus der Heimat verräterisch der Dolch in den Rücken gestoßen worden sei. Die Hetze richtete sich gegen die Männer, die als Betreiber des «Schandfriedens» denunziert wurden, und trug zu dem mörderischen Terror der Rechten bei. Die Kriegstreiber in Deutschland hingegen, die Hauptverantwortlichen für das Hinauszögern von Friedensverhandlungen, die Militärs, blieben nicht nur ungeschoren, sie beförderten wie Hindenburg die Lügen der Dolchstoßlegende. Allmählich umgab die öffentliche Meinung sie mit einer schimmernden Glorie.

Frieden war in demokratisierten Zeiten keine Angelegenheit von wenigen Staatsmännern mehr, sondern betraf die ganze Bevölkerung. Bei den Siegern bestimmte sie die Friedensbedingungen mit, aber bei den Besiegten musste die Bevölkerung für das Gelingen sorgen. In Deutschland war es schwierig geworden, die Menschen von diesem Frieden zu überzeugen.

Panik und Revolution

In Deutschland überzog die Revolution das ganze Land und erwies sich mit ihren Akteurinnen und Zielsetzungen als so vielfältig wie der deutsche Föderalismus. Nirgendwo gab es einen Masterplan. Die meisten Erhebungen entwickelten sich aus Antikriegskundgebungen und Arbeiter- und Soldatenprotesten, die sich innerhalb von wenigen Stunden radikalisierten. Die von den Verantwortlichen eingesetzten Polizei- oder Reserveeinheiten waren überfordert und wollten oft auch gar nicht gegen die Demonstrierenden vorgehen. «Menschenmengen drängten durch die Straßen, Kasernen wurden besetzt, Häftlinge befreit, rote Fahnen auf dem Hauptbahnhof gehißt», berichtete die Sozialistin und Friedensaktivistin Tony Sender aus Frankfurt, «Soldaten und Arbeiter berieten und faßten folgenschwere Beschlüsse.»[109]

Am 9. November kam die Revolution nach Berlin, während Wilhelm II., wie immer eine schwache Figur, im belgischen Kurort Spa darüber grübelte, ob er als Deutscher Kaiser, nicht jedoch als König von Preußen abdanken solle. Die Truppen liefen zu den Sozialisten über. Reichskanzler Max von Baden verkündete schließlich enerviert die Abdankung des Kaisers und bot dem Sozialdemokraten Friedrich Ebert das Amt des Reichskanzlers an. «Es ist ein schweres Amt, aber ich werde es übernehmen», erklärte dieser großzügig. Für die Mehrheitssozialdemokratie hatten die Oktoberreformen die entscheidende Wende gebracht, und der Novemberumsturz erschien ihnen ebenso überflüssig wie schädlich, weil er statt der für die Versorgung der Bevölkerung notwendigen Ordnung nur Gewalt und Unordnung brachte.[110]

Ebert hoffte auf einen friedlichen Übergang. «Wer die Revolution in Russland erlebt hat», hatte er schon im September 1918 erklärt, «der kann im Interesse des Proletariats nicht wünschen, daß eine ähnliche Entwicklung auch bei uns eintritt.»[111] Tatsächlich lassen sich die Vorgänge in Deutschland nicht ohne den Horror der Russischen Revolution verstehen. Im Sommer 1918 war dort der offene Bürgerkrieg ausgebrochen. Neben den Kriegshandlungen, Pogromen gegen Juden mit mehreren Zehntausend Opfern, starben Hunderttausende Menschen in entsetzlichen Hungersnöten. Die Wirtschaft versank im Chaos, Seuchen brachen aus, Waisenkinder zogen durch das Land, viele von ihnen überlebten durch Prostitution. Die Opferzahl liegt insgesamt bei etwa acht Millionen Menschen. Konsequent verhinderten die Bolschewisten die Abhaltung von Wahlen. Längst war die Welt so eng zusammengewachsen, dass die Schreckensnachrichten schnell in alle Winkel drangen. Eberts Haltung lässt sich daher kaum als Ausdruck eines irrationalen Antikommunismus verstehen. In Deutschland waren viele Menschen von Panik beherrscht und anfällig für Falschinformationen, Gerüchte grassierten in der von Hunger und Unsicherheit geprägten Nachkriegszeit.[112] Hätte eine demokratische Regierung das allgemeine Bedürfnis nach Sicherheit und nach einer starken Regierung ignorieren können?

Das Ziel der Sozialdemokraten war die Demokratisierung mit gleichberechtigten Arbeiterinnen und Arbeitern – ohne Revolution und Blutbad. Am Nachmittag des 9. November 1918 proklamierte der Sozialdemokrat Philipp Scheidemann gegen den Willen Eberts vom Reichstagsgebäude aus die Republik. «Der Kaiser hat abgedankt», erinnerte sich Scheidemann später an seine Worte, in denen er auch die alte Demokratie-Formel aufgriff: «Alles für das Volk. Alles durch das Volk.»[113] Einen Tag später bestätigten die Berliner Arbeiter- und Soldatenräte die provisorische Regierung der Mehrheitssozialdemokraten und der USPD unter Ebert, den «Rat der Volksbeauftragten».[114] Am 11. November unterschrieb in Nordfrankreich die deutsche Delegation unter dem Zentrumspolitiker Matthias Erzberger das Waffenstillstandsabkommen. Tags darauf führte die Regierung das Frauenwahlrecht ein.

Die Revolutionsphantasien der Sozialdemokratie waren schon im Kaiserreich ein massives Problem gewesen, weil sie die Integration der Sozialdemokraten in das politische System wesentlich gehemmt hatten. Mit Friedrich Ebert und den Mehrheitssozialdemokraten war nun klar, dass diese Zeit der Vergangenheit angehörte. Zwar wollten die radikalen Kräfte um Karl Liebknecht und Rosa Luxemburg ein Rätedeutschland, das sich an der Sowjetunion

4. Gewalt: Homogenisierung und Diversität

orientierte,[115] aber so groß ihr revolutionärer Wille war, so klein die Schar ihrer Anhänger. Bei Ausbruch der Revolution stellten sie wahrscheinlich allenfalls einige Tausend; und in den Räten – die zumeist schlicht die Dinge vor Ort friedlich regeln und in eine parlamentarische Demokratie überführen wollten[116] – hatten sie mit ihrem Mantra «Alle Macht den Räten» kaum einen Sitz gewonnen. Für sie konnte nur die Revolution das Heil bringen. Eine freie Wahl hätte ihr Ende bedeutet, das war ihnen bewusst – wie im Verlauf des 20. Jahrhunderts sämtlichen Chefs sozialistischer Staaten.[117] Schon im Dezember 1918 hatte sich der Allgemeine Kongress der Arbeiter- und Soldatenräte, die höchste revolutionäre Instanz, mit überwältigender Mehrheit für den Parlamentarismus und gegen die Räterepublik entschieden.[118]

Die Ausgeschlossenen

Nicht nur die Besiegten blieben bei den Friedensverhandlungen ausgeschlossen, sondern auch die Kolonisierten und die Frauen. Die Inter-Allied Women's Conference, ein Zusammenschluss von Frauenrechtlerinnen aus den Ländern der Alliierten, bat Woodrow Wilson vergeblich darum, bei der Konferenz in Paris eine Frauenkommission einzurichten. Die Disqualifikation der Frauen erscheint besonders erklärungsbedürftig, denn anders als in den früheren großen internationalen Konferenzen, waren Frauen nun eine Macht, sie besaßen in vielen Industriestaaten das Stimmrecht, sie waren vielfältig organisiert und vernetzt.[119] Es zeigte sich erneut, wie tief verwurzelt und schwer veränderbar Geschlechterordnungen sind.

Aktivistinnen und Politikerinnen veranstalteten nun selbst einen Friedenskongress und legten ein Zukunftsprogramm vor. Wäre der Frieden mit ihrer Beteiligung ein anderer geworden? Die 1136 Delegierten aus zwölf Ländern, die sich im Mai 1919 in Zürich trafen, integrierten auch Vertreterinnen aus den Verliererstaaten.[120] Die angesehenen Sozialpolitikerinnen James Addams aus den USA und Aletta Jacobs aus den Niederlanden hatten die Tagung organisiert. In Worten und symbolischen Gesten bestärkten die Frauen ihren Friedenswillen: Vertreterinnen verfeindeter Nationen überreichten sich Blumen, und die Frauen erzählten sich gegenseitig von den erlittenen Gräueln – etwa den Gewalttaten deutscher Männer gegenüber Belgierinnen und Französinnen. Die österreichische Delegierte schilderte das Sterben in Wien durch die katastrophale Ernährungslage, und viele Delegierte zeigten sich entsetzt über die ausgezehrten Vertreterinnen aus Deutschland und Österreich. Doch es ging vor allem um eine Zukunftsvision: In einer friedlichen Welt mussten Frauen gleichberechtigt bei allen ökonomischen und politischen Belangen mitbestimmen können. Für den Völkerbund forderten die Frauen neben dem Freihandel die Abschaffung der Kinderarbeit, eine bessere globale Verteilung der Nahrungsmittel, eine internationale Gesundheitsbehörde, die Abschaffung der Zensur und die Gleichstellung von Frauen. Die radikalsten Forderungen betrafen die Kolonialherrschaft: Das Selbstbestimmungsrecht sollte gefördert werden, was auf absehbare Zeit ein Ende der Kolonialimperien bedeutet hätte. Globale Gerechtigkeit war aus Sicht der Frauen ein Mittel der Friedenssicherung, und der Völkerbund sollte für die Durchsetzung dieser neuen Weltordnung sorgen.[121] Hätten diese Frauen, die freilich dem liberalen und linken Lager angehörten, einen angemessenen Platz an den Verhandlungstischen in Paris gehabt, wäre der Frieden, nach allem, was wir wissen, anders ausgefallen.[122]

Der Krieg geht weiter

Für viele war der Weltkrieg mit dem Waffenstillstand und dem Friedensvertrag ohnehin nicht beendet. In Deutschland entfalteten die Aufstände der gewaltbereiten Linken eine ungeheure Wirkung und führten zu einer doppelten Radikalisierung: Zum einen befeuerten sie die Angst vor dem «Bolschewismus», woraus sich zum anderen ergab, dass die Mehrheitssozialdemokratie nach rechts rückte und ihre Rettung bei oft zwielichtigen Truppen und Freikorps suchte. Die Einheitsregierung zwischen USPD und Mehr-

4. Gewalt: Homogenisierung und Diversität

heits-SPD ging daran zu Bruch, und die radikale Linke formte sich zur KPD.[123] Dass die SPD zunehmend auf fragwürdige Hilfe zählte, lag auch schlicht daran, dass die Aufgaben gewaltig waren: die Demobilisierung von über drei Millionen Soldaten, die Garantie von Wohlfahrt und die Aufrechterhaltung der Wirtschaft und der Ordnung. Daher entschieden sich die Mehrheitssozialdemokraten für eine Zusammenarbeit mit der alten Bürokratie und dem Militär. Die personelle Kontinuität sorgte für Stabilität, räumte aber vielen entschiedenen Antidemokraten Einfluss ein. Es handelte sich nicht um ein «Bündnis» zwischen alter und neuer Macht, sondern um pure Abhängigkeit.[124]

Der Doppelmord an den Kommunisten Rosa Luxemburg und Karl Liebknecht am 15. Januar 1919 nach der Niederschlagung ihres Spartakusaufstands befeuerte die Unruhen, die in den folgenden Monaten das Reich mit bürgerkriegsähnlichen Zuständen überzogen. Im Februar 1919 wurde der ehemalige bayerische Ministerpräsident, der Sozialist Kurt Eisner, ermordet, im April und Mai wurde die Münchner Räterepublik brutal beendet. Zwar verlief in anderen Ländern wie Württemberg oder Baden der Übergang zur parlamentarischen Republik unspektakulär und friedlich,[125] doch kamen insgesamt in den Auseinandersetzungen zwischen radikalen Linken und ihren Gegnern vier- bis fünftausend Menschen ums Leben. Ein Großteil von ihnen war das Opfer der von der Regierung eingesetzten oder geduldeten Freikorps und Truppen.[126] Bis 1923 erschütterten kommunistische Aufstände wie die «Märzaktion» von 1921 mit 180 Toten ebenso wie militante Terrorakte von rechts die Republik. Die KPD-Führung hielt moskautreu am Grundsatz des bewaffneten Aufstands fest.[127]

Judenhass und Antisemitismus blühten in den folgenden Jahren auf. Juden dienten als Sündenbock für den Kapitalismus, für bolschewistische Verbrechen oder für den wirtschaftlichen Niedergang – als Inbegriff all dessen, was die gemeine Europäerin und den ganz normalen Europäer bedrückte.[128] Deutsche mit jüdischem Hintergrund wurden auf allen Ebenen diskriminiert. Die Sozialpolitikerin Anna von Gierke wurde für die völkische DNVP in die Weimarer Nationalversammlung gewählt, galt aber bald in ihrer Partei wegen ihrer jüdischen Wurzeln als untragbar und wurde kaltgestellt.[129] Die international renommierte Sozialreformerin Alice Salomon wurde vermutlich 1920 auch deswegen nicht zur Vorsitzenden des mächtigen Bundes deutscher Frauenvereine gewählt, weil die Sorge herrschte, sie werde mit ihrer jüdischen Herkunft dem Ansehen der Organisation schaden.[130] Zusammen mit der Gewaltaffinität nationalistischer Bünde ergab der Antisemitismus eine tödliche Melange. Die Männer des militaristischen Geheimbundes «Organisation Consul» ermordeten demokratische Politiker wie Matthias Erzberger, die als Vertreter der «Judenrepublik» bezeichnet wurden.[131] Anders als kommunistische Gewalttaten fanden rechtsterroristische Anschläge oft keine angemessene juristische Gegenwehr. Doch nach dem Mord an Außenminister Walther Rathenau im Juni 1922 protestierten die Freunde der Republik in Massendemonstrationen und Generalstreiks und zeigten ihre Unterstützung für die Demokratie.[132]

Der Krieg mündete in eine Gewaltbereitschaft, die im europäischen Raum vor 1914 nicht mehr denkbar gewesen war. In Schlesien ging das Töten weiter, aber auch in Irland, in der Ukraine, im Osmanischen Reich. Der Polnisch-Sowjetische Krieg von 1919 bis 1921 kostete eine Viertelmillion Menschen das Leben. Zehntausende deutsche Freikorpssoldaten kämpften im Baltikum mit oder gegen Letten und Esten. Die Gewalt nahm dort neue Ausmaße an, Gegner wurden gnadenlos vernichtet, Zivilistinnen hemmungslos vergewaltigt und ermordet; Riga verlor in dieser Zeit die Hälfte seiner Bevölkerung. Auch die Revolutionen in Russland oder Ungarn trugen zum Inferno dieser Jahre bei.[133]

Keinem der besiegten Staaten gelang es, zur Zivilität und Friedfertigkeit der Vorkriegsjahre zurückzukehren. Auch wenn es hier keine einfachen Kausalitäten gibt, so wären ohne den Weltkrieg die neu entstehenden europäischen Diktaturen kaum erklärbar.[134]

1923/24 ebbte die Gewalt schließlich auch in Deutschland ab. Gerade wenn man die längeren Entwicklungslinien vom 19. Jahrhundert bis zur Neuordnung der Welt nach 1945 betrachtet, lassen sich die Aufbrüche von 1919 würdigen, zu denen der Versailler Vertrag einiges beigetragen hat: den Völkerbund, das kritische

4. Gewalt: Homogenisierung und Diversität

Massendemonstrationen im Berliner Lustgarten nach dem Attentat auf Reichsaußenminister Walther Rathenau am 25. Juni 1922

Nachdenken über den Kolonialismus auf internationaler Ebene (immerhin!), die weltweite Hochschätzung für Demokratie und das dynamische Bestreben, die Gesellschaft sozial gerecht zu gestalten. Die Weimarer Republik nutzte die prosperierenden Jahre von 1924 bis 1929. Als Friedrich Ebert 1925 starb, war die Anteilnahme am Tod des Präsidenten enorm. «Ganz rührend war es», berichtete Katia Mann am 4. März 1925, «wie abends, nachdem alles vorbei war, die Leute wie die Mauern auf den hochgewölbten Brücken des Kanals standen, um Eberten ein letztes Mal vorbei fahren zu sehen.»[135]

Mitte der 1920er Jahre gingen Frankreich und Deutschland aufeinander zu, und der Frieden war nicht nur greifbar – er war da. 1925 und 1926 erhielten die Unterhändler des Vertrags von Locarno, der wesentlich zur Entspannung zwischen Frankreich und Deutschland beitrug, und des Dawes-Plans zur Einschränkung der deutschen Reparationen den Friedensnobelpreis: der Franzose Aristide Briand, der Brite Austen Chamberlain, der Amerikaner Charles Gates Dawes und der Deutsche Gustav Stresemann – ein internationaler Erfolg für die junge Weimarer Republik. 1929 erklärte der britische Politiker Winston Churchill, die Lehre aus «den Gräueln eines Krieges» werde lange anhalten, und die «großen Nationen» könnten auf eine Weltorganisation hinarbeiten, wobei der Völkerbund schon klare Konturen gewonnen habe.[136] Deutschland selbst gehörte dem Bund seit 1926 an. Die NSDAP erhielt bei den Parlamentswahlen 1929 nicht einmal drei Prozent der Stimmen, kein Mensch mit Verstand, so schien es, konnte diese Verbrecherbande ernst nehmen. Die Uhren waren nicht nur in Europa auf Zukunft gestellt. Der Kolonialismus ging zwar weiter, aber mit dem Ende der deutschen Kolonialherrschaft war ein Paradigmenwechsel eingeläutet, der die grundsätzliche Legitimität von Fremdherrschaft in Frage stellte.

Dass der Frieden nicht hielt, lässt sich angesichts der ruhigen Jahre also nicht einfach mit Kriegskontinuitäten und den Pariser Friedensverträgen erklären.[137] Der nationalkonservative Historiker Gerhard Ritter, 1919 ein scharfer Kritiker des Versailler Vertrags, urteilte 1951: «Für eine kluge, besonnene und geduldige deutsche Politik, die für unseren Staat nichts anderes erstrebte, als ihn zur friedenssichernden Mitte Europas zu machen, eröffneten sich – auf lange Sicht gesehen – die besten Chancen. Daß wir sie verfehlt haben und in maßloser Ungeduld, in blindem Haß gegen das sogenannte Versailler System uns einem gewalttätigen Abenteurer in die Arme stürzten, ist das größte Unglück und der verhängnisvollste Fehltritt unserer neueren Geschichte.»[138] Nicht die Bedingungen des Versailler Friedensvertrags, sondern die Nationalsozialisten und die willigen Deutschen zerstörten schließlich die Weimarer Republik.

Dritter Aufbruch: Der Sozialstaat

Das dritte Feld des Aufbruchs neben der internationalen Demokratisierung und den Friedensbemühungen war der Sozialstaat. In sozialer Hinsicht bedeutete der Weltkrieg einen Absturz. Das Recht auf körperliche Unversehrtheit war nicht nur für die Soldaten ungültig geworden, sondern die gesamte Bevölkerung litt physische

4. Gewalt: Homogenisierung und Diversität

Not. Hunger gehörte für viele Deutsche seit 1916 wieder zum Alltag, und noch nach Jahren konnten Menschen an ihren Körpern die Spuren der Mangelwirtschaft ablesen. Die Sterblichkeitsrate lag 1918 um das Zweieinhalbfache höher als 1913.[139]

Die Einsicht, der von allen herbeigesehnte Weltfriede könne «nur auf dem Boden der sozialen Gerechtigkeit aufgebaut werden», wie es in den Friedensverträgen von 1919 und 1920 hieß, gehört zu den oft übersehenen Grundideen der neuen Friedensordnung und eben auch des Versailler Vertrags. Die neu gegründete Internationale Arbeitsorganisation, nach der englischen Abkürzung ILO (International Labour Organization) genannt, war wie der Völkerbund Bestandteil aller Friedensverträge, musste also von allen Siegermächten und allen Besiegten unterschrieben werden. Die Verbindungen zur Reformzeit sind deutlich. Ein Vorläufer war die 1900 in Paris gegründete Internationale Vereinigung für gesetzlichen Arbeiterschutz, in dem sich unter anderem der preußische Beamte Hans Freiherr von Berlepsch und Werner Sombart engagiert hatten; zahlreiche weitere Gründungsmitglieder kannten sich aus den internationalen sozialreformerischen Netzwerken der Vorkriegszeit.[140] Die Präambel der ILO spricht von «Arbeitsbedingungen, die für eine große Anzahl von Menschen mit so viel Ungerechtigkeit, Elend und Entbehrungen verbunden sind, daß eine Unzufriedenheit entsteht, die den Weltfrieden und die Welteintracht gefährdet». Ziel der Organisation waren ein internationales Arbeitsrecht und ein internationaler Arbeitsschutz, um den wirtschaftlichen Wettbewerb nicht auf dem Rücken der Arbeiter auszutragen. Frauen waren auch hier noch nicht als Akteurinnen vorgesehen, sondern wurden wie die Alten und Kinder, wie ausländische Arbeitskräfte und Kranke als Unterkategorie eingeordnet.[141]

Der deutschen Sozialdemokratie gelang es mit einer großen Mehrheit in den bürgerlichen Parteien, die Republik als soziale Demokratie zu formen, wie schon Lorenz von Stein im 19. Jahrhundert das Phänomen genannt hatte. Deutschland wurde ein Subventions- und Umverteilungsstaat und lag damit im internationalen Trend. In zahlreichen Ländern nahmen die Staatsausgaben

Der Aufbruch geht weiter | 213

zu, und der Staat verteilte das Geld um: von oben nach unten.[142] In Deutschland stiegen die Ausgaben im Verhältnis zum Bruttoinlandsprodukt zwischen 1913 und 1932 von 16 auf 27,4 Prozent.[143] Alle sollten in Würde leben können. Dem großen belgischen Sozialdemokraten Émile Vandervelde wird nachgesagt, er habe Mussolini nach dessen Lobpreis auf den neuen, zukunftsträchtigen Faschismus 1938 erwidert, das «eigentlich und wirklich Neue in der Welt ist die soziale Demokratie».[144]

Bei der Erhöhung der Sozialausgaben spielten die Einführung und die Ausübung des Frauenwahlrechts weltweit eine Rolle, wie die politikwissenschaftliche Forschung heute zeigen kann.[145] Die Zeitgenossen hätte das wenig überrascht, denn sowohl in den USA als auch in Deutschland gingen die Reformkräfte zumeist davon aus, dass die Einführung des Frauenwahlrechts ihrer Arbeit zugutekommen werde, und überall zogen Reformerinnen in die Parlamente ein.[146]

Der moderne Staat war von seiner ganzen Anlage her auf die Menschenmassen angewiesen und bemühte sich daher wesentlich darum, die Mehrheiten zu erfassen, zu disziplinieren, aber auch zu hegen und zu pflegen. Es war ein Projekt auf Gegenseitigkeit, das durch Freiheit als zentralem Herrschaftsmoment geprägt war, um die Identifizierung der Beherrschten mit den Herrschern zu ermöglichen – und so zu einer partizipativen, demokratischen Staatsform führte. Dass die Regierung sich für das Wohl der Bewohner zuständig fühlte und einen Staat mit sozialen Aktivitäten installierte, war kein neues Phänomen der Nachkriegszeit, sondern eine Konsequenz der Inklusionsmechanismen seit der Sattelzeit um 1800, die sich mehr oder weniger in allen Industriestaaten zeigte.[147]

Die Sozialpolitik baute auf den Grundlagen der Reformzeit um 1900 auf.[148] Doch auch die Entwicklungen im Ersten Weltkrieg erwiesen sich als entscheidend, denn der moderne Staat entfaltete in diesen Jahren ein nie dagewesenes Machtpotential und eignete sich völlig neue Kompetenzen an, wodurch die Freiheit vielfach unter die Räder kam. Der Staat war dafür zuständig, den Großteil der männlichen Bevölkerung in Sold zu stellen, die Industriearbei-

4. Gewalt: Homogenisierung und Diversität

terschaft zu ernähren, Waffen zu bauen und zu organisieren; auch die Familien, die Witwen und Waisen und Invaliden mussten versorgt werden.[149] Der Staat vervielfachte die Zahl der Krankenhäuser, Erholungsheime, technischen Forschungseinrichtungen. Dem umfassenden Einsatz der Bürger, aber auch der Bürgerinnen für das Großprojekt Krieg entsprach die umfassende Lenkung durch den Staat, der selbst die öffentliche Meinung mit Propaganda und Zensur dirigieren wollte. Allein für Rüstung gab Großbritannien im Ersten Weltkrieg 50 Prozent seines Bruttoinlandsprodukts aus, Frankreich 54 und Deutschland knapp 60 Prozent. Die Bürokratie wuchs. Zu den problematischen Seiten des starken Staates gehörte der Glaube, die Bevölkerung ganzer Landstriche wie Schachfiguren verschieben zu dürfen.[150]

Für die Arbeiterinnen und Arbeiter machten sich die egalisierenden Effekte des Kriegs zumeist positiv bemerkbar: Die Gewerkschaften waren gestärkt, die Arbeiter galten als eine tragende Säule der Kriegsökonomie, die sozialen Forderungen der Kriegsheimkehrer wurden als wichtiges politisches Anliegen gesehen. Die Arbeiterbewegung erfuhr europaweit Zuspruch, in Großbritannien gewann die Partei nach Kriegsbeginn bis 1920 fast fünf Millionen neue Mitglieder.[151] Die sozialdemokratischen Parteien Europas trafen sich im Februar 1919 in Bern, um die Zweite Internationale wiederaufzurichten. Trotz aller Differenzen gelang ein gemeinsames Bekenntnis zur Demokratie und gegen Diktatur, für Redefreiheit, für ein allgemeines Wahlrecht und für den Parlamentarismus.[152] Die europäische Sozialdemokratie setzte sich damit deutlich gegen die Gründung der Komintern im gleichen Jahr ab, der Kommunistischen Internationalen in Moskau.

Soziale Reformen standen auf den politischen Agenden der Vorkriegszeit und waren die ersten Forderungen nach dem Krieg. Bereits im November 1918 wurde im Deutschen Reich wie in vielen anderen Ländern der Achtstundentag bei vollem Lohnausgleich gesetzlich festgeschrieben und damit eines der wichtigsten Ziele der Sozialdemokratie vollendet. Das «Züchtigungsrecht» gegenüber dem Gesinde wurde endgültig abgeschafft. Wirtschaft und Gewerkschaften einigten sich im Herbst 1918 auf das Prinzip von

Tarifverträgen und die Bildung von Betriebsräten. Der Politikwissenschaftler Ernst Fraenkel hat das Weimarer Arbeitsrecht 1932 das «Prunkstück der Republik» genannt.[153] Die Weimarer Verfassung schrieb «soziale Rechte» ausdrücklich fest (Art. 162). Laut Artikel 151 Abs. 1 Satz 1 musste das Wirtschaftsleben «den Grundsätzen der Gerechtigkeit mit dem Ziele der Gewährleistung eines menschenwürdigen Daseins für alle entsprechen». Die wirtschaftliche Freiheit des Einzelnen wurde gewährleistet, fand ihre Grenzen aber an diesen Grundsätzen. Im Artikel 153 Abs. 3 heißt es: «Eigentum verpflichtet. Sein Gebrauch soll zugleich Dienst sein für das Gemeine Beste.»

Der Anteil der Ausgaben am Bruttoinlandsprodukt für die Sozialversicherung stieg im Vergleich zur Vorkriegszeit um über 500 Prozent auf 9 Prozent.[154] Die Krankenversicherung ermöglichte die Ausweitung der ärztlichen Versorgung auch auf dem Land. Alters-, Unfall- und vor allem Arbeitslosenversicherung boten neue Sicherheiten. Die Sorge um Kinder und Jugendliche wurde im 20. Jahrhundert zu einem immer wichtigeren Feld der Politik. «Die Jugend ist gegen Ausbeutung sowie gegen sittliche, geistige und körperliche Verwahrlosung zu schützen», hieß es im Artikel 122 der Reichsverfassung von 1919. Parlamentarierinnen aus unterschiedlichen Fraktionen sorgten dafür, dass Kinder ein Recht auf eine gute Erziehung erhielten, auf «Erziehung zur gesellschaftlichen Tüchtigkeit». Minderjährige wurden als selbständige Subjekte mit eigenen Rechten anerkannt.[155] Am 28. April 1920 führte das Reichsgrundschulgesetz die vierjährige, für alle verpflichtende Grundschule ein. Vermögende konnten nun ihre Kinder nicht mehr privat erziehen lassen. Der Verfassungsrechtler Hans Kelsen suchte 1920 zu ergründen, wie sich die Fiktion der Demokratie in der sozialen Wirklichkeit bewähren könne, forderte die «Erziehung zur Demokratie» und erklärte, das «Problem der Demokratie» sei «in der Praxis des sozialen Lebens» ein «Erziehungsproblem allergrößten Stiles».[156] Ähnlich äußerte sich Thomas Mann: Demokratie «ist auf Erziehung aus. Erziehung ist ein optimistisch-menschenfreundlicher Begriff – die Achtung vor dem Menschen ist untrennbar von ihm.»[157]

4. Gewalt: Homogenisierung und Diversität

Auch die Wohnungsnot wurde bekämpft. Insgesamt entstanden in der Weimarer Zeit rund 2,8 Millionen Wohnungen, davon über 80 Prozent mitfinanziert durch die öffentliche Hand. Mit sichtlicher Lust entfalteten moderne Architekten und Stadtplaner wie Ludwig Mies van der Rohe oder Bruno Taut ihre Visionen eines guten Lebens, das auch Arbeiterfamilien ein neues Maß an Bequemlichkeit ermöglichte. Die neuen Wohnungen boten mehr Raum, mehr Licht, mehr Hygiene. Die Wiener Architektin Margarete Schütte-Lihotzky entwarf die «Frankfurter Küche», die wenig betuchten Hausfrauen ohne Dienstmädchen die Arbeit erleichtern sollte und zum Prototyp der modernen Einbauküche auf eng begrenztem Raum wurde.[158]

Neue Schulen wurden gebaut, Krankenhäuser, Bäder, Büchereien, Bibliotheken. Die Weimarer Republik zeigte sich als eine moderne, städtische Kultur; ein Symbol dafür wurde Ludwig Mies van der Rohes wundersam schlichter «Deutscher Pavillon» auf der Weltausstellung in Barcelona 1929. Wie so oft knüpften auch die architektonischen Aufbrüche an die Reformzeit der Vorkriegsjahre an; die Zeit nach 1945 hatte dem zunächst wenig hinzuzufügen.[159] Die Massenkultur entwickelte sich weiter, der Fußball, das Boxen, die Vergnügungsparks, die Kinos und die wachsende Vielfalt der Presse zogen immer mehr Menschen an. Auch dies war ein Teil des Demokratisierungsprozesses, der vor dem Ersten Weltkrieg begonnen hatte.

Die Republik blühte auf. 1927 war die Arbeitslosigkeit auf 6,2 Prozent gesunken, und die rechtsbürgerliche Regierungskoalition sah sich in der Lage, den Sozialstaat weiter auszubauen und zu stabilisieren. 1928/29 hatte die junge Demokratie bei der industriellen Erzeugung und beim allgemeinen Wohlstand das Niveau von 1913 wieder erreicht.[160] Die Demokratie schien zu funktionieren – und doch installierten die Deutschen nicht nur ein faschistisches Regime, sondern exekutierten auch den Holocaust. Wie das geschehen konnte, bleibt weiterhin eine der zentralen Fragen der deutschen Geschichte.[161]

Der Aufbruch geht weiter | 217

Hausarbeit in Würde und mit Hygiene: Die Frankfurter Küche von Margarete Schütte-Lihotzky, 1926

4. Gewalt: Homogenisierung und Diversität

Verwirrungen

Die Dinge waren nicht mehr wie früher. Sozialdemokraten regierten, Frauen wählten, manche Menschen zeigten sich offen schwul oder lesbisch. Magnus Hirschfeld krönte 1919 seine im Kaiserreich begonnene Forschung über Sexualität mit der Gründung eines Instituts für Sexualwissenschaft. Die Kunst erschien vielen nicht mehr als schön, sondern stellte allzu oft – wie der Dadaismus – die Welt auf den Kopf.[162] Passend zur allgemeinen Verwirrung veröffentlichte die Berliner *Illustrirte Zeitung* im ersten Sommer der Republik ein Foto, das den Reichspräsidenten Friedrich Ebert drei Tage nach seiner Vereidigung zusammen mit Reichswehrminister Gustav Noske zeigte: Statt in Uniform oder Zylinder und Anzug standen die Staatsmänner in Badehosen da. Der österreichische Journalist Joseph Roth hielt das Bild für «das wirkungsvollste, weil pöbelhafteste Argument gegen die Republik».[163] Die ungeheure Resonanz, die das Badehosenfoto hervorrief, steht nicht zuletzt für die Bedeutung, die öffentliche Stimmungen in demokratischen Zeiten spielten.

Verwirrend war schließlich das neue Geschlechterverhältnis. Zwar blieb vieles beim Alten, und das bis heute vorherrschende Bild der autonomen Zwanzigerjahre-Frau mit Bubikopf rückt lediglich eine Ausnahmeerscheinung in den Fokus. Die alte Geschlechterordnung sollte den Menschen einmal mehr in gewalttätigen, revolutionären Zeiten Geborgenheit bieten. Ein breites Bündnis von Männern aus Staat, Unternehmen und Gewerkschaften arbeitete systematisch daran, dem Soldaten als «Ernährer» die alte Autorität zu verleihen und ihm einen Arbeitsplatz zu sichern. Das bedeutete, wie die *Frankfurter Zeitung* im November 1918 bemerkte, dass Frauen «in großer Zahl aus dem Arbeitsverhältnis ausscheiden» und «den Männern Platz» machen mussten.[164] Frauen blieben in fast jeder Hinsicht weiterhin stark benachteiligt. Die staatliche Arbeitsmarktpolitik sicherte vorrangig die Interessen der «Ernährer». Als Beamtinnen hatten Frauen mit der Zölibatsklausel zu kämpfen: Häufig mussten sie mit der Heirat aus

dem Dienst ausscheiden. Besonders bedenklich erschien es Zeitgenossen, Frauen als Richterinnen zu erleben. Ehefrauen blieben prinzipiell ihrem Mann untergeordnet.[165]
Und doch ging die Neujustierung der Geschlechterordnung weiter, oft in widersprüchliche Richtungen. Selbst reaktionäre und völkische Aktivistinnen wie Käthe Schirmacher, eine der Vorkämpferinnen für das Frauenwahlrecht, oder die Philosophin Lenore Kühn setzten sich für eine Gleichberechtigung der Frau in der Politik und im Berufsleben ein. Schirmachers Lebensgefährtin Klara Schleker, mit der sie eine der ersten offenen lesbischen Beziehungen führte, war DNVP-Politikerin und eröffnete 1920 als Alterspräsidentin das Parlament des Freistaats Mecklenburg-Schwerin. Im 1923 gegründeten Bund Königin Luise drängten Frauen darauf, angesichts der «Ratlosigkeit des Mannes» ihren Einfluss geltend zu machen, den Materialismus zu bekämpfen und den «Befreiungskampf» fürs Vaterland zu befeuern.[166] – Mehr Frauen gingen auf die Universität, und nach einiger Zeit nahm die schon in der Vorkriegszeit hohe Lohnbeschäftigung von Frauen von einem Drittel der Erwerbstätigen weiter zu.[167] Jüngere Frauen, die um die Jahrhundertwende geboren worden waren, hatten einen größeren Handlungsspielraum als die ältere Generation. Sie verfügten auch als Arbeiterinnen über mehr Zeit, mehr Geld und mehr Möglichkeiten der Freizeitgestaltung und profitierten von den neu entstandenen Stellen für Verwaltungsangestellte, Verkäuferinnen oder Fließbandarbeiterinnen.[168] Auch wenn Frauen selbstverständlich die Hauptverantwortlichen für Erziehung und Haushalt blieben, so begrüßten viele von ihnen den Trend, der sich seit der Jahrhundertwende abzeichnete: Die Kinderzahl nahm trotz unzureichender Mittel für die Empfängnisverhütung leicht ab, Arbeiterpaare heirateten häufiger, die Säuglingssterblichkeit sank und Familien verbrachten mehr Zeit miteinander.[169]

Die Veränderungen in der Geschlechterordnung, die zweifellos zu den Aufbrüchen der Zwischenkriegszeit beitrugen, sorgten für vehemente Gegenwehr. «Ausgesprochen männlich», so klagte eine angesagte Zeitschrift, sei die Frauenmode.[170] In den anwachsenden völkischen und nationalistischen Kreisen riefen das Frauenstimm-

4. Gewalt: Homogenisierung und Diversität

recht und der fortgesetzte Emanzipationsprozess mehrheitlich helles Entsetzen hervor. Der DNVP-Abgeordnete Eduard Stadtler, der 1933 sogleich in die NSDAP eintrat, erklärte, dass «wir an der Feminisierung der Männerwelt zu Grunde gegangen sind. Gerade in der Politik drängte sich im wilhelminischen Zeitalter der feminine Mann nach oben und nach vorn».[171] Vielen war klar, dass die neue Geschlechterordnung ihre Wurzeln in der Vorkriegszeit hatte. In völkischen Kreisen agitierte die Publizistin Emma Witte gegen die «Frauenrechtlerei» und forderte 1924 für die Politik «frauenreine Wahllisten» und überhaupt die «Rückkehr zu männlich-heldischer Lebensauffassung» und «die Niederringung des weiblichen Geistes» zur «Wiedergewinnung von deutscher Ehre und deutscher Freiheit».[172]

Dass Uniformen sowohl bei den Linken – etwa beim Reichsbanner Schwarz-Rot-Gold – als auch in den zahlreichen nationalistischen und völkischen Gruppierungen wie dem Stahlhelm oder der SA an Attraktivität gewannen, verweist auf die Militarisierung und Egalisierung der Gesellschaft und gewiss auch auf Gefühle fragiler Männlichkeit. Statt der bunten Uniformen der wilhelminischen Offiziere und des Kaisers füllten nun die Volksuniformen für jedermann die Straßen. Uniformen gab es auch für Frauen, die zugleich die dichotome Geschlechterordnung betonten: Seien es die Diakonissen, die Schwestern des Roten Kreuzes oder die Hunderttausende Frauen des Luisenbundes. Die zur Uniformität gerinnende Gleichheit lässt sich schwer von den Demokratisierungstendenzen trennen, zugleich erwies sie sich als unverzichtbar für totalitäre Visionen.

Ist es ein Zufall, dass der Faschismus sein Haupt in jenen Jahren erhob, als die Frauen gleiche politische Rechte erhielten? Kausalitäten sind schwer auszumachen, und Kontingenz sollte nie unterschätzt werden. Aber die rhetorisch beschworene Männlichkeit, die heroische Inszenierung, das Martialische, die Fackeln und Gewaltexzesse und die zur Schau gestellte Härte verweisen darauf, dass es nicht zuletzt um den Willen ging, die scheinbar in Unordnung geratene Geschlechterordnung wieder ins Lot zu bringen.[173]

Entwürdigung

Franziska Kessel war die jüngste Abgeordnete, die je im deutschen Parlament saß, als sie 1932 mit achtundzwanzig Jahren in den Reichstag einzog. Kessel war radikal, hochpolitisiert, engagiert. Die Sozialistische Arbeiter-Jugend erschien ihr zu träge und zu reformorientiert. Bei Machtantritt der Nationalsozialisten ging sie in den Untergrund, organisierte den Widerstand und sammelte Zeugnisse des nationalsozialistischen Terrors. Als sie am 4. April 1933 verhaftet wurde, scherte sie das wenig, denn schon während der Weimarer Republik war sie wegen «Vorbereitung zum Hochverrat» im Gefängnis gewesen, wo sie sich mit inhaftierten «Genossinnen» austauschen konnte und Zeit für intensive Marx-Lektüre fand. Doch nun war alles anders. Kessel wurde in ein Kellerverlies geworfen und nach wochenlanger Einzelhaft mit zwei Mörderinnen zusammengelegt; Hofgang hatte sie nur nachts. Franziska Kessel wurde gefoltert. Ihre Briefe aus dem Gefängnis zeugen von ihrer physischen und psychischen Zerstörung und hören im Frühjahr 1934 ganz auf, vermutlich weil sie erblindet war. Am 23. April 1934 wurde sie erhängt in ihrer Zelle aufgefunden.[174]

«Sein Wesen ist Gewalt», erklärte Thomas Mann 1938 über den Faschismus. «An sie, die physische und geistige Vergewaltigung, glaubt er, sie praktiziert er, sie liebt, ehrt und verherrlicht er, sie ist für ihn nicht erst die ultima, sondern die prima ratio.» Nach den eigenen Erfahrungen und den Schreckensnachrichten aus Deutschland lag es für den Nobelpreisträger im Exil nahe, die Demokratie und ihre Feinde eng mit dem Körper zu verbinden. Gewalt über den Körper zerstört die Freiheit: Die Vergewaltigung «ist das unerbittlich Tatsachen schaffende Prinzip, sie kann alles oder fast alles, nachdem sie sich durch Angst die Körper unterworfen, unterwirft sie sich sogar die Gedanken».[175]

Vereinfachung

Die Herrschaft der Nationalsozialisten bedeutete eine Simplifizierung von Volksherrschaft und ein Ausschalten der *checks and balances*, ein Triumph der Faust und der starken Mehrheiten. Nach und nach wurde das feine Gewebe der Demokratie zerstört, die Einschränkungen und Ausgewogenheiten wurden beseitigt, die mit Bedacht gegeneinander gesetzten Institutionen beschädigt, die Schutzmechanismen für die Menschenwürde und die komplizierten Verfahren des Rechtsstaates verwüstet. Überall brach die rohe Gewalt herein. Vieles spricht dafür, dass das entschieden Antibürgerliche der SA und weiter Teile der NSDAP oft gerade die bürgerlichen Söhne anzog, die den Nationalsozialismus gegen ihre Väter in Anschlag brachten.[176]

Mit der Vision von «Volksgemeinschaft» verkündete Hitler am 1. Februar 1933 sein Programm.[177] Diese Fiktion richtete sich zwar gegen die bürgerliche, auf das Individuum fokussierte Wertewelt – doch das hielt die wenigsten deutschen Bürgerinnen und Bürger davon ab, sich den Ideen unterzuordnen.[178] Und so schuf der Nationalsozialismus tatsächlich Gemeinschaft: Die Funktionseliten arbeiteten mit, die Hochschullehrer zeichneten sich durch besondere Loyalität aus, Studierende brannten für die rassistischen Lehren, die Kinder freuten sich an organisierten Wanderungen und Ferienlagern, und die Arbeiterschaft gehörte ohnehin dazu. In den Organisationen mit gemeinsamen Uniformen, in den zahllosen Einsätzen der HJ, des BDM, des Winterhilfswerks oder der Arbeitsdienste erlebten viele Deutsche euphorisch eine Gemeinschaft der «Gleichen».[179] In dieser Einheitsphantasie bündelte sich die Sehnsucht nach Zugehörigkeit und die Wut auf den Kapitalismus, den Bolschewismus, die konfessionellen Spaltungen, auf das, wie Hitler es ausdrückte, «Gewirr politisch-egoistischer Meinungen, wirtschaftlicher Interessen und weltanschaulicher Gegensätze» – die Wut auf die vertrackte Kompliziertheit einer modernen Gesellschaft und liberalen Demokratie.[180] Stellte der Nationalsozialismus nicht eine Welterklärung bereit, die unmittelbar einleuchtete, Trost bot, Rache gewährte, das Selbstgefühl auf herrliche Höhen hob? Hitler erklärte, er wolle das «Volk» zum «Bewußtsein seiner volklichen und politischen Einheit» bringen, dem «Klassenwahnsinn» stellte er den «geordneten Volkskörper» gegenüber. Da das Parlament sich als unfähig zum nationalen Aufbau erwiesen habe, müsse er «dem deutschen Volke selbst die Aufgabe stellen». Debatten wurden im Reichstag schon früh durch das Geschrei der NSDAP-Männer unmöglich gemacht. Das hatte der Nationalsozialismus mit dem Stalinismus gemein: den Willen, Ambivalenzen zu überwinden und Eindeutigkeit zu exekutieren, alte Gesellschaften zu zerstören und neue mit einem neuen Menschen zu erschaffen. Gewalt erwies sich dafür als unverzichtbar.[181]

War das nur antimodern oder nicht doch auch eine Folge der Egalisierung und Demokratisierung? Auch der amerikanische Präsident Franklin D. Roosevelt drohte unter dem frenetischen Applaus des Volkes bei seiner Inauguration im März 1933 damit, dass er – falls das Parlament nicht seiner Pflicht nachkomme – zum Wohle der Menschen und zur Beendigung ihres Elends mit exekutiven Sonderrechten einen «Krieg gegen den Notstand» führen werde.[182] Der Nationalismus war nach dem Weltkrieg neu erblüht, und er forderte weltweit krasser als je zuvor Homogenität, also: Gleichheit bei Exklusion aller, die als anders definiert wurden. Für die Zugehörigen, die «Volksgemeinschaft», verkündete Hitler soziale Wohlfahrt. Ein Projekt wie das Seebad Prora auf der Insel Rügen, eine gigantische, als Urlaubsort geplante Anlage, in der jedem Mitglied der utopischen Volksgemeinschaft ein Zimmer mit Seeblick in bester Lage zustand, ist bezeichnend für den Nationalsozialismus: Den deutschen Massen sollte es an nichts fehlen an den purifizierten Stränden des Reichs. Am Ende badete freilich kein blonder Bergarbeiter und keine hart arbeitende Volksgenossin in Prora, weil der Kriegsbeginn die Komplettierung verhinderte und die halbfertige Anlage vom Militär genutzt wurde.

Der Sehnsucht nach Eindeutigkeit entsprach das nationalsozialistische Geschlechterbild. Auch wenn es sich wandelte und nicht darin aufging, die Frau zurück an den Herd zu schicken, auch wenn Frauen mit feministischem Anspruch wie Lydia Gottschewski zu den führenden NS-Frauen gehörten und der Nationalsozialismus Frauen vielfältige Partizipationsmöglichkeiten bot, so setzten die neuen Geschlechtervorstellungen doch in den Augen vieler Menschen eine grundlegende Ordnung wieder in ihr Recht: die prinzipielle Ungleichheit der Geschlechter mit der prinzipiellen Überordnung des Mannes.[183] In ihrem 1934 erschienenen Ratgeber *Die deutsche Mutter und ihr erstes Kind* unterbreitete die Nationalsozialistin und promovierte Ärztin Johanna Haarer ein gewiss für viele attraktives Frauenbild: Die Frau steht im Zentrum des Geschehens, indem sie «der Familie, dem Volk, der Rasse Kinder» schenkt. Der Mann ist in der «Kameradschaft der Mütter» von sekundärer Bedeutung und erfüllt seine wichtigste Aufgabe mit seiner «Reinrassigkeit».[184]

Frauen sollten zur Bewegung beitragen und organisiert sein. Hitler sprach von «unserer Frauenbewegung», die dem Nationalsozialismus Millionen «treueste, fanatische Mitkämpferinnen» stellen sollte.[185] Das Ideal der lieblichen und unpolitischen Hausfrau, wie es in den 1950er Jahren im Westen modern wurde, war in einer Diktatur mit totalitärem Anspruch undenkbar. Doch war die NSDAP primär ein Männerbund, und die Frau sollte im politischen Leben des NS-Staats keine herausgehobene Rolle spielen. In zahlreichen Gesetzen wurden Frauen diskriminiert, sie wurden aus führenden Stellen entlassen oder nicht mehr als Anwältinnen zugelassen. Ein Jurist kommentierte, dass die Gleichstellung der Frau und ihre Zulassung zu juristischen Berufen einen «Einbruch in den altgeheiligten Grundsatz der Männlichkeit des Staates» bedeutet habe.[186] Viele der Frauenrechtlerinnen flohen ins Exil. «Das ist eine furchtbare Erfahrung», schrieb 1937 die Philosophin Helene Stöcker, «die Machtlosigkeit der Menschlichkeit, die Ohnmacht des Geistes, die lächerliche Schwäche der Güte.» 1943 starb sie vereinsamt und verarmt in New York.[187]

Entgrenzung

Recht wurde durch Gewalt ersetzt. Rassismus und Antisemitismus drängten dazu, anderen die Würde oder überhaupt das Menschsein abzusprechen. Die Rede war von «Untermenschen» oder «Schädlingen». Die Dehumanisierung hatte sich in den Jahren vor 1933 in Wort und Tat immer weiter ausgebreitet.[188] Rotfrontkämpfer hatten sich bis 1933 mit der SA enthemmte Straßen- und Saalschlachten geliefert. Im «Blutmai» von 1929 kämpften in Berlin über 13 000 Polizisten gegen Tausende Teilnehmer einer kommunistischen Demonstration, über dreiunddreißig Zivilisten kamen ums Leben. Die Reichstagswahlen von 1932 liefen in bürgerkriegsähnlichen Exzessen ab. Der Mordfall im schlesischen Dorf Potempa, der sich kurz vor den Wahlen ereignet hatte, ist bezeichnend: Fünf SA-Leute drangen in der Nacht in die Wohnung eines Gewerkschafters ein und prügelten ihn vor den Augen seiner Mutter zu Tode.[189] Der Republik schienen die demokratischen Gefühle abhanden gekommen zu sein.

Wie schon zu Beginn der Republik sollte auch die Gewalt der späten Jahre nicht losgelöst von dem Elend gesehen werden, das die Menschen an Leib und Leben erlitten.[190] Die Arbeitslosenzahlen stiegen von einer Million 1927 auf über sechs Millionen 1932. Als Hitler die Macht an sich riss, lag die Quote bei 35 Prozent. Alleinstehende erhielten von der Arbeitslosenversicherung 20 bis 30 Prozent ihres früheren Einkommens. Das bedeutete Hunger, schlechte Kleidung, Kälte, Wohnungsnot. Womöglich noch quälender waren die psychischen Belastungen der Arbeitslosigkeit, das Gefühl der Nutzlosigkeit, die Verachtung, die verlorene Würde. Der Nationalsozialismus und die verschiedenen Spielarten des Faschismus wären kaum möglich gewesen, wenn die physische Misere nicht ein Dauerangriff auf die Würde der Vielen gewesen wäre. Menschen in Elend und in Not sind in der Regel keine guten Demokraten – nicht zuletzt daher rührt der enge Zusammenhang von Wohlstand und Demokratie. Der Kapitalismus – das war ein weltweites Phänomen – schien in den letzten Zügen zu liegen und

4. Gewalt: Homogenisierung und Diversität

hinterließ die blanke Not.[191] Für viele Männer war Gewalt ein naheliegendes Instrument, Trost und Hoffnung, eine letzte Selbstbestätigung.

Nun, zum Auftakt der Machtergreifung, überzogen die Männer der SA, der SS und des Stahlhelms das Land mit Terror, nachdem sie rasch zu «Hilfspolizisten» ernannt worden waren. Menschen verschwanden zu Tausenden, allein in Preußen wurden im März 1933 rund 20 000 Kommunisten in «Schutzhaft» genommen. In Konzentrationslagern entstanden Zonen der Entrechtung und Entwürdigung. In Berlin richteten die Nazis 240 Folterverliese in Kellern, verlassenen Fabrikgebäuden, in Sport- und Jugendheimen ein.[192] Folter und Degradierung trieben viele Opfer während oder nach der Haft in den Selbstmord. Ein Mitglied des demokratischen «Reichsbanners» wurde gezwungen, den Urin der Wächter zu trinken und den Hintern eines SA-Manns zu lecken. Andere mussten mit bloßer Hand Toiletten reinigen oder mit Zahnbürsten den Boden putzen. Die geschlechtliche Konnotation der Folterungen bestätigte nicht nur die hypermaskuline Identität der SA-Männer, sondern zielte auch darauf ab, dem Gegner die männliche Ehre zu rauben.[193]

Als die ehemalige Reichstagsabgeordnete Franziska Kessel im April 1934 erhängt in ihrer Zelle aufgefunden wurde, gab es längst keine Frauen mehr im Reichstag. Parlamentarierinnen wie die Kommunistin Helene Fleischer oder die Sozialdemokratin Clara Schuch waren verhaftet worden, etliche erlitten Folter, andere flohen. Vor dem Reichstagsgebäude in Berlin erinnert heute ein Denkmal an die 96 von den Nationalsozialisten ermordeten Reichstagsabgeordneten. Die geschlechtliche Purifizierung des Parlamentarismus gehörte zu den ersten Attacken der Nationalsozialisten gegen die freiheitliche Demokratie.

Die jungen Männer ergriffen die Initiative, marschierten in Uniformen durch die Straßen, lebten Rausch und Revolution. Sie verschrieben sich dem Kampf gegen das Alte, und kein traditionales Obrigkeitsdenken konnte sie hemmen. Ihre Potenz strahlte die «revolutionäre Gebärde» aus, wie Thomas Mann diagnostizierte.[194] «Jugend führt Jugend», reklamierte die HJ. Der Nationalsozialismus trat mit der jüngsten Regierung an, die Deutschland je hatte. Er war die Selbstermächtigung der jungen Männer und setzte das «Jahrhundert der Jugend» auf bestürzende Weise fort. «Die Straße frei / Den braunen Bataillonen / Die Straße frei / Dem Sturmabteilungsmann!», sangen die jungen Männer und mit ihnen bald die deutsche Bevölkerung. «Zum Kampfe steh'n / Wir alle schon bereit», hieß es im Horst-Wessel-Lied, das zur zweiten Nationalhymne Deutschlands avancierte, genannt nach einem jungen «Märtyrer», der wohl in einer der vielen Straßenschlachten der späten Weimarer Republik ums Leben gekommen war. In einer Variante des Gesangs flattern die «Hitlerfahnen» über den «Barrikaden». Um die älteren Bürgerinnen und Bürger zu gewinnen, war es entscheidend, dass am Tag von Potsdam, dem 21. März 1933, der greise Hindenburg in kaiserlicher Uniform mit seinem Händedruck Hitler vor aller Augen das Vertrauen auch des gesetzteren, bürgerlicheren, sich nach dem Kaiserreich sehnenden Deutschlands übertrug. Hindenburg, erklärte Hitler an dem Tag, habe «diesem jungen Deutschland» die Führung des Reichs anvertraut.[195]

Auch international lässt sich ab den frühen 1930er Jahren eine verstärkte Gewaltdynamik feststellen: Japan besetzte 1931 die reiche chinesische Provinz der Mandschurei, Italien führte 1935 im Abessinienkrieg mit Giftgaseinsatz und Hunderttausenden Toten einen rassischen Vernichtungsfeldzug. Der Spanische Bürgerkrieg von 1936 bis 1939, in dem bis zu 500 000 Menschen den Tod fanden, offenbarte die tödliche Polarisierung Europas durch Ideologien. Am 26. April 1937 zerstörten deutsche Bomber die baskische Kleinstadt Guernica, über 1000 Menschen starben. Noch bestritten die Deutschen diesen Akt des Terrors. In der Sowjetunion starben im Holodomor 1932/33, der in der neuesten Forschung als gezielt herbeigeführter Massenmord Stalins verstanden wird, knapp vier Millionen Menschen an Hunger oder an seinen Folgen.[196] Und in Stalins großen «Säuberungen» 1937/38 kamen Hunderttausende ums Leben.

4. Gewalt: Homogenisierung und Diversität

Drohung und physische Überwältigung

Physische Gewalt und die Vergewaltigung demokratischer Institutionen waren eine wesentliche Voraussetzung für den Erfolg des Nationalsozialismus. Am 23. März 1933 setzten die Nationalsozialisten im Reichstag das Ermächtigungsgesetz durch, das einen Tag später in Kraft trat. Verrieten hier die Parlamentarier schlicht ihre Souveränität, als Deutschland einen entscheidenden Schritt in die faschistische Volksherrschaft ging? Denn nun sollte auch die Reichsregierung oder vielmehr: Hitler allein Gesetze beschließen können. Doch das «Gesetz zur Behebung der Not von Volk und Reich» hätte sich innerhalb des rechtlichen Rahmens nicht durchsetzen lassen. Alles an der Abstimmung am 23. März zeigte bereits die Missachtung des Rechts, und das war allein aufgrund der physischen Übermacht möglich. Die bedrohliche Kulisse bildeten die Terroraktionen seit der Machtübernahme am 30. Januar 1933: Sämtliche KPD-Abgeordnete waren verhaftet, geflüchtet oder untergetaucht; auch sechsundzwanzig Abgeordnete der SPD waren inhaftiert oder geflohen. Die Angst grassierte. Den meisten Abgeordneten der bürgerlichen Parteien stand klar vor Augen, was das Gesetz bedeutete. Sie mussten sich zu einer Zustimmung durchringen. Der Zentrumsabgeordnete Heinrich Brüning etwa, der sich schließlich der Fraktionsdisziplin unterordnete, war entsetzt und hielt den Gesetzesvorschlag für die schlimmste Zumutung, die je an ein Parlament gestellt worden sei. Bei der Fraktionssitzung, in der die Zentrumsleute über das Gesetz berieten, brach Joseph Wirth in Tränen aus. Wie die Abgeordnete Clara Siebert später notierte, sei in den Beratungen von «Bürgerkrieg» geredet worden, «die Straßen würden frei gegeben werden», wenn das Gesetz nicht käme; die Hoffnung war also, die Gewalt der Nationalsozialisten durch die Zustimmung einzudämmen. Zudem gab es die Androhung Hitlers, das Gesetz ganz unabhängig vom Votum des Reichstags umzusetzen – bei einer Zustimmung des Parlaments, so hofften viele, könne man wenigstens noch Forderungen durchsetzen und darauf dringen, dass Hitler seine Versprechungen hielt. Jede

Entwürdigung | 229

und jeder Abgeordnete musste schließlich ganz konkret abwägen, welche Gefahr für Leib und Leben auch der eigenen Familie zuzumuten war. Den sozialdemokratischen Abgeordneten, die sich gemeinsam zu einer Ablehnung entschlossen hatten, rieten Wohlmeinende, sich besser gar nicht erst zu zeigen. Sie mussten alle davon ausgehen, sofort verhaftet zu werden, weil eine kurz vor der Abstimmung erlassene Verordnung denjenigen Gefängnis oder Zuchthaus androhte, die «das Ansehen der Reichsregierung» schädigten.

Am Tag der Abstimmung, am 23. März, war das Bannmeilengesetz außer Kraft gesetzt. Überall sah man uniformierte SA-Männer. Sie standen skandierend vor der Kroll-Oper, in dem die Parlamentssitzung wegen des Reichstagsbrandes stattfand, und sie strömten zusammen mit SS-Männern ins Plenum, wo sie einen immer engeren Kreis um die Sitze der SPD-Fraktion zogen. Es kostete die Sozialdemokratinnen und Sozialdemokraten ungeheuren Mut, als einzige Partei dagegen zu stimmen. Der SPD-Vorsitzende Otto Wels erklärte in seiner großen Gegenrede: «Kein Ermächtigungsgesetz gibt Ihnen die Macht, Ideen, die ewig und unzerstörbar sind, zu vernichten.» Statt der schwarz-rot-goldenen Fahne der Republik schmückte eine Hakenkreuzfahne die Stirnseite des Sitzungssaals. Nach der Abstimmung sangen die Nationalsozialisten noch im Parlament und den Arm zum Hitlergruß erhoben das Horst-Wessel-Lied. Otto Wels, so erzählte man sich, habe sich bei einem Zentrumsabgeordneten für die Annahme bedankt, denn «sonst wären wir dort nicht mehr herausgekommen». Joseph Wirth aber floh am folgenden Tag ins Ausland.[197]

Mit revolutionärem Furor wurden Länderparlamente und kommunale Vertretungen entmachtet, Hakenkreuze auf Rathäusern gehisst, Gewerkschaften und Parteien zerstört. Einflussreiche Institutionen wurden gleichgeschaltet und auf die «nationale Revolution» verpflichtet. Die deutsche Zivilgesellschaft trug zu ihrem eigenen Ende bei. Sportverbände und Orchester, Universitäten und Jugendgruppen reihten sich in den NS-Staat ein. Zur Gleichschaltung gehören auch Geschichten, die zeigen, unter welch dramatischen Bedingungen eine reiche Kultur ausgelöscht wurde. Bei der Vorstandssitzung des Bundes Deutscher Frauenvereine etwa erschien am 15. Mai 1933 die Reichsleiterin der NS-Frauenschaft Lydia Gottschewski – sechsundzwanzigjährig, Wandervogel, Philologin. Sie gebot der fast doppelt so alten Vorsitzenden des Bundes, der um die Mädchenbildung hoch verdienten, bildungsbürgerlichen Agnes von Zahn-Harnack, sich ihr, der Reichsleiterin für alle Frauen, unterzuordnen und befahl die Auflösung ihres Verbandes. Immerhin: Abgestimmt wurde noch über diesen Befehl, und es gab nur eine Gegenstimme.[198]

Parlament und Wahlen im Nationalsozialismus

Und doch blieben etliche demokratische Institutionen und Verfahren erhalten. Massenpolitisierung und Egalitätsideale waren wichtige Voraussetzungen des Faschismus. So gestaltete sich das Verhältnis der Nationalsozialisten zum Reichstag trotz der antiparlamentarischen Rhetorik merkwürdig ambivalent.[199] Hitler erkannte, wie nützlich ihm die Legitimierungskraft dieser Institution sein konnte. Als das Reichstagsgebäude Ende Februar 1933 niederbrannte, bestand er darauf (gegen den Ratschlag seines Stararchitekten Albert Speer),[200] dass es instandgesetzt und sogar noch erweitert werden sollte. Durch eine Verkettung zufälliger Umstände begannen die Renovierungsarbeiten erst 1938, und der Krieg setzte ihnen schnell ein Ende.[201] In einem Interview vor den Novemberwahlen im Jahr 1933 zählte Goebbels zwei Elemente einer «weitergehenden Bedeutung» des Reichstags auf: Erstens bedürfe die Regierung einer «bevollmächtigten Körperschaft des ganzen Volkes, die ihr in der Gesetzgebung zur Seite steht», und zweitens brauche «der Führer» eine Institution, «um der Welt die Einheit von Volk und Staat» zu beweisen.[202] Das Parlament blieb im nationalsozialistischen Staat formell oberste verfassungsmäßige Instanz und verabschiedete trotz des Ermächtigungsgesetzes weiterhin Gesetze, auch wenn es de facto machtlos geworden war.[203]

Am «Tag von Potsdam», an dem mit dem Händedruck von Hitler und Generalfeldmarschall Hindenburg die Kontinuität zwischen

Entwürdigung | 231

dem «Dritten Reich» und der preußischen Tradition gefeiert wurde, ging es offiziellerweise um die Parlamentseröffnung, die wegen des Reichstagsbrands nicht im Parlamentsgebäude stattfinden konnte. Das neue Regime versuchte an diesem 21. März 1933, alle Legitimationsquellen des Reiches für sich zu bündeln. Angesichts der Tatsache, dass selbst bei den schon unfreien Wahlen am 5. März 1933 die Mehrheit der Deutschen nicht die Nazis gewählt hatte, schien das dringend geboten. Der Termin lag exakt auf dem Tag, an dem 1871 erstmals der Reichstag zusammengetreten war, der nach einem der modernsten Wahlregularien der Zeit, einem allgemeinen und gleichen Männerwahlrecht, gewählt worden war. In den kommenden Jahren wussten auch die überzeugtesten Nationalsozialisten das Prestige eines Parlamentsmandats zu schätzen. Wichtige Amtsinhaber in der Partei, der SA oder der SS zogen quasi automatisch in den Reichstag ein, andere NS-Größen wie Albert Speer oder Fritz Todt versuchten eifrig, einen Parlamentssitz zu erringen.[204]

Warum stützte sich die revolutionäre Bewegung des Nationalsozialismus auch auf die alten Institutionen von Parlament und Wahlen? Auf der Suche nach den Gründen bieten sich als Beispiel die Reichstagswahlen im Frühjahr 1936 an, als sich das NS-Regime auf dem Höhepunkt seiner Macht befand. Schon einige Tage zuvor wurden zwei Zeppeline auf Propagandafahrt geschickt, die bis zum Wahltag über dem Reich schwebten und Flugblätter abwarfen: «Deine Stimme dem Führer».[205] Am Tag der Stimmabgabe wurde live von Bord der Luftschiffe berichtet. Die Mannschaft wählte zwischen Himmel und Erde ordnungsgemäß mit Verpflichtung einer Wahlkommission, mit Wahlkabine und Urne für die Geheimhaltung.[206] Die Städte prangten in Schwarz-Weiß-Rot, die Deutschen schwelgten in Fackelzügen, gemeinsamem Gesang und Kundgebungen. «Strahlender Sonnenschein zum Festtag der Deutschen».[207] Obwohl jeder mit Ergebnissen von über 95 Prozent gerechnet hatte, sorgten die Raten, mit denen die Deutschen auf dem Stimmzettel «Reichstag für Freiheit und Frieden – Nationalsozialistische Deutsche Arbeiterpartei – Adolf Hitler» angekreuzt hatten, für Erstaunen: Bei einer Wahlbeteiligung von 99 Prozent hatten nach amtlichen Meldungen 98,8 Prozent der Wähler und Wählerinnen ihr Kreuz bei dieser einen Möglichkeit gesetzt. Nur noch eine halbe Million hatte nach offiziellen Angaben ungültig oder mit «Nein» gestimmt.[208]

Die Nazi-Größen konnten ihr Glück kaum fassen: «Das Volk ist aufgestanden», schrieb Goebbels, «der Führer hat die Nation geeinigt. So hatten wir uns das in unseren kühnsten Träumen nicht erhofft.»[209] Auch im Ausland schien man sich der Faszination nicht verschließen zu können. Die *New York Times* beschrieb in zahlreichen Artikeln das Wahlspektakel und hob die Zeppeline hervor: «Die Regierung hätte kaum ein passenderes Symbol für den Stolz eines souveränen und mächtigen Volkes finden können als das Schauspiel dieser beiden großen Luftschiffe.»[210] Insgesamt vier Reichstagswahlen und fünf Volksabstimmungen fanden nach der «Machtergreifung» Hitlers im Januar 1933 statt. Es spricht einiges dafür, dass die Kraft dieser Veranstaltungen in ihrer umfassenden, weltweit anerkannten Legitimationsfunktion lag. Die Wahlen im «Dritten Reich» zeigen von einer neuen Seite, wie tief und wie alt die Tradition einer breiten Partizipation im nordatlantischen Raum war.[211] Der Vorstand der SPD im Exil erläuterte die NS-Wahlen: Da sei «ein großes und intelligentes Volk, [...] das immerhin über 100 Jahre eine weitreichende Selbstverwaltung besessen hatte [...]. Die neuen Machthaber sind klug genug, zu erkennen, dass dafür irgend ein Ersatz geboren werden muss».[212] Die demokratisierende Kraft der Wahlen und der Parlamentsarbeit prägte die Politik und die Gesellschaft seit Jahrzehnten, das ließ sich selbst von einer Gewaltherrschaft wie dem NS nicht einfach wegwischen.[213] Wie sollten Oppositionelle ihre Ablehnung rechtfertigen, wenn sie – scheinbar – die überwältigende Mehrheit gegen sich hatten? Welches Argument konnten Großbritannien, Frankreich oder der Völkerbund gegen Adolf Hitler vorbringen, wenn «sein Volk» doch hinter ihm stand und mit ihm den Frieden beschwor? Mit der Einbeziehung der Massen und ihrer performativen Zustimmung zum Herrschaftssystem durch den Wahlakt waren Wahlen längst zum unverzichtbaren Symbol für modernes Regieren geworden. Auch die revolutionären und mörderischen

Diktaturen des 20. Jahrhunderts konnten ihre Legitimation nicht mehr ohne sie glaubhaft darstellen.[214] Das NS-Regime war dabei keineswegs der Erfinder der von oben gelenkten Wahlen. Sie fanden seit den 1920er Jahren in Italien ebenso wie in Lateinamerika statt.

Die miteinander verschmelzenden Legitimations- und Propagandaeffekte waren entscheidend für diese massenpartizipativen Diktaturen, zu denen auch die Sowjetunion gehörte.[215] Die Zustimmung des «Volkes» zeigte sich nicht nur im offenen Jubel und Heilgesang, sondern auch in der schweigenden Teilhabe des «Volkes» an diesem Ritus moderner Herrschaft.[216] Doch in ganz neuem Maße dienten Wahlen auch als Disziplinierungsinstrument. Die Nationalsozialisten wollten tatsächlich die Stimme jeder Wählerin und jedes Wählers, und in ihren Wahlkämpfen bemühten sie sich, alle Gegenstimmen zum Schweigen zu bringen.[217] Der Erfolg der NSDAP lässt sich ohne ihre partizipative Attraktivität gar nicht verstehen. Das demokratische Wahlrecht aus der Weimarer Republik blieb weitgehend intakt, so dass die Wahltechniken für die Geheimhaltung (mit einheitlichem Stimmzettel bzw. Umschlag, Wahlkabine und Urne) offiziell in Kraft blieben. Für eine legitime Wahl waren sie inzwischen weltweit unabdingbar geworden.[218] Es wäre ein Missverständnis, die NS-Wahlsiege allein auf Fälschungen und Manipulationen zurückzuführen.[219] Vieles spricht dafür, dass diese nicht ein solches Ausmaß erreichten, um die Ergebnisse grundsätzlich zu verfälschen.[220] Regionalstudien über den konkreten Wahlablauf und der Blick in vertrauliche persönliche Aufzeichnungen belegen das immer wieder.[221] «Die Stimmabgabe selbst war zweifellos geheim», erklärte der britische Botschafter über die Wahlen im Herbst 1933,[222] und die *New York Times* berichtete nach den Wahlen im April 1938: «Wie neutrale Wahlbeobachter feststellten, die dabei waren, als die Stimmzettel aus den Umschlägen genommen wurden, war die Abstimmung für Hitler und den Anschluss in Wahrheit besser als 97 oder 98 Prozent.»[223]

Auch blieben die Wahlen im Nationalsozialismus nach dem Gesetz «allgemein». 1933 und 1934 durften selbst die jüdischen

4. Gewalt: Homogenisierung und Diversität

Bürgerinnen und Bürger noch wählen. Innenminister Frick wies 1933 einen NS-Ortsgruppenleiter darauf hin, dass die Streichung von Juden aus den Wählerlisten «gesetzwidrig» sei.[224] Wie stark allerdings schon 1933 der Druck war, zeigt die Empfehlung des Zentralverbands deutscher Juden, bei den Wahlen vom November mit «Ja» zu stimmen.[225] Erst das «Reichsbürgergesetz», Teil der Nürnberger Gesetze von 1935, nahm «Juden» das Wahlrecht. Mit der Loslösung vom universalen Versprechen der Gleichheit lag der Kern der Diktatur offen zutage. Bezeichnenderweise wurden die Rechte der «Reichsbürger» vor allem über ihr «Stimmrecht» definiert: «Nur der Reichsbürger kann als Träger der vollen politischen Rechte das Stimmrecht in politischen Angelegenheiten ausüben» – und: «Ein Jude kann nicht Reichsbürger sein. Ihm steht ein Stimmrecht in politischen Angelegenheiten nicht zu.»[226]

KZ-Häftlinge durften ebenfalls wählen – und brachten, dank der Geheimhaltung, ihre oppositionelle Haltung zum Ausdruck.[227] Ein KZ-Direktor beschwerte sich nach den Wahlen vom November 1933: «Das Ergebnis zeigt, dass rund ein Drittel aller Schutzhäftlinge immer noch nicht begriffen hat oder begreifen will, um was es heute geht. Leider sind die Namen der Unbelehrbaren ja nicht feststellbar.»[228] Im Konzentrationslager Heuberg auf der Schwäbischen Alb verweigerte rund die Hälfte der wählenden Häftlinge beim Urnengang im November 1933 ihre Zustimmung zum NS-Regime.[229]

Die Nationalsozialisten ließen keinen Zweifel daran, dass sie sich für die wahren Demokraten hielten. Es ging ihnen, einmal an die Macht gekommen, nicht darum, Parlament und Demokratie offiziell abzuschaffen, wie sie vor 1933 teilweise noch schrill gefordert hatten.[230] Die Vision der «Volksgemeinschaft» stand für eine Volksherrschaft mit einer zugespitzten Form der Rousseau'schen Konsensforderung – ohne Freiheit. Damit bediente das NS-Regime die dunkle Seite der Demokratie: Denn neben dem Potential zur aufklärerischen Herrschaft der Freien und Gleichen birgt Demokratie als Kehrseite die Möglichkeit von Demagogie, Populismus und der Tyrannei der Mehrheit.[231] «Ich habe nicht die Demokratie beseitigt», rief Hitler bei einer Wahlkampfrede 1936, «sondern sie vereinfacht, indem ich mich nicht zur Zuständigkeit der 47 Parteien, sondern zur Zuständigkeit des deutschen Volkes selbst bekannt habe.»[232] Es ist kein Zufall, dass die Massenideologien des Nationalsozialismus, des Faschismus und des Sozialismus mit der Demokratisierung der Gesellschaften aufgestiegen sind. Die Diktatoren bedurften der Massen, und ohne die Zustimmung des Volkes wären die neuen Herren nicht stark geworden; allerdings mussten sie das Korsett der Demokratie zerstören, das die Demokratie beschränkt und zugleich trägt, etwa die Verfassung, die Gewaltenteilung oder den Rechtsstaat.

Der Nationalsozialismus bot kein kohärentes Dogmengebäude für Wahlen und Plebiszite, und die Einschätzung der Stimmabgabe veränderte sich nicht nur im Verlauf der NS-Herrschaft, sondern variierte auch je nach Person und Instanz. Ein Teil der Machtelite war etwa davon ausgegangen, dass die Wahlen vom März 1933 die letzten sein würden.[233] Der Staatsrechtler Carl Schmitt, der die Wahlen in der Weimarer Republik für «entartet» gehalten hatte[234] und zunächst für die Abschaffung «sämtlicher Residuen bisheriger Wählerei» plädierte,[235] stritt allen Wahlvorgängen nach der Machtergreifung den Charakter einer Parlamentswahl ab; selbst die Reichstagswahl vom 5. März 1933 sei «in Wirklichkeit, rechtswissenschaftlich betrachtet» eine Volksabstimmung gewesen, ein «Plebiszit, durch welches das deutsche Volk Adolf Hitler [...] als politischen Führer» anerkannt habe.[236] In der offiziösen *Juristischen Wochenschrift* hieß es: «Der Appell an das Volk erweist aber den deutschen Führerstaat als die echte Demokratie, die heute überhaupt gegenüber einem in aller Welt herrschenden parlamentarischen Vielparteienstaat existiert.»[237] Ein Kommentar aus dem Regierungsapparat unterstrich die Bedeutung der Wahlen und erklärte, dass das Volk «nicht nur gutachtlich Stellung nehmen» solle, vielmehr sei die Entscheidung des Volkes ein «Rechtsetzungsakt».[238]

In jedem Fall aber hatte der Staat auf dem «Willen des Volkes» zu ruhen.[239] Carl Schmitt zählte diesen gar zu den «anerkannten nationalsozialistischen Grundsätzen»: «Die Reichsregierung erkennt den Willen des Volkes, das sie befragt hat, als maßgebend an.»[240] Nur im Nationalsozialismus könne – durch den Führer – der Volkswille «rein und unverfälscht hervorgehoben» werden, so der Verfassungsrechtler Ernst Rudolf Huber,[241] der allerdings auch betonte, dass der «Führerstaat» keine Demokratie im herkömmlichen Sinne sei: «Der deutsche Saat [...] ist ein völkischer Führerstaat, in dem das Volk die Substanz der politischen Einheit ist, während der Volkswille im Führer gebildet wird.»[242] Immer wieder redeten die Nationalsozialisten von «wahrer Demokratie», «veredelter Demokratie» (Goebbels), «besserer» und «vereinfachter Demokratie» (Hitler) oder von «echter Demokratie». Mussolini übrigens sprach treffend von «democrazia totalitaria». «In welchem Land der Welt wird so demokratisch regiert wie in Deutschland?», fragte Innenminister Wilhelm Frick 1934 bei der Volksabstimmung.[243] Hitler prahlte gegenüber dem Ausland von den «40 Millionen Deutschen», die «geschlossen hinter ihm» stünden; er sei bereit, «keinen Schritt zu tun, ohne sich des Vertrauens des Volkes vergewissert zu haben».[244] Im August 1934 erklärte er ausländischen Korrespondenten: «In jedem Jahr unterbreite ich meine Machtbefugnisse bei irgendeiner Gelegenheit dem deutschen Volke. [...] Wir wilden Deutschen sind bessere Demokraten als andere Nationen.»[245] In der offiziellen Begründung zum «Gesetz über die Volksabstimmung» vom 14. Juli 1933, das eine rasche «Befragung des Volkes» ermöglichte, hieß es, man installiere damit lediglich ein «auf alte germanische Rechtsformen» zurückgehendes Verfahren.[246]

Dass es um den «Volkswillen» ging, um das Einverständnis der Massen mit der nationalsozialistischen Führung, zeigt auch die Akzentverschiebung bei den Urnengängen. Zu den Reichstagswahlen am 5. März 1933 waren noch alle Parteien zugelassen. Obwohl die oppositionellen Parteien, allen voran die Kommunistische Partei und die SPD, bereits massivem Terror ausgesetzt waren, erhielten die Nazis nur knapp 44 Prozent der Stimmen.[247] Die Reichstagswahlen vom 12. November 1933 wurden durch den allein auf die NSDAP zugeschnittenen Stimmzettel, der nur noch ein Kreuz der Zustimmung erlaubte, de facto zu einem Akklamationsinstrument: Das Volk sollte vor aller Welt sein Ja zur Politik des Führers bekennen. Mit diesen Wahlen wurde den Frauen de facto (nicht de jure) das passive Wahlrecht entzogen, denn auf den NS-Einheitslisten gab es keine Kandidatinnen.

Im Jahr 1934 stimmten die Deutschen in einer Volksbefragung nachträglich zu, dass Hitler das Amt des Reichspräsidenten übernommen hatte. Bei der Saarabstimmung am 13. Januar 1935 handelte es sich um das im Versailler Vertrag vorgesehene Plebiszit, ob das Saargebiet französisch oder deutsch werden oder der Status Quo – das Völkerbundmandat – beibehalten werden solle. Als die Nationalsozialisten am 7. März 1936 die Stimmabgabe zum zweiten Einparteienparlament direkt mit einer Volksabstimmung über die Rheinlandbesetzung verbanden und nur eine Option für beide Fragen möglich war, wurde die Reichstagswahl identisch mit der Volksabstimmung. Ebenso hielten es die Nationalsozialisten bei den Wahlen am 10. April 1938, als die Wählerinnen und Wähler mit ihrer Stimme für die «Wiedervereinigung Österreichs mit dem Deutschen Reich» und zugleich für die «Liste unseres Führers Adolf Hitler» stimmen sollten – allerdings tauchte dann wieder die Option «Nein» als Markierungsmöglichkeit auf.[248]

Auch an anderen Stellen griff das NS-Regime auf die partizipativen und sogar auf die revolutionär-demokratischen Bestände zurück. Die Revolution von 1848 hielten die Nazis in Ehren und benannten Straßen nach 48er-Revolutionären wie Carl Schurz.[249] Den Jahrestag der «Machtergreifung» begingen die Nationalsozialisten 1939 mit einer Rede Hitlers vor dem Reichstag. Darin sollte es «vor allem» darum gehen, «dass Deutschland für alle Zeiten eine Führerrepublik ist. Nie wieder Monarchie!», so Joseph Goebbels.[250] Vergessen sollte man nicht, dass sich auch in Frankreich Philippe Pétain, der Staatschef des Vichy-Regimes, mit Hilfe der Nationalversammlung der Dritten Republik an die Macht brachte.

An der Ablehnung der «fremden Demokratie», wie sie in Deutschland vor 1933 geherrscht habe, ließ Hitler in seiner Rede vor dem Reichstag gleichwohl keinen Zweifel. Die «sogenannten großen Demokratien» (an anderer Stelle nannte er sie «kapitalistische Demokratien») sollten sich doch die Frage stellen: «Ist aber nun ein Regime, das 99 % seiner ganzen Volksgenossen hinter sich hat, nicht letzten Endes eine ganz andere Demokratie als jene Patentlösung in Staaten, die sich oft nur durch Anwendung der bedenklichsten Mittel der Wahlbeeinflussung zu halten vermag?»[251] «Wie kommt man dazu», erklärte Hitler weiter, «uns etwas aufoktroyieren zu wollen, was wir, soweit es sich um den Begriff Volksherrschaft handelt, in einer viel klareren und besseren Form besitzen?»[252] Hitlers Abgeordnete aber dienten als Claqueure, die jede humoristische Tirade des Führers mit «Heiterkeit» und jede Drohgebärde mit «Stürmischem Beifall» quittierten.

Im Jahr 1940 gab es in Europa noch fünf intakte liberale Demokratien: Großbritannien, Irland, Schweden, Finnland und die Schweiz;[253] doch auch die Diktaturen legten Wert darauf, sich als Demokratien in Szene zu setzen.

Vernichtung

Das Ende der Privatheit

Juden gehörten zu den ersten Opfern der nationalsozialistischen Gewalt. Sie waren eine kleine Minderheit, und ihr Anteil an der Gesamtbevölkerung war in den Weimarer Jahren von 1 Prozent (615 000 Personen jüdischen Glaubens) in den Vorkriegsjahren auf knapp 0,8 Prozent (etwa 500 000) im Jahr 1933 gesunken.[254] Anders als in den Statistiken vor 1933 wurden im «Dritten Reich» nicht mehr nur jene Menschen als jüdisch bezeichnet, die sich selbst so verstanden, indem sie der jüdischen Religionsgemeinschaft angehörten. Vielmehr wurden nun auch viele als Juden definiert, die anderen Religionen angehörten oder Agnostikerinnen oder Atheisten waren, aber jüdische Vorfahren hatten.

Gerade in den ersten Jahren des nationalsozialistischen Furors zeigten sich die revolutionären Qualitäten und die Jugendlichkeit des NS. «Vor meinen Augen», berichtete ein Zeitzeuge im März 1933, «treiben SA-Leute mit Peitschen am hellen Mittag einen Mann vor sich her. Er trägt weder Schuhe noch Strümpf, keinen

Vernichtung | 239

Rock, keine Hose, nur ein Hemd und zerrissene Unterbeinkleider. Um seinen Hals hängt ein Plakat mit der Inschrift ‹Ich der Jude Siegel werde mich nie mehr über die Nationalsozialisten beschweren›.»[255] Die Demütigungen waren vielfach zunächst jugendliches Spektakel. Die deutsche Bevölkerung zeigte sich gegenüber diesen öffentlichen Gewaltaktionen eher passiv, oft abgeneigt.[256] Die physische Entwürdigung der Mitmenschen war nicht von heute auf morgen umzusetzen, sie bedurfte eines Gewöhnungsprozesses. In der Verwaltung etwa begannen Beamte damit, vorsprechende Juden zu ohrfeigen.[257] Alte Selbstverständlichkeiten von menschlicher Würde mussten ausgelöscht, neue Gewohnheiten von Segregation und Schändung selbstverständlich werden. Dem kam die planlose antisemitische Politik der Nazis entgegen, die sich in ihrer Uneindeutigkeit hochschaukelte. Die vielfältigen Diskriminierungen und gewalttätigen Aktionen der ersten Jahre zerstörten die bürgerliche, rechtsstaatliche Ordnung und transformierten die deutsche Nation in eine aggressive, rassistische Gemeinschaft.[258]

Die Umbrüche und die Freiheiten des rechtlosen Raums kamen vielen Eliten und Experten zugute, die am «Volkskörper» arbeiteten. Seit dem Ende des 19. Jahrhunderts gab es in den Reformbewegungen neben der Sorge um den individuellen Leib die Arbeit am Kollektivkörper, für die Rassismus und Eugenik eine entscheidende Grundlage boten. Nicht immer ließen sich die beiden Stränge voneinander trennen, im NS-Staat aber verengte sich alles auf das Kollektiv. Was in den USA schon lange Praxis war, konnten Ärzte nun mit dem «Gesetz zur Verhütung erbkranken Nachwuchses» vom Juli 1933 umsetzen: die Zwangssterilisation von Menschen, die nach Ansicht der Experten den Volkskörper schädigten. In den ersten drei Jahren wurden bereits 199 000 Menschen zur Sterilisation freigegeben.[259] Die öffentlichen Sozialleistungen erteilten Beamte nicht mehr nach dem Prinzip der Bedürftigkeit, sondern nach Gesundheit. Kranke Menschen, die nicht mehr arbeiten konnten, verdienten weniger Schutz.[260]

Die «Verordnung des Reichspräsidenten zum Schutz von Volk und Staat» setzte am 28. Februar 1933 die Grundrechte außer Kraft, darunter das alte Bürgerrecht der persönlichen Freiheit und damit das Recht auf den Schutz des Körpers vor staatlicher Gewalt überhaupt: Wohnungen konnten willkürlich durchsucht, die Post gelesen werden, Menschen durften ohne rechtliche Verfahren verhaftet und weggesperrt werden, wodurch sie vielmals der Folter ausgesetzt wurden. In der Verordnung wurde zugleich die Länderhoheit und damit ein in Deutschland wichtiges Element der Gewaltenteilung ausgehöhlt. Schließlich entfachte die Anordnung ein Ansteigen der Todesstrafe. Während des Kriegs schnellte die Zahl der Hinrichtungen weiter in die Höhe, um Tausende pro Jahr. Allein 1944 wurde mit 5764 vollstreckten Todesurteilen die Bevölkerung einer Kleinstadt ausgelöscht.[261]

Die Berufsverbote, die Nationalsozialisten von Anfang an gegen Juden und politische Gegner einsetzten, und das Verbot für Juden im Militär zu dienen, zielten auf die Entwürdigung der Menschen, aber auch darauf, sie in prekäre Lebensverhältnisse zu drängen. Immer weitere Tätigkeitsbereiche wurden Juden verwehrt: der Beruf des Arztes, des Anwalts, des Professors und schließlich durch die «Arisierung» und den Raub der Firmen der Beruf des Unternehmers. Bis 1939 wurden jüdische Schülerinnen und Schüler aus den staatlichen Schulen vertrieben. Ab 1939 erhielten Juden keine Sozialhilfe mehr.

International bildeten die Apartheitsgesetze keine Ausnahme.[262] Rassismus hatte sich fest in den Alltag vieler Industriegesellschaften eingegraben, nahm die Wissenschaft in Beschlag, bestimmte das Denken breiter Mehrheiten und oft die Regierungspraxis. Der Nationalsozialismus gedieh nicht nur in Zeiten neuartiger Gewaltbereitschaft und Brutalität, sondern auch im Treibhaus eines international anerkannten Rassismus und vielfach betriebenen Antisemitismus. Juden erhielten in einigen Ländern Berufsverbote, in etwa einem halben Dutzend Staaten gab es ein Verbot sexueller Beziehungen zu Nichtjuden und drei Staaten schrieben wie Deutschland ab 1941 die Kennzeichnungspflicht für Juden vor.[263] Im franquistischen Spanien, in Jugoslawien und Kroatien, in Litauen oder Polen, Italien oder Albanien fanden sich zahlreiche antisemitische Gesetze, die bestimmte Berufe oder das koschere Schlachten verboten – die allerdings nicht immer so konsequent wie im Deutschen Reich umgesetzt wurden.[264] Selten wurden solche Gesetze vor 1930 erlassen, oft, aber nicht immer, entstanden sie unter deutschem Einfluss. Demokratische Länder wie Frankreich, die USA, Großbritannien, Belgien, Schweden, Japan, Südafrika oder lateinamerikanische Länder beschränkten die Einreise ausländischer Juden, was vor allem der hohen Anzahl an jüdischen Flüchtlingen aus Deutschland und Österreich geschuldet war. Die Schweiz drängte das Deutsche Reich dazu, das «J» in die Pässe zu stempeln, was die NS-Behörden nicht gerne sahen, da es die Flucht von Juden erschwerte, die damals noch erwünscht war.[265] Rassistische Traditionen und Praktiken aus den USA fanden immer größeren Anklang in Europa. Die Verfasser der sogenannten Nürnberger Rassegesetze ließen sich bei dem «Gesetz zum Schutze des deutschen Blutes und der deutschen Ehre» auch von amerikanischen Rechtstechniken inspirieren, mit denen die «common law jurisprudence» eheliche Verbindungen zwischen Weißen und Nichtweißen für hinfällig erklärte.[266] Zwar brauchten die NS-Machthaber für ihre Agenda keinen externen Antrieb, aber für die deutschen Juristen boten die amerikanischen Regulierungen eine wichtige Argumentationshilfe und eine wohl nicht unwesentliche moralische Rechtfertigung.

Emsige Bürokraten dachten sich immer neue Schikanen aus: Es war Juden verboten, Haustiere zu halten, ein Radio oder Telefon zu besitzen oder eine Bücherei zu besuchen. Schmuck musste abgeliefert werden. Die Bewohner vieler Kleinstädte und Dörfer quälten seit 1933 ihre jüdischen Mitbewohner mit Friedhofsschändungen, warfen Fensterschreiben ein, attackierten Synagogen. Teilweise griffen sie Juden körperlich an und misshandelten sie. Oft ging das von unten aus, oft von Jugendlichen, denen niemand Einhalt gebot. Aber auch lokale Honoratioren führten Boykotte gegen jüdische Geschäfte an. Lehrer hetzten ihre Schüler gegen Juden auf oder gegen ihre Eltern, wenn diese keinen antisemitischen Eifer zeigten. Kinder und Jugendliche terrorisierten jüdische Geschäfte und ihre Kunden, oft in Begleitung von SS-Leuten. Jüdinnen und Juden lebten damit, dass ihre Autoreifen zerstochen, die Fensterscheiben eingeworfen und Synagogen beschädigt wurden und sie jederzeit körperlich misshandelt werden konnten.[267] Die omnipräsenten Aggressionen bildeten neben den großen Wellen der Attacken gegen Juden im April 1933, im Jahr 1935 um die Nürnberger Gesetze und 1938 mit dem Novemberpogrom ein beständiges Einüben der Entwürdigung. Begleitet wurden diese Aktionen von der Verächtlichmachung all jener, die Solidarität mit jüdischen Mitbürgern zeigten. Sie wurden als «Volksverräter» verunglimpft und mussten ebenfalls um ihre bürgerliche Existenz fürchten.[268]

Am 9. November 1938 erhielt der Emdener NSDAP-Kreisleiter spät abends per Telefon den Befehl zur Brandstiftung. Emden war ein typischer Fall der nun beginnenden Pogrome. Gegen Mitternacht zogen die SA-Leute durch die Stadt, verhafteten alle Juden und zerstörten ihre Wohnungen und Geschäfte. Walter Philipson, eines der Opfer, erinnerte sich nach vierzig Jahren, wie die Männer mit Fackeln durch die Straßen zogen und «Tod den Juden!» schrien. Sie warfen die Möbel aus dem Fenster und zerschlugen mit Beilen den Rest. Die Juden wurden auf einen Schulhof gebracht und gequält, mussten Reiter- und Hahnenkämpfe veranstalten, bellen wie Hunde und auf allen Vieren kriechen. Nach dem Pogrom wurden die verhafteten Männer am Morgen zum Bahnhof geführt. «Viele Arbeiter waren unterwegs», erinnerte sich Walter Philipson, viele seien von ihren Rädern gestiegen. «Ich habe gesehen, wie sie da standen, ganz starr, das habe ich bemerkt.»[269] Die Nationalsozialisten waren tatsächlich frustriert, weil die Reaktionen der Bevölkerung keineswegs begeistert ausgefallen waren.

Im Novemberpogrom 1938 stahlen die Deutschen, was ihnen in die Hände kam. Göring verlangte nach der Terrornacht eine «Sühneleistung» von einer Milliarde Reichsmark – von den Juden. Das Reich befand sich in einer schweren Haushaltskrise, und der Raub bildete ein wichtiges Motiv. Die Nationalsozialisten forcierten die Vertreibung. Die in der Nacht verhafteten Männer wurden vielfach erst freigelassen, wenn sie ein Auslandsvisum vorweisen konnten.[270]

Segregation

Nicht erst die Nürnberger Gesetze, die es jüdischen und nichtjüdischen Deutschen verboten, zu heiraten und sexuelle Beziehungen zu unterhalten, drangen in das Privat- und Intimleben jüdischer Menschen ein. Von Anfang an wurden Juden durch die Straßen geführt mit Schildern um den Hals, die ihnen die «Schändung» von «arischen» oder «Christenmädchen» vorwarfen.[271] In Breslau aktivierten die Nazis 1935 den mittelalterlichen Pranger. Namenslisten von nichtjüdischen Frauen, die vermeintlich Beziehungen zu Juden hatten, wurden in Zeitungen mit Adressen genannt, auf SA-Propagandaumzügen jeden Sonntag um die Mittagszeit laut verkündet und auf der Prangersäule angebracht, wo die Liste von SA-Leuten bewacht wurde. Ein Durchreisender schrieb an den Breslauer Polizeipräsidenten: «Am Sonntag hatte ich auch Gelegenheit, in Ihrer Stadt den Pranger in Breslau besichtigen zu dürfen. Entschuldigen Sie, wenn ich Ihnen sage, dass ich mich mindestens ein Jahrhundert zurückversetzt gefühlt habe.»[272]

Auf der kommunalen Ebene trieben Verantwortliche eifrig und phantasiereich die physische Ausgrenzung voran. Im Verlauf der 1930er Jahre verboten die Behörden allen als Juden definierten Menschen Schwimmbäder, Sportplätze, Parkbänke, Theater, Kinos oder öffentliche Bibliotheken. Staatliche Krankenhäuser nahmen nur noch Juden in Lebensgefahr auf und behandelten sie separiert von anderen. An den Badestränden entwickelte sich unter örtlichen Behörden ein regelrechter Wettbewerb darum, möglichst schnell «judenrein» zu werden.[273]

Die physische Segregation bildete einen entscheidenden Schritt hin zum Holocaust. Seit dem Novemberpogrom 1938 begannen die Behörden, jüdische Mitbewohner aus bestimmten Stadtvierteln auszuweisen, sie in «Judenhäuser» zu treiben und Zonen einzurichten, außerhalb derer Juden nicht mehr einkaufen durften. Zuweilen durften Juden an Feiertagen ab 12 Uhr mittags nicht mehr das Haus verlassen. Die Namensänderungsverordnung vom 17. August 1938 griff unmittelbar in die Identität der Menschen

4. Gewalt: Homogenisierung und Diversität

Öffentliche Anprangerung des jüdischen Geschäftsmanns Oskar Dankner (nicht im Bild) und seiner nicht-jüdischen angeblichen Geliebten Adele Edelmann durch SA-Männer in Cuxhaven am 27. Juli 1933

ein. Sie beschränkte die Vornamen für Juden auf eine kurze Liste mit 18 weiblichen und 21 männlichen Namen in unterschiedlichen, ebenfalls gelisteten Varianten, von denen die meisten grotesk klangen.[274] Einige Namen wie «Geilchen» oder «Saudik» waren höhnische Erfindungen. Wer bereits einen anderen Vornamen hatte, musste sich zusätzlich «Israel» oder «Sarah» nennen. Die Verwaltungsgebühr für die Änderung des Vornamens betrug «5 RM bis 500 RM».[275] Mit der Verordnung über Reisepässe von Juden im Oktober 1939 wurden Pässe von Juden ungültig oder mit dem bereits erwähnten «J» markiert.

Ausgeraubt, segregiert, geschunden lebten Juden zu Beginn des Krieges 1939 in zumeist prekären Verhältnissen. Mit Kriegsbeginn durften Juden im Sommer ab 21 Uhr und im Winter ab 20 Uhr das Haus nicht mehr verlassen und nur noch zwischen 16 und 17 Uhr Lebensmittel einkaufen – mit wesentlich geringeren Rationen als die «Arier». Am 1. September 1941 ordnete die deutsche Regierung an, dass Juden einen etwa handtellergroßen, immer gut sichtbaren gelben Stern tragen mussten – auch das ein Rückgriff auf vormoderne Praktiken. Die Bürgermeister im besetzten Brüssel aber weigerten sich, das Kennzeichen auszugeben, weil diese Vorschrift «der Würde eines jeglichen Menschen, wer er auch sein mag, direkt Abbruch tut».[276] Der Stern trug nicht zuletzt dazu bei, Juden zum Abtransport leicht auffindbar zu machen. Die oft chaotischen Formen von Diskriminierung und Vertreibung waren in eine tödliche Phase übergegangen, die auf das Unvorstellbare abzielte: die körperliche Vernichtung.

Hier endet jede Ähnlichkeit mit anderen Ländern. Fast überall war die liberale Demokratie bis 1940 zu einem Ende gekommen. Diktaturen, Autoritarismus, Rassismus und Antisemitismus beherrschten die Zeit. Der Holocaust konnte in diesem fruchtbaren Schoß der globalen Menschenverachtung gedeihen. Doch der Holocaust war ein deutsches Projekt. Vor den Befehlshabern der Wehrmacht hatte Hitler im August 1939 kurz vor dem Überfall auf Polen die Richtlinie vorgegeben. «Herz verschließen gegen Mitleid. Brutales Vorgehen», heißt es in einer stenographischen Mitschrift der Rede. «Der Stärkere hat das Recht. Größte Härte.»[277]

Holocaust

Mit dem Überfall auf Polen am 1. September 1939 begannen die Deutschen überall in Osteuropa, Ghettos für Juden einzurichten, um den Zugriff auf sie zur Ausbeutung durch Zwangsarbeit und zur Ausraubung zu erleichtern, um sie zu demütigen und – ab 1941 – rasch aufgreifen und ermorden zu können. Die älteren Konzentrationspläne, nach denen Juden in unwirtlicher Gegend einer natürlichen «Dezimierung» oder Auslöschung unterworfen werden sollten, hatten NS-Planer lange Zeit mit entlegenen Regionen verbunden. Mit dem Überfall auf die Sowjetunion im Juni 1941 boten sich neue räumliche Möglichkeiten der Vernichtung.[278] Das Töten sollte in vermeintlich barbarischen, fernen Regionen geschehen.

Wie ging die Ermordung konkret vor sich? Am 22. Oktober 1941 beispielsweise suchten die Deutschen im völlig überfüllten Ghetto des weißrussischen Städtchens Glubokoje einige Hundert Bewohner aus, brachten diese in die nahe gelegene Ortschaft Borki. Die zwei Brüder Rajak erinnerten sich später, wie die Deutschen den Jungen befahlen, an der Grube zu tanzen, und den Alten, jüdische Lieder zu singen; danach «zwangen sie die Jungen und Gesunden, die kraftlosen Alten und Invaliden in die Grube zu tragen und dort niederzulegen. Erst dann mussten sie sich selbst hinlegen», dann wurden alle erschossen.[279] Der Bericht der Brüder Rajak, der mit der deutschen Besatzung beginnt und mit der Auslöschung des Ghettos endet, beschreibt einen typischen Vorgang im osteuropäischen Kriegsgebiet: Nach dem Einmarsch der Besatzer – oft mobilen Truppen der SS-Sicherheitspolizei (genannt Einsatzgruppen), Einheiten der deutschen Polizei (genannt Ordnungspolizei), manchmal auch der Waffen-SS, häufig begleitet von einheimischen Kollaborateuren – wurden die Juden registriert, verhöhnt, gequält. Es gibt Fotos davon, wie Juden auf allen Vieren kriechen mussten, wie lachende deutsche Soldaten ihnen die Bärte abschneiden oder sie zwingen, in Gebetskleidung mit ihren Peinigern vor der Kamera zu posieren. Die Menschen mussten Zwangsarbeit leis-

Vernichtung | 247

ten. Schließlich wurden die Juden gezwungen, ihre Wohnungen zu verlassen, wofür sie die Schlüssel im Eingang stecken lassen mussten.[280] Die Schlüssel an den Türen der verlassenen Häuser stehen für das Ende der aufklärerischen Eigentumsrechte. Die Person besitzt nicht mehr ihren Körper, sie besitzt keine Wohnstatt mehr, kein Bett, keinen Küchenschrank mit Nahrung, und ohne Eigentum ist sie vogelfrei.

Die Deutschen bereicherten sich am Hab und Gut der Entrechteten, raubten systematisch Kleidung, Geschirr, Brillen, alles was ihnen noch geblieben war. Bald lebten viel zu viele Menschen in den Ghettos, und die Bewohner starben auch an den hygienischen Missständen und am Hunger. Die Wächter reagierten auf die Überfüllung, indem sie Menschen systematisch erschossen. Irgendwann wurde das Ghetto endgültig geräumt, die Hoffnung der Menschen, die Besatzer würden die Kinder schonen, erwies sich als falsch. Jedes vierte Opfer des Holocaust ist ein Kind: 1,5 Millionen Kinder von insgesamt sechs Millionen Ermordeten.[281] Eine Zeitzeugin aus Litauen erinnerte sich, wie die Auflösung des Ghettos im litauischen Kaunas mit dem Massenmord an Kindern begann, wie an einem Märzmorgen 1944 deutsche Polizei und ukrainische Helfer Kinder bis zu zwölf Jahren aus den Betten rissen, Säuglinge und Kleinkinder auf die Lastwagen schmissen, so dass die Kleinen dort schwer verletzt lagen, wie verzweifelte Eltern niedergeschlagen wurden, die Schreie – und dazu erklang aus den Autos der Deutschen Radiomusik.[282]

Der Holocaust entsprach nicht dem durch den Eichmann-Prozess entstandenen Bild von einem aseptischen Akt der Bürokratie. Vielmehr geschah der Genozid durch die Hand von Mördern, mit physischer Übermacht, mit Blut und Körpern und Dreck. Es waren reale Massaker, eine Zerstörung der Körper, begleitet von allen Formen physischer Entrechtung und Erniedrigung.[283] Entsprechend weit ist der Täterkreis der direkten Mörder. Die neuere Holocaustforschung geht von 200 000 bis 250 000 Tätern allein aus Deutschland und Österreich aus.[284] Betrachtet man das konkrete Gewaltgeschehen vor Ort, kommen weitere Opfergruppen in den Blick. Als die Deutschen 1939 in Polen einmarschierten, ermordeten sie zunächst Zehntausende der polnischen Eliten, Tausende Behinderte und psychisch Kranke. Im Verlauf des Krieges verlor die gezielte Tötung von Zivilisten angesichts des millionenfachen Todes von Soldaten ihren Schrecken. Die Massenerschießungen der Juden im sowjetischen Kriegsgebiet erfolgten ab 1941 parallel zu dem Massensterben von rund zwei Millionen sowjetischer Kriegsgefangener durch Hunger und Seuchen. Der «Generalplan Ost» der deutschen Führung beabsichtigte das «Absterben» von 30 Millionen Slawen.[285] Den Durchbruch zur «Endlösung», die systematische Ermordung der Jüdinnen und Juden, empfanden die Handelnden also kaum als neue Qualität, vielmehr ergab er sich kumulativ aus Krieg, Hunger, alltäglichem Sterben und ins Triviale abgesunkenem Quälen und Morden, aus dem längst herbeigeführten Ende der Menschenrechte und aus dem Verlust von Scham und Mitleid.

Zweiter Weltkrieg

Das Wesen des Nationalsozialismus war der Krieg, in seinem Herzen steht die Gewalt. Trotz aller Friedenspropaganda der 1930er Jahre intensivierte das NS-Regime nicht etwa den Sozialstaat für die Volksgenossen, sondern betrieb die Aufrüstung.[286] Der Rassismus, der Antisemitismus, die imperialen Herrschaftsansprüche, die grenzenlose Mobilisierung, die Phantasmagorien der Volksgemeinschaft, die mörderischen Endlösungen – sie alle bedurften des Krieges mit seinem Potential zur völligen Gewaltentfesselung. Im Krieg fand der Nationalsozialismus zu sich selbst.

Und doch, nichts war endgültig, alles hätte anders kommen können. Die Deutschen blieben bei Kriegsbeginn 1939 voller Abneigung und Zurückhaltung. Das änderte sich freilich mit den deutschen Sieges- und Raubzügen. Viele Deutsche profitierten vom Diebstahl des jüdischen Vermögens und der damit verbundenen Auslöschung des bürgerlichen Lebens der anderen.[287] Als «Arier» qualifizierte Deutsche konnten sich aus den besetzten Gebieten zum privaten Gebrauch einen Hausklaven beschaffen oder für ihr Gewerbe Zwangsarbeiter organisieren.[288] Die Deutschen lebten also im zweiten Drittel des 20. Jahrhunderts in einer Gesellschaft, in der Sklaverei wieder selbstverständlich geworden war, nachdem sechzig Jahre zuvor in der von Bismarck einberufenen «Kongokonferenz» die Bekämpfung der Sklaverei im fernen Afrika ausdrücklich als zivilisierendes Element europäischer Staaten genannt worden war. Wortwörtlich alle Deutschen sahen bei der Entwürdigung der Jüdinnen und Juden zu, lasen, erlebten und hörten sie, ganz unabhängig davon, was sie von dem Massenmord wussten, wissen wollten, was sie taten oder unterließen. Noch 1943 gelang es Goebbels in der «Sportpalastrede», deutsche Frauen und Männer mit Krieg in Freudengeschrei zu stürzen: «Ich frage euch: Wollt ihr den totalen Krieg? Wollt ihr ihn, wenn nötig, totaler und radikaler, als wir ihn uns heute überhaupt erst vorstellen können?»

Der totale, die Bevölkerung umfassend mobilisierende Krieg mit der Massenproduktion der Rüstungsgüter und mit einem globalen, veloziferischen Fortschritt in der Entwicklung der Waffentechnik ermöglichte ein neues Ausmaß an Zerstörung. Der Luftkrieg, vor dem es kein Entkommen gab und bei dem allein in Deutschland rund 600 000 Menschen starben, unter ihnen etwa 40 000 ausländische Arbeitskräfte und Kriegsgefangene,[289] der U-Bootkrieg, aber auch die schiere Masse an Waffen mit Millionen Gewehren und Maschinenpistolen oder Hunderttausenden Panzern und Kampfflugzeugen waren von apokalyptischem Ausmaß. Die Todeszahlen im Zweiten Weltkrieg sollen hier ausreichen, um einen Eindruck zu vermitteln. Auch wenn die Daten immer wieder revidiert werden und sie je nach Studien schwanken, so gibt es mittlerweile doch recht gut gesicherte Annäherungen. Insgesamt wurden durch direkte Kriegseinwirkungen etwa 56 Millionen Menschen getötet; mit Verbrechen und Kriegsfolgen sind es rund 80 Millionen. Die höchsten Opferzahlen verzeichnet die Sowjetunion mit 27 Millionen, gefolgt von China mit 14 Millionen Opfern. Deutschland zählte etwas mehr als 6 Millionen Tote. In Polen starben nach neuestem Forschungsstand rund 5 650 000, wobei die allermeisten polnischen Opfer Zivilistinnen und Zivilisten waren. Zur polnischen Opferzahl gehören 150 000 durch die Sowjetunion

4. Gewalt: Homogenisierung und Diversität

Ermordete und rund 3 Millionen Juden. Polen hatte mit über 17 Prozent der Bevölkerung prozentual die höchsten Verluste zu beklagen.[290]

Die Akzeleration des Sterbens am Ende des Krieges betraf auch die KZ-Häftlinge. 700 000 waren im Januar 1945 registriert, 300 000 starben bis zum Kriegsende. Zur Veranschaulichung: Am Ende des Krieges wurden rund 1000 Häftlinge nach Gardelegen, nördlich von Magdeburg, gebracht, wo der NSDAP-Kreisleiter sie in der Nacht vom 13. auf den 14. April mit Hilfe von Luftwaffensoldaten, SS-Männern und Arbeitsfrontmitgliedern in eine Scheune einsperren – und verbrennen ließ.[291] In diesem wie in vielen anderen Fällen gelang es den Deutschen nicht rechtzeitig, die Leichen zu beseitigen. Bei ihrem Einmarsch stießen die Alliierten überall auf solche Zeugnisse deutscher Geisteshaltung.

5. DEMOKRATIE NACH DEM NATIONALSOZIALISMUS

«Endlich ist die moderne Frau ebenso frei wie der Mann, sie kann über ihren eigenen Körper bestimmen, ihren Lebensunterhalt verdienen, ihre geistigen Interessen verfolgen und eine erfolgreiche Karriere aufbauen,»[1] erklärte 1969 die US-amerikanische Politikerin und Schriftstellerin Claire Booth Luce. Die Rede war von dem neuen Verhütungsmittel, der Pille. Tatsächlich sollte die Freiheit des weiblichen Körpers die Welt verändern. Bis zum 21. Jahrhundert erhielt die überwältigende Mehrheit der Frauen Möglichkeiten und Rechte, die in den 1950er Jahren noch undenkbar gewesen waren. Diese Neujustierung ist umso bemerkenswerter, als der Nationalsozialismus viele der Rechte verhindert oder bereits errungene Ansprüche auf Menschenwürde wieder zerstört hatte. Und sie ist verblüffend angesichts der Verwüstung, die der Zweite Weltkrieg hinterließ, und in Anbetracht der Vitalität, die Diktaturen außerhalb Nord- und Westeuropas auch nach 1945 hatten.

Die Unwahrscheinlichkeit der Demokratie

Kein Ende der Vernichtung

Während der Krieg in Europa am 8. Mai 1945 endete, kam er in Ostasien erst drei Monate später mit einer neuen Form der Massenvernichtung zum Erliegen: Am 6. August warfen die US-Streitkräfte über Hiroshima eine Atombombe ab, am 9. August trafen sie Nagasaki mit einer weiteren Bombe.

5. Demokratie nach dem Nationalsozialismus

Zuvor waren die alliierten Soldaten in Europa durch apokalyptische Szenen gelaufen, stießen auf Leichenberge, auf gefolterte Gefangene und ausgezehrte Arbeitssklavinnen. Sie sahen den Kosmos der Menschenverachtung und Menschenvernichtung des Nationalsozialismus.

Das Kriegsende bot in jeder Hinsicht katastrophale Ausgangsbedingungen für die Demokratie. Zum tödlichen Erbe des Nationalsozialismus und der Verwüstung politischer Traditionen, zu der die flächendeckende Zerstörung lokaler politischer Milieus gehörte, kam das physische Elend der Menschen, die hungerten und kaum Zeit für Politik erübrigen konnten. Ein großer Teil der Europäerinnen und Europäer war unterwegs in Trümmerlandschaften. Allein von den 75 Millionen Menschen in den Besatzungszonen waren 40 Millionen nicht da, wo sie sein sollten. Die Menschenverschiebungen, die Hitler und Stalin für ihre monumentalen Planungen initiiert hatten, setzten sich mit immer neuen Heerscharen fort. Allein die Annullierung des Rechts auf Unversehrtheit der Wohnung, die in der Paulskirchenverfassung von 1849 und in vielen Länderkonstitutionen gewährt war, führte zu einem monströsen Elend.

Für die Alliierten bedeutete es eine zusätzliche gewaltige Herausforderung, diese Millionen zu versorgen und möglichst dorthin zu bringen, wo sie hinwollten. Auch diese Aufgabe nahmen die Westalliierten mit großem Verantwortungsbewusstsein und Geschick wahr. Doch für viele Menschen aus der Sowjetunion begann nun ein weiteres Kapitel der Nachkriegsgewalt. Von der Sowjetunion dazu verpflichtet, trieben westliche Soldaten die sowjetischen «Displaced Persons» teilweise mit Knüppeln und Gewehrkolben in die Züge Richtung Osten, wo sie – von Stalin als «Vaterlandsverräter» qualifiziert – zu Tausenden hingerichtet oder in Zwangsarbeitslager verschleppt wurden. Im Januar 1946 sollten GIs in Dachau zwei Baracken mit sowjetischen Flüchtlingen mit Tränengas räumen. Als sie die Gebäude stürmten, bot sich ihnen ein Bild des Schreckens: Die Menschen hatten sich in einem Massenselbstmord erhängt, und diejenigen, die noch lebten, baten die Soldaten um einen Gnadenschuss.[2]

Die Rotarmisten und die sowjetische Besatzungsmacht führten oft ein grausames Regime weiter, nachdem sie bei ihrem Vormarsch in ungeheurem Ausmaß Frauen und Mädchen vergewaltigt und oft ermordet hatten. Anders als die Westalliierten zielten die Sowjets nicht auf Demokratisierung. Nach dem Krieg sperrten sie vielfach wahllos aufgegriffene Personen in Speziallager; die Häftlinge, zu denen neben Nationalsozialisten auch politisch unerwünschte Personen wie Sozialdemokraten oder Christen zählten, mussten dort unter entsetzlichen Umständen leben, häufig wurden sie gefoltert. Von den rund 122 000 Menschen, die bis 1950 in Speziallagern saßen, überlebten etwa 42 000 nicht.[3]

Auch der Wahnsinn des Antisemitismus kam mit dem Krieg zu keinem Ende: Die überlebenden Juden in Osteuropa sahen sich dem Hass der Bevölkerung ausgesetzt. In Polen kam es nach Kriegsende erneut zu Pogromen gegen Juden. 100 000 Juden sahen sich gezwungen, ausgerechnet nach Deutschland zu fliehen. Im Juli 1946 erschlug in Kielce südlich von Warschau ein Mob 40 Juden – von 200 Überlebenden einer Stadt, die vor dem Einfall der Deutschen 25 000 jüdische Einwohner gezählt hatte.[4]

Hunger und Elendsquartiere

Nach dem Krieg kam der Hunger auch nach Deutschland. «Nicht Parteien oder Gewerkschaften bestimmen unser Leben, nicht die junge demokratische Regierung oder die Besatzungsmacht», notierte die *Kölnische Rundschau*, «sondern einfach der Hunger, nichts als Hunger.»[5] Ein Viertel des Wohnungsbestandes war zerstört. Mit zunehmender Ordnung wurde das Problem der Arbeitslosigkeit mit allen Begleiterscheinungen der Demütigung und gesellschaftlichen Desintegration immer deutlicher. 1950 lag sie bei über 10 Prozent, und sie stieg weiter an.[6]

Die Flüchtlinge aus den ehemals deutschen Ostgebieten stellten im Westen 16,5 Prozent der Bevölkerung, in Ostdeutschland sogar ein Viertel. Das «Eingliederungswunder» dieser rund zwölf Millionen Vertriebenen verlief jedoch alles andere als wunderbar. Es braute sich in deutschen Landen eine toxische Mixtur zusammen aus Rassismus, Hartherzigkeit und aggressiver Solidaritätsverweigerung. Die Alliierten befürchteten einen Bürgerkrieg. Teilweise mussten sie die Einheimischen mit vorgehaltenem Gewehr zwingen, die Flüchtenden aufzunehmen. Wenn auf dem Land die Bauern selbst diejenigen auswählen durften, die sie einquartierten, ging es zu wie auf dem Sklavenmarkt: Sie wählten die schönsten Frauen, die kräftigsten Männer und verhöhnten die besonders Schwachen.[7] Statt demokratische Tugenden wie Solidarität zu üben, konfigurierten die Deutschen ihren Rassismus neu: Die einstigen «arischen» Volksgenossen aus den polnisch gewordenen Gebieten wurden zu «Pollacken», in protestantischen Regionen zu «Katholen». «Ihr Flüchtlinge gehört alle nach Auschwitz in den Kasten!», erklärte ein Weingutbesitzer aus Hessen. Der Karneval nahm das Elend der Flüchtlinge und den Hass auf sie zum Anlass für frohe Späße.[8] Vertriebene wurden zu Nicht-Weißen, die neue bundesrepublikanische Demokratie begann mit einer großen Exklusion.

Bemerkenswert ist, wie in dieser Zeit die Erzählung, Preußen sei der Ursprung allen Übels, an Zuspruch gewann und sich allmählich verfestigte.[9] Für die Alliierten, die Deutschen und alle Nachgeborenen bot das Narrativ ein Angebot, die Verbrechen zu rationalisieren: von Friedrich II. über Bismarck zu Hitler. Die historische Traditionskonstruktion brachte Entlastung, weil das Böse als determiniert und damit unentrinnbar dargestellt wurde; teilweise schuf sie aber auch Distanz zu den Verbrechen. Gerne wurden nun die Vertriebenen als die eigentlichen Nazis identifiziert, als «Preußen»: ein Volk von Untertanen. Sie «können sich demokratisch nennen, aber das geschieht nur, weil sie den Befehl dazu erhalten haben und weil sie instinktmäßig Befehlen gehorchen».[10]

Erst später wurde klar, welchen Beitrag die Vertriebenen zur Entwicklung insbesondere der Bundesrepublik leisteten. Sie sorgten für die raschere Auflösung ländlicher Strukturen mit engen Familienclans, konfessionellen Grenzen und tradierten dörflichen Hierarchien. In ihrem Streben nach sozialem Aufstieg waren sie ungeheuer fleißig, boten ein gut ausgebildetes und hochflexibles

Arbeitsreservoir, das wesentlich zum Wirtschaftswunder beitrug. Dennoch war ihre Integration ein ambivalenter, langwieriger Prozess.[11] Viele Wunden schwelten lange weiter. Oft gehörten die Geflüchteten zu den Revanchisten, die sich nicht mit den neuen Grenzen nach 1945 abfinden wollten.

Neue Diktaturen und Demokratien

Der demokratische Aufbruch in Deutschland fand erneut im Rahmen einer internationalen Demokratisierungswelle statt. Hatte sich die Zahl der Demokratien zu Beginn der 1940er Jahre weltweit auf ein knappes Dutzend reduziert, so erlebte diese Staatsform nach dem Krieg wieder eine Blütezeit. Österreich proklamierte sich nicht nur zum Opfer Hitlers, sondern auch zur Zweiten Republik, Frankreich gründete 1946 die Vierte Republik, Großbritannien annullierte Reste eines direkt den Besitz bevorzugenden Wahlrechts, und Italien erhob sich 1948 zur Republik, um nur einige Beispiele zu nennen. Neben europäischen Staaten wie Frankreich, Italien, Jugoslawien oder Belgien führten zahlreiche weitere Staaten mit dem Kriegsende das Frauenwahlrecht ein: Japan etwa, China oder auch in begrenztem Umfang Syrien. In ganz Westeuropa gründete die Herrschaft nun auf dem Mitbestimmungsrecht aller Erwachsenen – mit Ausnahme der Schweiz, die in republikanischer Tradition ein Frauenwahlrecht ablehnte. Überall blühte die Demokratie auf, sei es in Indien, Japan, Brasilien oder im 1948 gegründeten Israel. Die Anzahl der Demokratien verdoppelte sich weltweit bis 1950.[12]

Allerdings ging überall dort, wo sich die Sowjetunion Staaten unterwarf, die Fremdherrschaft und Unterdrückung weiter. Bis 1953 starben im sowjetischen Lagersystem 2,7 Millionen Menschen. Als Legitimation musste auch hier das «Volk» dienen und die «Republik», die sich in den Namen der staatssozialistischen Länder finden. Hier verband sich der demokratische Anspruch mit dem Endziel des Kommunismus, einem Ziel, dem die Menschenwürde ebenso zum Opfer fiel wie die komplizierten Machtbalancen der Demokratie. Für den Sozialisten Brecht galt das Mitleid als

Hemmnis des revolutionären Impulses. Auch wenn diese Zuspitzung der Qualität und Komplexität seines Werkes nicht ganz gerecht wird, so war seine Gewaltaffinität doch typisch für sozialistisches Denken: Gewalt sei notwendig, um alte Regime zu stürzen und Demokratien zu errichten. Die Brecht- und Kommunismus-Konjunktur in den 1970ern und 1980ern trug zu dem um sich greifenden Glauben bei, demokratischer Fortschritt folge aus Revolutionen.[13] Es ist kaum ein Zufall, dass in der zweiten Jahrhunderthälfte die gewaltigsten Massenverbrechen im Namen des Sozialismus verübt wurden: etwa in China, wo während des «Großen Sprungs» von Mao Zedong von 1957 bis 1962 bis zu 45 Millionen Menschen verhungerten,[14] oder wie unter der dystopischen Herrschaft der Roten Khmer in Kambodscha von 1975 bis 1979. Die kommunistische Ideologie war zu einem weiteren entsetzlichen europäischen Exportprodukt geworden.

In den Gewaltexzessen des Weltkriegs und der Nachkriegszeit erscheint es nur folgerichtig, dass Stalin mit der alten Logik von Gewalt und Unterwerfung Erfolg hatte. Demgegenüber mutet es erstaunlich an, dass andernorts die Demokratie gelang und sich allmählich weltweit ausbreitete.

Lernende Nation

Warum ging die Bundesrepublik nicht zugrunde? In der Forschung wird diese Frage meistens mit einer weiteren Frage verbunden: Gelang hier den Alliierten das Wunder, aus dem Nichts, ja aus den Trümmern einer totalitären Herrschaft eine Demokratie mit einer freien Gesellschaft zu errichten? Oder konnte die Republik auf eigene Traditionen zurückgreifen?[15] Zweifellos hatten die Alliierten entscheidenden Anteil an der geglückten Demokratie. In den besetzten Gebieten konnten amerikanische Idealisten, rückkehrende Exilanten, humanistische Intellektuelle, alle Schattierungen an Demokraten in ganz anderer Weise ihre Ideale zur

Geltung bringen, als das etwa in den vom Rassismus beherrschten Vereinigten Staaten möglich gewesen wäre. Die Westalliierten machten wenig falsch und vieles richtig gut. Sie ermutigten zur Demokratie, lebten die Attraktivität von Freiheit vor und wussten um die zentrale Rolle des Wohlstands.

Und doch konnte all das nur seine Kraft entfalten, weil die Deutschen längst demokratische Verfahren geübt hatten und in allen Ländern parlamentarische und partizipative Traditionen bis weit ins 19. Jahrhundert zurückreichten. Demokratie ist ein mühsames Lern- und Selbsterziehungsprojekt, das nicht über Nacht und erst recht nicht allein durch externe Mächte installiert werden kann, wie sich in der Weltgeschichte immer wieder beobachten lässt. Zudem wirkten im 20. Jahrhundert die gleichen Faktoren stabilisierend, die bereits im 19. Jahrhundert Demokratisierungsprozesse bestärkt hatten: Wohlstand, Bildung und Lernbereitschaft, das über den Nationalismus transportierte Gefühl der Gleichheit und Solidarität – und die Unterstützung durch Eliten.[16]

Nicht nur die Bundesrepublik musste in der zweiten Hälfte des 20. Jahrhunderts umstürzende Veränderungen bewältigen. Die einstigen Imperien wie Großbritannien oder Frankreich, die jungen Nationen in den ehemaligen Kolonien, selbst die Sowjetunion und ihre Satellitenstaaten standen vor der Herausforderung einer völligen Neudefinition ihres Staates und ihrer Herrschaft. Die liberalen Demokratien hatten dabei einen entscheidenden Vorteil: Sie erwiesen sich als besonders lernfähig und flexibel – auch aufgrund dieser Offenheit erweist sich Demokratie als ein Erziehungsprojekt. Auf die Bundesrepublik scheint dabei der Begriff «lernende Demokratie» in besonderem Maße zuzutreffen, mussten die Deutschen doch zugleich mit dem dunklen Kapitel ihrer Vergangenheit fertigwerden.[17]

Das Grundgesetz

«Die Würde des Menschen ist unantastbar»: Dieser Artikel 1 des Grundgesetzes war ein deutliches Eingeständnis des Versagens und der Lernbereitschaft. Interessanterweise blieb das plastische, auf die Physis zielende Wort «unantastbar» im Grundgesetz stehen, auch gegen stilistische Bedenken der Abgeordneten – «scheußlich», so Theodor Heuss.[18]

Den Auftakt zum Grundgesetz gaben die Alliierten in Frankfurt am 1. Juli 1948, als die drei westlichen Militärgouverneure, der Amerikaner Lucius D. Clay, der Franzose Marie-Pierre Kœnig und der Brite Brian Robertson den westdeutschen Ministerpräsidenten der Länder die «Frankfurter Dokumente» übergaben mit dem Auftrag, eine Verfassung für die westlichen Besatzungszonen zu entwerfen. Die Ministerpräsidenten wehrten sich gegen dieses Ansinnen, denn sie wollten auf keinen Fall die Spaltung Deutschlands mit einer Verfassung befördern, die nur für einen Teil des Landes galt. Sie konnten die Westalliierten zu dem Eingeständnis bewegen, dass sie keine Verfassung, sondern lediglich ein «Grundgesetz» ausarbeiten würden.

Am 1. September 1948 wurde der Parlamentarische Rat eröffnet. Der Name vermied den Begriff «Verfassungsgebende Versammlung». Die fünfundsechzig stimmberechtigten Mitglieder waren von den Landesparlamenten entsandt, hinzu kamen fünf nicht stimmberechtigte Abgeordnete aus Berlin. Die Verteilung der Mandate entsprach der Stärke der Parteien in den gewählten Landesparlamenten. Siebenundzwanzig gehörten zur Sozialdemokratie, neunzehn zur CDU, acht zur CSU, fünf zur FDP, jeweils zwei zur rechtsgerichteten Deutschen Partei, zur KPD und zum Zentrum. Der zweiundsiebzigjährige ehemalige Kölner Oberbürgermeister Konrad Adenauer wurde zum Präsidenten des Rates gewählt und so einer größeren Öffentlichkeit bekannt. Die eigentliche Arbeit aber fand nicht in den wenigen von Adenauer geleiteten Plenumssitzungen statt, sondern in den Fachausschüssen. Den Hauptausschuss leitete der einflussreiche sozialdemokratische Justizminis-

Eleanor Roosevelt, Vorsitzende der UN-Menschenrechtskommission, zeigt 1949 ein Plakat mit der Allgemeinen Erklärung der Menschenrechte.

ter von Württemberg-Hohenzollern, Carlo Schmid, Kind eines Schwaben und einer Französin.

Gaben die Alliierten den Anstoß zum Grundgesetz, so wurzelte dieses doch wesentlich in der deutschen Geschichte, zunächst in Abgrenzung vom Nationalsozialismus. Mit Artikel 1 – «Die Würde des Menschen ist unantastbar» brachten die Deutschen die Essenz all dessen auf den Punkt, was sie aus ihren Verbrechen gelernt hatten. Entscheidenden Einfluss hatte dabei auch die Allgemeine Erklärung der Menschenrechte, die im selben Zeitraum entstand und unter der Federführung der Aktivistin und amerikanischen Präsidentengattin Eleanor Roosevelt ausgearbeitet wurde.[19] Das vorstaatliche Verständnis von Menschenwürde und der damit unlöslich verbundene Anspruch auf universelle Gleichheit bilden die Essenz sowohl der Menschenrechtserklärung als auch des Grundgesetzes.[20]

5. Demokratie nach dem Nationalsozialismus

Nicht nur mit seiner Berufung auf universale Werte ist das Grundgesetz durchdrungen von dem Wunsch nach internationaler Einbettung, nach einem klaren Ende aller großspurigen Isolierung. Gleich in der knappen Präambel des Grundgesetzes ist von einem «vereinten Europa» die Rede. Auch die schwache Stellung des Präsidenten oder das konstruktive Misstrauensvotum gehörten zu den konkreten Lektionen aus dem Ende Weimars.

Doch die Besinnung auf die Geschichte zeigte sich nicht nur in der Abwehr, sondern auch in der Aneignung von konstitutionellen und demokratischen Traditionen. Die deutsche Demokratie war kein oktroyierter Fremdkörper, sie kam «nicht als unbekannter Importartikel daher, sie entsprang auch nicht der demokratischen Schatztruhe der Alliierten, sondern sie schöpfte aus deutschen historischen Erfahrungen».[21] Die Menschenwürde muss über die aufklärerischen, liberalen, aber auch karitativ-jüdisch-christlichen Denklinien mindestens bis ins 18. Jahrhundert verfolgt werden – und erweist sich damit nicht nur als deutsche, sondern vor allem als europäische Schöpfung, die wiederum stark in der jüdischen Tradition von der Gottesebenbildlichkeit des Menschen wurzelt.

Das Grundgesetz berücksichtigte die drei vorhergehenden deutschen Verfassungen: die Paulskirchenverfassung, die Reichsverfassung von 1871 und die Weimarer Verfassung. Wie schon bei den zuvor erlassenen Länderverfassungen überwog der Einfluss Weimars, doch insbesondere im Grundrechteteil machte das Grundgesetz wesentliche Anleihen bei der Paulskirchenverfassung.[22] Art. 1 Abs. 3 ordnete die unmittelbare Wirkung der Grundrechte für die drei Formen der Staatsgewalt an, die Gesetzgebung, die Rechtsprechung und die Exekutive. Die Menschenwürde wurde konkret einklagbar, und schon 1949 nahm die bundesrepublikanische Rechtsprechung bei Fragen der Sozialhilfe konkreten Bezug auf die Menschenwürde.[23] Die durch die Grundrechte geschaffene «Werteordnung» sollte die Gesellschaft durchdringen und in alle Bereiche ausstrahlen.[24] Beispielhaft dafür ist die Forderung nach Gleichberechtigung der Geschlechter: «Männer und Frauen sind gleichberechtigt. Der Staat fördert die tatsächliche Durchsetzung der Gleichberechtigung von Frauen und Männern und wirkt auf die Beseitigung bestehender Nachteile hin», heißt es in Art. 3 Abs. 2. Dieses Postulat war von den Verfassungsmüttern und Sozialdemokratinnen Elisabeth Selbert und Friederike Nadig durchgesetzt worden und konnte nun mit Nachdruck im Rechtsleben verfolgt werden, um die zahlreichen patriarchalischen Bestände im Arbeits-, Erb-, Familien- oder Vermögensrecht zu beenden.[25]

Eine entscheidende Mitgift des 19. Jahrhunderts war der Rechtsstaat. Die starke Stellung des Gesetzes für die Verwaltung, die mächtige gerichtliche Kontrolle, die weitgehende Unabhängigkeit der Justiz erklärt sich nicht zuletzt aus dieser Tradition. Im Grundgesetz wurde das Recht explizit zu einer eigenen Quelle der Legitimation.[26] Den Rechtsstaat als eine Art Gegenpol zur Demokratie zu sehen, wie es in der politischen Theorie zuweilen geschieht, weil er die unmittelbare Volksherrschaft einschränkt, geht an der Praxis der Demokratie vorbei, die ohne rechtsstaatliche Konsequenz hilflos gegenüber antidemokratischen Gewalten bleibt, wie die rassistische Herrschaft in den USA bis in die 1960er Jahre oder die autokratische Regentschaft von Männern wie Putin in Russland zeigen.

Einen Schwerpunkt bildete die Idee des wehrhaften Charakters von Demokratie. Sie war eine Antwort auf den Niedergang in den 1930er Jahren und auf die resignative Vorstellung, wie sie etwa 1932 von Hans Kelsen vorgebracht worden war: dass sich gegen den Volkeswillen Demokratie nicht bewahren lasse.[27] Im amerikanischen Exil hatten der Staatsrechtler Karl Loewenstein und der Soziologe Karl Mannheim das Konzept von der «streitbaren», «wehrhaften» oder – wie Loewenstein es nannte – «militant democracy» entwickelt.[28] Die Staatsmacht sollte Feinde der Demokratie und Verfassungsgegner in die Schranken weisen können. Diese Ideen waren nicht neu, und das Grundgesetz konnte auch an dieser Stelle auf die Weimarer Verfassung zurückgreifen. Die demokratischen Regierungen in Weimar hatten mit dem zeitweiligen Verbot der NSDAP, der Deutschvölkischen Freiheitspartei oder der KPD die Möglichkeit der Selbstverteidigung genutzt. Doch nach dem «Dritten Reich» war das Bewusstsein für die Problemlage geschärft. Der Sozialdemokrat Carlo Schmid kommentierte in einer großen Rede vor dem Parlamentarischen Rat im September 1948: «Demokratie ist nur dort mehr als ein Produkt einer bloßen Zweckmäßigkeitsentscheidung, wo man den Mut hat, an sie als etwas für die Würde des Menschen Notwendiges zu glauben. Wenn man aber diesen Mut hat, dann muss man auch den Mut zur Intoleranz denen gegenüber aufbringen, die die Demokratie missbrauchen wollen, um sie aufzuheben.»[29]

Im Grunde geht es bei der «wehrhaften Demokratie» um die Bewusstwerdung eines integralen Bestandteils von liberaler Demokratie: dass sie, will sie erfolgreich sein, immer auch von ihrer Einschränkung lebt. Das Misstrauen gegenüber der Herrschaft der «Massen» saß nach 1945 tief. So stehen im Grundgesetz die Grundrechte und nicht die Volkssouveränität oder die Demokratie an der Spitze der Verfassung. Erst in Art. 20 I heißt es: «Die Bundesrepublik Deutschland ist ein demokratischer und sozialer Bundesstaat» und unmittelbar danach: «Alle Staatsgewalt geht vom Volke aus.» Doch diese Gewalt war klaren Beschränkungen unterworfen. Minderheiten wurden gegenüber den Mehrheiten geschützt. Die Grundrechte hatten im Konfliktfall Vorrang vor der Demokratie (Art. 19 Abs. 2): «In keinem Falle darf ein Grundrecht in seinem Wesensgehalt angetastet werden.»[30]

Neben der weitgehenden Ablehnung plebiszitärer Elemente lässt sich auch der Föderalismus als Einschränkung der reinen Volksherrschaft verstehen – ein Rückgriff auf Traditionslinien, nicht zuletzt auf die Bismarckverfassung mitsamt der nicht gewählten Besetzung des Bundesrats.[31] Das Grundgesetz war ein Werk der Länder, auch wenn zum Missmut der Bayern die zentrale Gewalt prägend wurde. Der Parlamentarische Rat bestand aus Abgeordneten der Landesparlamente. Die Väter und Mütter der Landesverfassungen – Carlo Schmid, Elisabeth Selbert oder Ludwig Bergsträßer – gehörten meist zu den Verfassern des Grundgesetzes, und ihre Landesverfassungen wirkten auf den Text des Grundgesetzes.[32]

Parteien erhielten nun Verfassungsrang, und im Unterschied zur Weimarer Verfassung wurde in Artikel 21 explizit ihre Rolle

Lernende Nation | 263

beim Prozess der Willensbildung festgelegt. Damit schrieben die Schöpfer des Grundgesetzes einen Umstand fest, der schon für die Massenpolitisierung im Kaiserreich gegolten hatte. Die Stärkung der Parteien lässt sich als Einhegung verstehen, denn es sind häufig Parteien, zumeist ist es sogar eine kleine Parteielite, die Kandidierende aufstellen und Posten besetzen – bis hin zu den Verfassungsrichterinnen und Verfassungsrichtern. Die Weitung des Mitbestimmungsrechts bei einflussreichen Positionen auf die Parteibasis oder gar auf das ganze Volk, erweist sich nicht immer als vorteilhaft für die Demokratie, wie nicht zuletzt die Geschichte der Wahlregulierungen für das US-amerikanische Präsidentenamt zeigt. Parteien sind in der Öffentlichkeit zudem Gatekeeper für Meinungen: Wenn Verschwörungstheorien überhandnehmen oder eine der Wahrheit verpflichtete Kommunikation missachtet wird, lässt sich das oft auf das Versagen von Parteien zurückführen oder auf ihren schwindenden Einfluss.

Auch eine gewisse Skepsis gegenüber Volksvertretungen, die sich in der Machtfülle des Kanzlers bzw. der Kanzlerin ausdrückt, zählt zu den Einschränkungen. Dass das Misstrauen gegen Parlament und Parteien ein deutsches Spezifikum gewesen sei, gehört zu jenen Elementen der Sonderwegerzählung, die sich bis heute halten und die besonders viele historische Fehlinterpretationen hervorgerufen haben. Das Misstrauen wurde von vielen Intellektuellen in vielen Ländern gehegt, und es war – wie man insbesondere in den USA mit den hochkorrupten Parteiorganisationen hatte sehen können – nicht immer unbegründet. Der Bedeutungsgewinn von Exekutive und Judikative auf Kosten der Legislative fand sich so in der Mitte des Jahrhunderts fast in ganz Westeuropa. In der Vierten Französischen Republik wurde mit einer präsidialen Demokratie das schwächste Parlament der westlichen Welt installiert, schließlich war es auch in Frankreich das Parlament gewesen, das nach der deutschen Besatzung den Feinden der Demokratie in Form des Vichy-Regimes den Weg geebnet hatte.[33] Die Parlamentsmacht lässt sich allerdings unterschiedlich interpretieren: Zuweilen gilt ihre Einschränkung als Ausdruck von Demokratieskepsis (insbesondere wenn es um deutsche Verfassungen geht), zuweilen gilt sie aber auch als Ausdruck von Demokratieaffinität, da dadurch mehr direkte Demokratie möglich sei. Letztlich geht es darum, Macht auszubalancieren und tyrannische Alleinherrschaft (sei es des Regierungschefs, der Richter, bestimmter Eliten oder populärer Strömungen) unmöglich zu machen, um individuelle Rechte zu schützen. Vergessen sollte man dabei nicht, dass es bei diesem Schutz von Grundrechten und Minderheiten gegenüber der Mehrheit nicht um irgendwelche liberalen Privilegien geht, sondern eben um das Herz der Demokratie: um die Menschenwürde.

Erziehung, Selbsterziehung und Eliten

Keine Frage: Das Grundgesetz hält das Volk auf Distanz.[34] Es folgt damit einer der Lehren aus der Demokratiegeschichte – nicht nur der ersten Hälfte des 20. Jahrhunderts. Die Runde der fünfundfünfzig Verfassungsväter und -mütter bildeten keinen Querschnitt der Bevölkerung. Hier kam eine Geisteselite zusammen, was sich weniger aus der Tatsache ergab, dass mehr als die Hälfte von ihnen einen Doktortitel trug, als aus der ablehnenden Haltung gegenüber dem NS-Regime, die von den meisten gewahrt worden war. Viele hatten in Distanz zum Nationalsozialismus und ohne aktiven Widerstand überwintert, doch einige waren ins Exil gegangen, andere hatten im Konzentrationslager gesessen. Das Geburtsjahr der meisten lag in den Jahren von 1880 bis Anfang des neuen Jahrhunderts, sie waren also Kinder der Reform- und Aufbruchszeit. Ihr relativ hohes Alter war ein Gegenpol zum nationalsozialistischen revolutionären Impetus. Zugespitzt gesagt: Hatten die Nazis eine Herrschaft der jungen Wilden errichtet, so wurde die frühe Bundesrepublik von alten Männern bestimmt.[35] Im Parlamentarischen Rat gab es nur vier Frauen: Helene Weber (CDU, geb. 1881), Elisabeth Selbert (SPD, geb. 1896), Friederike Nadig (SPD, geb. 1897) und Helene Wessel (Zentrum, geb. 1898), die allesamt typisch frauenbewegte Biografien hatten und zuvor in der einen oder anderen Weise in der Sozialarbeit tätig gewesen waren.

Den Schöpfern des Grundgesetzes gelang es innerhalb kurzer

Zeit, von September 1948 bis Mai 1949, eine kluge, präzise, wohlformulierte Verfassung zu entwerfen. In den Beratungen herrschte – in den Protokollen gut nachvollziehbar – ein weitgehender normativer Konsens. Alle waren von einem zukunftsorientierten Pragmatismus geleitet. Dass es gut lief mit dem Grundgesetz, lag wesentlich an dieser verantwortungsbewussten Gruppe. Sie machte sich nichts vor, was die deutsche Schuld und Niederlage betraf, und sie zeigte sich daher gegenüber den Alliierten aufgeschlossen. Die Sieger wollten den Gefahrenherd im Herzen Europas ausschalten. Die Welt hatte genug von den Aggressionen der Deutschen. Das Militär sollte entmachtet, die schlimmsten NS-Verbrecher bestraft, die Wirtschaft neu strukturiert und die Gesellschaft demokratisiert werden. Das meiste ging überraschend schnell. Es gab keine nennenswerte Kraft in Deutschland, die noch auf militärische Pracht gesetzt hätte, die Soldaten wurden rasch zu Kriegsgefangenen und bei den Westalliierten auch wieder relativ schnell entlassen; selbst die Wiederbewaffnung stieß in den 1950er Jahren auf Ablehnung, und das Vorhaben, Atomwaffen auf deutschem Boden zu stationieren, rief große Skepsis in der Bevölkerung hervor.

Wirtschaftlich setzten die westlichen Besatzer und die Westdeutschen nach einigem Hin und Her, nach moderaten Demontagen und der Zerschlagung von Großunternehmen wie der IG Farben, nach Überlegungen zur Sozialisierung und einiger Sozialismusrhetorik doch relativ rasch auf einen sozial abgefederten Kapitalismus. Schon früh erklärten knapp 50 Prozent der Westdeutschen, dass sie die USA für das Land hielten, in dem es den Arbeitern am besten gehe, nur 10 Prozent dachten das von Deutschland und 1 Prozent von Russland.[36] In Ostdeutschland hingegen begann die Sowjetunion umgehend mit gewaltigen Demontagen. Ganze Schwerindustriekomplexe und Schienennetze wurden abgebaut. Auch sonst sorgte die Sowjetunion dafür, dass sie ein Vielfaches von den zehn Milliarden US-Dollar erhielt, die ihr nach alliierten Absprachen eigentlich zugestanden hätten. Die Verbitterung gerade auch der Arbeiter in der östlichen Besatzungszone spielte für die sowjetische Siegermacht offenbar keine Rolle, und die Entfremdung ging mit einem diktatorischen Herrschaftsstil einher, der bald immer ungenierter exekutiert wurde.[37]

Wie aber konnte der demokratische Neustart mit den vielen ehemaligen Unterstützern des Nationalsozialismus gelingen? Zunächst erwies sich die Bevölkerung trotz der Jahre der Nazi-Herrschaft als recht Demokratie-kompatibel, als meinungsfreudig, streitlustig, politisiert und am Gemeinwesen interessiert.[38] Und doch, wie sollte eine Demokratie möglich sein mit einer Bevölkerung, unter der die Mörder zu Tausenden lebten? Wie ging man mit den Verbrechen des Nationalsozialismus um? Anders als nach 1918 hielten sich die meisten Deutschen nun nicht mehr für die eigentlichen Helden, die um den gerechten Sieg geprellt worden waren, sondern sie begriffen, dass Deutschland in den Abgrund gefahren war. Die Schuld trugen in den Augen der meisten freilich Hitler und seine Männer. Die Akzeptanz der Niederlage und die Überzeugung von der Notwendigkeit eines Neuanfangs zeigten sich paradoxerweise oft im Verbund mit diesem Abstreiten der Schuld, weil damit die Ablehnung des Nationalsozialismus einherging. 95 Prozent der Männer im britischen Internierungslager Neuengamme etwa, so wurde mitgeteilt, hielten den Nationalsozialismus für einen Fehler, sich selbst aber für Opfer.[39] Die Kirchen und speziell der politische Katholizismus interpretierten den Nationalsozialismus als Abfall von Gott und damit als eine gegnerische Kraft.[40] Als die Deutschen Thomas Mann zurückhaben wollten, appellierte der Schriftsteller Walter von Molo in einem offenen Brief, Mann möge sich doch «die von Gram zerfurchten Gesichter» der Deutschen anschauen, «sehen Sie das unsagbare Leid in den Augen der vielen», die «daheim, in dem allmählich gewordenen großen Konzentrationslager» gelitten hätten.[41] Das war unerträglich für die eigentlichen Opfer, es war peinlich, weinerlich, aber es trug sicherlich zu einem antitotalitären Grundkonsens bei.

Unter dem Schlagwort «Denazification» sollten im Westen Mitläufer geläutert und die Hauptschuldigen bestraft werden. Viele NS-Größen waren tot, etliche hatten sich bei Kriegsende umgebracht. Doch wurden die Allermeisten, die im Nationalsozialismus führende Positionen innegehabt oder in einer als «verbrecherisch» eingestuften Organisation gearbeitet hatten, juristisch verfolgt. Rund 250 000 dieser Schuldigen wurden in einem Internierungslager der Westalliierten gefangen gesetzt, 1947 saßen von ihnen noch 40 000. Die Strafen hätten härter ausfallen können. Dennoch: Ungefähr 6000 Belastete lieferten die Westmächte an Drittstaaten aus, 5200 wurden angeklagt und von den 4000 schuldig Gesprochenen 668 zum Tode verurteilt.[42] Zudem verboten die Alliierten zunächst ausdrücklich die Gründung von rechtsextremen Parteien und die Kandidatur führender Nationalsozialisten.

Der Nürnberger Prozess, den die Alliierten noch gemeinsam Ende 1945 initiierten, sollte zum «Lehrprozess» werden, wie der Beobachter Alfred Döblin hoffte, der für die französische Besatzungsmacht im Rang eines Oberst als Literaturinspektor arbeitete. «Es geht bei der Wiederaufrichtung des Rechts in Nürnberg um die Wiederherstellung der Menschheit, zu der auch wir gehören», mahnte er.[43] Tatsächlich wurden unter großer internationaler Anteilnahme die Gräuel des nationalsozialistischen Deutschlands verhandelt, so dass viele einen klaren Einblick in den Umfang des verbrecherischen Systems bekommen konnten. Die Bedeutung Nürnbergs ging aber weit über die Urteilssprüche hinaus. Hier wie bei den Tokioter Prozessen, die von 1946 bis 1948 ebenfalls gemeinsam von den Alliierten durchgeführt wurden, setzte die Völkergemeinschaft neue Maßstäbe. Der Wille, den Kriegen ein Ende zu bereiten, der sich schon in der Reformzeit um 1900 und dann wieder in der Zwischenkriegszeit erhoben hatte, sollte nun mit einer klaren Rechtsprechung flankiert werden, indem Angriffskriege und Kriegsverbrechen geächtet und bestraft wurden. Kardinalverbrechen, wie sie im Zweiten Weltkrieg stattgefunden hatten, sollten generell nicht mehr ungesühnt bleiben, denn – so die neue Logik – sie betrafen die ganze Menschheit. In der UN-Konvention von 1948 definierten die Alliierten das Verbrechen des Genozids, wobei diese Definition bis heute darunter leidet, dass es Stalin im Verbund mit Ländern wie Südafrika und dem Iran gelang, «politische Gruppen» außen vor zu lassen, so dass seine genozidalen Verbrechen etwa gegen die als «Kulaken» definierten Bauern nicht als Völkermord geahndet werden konnten.[44]

Auf massive Kritik stieß von Anfang an das bürokratische Entnazifizierungsverfahren mit Fragebogen für jede erwachsene Person und einem «Persilschein», der die Unbelastetheit bescheinigte. Es war der Versuch, die breite Masse der Deutschen zur Verantwortung zu ziehen.[45] Immerhin hatte die NSDAP am Kriegsende weit über 7,5 Millionen Mitglieder gezählt. In der Sowjetischen Besatzungszone gingen die Verantwortlichen wesentlich rigoroser vor und entfernten konsequenter Nationalsozialisten aus dem öffentlichen Dienst und aus hohen Positionen. Über eine halbe Million verlor so ihren Arbeitsplatz. Viele Nationalsozialisten flohen in den Westen. Zur sowjetischen Aufarbeitungspolitik gehörten neben der großen Anzahl an unschuldig Verfolgten auch die Grausamkeiten und Rechtlosigkeiten in den erwähnten Speziallagern.[46]

Alles in allem fällt die Bilanz des Lehr- und Lernprozesses, den die Entnazifizierung bewirken sollte, ambivalent aus. Der juristische Druck und die klare Einordnung des NS-Unrechts als Verbrechen trugen dazu bei, dass führende Nationalsozialisten beim Aufbau der bundesrepublikanischen Demokratie keine tragende Rolle spielen konnten. Auch wenn viele Nazigrößen glimpflich davonkamen und sich in der Bundesrepublik die Freisprüche und Begnadigungen häuften, auch wenn selbst im sowjetischen Teil hohe Entscheidungsträger entlastet wurden, sofern sie als nützlich galten, wurde doch die systematische Suche nach Schuldigen und das jahrelange Fragen nach den Verbrechen in allen vier Besatzungszonen zu einem wichtigen Bestandteil des großen Erziehungsprogramms, dem sich die Deutschen mit viel Zögern und großem Widerspruch zunehmend auch selbst verschrieben.

Den westlichen Alliierten lag die Demokratisierung am Herzen. Dabei ging es in der «Re-Education» zunehmend um Westbindung und Antikommunismus.[47] Demokratie galt aber auch bei der Mehrheit der Deutschen, bei allen Differenzierungen, die im Hinblick auf Parlamentarismus oder deutsche Traditionslinien gezogen wurden,[48] als gesetzt – noch mehr als nach 1918. Im Oktober 1945 wurde die UNO als Projekt der Freiheit und der Demokratie gegen die Tyrannen der Welt gegründet. Allerdings kann die UNO auch als eine Institution verstanden werden, die direkte Demokratie einschränkt – zum Schutz der Menschenrechte: Nicht länger sollen Mehrheiten auf Staatsebene Minderheiten zu Grunde richten können, und selbst gewählte Diktatoren sollen ihre Grenzen im Völkerrecht finden, das über nationale Mehrheitsbeschlüsse hinweg die Würde des Individuums schützt. Das universelle Prinzip der Menschenwürde steht über dem Prinzip der nationalen Selbstbestimmung.

Nach dem Vorbild der britischen BBC sorgten die Alliierten im Westen für einen Rundfunk, der frei von politischem Einfluss und den Unbilden des Marktes ein anspruchsvolles Programm bieten konnte. So entstand der durch die Nutzer finanzierte öffentlich-rechtliche Rundfunk. Für die Erziehung des besetzten Landes wählten die Alliierten mit Geschick ausgezeichnete Journalisten aus, die vielfach aus Deutschland geflohen waren. In der Sowjetischen Besatzungszone etwa wurde der Kommunist und Journalist Rudolf Herrnstadt, der das Exil in Moskau überlebt hatte, Chefredakteur der *Berliner Zeitung*. Mit großem Talent und kommunistischem Glauben baute er die Zeitung auf und gehörte zu den Mitbegründern des *Neuen Deutschlands*, des Zentralorgans der SED. Im Westen zog Hans Habe mit der *Neuen Zeitung* ein Blatt auf. Hier schrieb und debattierte eine ganze Reihe der klügsten Köpfe wie Ilse Aichinger, die Mann-Brüder, Alfred Döblin, Luise Rinser oder Walter Jens.[49] Auch über die Vergabe von Zeitungslizenzen, die in der britischen Besatzungszone prozentual nach den Wahlergebnissen an parteinahe Zeitungen vergeben wurden, behielten die westlichen Besatzungsmächte bis in die 1950er Jahre die Fäden in der Hand. Im Osten wurde die Presse streng auf kommunistische Linie eingeschworen. Die Presseleute hatten es dabei wesentlich schwerer als ihre Kolleginnen und Kollegen im Westen, dem Publikum den neuen Verbündeten und seinen Wertehimmel ans Herz zu legen.[50]

Viele Deutsche hielten die Idee für kränkend, von den Amerikanern oder Franzosen die Demokratie und ein freies Gemeinwesen erklärt zu bekommen. Demokratie wurde im öffentlichen Rundfunk häufig in einen Zusammenhang mit «Freiheit» und «Menschenwürde» gestellt, und man vergewisserte sich der deutschen

5. Demokratie nach dem Nationalsozialismus

demokratischen Traditionslinien.[51] Im Sinne einer Entlastung der Deutschen und zur Förderung des antitotalitären Grundkonsenses präsentierte beispielsweise der öffentlich-rechtliche Rundfunk Anfang der 1950er Jahre Widerstandsgeschichten der «Weißen Rose» oder der Sozialdemokratie. Redakteurinnen und Redakteure strahlten Sendungen aus, die ein positives Verständnis des Mittelalters und des 19. Jahrhunderts mitsamt einem hellen Bismarckbild und einem europäisch integrierten Kaiserreich vermittelten. Auf diese Weise wurde ein positives nationales Narrativ konstruiert, in dem der Nationalsozialismus als Irrweg gelten konnte. Erzählungen vom «Abendland», insbesondere dem «christlichen», und von Europa standen teilweise in Spannung zu einem von vielen stets auch kritisch gesehenen «Amerika». Doch wurde die strenge Westintegration Adenauers durch die Wahlsiege der CDU immer wieder bestätigt.[52]

Doch trotz der Bemühungen, an die deutsche demokratische Tradition zu erinnern, glaubten nicht nur die Alliierten immer fester an einen antidemokratischen, preußisch-militaristischen Weg der Deutschen, den sie auch zum Zweck der «Re-Education» beförderten. Diese Erzählung diente nicht zuletzt als volkspädagogisches Instrument, in der die wunderbare Demokratiewerdung der Deutschen aus dem Geist der Niederlage beschworen wurde.[53]

Nachkriegsdeutschland stand nicht ohne Demokraten da. Zu den Eliten, die an einem demokratischen Aufbruch mitarbeiteten, gehörten viele Kirchenleute. Überhaupt lassen sich die Kirchen keineswegs durchgängig zu den demokratieskeptischen Akteuren zählen. Eher bestärkten sie den antitotalitären Grundkonsens. Auch wenn das Stuttgarter Schuldbekenntnis der EKD von 1945 nicht zuletzt auf Druck des Auslands entstand, bleiben die Worte doch beeindruckend, und die Ernsthaftigkeit der Autoren lässt sich kaum in Frage stellen: «Durch uns ist unendliches Leid über viele Völker und Länder gebracht worden.» Sie verwiesen auf ihren Kampf gegen das nationalsozialistische «Gewaltregiment», aber «wir klagen uns an, daß wir nicht mutiger bekannt, nicht treuer gebetet, nicht fröhlicher geglaubt und nicht brennender geliebt haben». Zu den Unterzeichnern gehörten bedeutende Männer der Bekennenden Kirche, neben Martin Niemöller und Theophil Wurm etwa Johannes Lilje oder Gustav Heinemann. Im Übrigen war es auch im zunehmend feminisierten Raum der Kirche gänzlich unstrittig, dass die Führung in männlicher Hand lag.

Das Aufleben der Kirchen in der Nachkriegszeit, ihr hoher moralischer Anspruch, dem sie in der NS-Zeit selten gerecht geworden waren, speiste sich nicht nur aus der Ablehnung des antichristlichen Nationalsozialismus, sondern auch aus der Abwehr des Sozialismus. Für viele Katholiken und Protestanten war die Lehre aus der Vergangenheit nicht zuletzt, sich nicht unkritisch mit dem Staat zu verbrüdern. In Ostberlin etwa predigte während der 1950er Jahre der Ratsvorsitzenden der Evangelischen Kirche in Deutschland, Otto Dibelius, in der überfüllten Marienkirche gegen die diktatorische Herrschaft der DDR. Er vertrat wie andere Theologen die Ansicht, dass es für Christen gegenüber einer totalitären Regierung keine Gehorsamspflicht gebe, und mit konservativer Verve kämpfte er für Demokratie und Rechtsstaatlichkeit.[54] Der Katholik Adenauer wiederum nutzte die Lage für taktische Schachzüge und erklärte in einer Wahlkampfrede 1949: «Sehen Sie, das ist das Tiefste, um das es in diesem Kampf geht: wird Deutschland christlich oder wird es sozialistisch regiert werden? Wenn es sozialistisch regiert werden wird, dann seien wir uns klar darüber, dass der Sozialismus keinen Damm gegen den Kommunismus bildet.»[55]

Beharrungskräfte

Nicht alles war Neuanfang. Die Personalkontinuität in der Bundesrepublik war beachtlich. Dass Antisemitismus und rechter Terror von Anfang an zur Bundesrepublik gehörten, ist kein Zufall. Die oft entsetzlich laxe Verfolgung von nationalsozialistischen Straftätern ermöglichte zahlreichen NS-Parteigenossen, ihre Karrieren fortzusetzen, wenn auch zum Teil mit einer Nachkriegsunterbrechung. Die Professorenschaft an den Universitäten, von der große

Teile zu den besonders emsigen Unterstützern der Nazi-Diktatur gehört hatten, blieb fast vollständig ungestört von einer Auseinandersetzung mit der eigenen Schuld.[56] Das lag auch daran, dass es den Alliierten nicht gelungen war, das Berufsbeamtentum abzuschaffen, das sie als eine Bastion des Militarismus und der Staatsvergottung ausgemacht hatten. Doch die Beamten fügten sich in die Demokratie ein und ermöglichten rechtsstaatliche Verfahren. Ihre Weiterbeschäftigung nutzten sie bemerkenswerterweise nicht zur Bekämpfung der Demokratie, vielmehr erwiesen sie sich als loyal und wurden damit zu einem Stabilitätsfaktor der jungen Republik.[57] Die Konzentration der Beamten auf den Staatsschutz in den 1950er Jahren bedeutete gewiss eine Belastung für die Demokratie,[58] doch angesichts ähnlicher Tendenzen in anderen Ländern, man denke etwa an die McCarthy-Ära in den USA, ist es nicht überzeugend, das hohe staatliche Sicherheitsbedürfnis als nationalsozialistisches Erbe zu interpretieren.

In Geschlechterfragen dominierten die Beharrungskräfte. Auf den Schwarz-Weiß-Fotos der jungen Demokratie fällt auf, wie stark die Öffentlichkeit den Frauen versperrt blieb – fünfzig Jahre nach den Aufbrüchen der Jahrhundertwende, dreißig Jahre nach der Einführung des Frauenwahlrechts und kurz nachdem Frauen in der Kriegswirtschaft eine entscheidende Position innegehabt und bei Flucht und Organisation des Nachkriegsalltags vielfach den entscheidenden Part übernommen hatten. Frauen wurden systematisch aus dem öffentlichen Dienst gedrängt, um die Arbeitsplätze angesichts der hohen Arbeitslosenzahl – 1950 über zwei Millionen Menschen – für Männer frei zu machen.[59] Der Neuanfang in der Kunst blieb männlich, die Protagonisten der Literatur waren Männer. Irgendwie gelang es ihnen, Frauen und ihren Beitrag zu ignorieren. Immerhin bot Simone de Beauvoirs Buch *Le Deuxième Sexe* von 1949, das bereits 1951 ins Deutsche übersetzt wurde, einen entscheidenden Anstoß für Veränderungen: Mit ihrer These, dass das Geschlecht sozial konstruiert wird – «On ne naît pas femme: on le devient», dass ein Mensch nicht zur Frau geboren werde, sondern erst dazu gemacht werde –, begann die Französin, die intensive Verkoppelung von Körper und Geschlechterrolle zu untergraben. Doch die alte Idee, Frauen werde durch ihren Körper unentrinnbar ein minderwertiges Schicksal zuteil, blieb für die überwältigende Mehrheit noch lange gültig.

Das Regime der alten Männer zusammen mit der Kontrolle der Alliierten in der Bundesrepublik war zweifellos gut für die Deutschen. Doch die neue Zementierung der alten geschlechtlichen Normen erwies sich – wie in der ganzen westlichen Welt – als einer der lähmenden Faktoren der 1950er Jahre. Frauen lebten in einem Ausmaß entrechtet, das heute erstaunlich wirkt. In den USA bedrückte das Stabilitätsbedürfnis zusätzlich die afroamerikanische Bevölkerung, die weitgehend ohne Wahlrecht blieb. Erneut galt die Logik, dass sich Menschen in Umbruchzeiten mit Hilfe der alten Geschlechterordnung der Stabilität versichern. Privates und Öffentliches sollte nach den politisch durchorganisierten Zeiten des Nationalsozialismus wieder säuberlich getrennt werden.[60] Die unpolitische weiße Hausfrau im Einfamilienhaus mit schmal tailliertem Petticoat, mit ihrem Zeitung lesenden Ehemann und Kühlschrank war ein Werbeklischee und wurde zur globalen Ikone – Inbegriff der westlichen Demokratie in den 1950er Jahren. Freilich erweisen sich die Brüche ebenso wie die Beharrungskräfte als vieldeutig: In der NS-Zeit hatte der Mutterkult, der schon im 19. Jahrhundert begonnen hatte, eine Hochkonjunktur erlebt; jetzt fügte er sich in das alte Schema der unpolitischen Hausfrauen-Familie. Johanna Haarers Ratgeber *Die deutsche Mutter und ihr erstes Kind* von 1934 wurde 1949 unter dem Titel *Die Mutter und ihr erstes Kind* neu herausgebracht, entwickelte sich zu einem Bestseller der Bundesrepublik und hatte bis 1987 zahlreiche Auflagen. Die Blut- und Rasse-Rhetorik wurde gestrichen, aber das Kind sollte wie zuvor mit Strenge und hygienisch einwandfrei erzogen werden.[61]

Auch die Rolle der vier Verfassungsmütter verweist auf die zwiespältige Situation, wie sich etwa in den Tondokumenten nachhören lässt, die von den wenigen Frauen im Parlamentarischen Rat erhalten sind. Auch wenn der Sprachduktus unabhängig vom Geschlecht Jahrzehnte später immer merkwürdig anmutet, fällt der gegenüber männlichen Rednern besonders beherrschte, langsame Ton der Frauen mit artifizieller Würde und vielen Versprechern auf. Explizit zeigen sich die Frauen in der Defensive. «Lächeln Sie nicht», bittet die brillante und prominente Juristin Elisabeth Selbert vorab in einer Radioansprache um Verständnis, um dann den Hörerinnen einen revolutionären Sieg mitzuteilen: Durch zähes Ringen und kluge Argumentation war es ihr gelungen, den entscheidenden Satz «Männer und Frauen sind gleichberechtigt» in das Grundgesetz zu bringen; nicht «grundsätzlich» gleichberechtigt, nicht «gleichberechtigt, aber verschieden» oder was dergleichen Kautelen in Anschlag gebracht worden waren. Nicht «falsches Pathos einer Frauenrechtlerin» treibe sie, so Selbert voller Selbstrelativierung. «Ich bin Jurist und unpathetisch», sie sei «Frau und Mutter» und überhaupt «zu frauenrechtlerischen Dingen gar nicht geeignet». Weiblichkeit, so erweist sich in dieser großen Stunde der Emanzipation, wirkte weiterhin delegitimierend, so sehr, dass der Kampf um Gleichberechtigung der Frauen selbst als ein Quell der Lächerlichkeit abgewehrt werden muss, um die eigene Position behaupten zu können.[62]

Frauen blieben lange von der Regierung ausgeschlossen. 1961 gab es in Deutschland mit der promovierten Christdemokratin Elisabeth Schwarzhaupt erstmals eine Ministerin. Bis in die 1980er Jahre waren weibliche Regierungsmitglieder die absolute Ausnahme, und noch 1969 warb die SPD für ihr Schattenkabinett mit dem Slogan: «Wir haben die richtigen Männer.» Politik war Männersache, und Weiblichkeit wirkte in diesem Funktionssystem delegitimierend. Die Abwesenheit von Frauen in der Regierung galt als Ausweis von Sachverstand und Qualität, sie bestätigte die Geschlechterordnung, sie setzte das Signal, so der Historiker Frank Bösch, «dass Politik ein hartes Geschäft sei, das Führungsstärke, einen langen Arbeitstag und höchste Qualifikation abverlangte».[63]

Die Deutschen wollten Sicherheit. Nachdem sich in Folge des Krieges die Scheidungen vermehrt und die Rate unehelicher Kinder erhöht hatten, nachdem sich ein beunruhigendes Gefühl des Werte- und Sittenverfalls ausgebreitet hatte, griffen die Menschen mit dem alten Geschlechtermodell auch zum entsprechenden Familienideal.[64] Hatte in der unmittelbaren Nachkriegszeit eine überwältigende Mehrheit vorehelichen Geschlechtsverkehr gebilligt, änderte sich das um 1950, und eine Mehrheit lehnte «das freie Zusammenleben von Mann und Frau» ab.⁶⁵ Ein uneheliches Kind, ja sogar ein Lebensentwurf, für dessen Anerkennung die Aktivistinnen um 1900 so entschieden gekämpft hatten, das Single-Leben, wurde für Frauen zum Stigma.⁶⁶ Die Scheidungszahlen begannen zu sinken, die Menschen heirateten wie nie zuvor. International konstatierte man das «Golden Age of Marriage». Die Geburtenzahlen stiegen. Zehn Jahre nach dem revolutionären Tausendjährigen Reich mit antichristlichen Attacken und neoheidnischen Religionsversprechen saß in einer gewöhnlichen deutschen Familie der Vater am Haupt der Tafel, sprach ein Tischgebet, die Hausfrau bediente, die Kinder aber sollten schweigen.⁶⁷ Nicht länger befand sich die Jugend in der Dauererregung der Appelle, Märsche und Lager, gelöst aus alten Familienbanden in einer durch und durch politisierten Gesellschaft. Gehorsam zählte viel. Dieser aber war wohl weniger ein Erbe des Nationalsozialismus, wo die Kinder zur Bespitzelung der Eltern angehalten worden waren.

Zu den Beharrungskräften gehörte auch das Konzept von Nation.⁶⁸ Als 1952 in der Bundesrepublik das Lastenausgleichsgesetz in Kraft trat, war es von quälenden Diskussionen und großer Uneinigkeit begleitet. Diejenigen, die materiell halbwegs gesichert durch den Krieg gekommen waren, sollten von ihrem Eigentum bis zu fünfzig Prozent an jene abgeben, die viel oder alles verloren hatten. In der Präambel des Gesetzes war ausdrücklich von «sozialer Gerechtigkeit» die Rede. Erneut wurde deutlich, dass diese Gesellschaftsordnung auf dem Konzept der sozialen Demokratie beruhte. Mit dem Lastenausgleich kehrten die Deutschen in den Alltag des parlamentarischen Lebens zurück mit Frustrationen, Kompromissen – und klugen Lösungen. Denn das Gesetz wirkte. Trotz der breiten Entsolidarisierung in den unmittelbaren Nachkriegsjahren und trotz der Teilung des Landes wirkte auf längere Sicht die Integrationskraft von Nation. Das war viel und lässt sich in den Gärungen der Nachkriegszeit kaum überschätzen.

Die neu erstarkte Rolle des Nationalstaats war ein Phänomen aller europäischen Nachkriegsdemokratien.⁶⁹ Auch wenn in Deutschland schon im Grundgesetz Europa fest im Blick war, so mussten in diesen Jahren der Not ältere Ideen und schlicht auch überschaubare Gemeinschaften im Hinblick auf Einwohnerzahlen und Territorium für Integration sorgen. Dass das in den Siegerstaaten funktionierte, wo der Krieg einen weiteren Gedenkstein in der nationalen Ruhmeshalle bildete und nationale Identität befeuerte, liegt auf der Hand. Dass es aber – in vielfach gebrochener und sich wandelnder Weise – auch für Deutschland galt, spricht für das Konzept von Nation, dieser Erbschaft aus dem 19. Jahrhundert.

Wieder Wahlen in Deutschland

In der Bundesrepublik bildeten die Parlamentswahlen von Anfang an einen lebendigen Teil der nationalen und demokratischen Selbstverständigung. Die Westdeutschen versanken nach dem Krieg genauso wenig wie die anderen Westeuropäer in Passivität.[70] Wahlen knüpften in vielem an die Weimarer Demokratie an, wenig war für die Wählerinnen und Wähler neu.[71] Wie in anderen westeuropäischen Ländern hatte sich das Wahlprozedere seit der Jahrhundertwende nicht wesentlich verändert: Die für die liberale Grundhaltung entscheidende Geheimhaltung wurde durch einen klar geregelten Wahlablauf garantiert mit standardisierten Wahlkabinen und Urnen sowie mit nicht identifizierbaren Stimmzetteln.

Doch die Alliierten wachten aufmerksam und setzten die Eckdaten. Sie ließen sechzehn Parteien für die erste Bundestagswahl 1949 zu. Die Wahlkämpfe der frühen Bundesrepublik bestärkten den antitotalitären Konsens und wurden in klarer Distanzierung zum NS-Regime geführt. Zunehmend nutzten die Parteien neue Medien für ihre Kampagnen und lernten von anderen Demokratien, präsentierten sich jedoch, gerade in ihrer antitotalitären Fixierung, als betont sachlich und lehnten eine «Amerikanisierung» ab. Der volkspädagogische Ehrgeiz, mit dem Politiker die Wahlkämpfe führten, entwickelte sich zu einem Merkmal der westdeutschen Politik.[72] Die zur Schau gestellte Sachlichkeit bedeutete aber keineswegs weniger Emotionen. Die Wahlkämpfe in Deutschland erwiesen sich bis in die 1950er Jahre häufig sogar als ausgesprochen hitzig und gewalttätig. Typischerweise prügelten sich Männer rechts- und linksextremer Parteien, die damit an die letzten Jahre der Weimarer Republik anknüpften. Aber auch in anderen Parteien entlud sich der Frust der Wähler, die nach Schuldigen für die Enteignung suchten, für die Vertreibung und die Niederlage und die sowjetische Kriegsgefangenschaft, die sich alte und neue Dolchstoßlegenden an den Kopf warfen und überhaupt wenig Neigung zur Tugend der Toleranz besaßen.[73]

Die Wahlbeteiligung am 14. August 1949 lag bei 78,5 Prozent, was in der internationalen Geschichte der Massenwahlen hoch ist, und doch blieb sie bis 1990 die niedrigste in der Geschichte Westdeutschlands. Der Ausgang dieses historischen Urnengangs bot eine Überraschung: Nicht die große Gegnerin der Nationalsozialisten gewann, die Sozialdemokratie, sondern die konservative CDU. Dazu trugen wesentlich die Frauen bei, die nach wie vor kaum sozialdemokratisch und eher konfessionell gebunden wählten. Die frühe CDU war eine Männerpartei mit Frauenstimmen, zwei Drittel der besonders überzeugten CDU-Gefolgschaft waren weiblich.[74] Die CDU entfaltete ihre dynamische Integrationskraft, indem sie vieles offenließ, sich mit programmatischen Festlegungen zurückhielt und sich als Heimatpartei und Vertreterin der jeweiligen regionalen Sorgen präsentierte – eine wichtige Kompetenz in Zeiten kommunal orientierter Politik. An entscheidender Stelle allerdings präsentierte sich die Union als die eindeutige Akteurin: in ihrem Antikommunismus, der rasch die sozialistischen Anwandlungen der frühen Christdemokratie verdrängte. Antikommunismus diente insgesamt in der Bundesrepublik als Kitt – die repressive SED-Politik trug dazu nach Kräften bei –, und den Christdemokraten gelang es, diese Einstellung für sich zu nutzen. Neben dem alten katholischen Zentrumsmilieu konnte die CDU so auch protestantische Kreise gewinnen. Sie erschien Konservativen ebenso wählbar wie Liberalen oder kirchlich gebundenen Arbeitermilieus. Letztlich spielte auch hier der Wille der Alliierten entscheidend mit: Sie erlaubten nur eine christliche Partei und schufen somit die Grundlage für eine konfessionsübergreifende Sammelpartei.[75]

Der alte Rheinländer Adenauer, der bis 1963 bewusst nicht mit der SPD, sondern mit der FDP und den zahlreichen kleinen Rechtsparteien regierte, bot mit seiner «patriarchalischen Demokratie» oder «Kanzlerdemokratie», wie sie bald überall genannt wurde, Sicherheit.[76] Der vielzitierte Wahlkampfslogan der Union von 1957 brachte es auf den Punkt: «Keine Experimente». Mit dem fünfundsechzigjährigen Theodor Heuss wurde ein südwestdeutscher Liberaler Bundespräsident und Staatsoberhaupt, in dessen Biografie die parlamentarische, soziale, föderale und demokratische Tradition Deutschlands tief eingeschrieben war und der mit nüchterner Zurückhaltung die Deutschen für die neue Republik gewinnen wollte.[77] Das Bedürfnis nach Autorität an der Staatsspitze prägte weltweit die Nachkriegsgesellschaften, und die Bürger und Bürgerinnen wählten bis in die 1960er Jahre starke Männer wie etwa die Generäle Charles de Gaulle und Dwight D. Eisenhower oder den alten Kriegshelden Winston Churchill. Die neuere Forschung zur Bundesrepublik widerlegt die These, dass die Deutschen besonders autoritätshörig gewesen seien, wie lange mit dem Hinweis auf alte Mentalitäten seit dem Kaiserreich argumentiert wurde.[78] Die Historikerin Sonja Levsen konnte zeigen, wie in der Nachkriegszeit diese Vorstellung vom obrigkeitshörigen Deutschen entstand, zu der die glückliche Überwindung und «Zivilisierung» und – seit den 1960er Jahren – Verwestlichung der aus der Art geschlagenen Deutschen gehört.[79] Adenauer hat mit seinem autoritären Stil also weniger die demokratiestutzigen und obrigkeitsfixierten Deutschen mit der Demokratie versöhnt:[80] Vielmehr zeigt sich hier wie so oft in der Geschichte der Demokratie, wie überaus anpassungsfähig diese Staatsform ist. Flexibilität und Offenheit gehören zu ihren Erfolgsrezepten.

Die Konzentration des westdeutschen politischen Systems auf drei Parteien mit der SPD als Opposition trug zur Stabilität bei und wurde 1953 durch die Fünf-Prozent-Hürde befestigt. Nationalsozialistische und rechtsextreme Parteien gehörten von Anfang an zur Bundesrepublik und erzielten vor allem in den Landesparlamenten Erfolge. In Niedersachsen zog die Sozialistische Reichspartei 1951 mit 11 Prozent ein. Doch blieben Rechtsextremisten in der Bundesrepublik alles in allem ein Randphänomen. Die Sozialistische Reichspartei, die sich offen in die Tradition Hitlers stellte, wurde 1952 als erste Partei verboten. Das Verbot der eng mit der DDR kooperierenden KPD folgte 1956. Die Unterdrückung einer nationalsozialistischen Renaissance war ganz wesentlich den West-Alliierten zu verdanken. 1953 etwa setzten sie der antidemokratischen Untergrundarbeit des Kreises um den Nationalsozialisten Werner Naumann, den letzten Staatssekretär von Joseph Goebbels, mit Verhaftungen ein Ende.

Angesichts der von den westlichen Alliierten beförderten Demokratisierung Westdeutschlands fiel es im sowjetischen Teil besonders schwer, Walter Ulbrichts Direktive umzusetzen: «Es muss demokratisch aussehen, aber wir müssen alles in der Hand behalten.» Ulbricht, der Leiter der bei Kriegsende aus dem sowjetischen Exil nach Deutschland entsandten Kadergruppe, hatte wie die anderen Moskauer Exilanten mit Stalins Terror Entsetzliches erlebt. So besaß er viel Überlebenskunst in terroristischen Zeiten, aber wenig Kompetenzen für all das, was freie Demokratien des 20. Jahrhunderts prägen sollte.[81] Mit der Zwangsvereinigung von KPD und SPD im Jahr 1946 wurden nun auch Sozialdemokratinnen und Sozialdemokraten verfolgt, die sich dieser Einigung nicht beugen wollten. Im Dezember 1947 wurde eine «Volkskongreßbewegung für Einheit und gerechten Frieden» initiiert, im März 1948 ließ die Besatzungsmacht einen Volksrat aus vierhundert Mitgliedern zur Ausarbeitung einer Verfassung zusammentreten. Am 7. Oktober 1949 wurde die DDR gegründet.[82] Die deutsche kommunistische Führung hatte schon früh auf einen eigenen Staat gedrängt. Nun regierte Ulbricht – mit Härte, Klugheit und ideologischer Unerschütterlichkeit.

Bereits 1953 erhielten Ulbricht und seine Männer die Rechnung, als es in Berlin zu einem Aufstand auf den Straßen kam. Es war eine der größten Arbeiterrevolten in Deutschland und zugleich der erste große antikommunistische Aufstand in der sowjetischen Hemisphäre. 1952 hatte die SED den «Aufbau des Sozialismus» ausgerufen. Dafür entwarfen die Staatsfunktionäre einen Plan, den sie mit aller Härte durchdrückten. Sie setzten die Arbeitsnormen hoch, aber nicht den Lohn, und von 1952 bis Mai 1953 erhöhte sich

5. Demokratie nach dem Nationalsozialismus

die Gefangenenzahl von 31 000 auf über 66 000; Tausende von christlichen Jugendlichen wurden aus den Schulen und Universitäten geworfen. Es gärte in der Bevölkerung, die Verbitterung gegenüber der Sowjetunion und der als fremd empfundenen SED-Führungsschicht schürte den alten Hass auf den Kommunismus. Bezeichnenderweise ging der Aufstand erst los, als die DDR-Regierung am 11. Juni 1953 (auf Drängen der beunruhigten sowjetischen Führung) Fehler eingeräumt und Erleichterungen versprochen hatte. Die Bevölkerung interpretierte das als Schwäche, und am 17. Juni gingen in nahezu allen Bezirks- und Kreishauptstädten die Menschen auf die Straße. Auf dem Land befanden sich knapp fünfhundert der gewaltsam installierten Landwirtschaftlichen Produktionsgenossenschaften (LPG) in Auflösung. 500 000 Streikende und 418 000 Demonstrierende wurden gezählt. Sie stürmten Stasi- und Parteibüros, Verwaltungsämter und Gefängnisse. Es sah böse aus für die sozialistische Regierung in Deutschland. Nur dank des gewalttätigen Eingreifens der sowjetischen Panzer konnte sie überleben. Fünfzig Menschen kamen ums Leben.[83]

Die Auswirkungen dieses Aufstandes können kaum überschätzt werden. Im Westen stärkte er den antikommunistischen Konsens, aber auch die solidarischen Gefühle mit den Deutschen im Osten. Der 17. Juni wurde zum Nationalfeiertag der Bundesrepublik ausgerufen. Im Osten bedeutete der Aufstand, dass nun allen klar die völlige Abhängigkeit der SED von den Sowjets vor Augen stand. Der 17. Juni 1953 versetzte die sozialistische Führung in einen Legitimationsschock. Die Abneigung der Arbeiter und Bauern gegen die Arbeiter-und-Bauern-Macht war offenbar geworden. Doch hatten diese Arbeiterinnen und Bauern und sonstigen Bürger nach der Niederschlagung gelernt, dass sie angesichts der schieren Gewalt machtlos waren. Einmal mehr wurde deutlich: 1945 hatte nicht das Ende der Gewaltherrschaft bedeutet; mit der Sowjetunion – und mit den anhaltenden faschistischen Diktaturen in Griechenland, Spanien und Portugal – gab es in Europa weiterhin Ideologien, die auf Gewalt setzten und meinten, auf den Legitimationsglauben der Bevölkerung verzichten zu können. Demokratie befand sich in der Mitte des 20. Jahrhunderts nicht nur auf dem

Vormarsch, sondern in manchen Teilen weiterhin auf dem Rückzug. Doch die prinzipielle Forderung nach demokratischen Rechten, nach der Partizipation der Bevölkerung am politischen Geschehen war in der Welt und wirkte auf die bestehenden Diktaturen als ständige Bedrohung.

Weite Teile der DDR-Bevölkerung entwickelten ein überaus pragmatisches und instrumentelles Verhältnis zum Staat und zur Politik: Protest gegen das System lohnte sich nicht und brachte nur sinnlose Repression, Meinungsfreiheit war ein Abstraktum; wer durchaus kritisch mitreden wollte, konnte innerhalb eines eng gesteckten Rahmens – an den sich in gewisser Weise auch noch die Opposition der Wendezeit hielt – sozialistische Reformen anmahnen. Konsum aber bedeutete für diese enttäuschte und pragmatische Bevölkerung vielfach einen mächtigen Ersatz.[84] Es war kein Zufall, dass die DDR-Regierung zur Konsolidierung und zum Legitimationsgewinn insbesondere auf sozialstaatliche Maßnahmen und Konsumgüter setzte. Die Attraktivität des Westens, der stets mehr zu bieten hatte und mit der Freiheit lockte, blieb aber ein existenzielles Problem für die SED-Führung, so dass sie sich 1961 gezwungen sah, die innerdeutsche Grenze mit einer tödlichen Sicherheitsanlage zu befestigen.

Wahlen im Sozialismus

Und doch konnte im 20. Jahrhundert selbst eine Diktatur kaum auf demokratische Herrschaftsinsignien wie Wahlen oder eine Verfassung verzichten. Damit unterwarfen sie sich symbolisch dem globalen Konsens von Gleichheit und Freiheit, und zugleich umgingen sie mit merkwürdigen Verrenkungen diese Zugeständnisse, denn ein funktionstüchtiges Parlament und freie Wahlen hätten das Ende ihrer Herrschaft bedeutet. Anhand der Wahlen lässt sich beispielhaft zeigen, wie sich die Diktaturen des 20. Jahrhunderts zu dem übermächtigen globalen Demokratie-Gebot verhielten und wie sie angesichts dieses Gebots und in Konkurrenz zum demokratischen Westen ihre Macht ausübten.

5. Demokratie nach dem Nationalsozialismus

Wahlen im Sozialismus entwickelten innerhalb des Systems ihren eigenen Sinn. Sie repräsentierten das sozialistische Gesellschaftsverständnis: die Wertschätzung von Konsens, Kollektiv, Gleichheit, Uniformität, Unterwerfungsbereitschaft und die Geringschätzung von Freiheit und Individualität. Wahlen erwiesen sich erneut als ein Disziplinierungsinstrument. Diesmal jedoch gestaltete sich die Disziplinierung umfassender, weil Abweichungen besser registriert werden konnten. Wahlen sollten eine Bestätigung des Konsenses sein, waren aber ein Ritus der Selbsterniedrigung des Bürgers unter die Staatsgewalt. Dabei schuf der Ritus der Unterwerfung durch das demonstrative Einverständnis des Wählers tatsächlich Macht und Legitimation. Doch die DDR-Wahlen bildeten auch einen neuralgischen Punkt, an dem das Regime in Kontakt mit der Bevölkerung treten musste.

Das neue Regime hatte es schwer mit den Wahlen. Auch wenn der Eiserne Vorhang zwischen Ost und West lag, lebten die Menschen in der DDR stets mit Blick auf den Westen. Angesichts der freien Wahlen im Westen und in Anbetracht der teilweise weit über hundertjährigen Tradition von Parlamenten und Partizipation hatten die sozialistischen Machthaber große Mühe, die Bevölkerung an die unfreien Wahlen zu gewöhnen. Hinzu kam, dass die Stimmabgabe bald ganz ähnlich funktionierte wie im Nationalsozialismus, der auch im Osten weithin als delegitimiert galt.

In den ersten DDR-Wahlen für die Volkskammer und für die Land-, Kreis- und Gemeindevertretungen vom Oktober 1950 sorgte die SED für die sogenannte Einheitsliste der Nationalen Front, die den Wählern faktisch keine Wahl mehr ließ.[85] Viele Menschen empfanden das Prozedere und die angeblichen 99,7 Prozent Zustimmung als Hohn und tiefe Demütigung.[86] «Eine solche schamlose Erniedrigung wie am 15.10. hat nicht einmal Adolf Hitler zuwege gebracht», hieß es in einem anonymen Brief an einen Landrat, und weiter: «Es gab bereits einmal ein Ergebnis 99%! Entsinnen Sie sich? So etwas ist nur in totalitären Staaten möglich.»[87] Die Parteien zeigten vereinzelt noch Widerstand.[88] In einer Thüringer Kommune erklärte der CDU-Ortsverband öffentlich die ersten DDR-Wahlen von 1950 für verfassungswidrig, weil es kein Wahlgeheimnis gegeben habe.⁸⁹ Als eine besonders renitente Gruppe sollten sich die evangelischen Pfarrer erweisen. Bischof Ludolf Müller von der Kirchenprovinz Sachsen klagte, die Wahlen seien für die Geistlichen «eine der schwersten und bedrückendsten Gewissensentscheidungen».⁹⁰ Doch ab Ende der 1950er Jahren verzichteten auch die Kirchen weitgehend auf offene Kritik an den Wahlen.⁹¹

Wie aber liefen die Wahlen konkret ab? Eine «real-sozialistische» deutsche Wahlfälschung war ein organisatorisches Meisterwerk, das einer Vorlaufzeit von vielen Monaten bedurfte – und deren genau registrierte Ereignisse sich für einen Betroffenen bis ans Ende seiner Tage auswirken konnten, aber nicht mussten. Die Grauzone des Rechts schuf eine für die diktatorische Unterdrückung überaus wirksame Angst und Vorsicht: Keiner wusste, wofür er mit welchen Sanktionen belegt werden konnte.⁹² Monate vor den Wahlen starteten die verschiedenen regimenahen Organisationen ein Agitationsprogramm. Spitzenkandidaten und staatsnahe Christen wurden dazu abkommandiert, sich mit Geistlichen zu «Wahlgesprächen» zu treffen.⁹³ Diese Gespräche erhielten eine wichtige Funktion, die freilich nicht offen genannt werden durfte: Hier konnten die Kirchenleute für ihre Wahlstimme einen Preis aushandeln: von Kirchenchorauftritten im Krankenhaus bis zu Baugenehmigungen kirchlicher Gebäude oder zur Einreisegenehmigung von Mitchristen aus dem Westen.⁹⁴ Immer wieder forderten Pfarrer zum Missfallen der Machthaber bei diesen Gesprächen freie Wahlen ein.⁹⁵

Bei den Wahlen selbst wurde den Wählenden am Eingang der Stimmzettel überreicht, diesen mussten sie falten und in die gleich danebenstehende Urne werfen. Der Stimmzettel gab vor, was zu wählen war, anzukreuzen gab es nichts, zur Option stand nur die totale Zustimmung. In der DDR waren zwar anders als im Nationalsozialismus neben der Herrschaftspartei andere Parteien zugelassen, die sogenannten Blockparteien, aber ihre Rolle bestand nicht in der Opposition, sondern im Aufrechterhalten eines Anscheins von Pluralität. Ihre von oben ausgewählten Kandidaten standen mit denen der SED und Massenorganisationen als «Nationale Front» auf dem Stimmzettel. Eine Pflicht zur Nutzung der

Wahlkabine gab es anders als in liberalen Demokratien nicht. Die Geheimhaltung zu fordern, bedeutete schon Protest.

Am Wahltag verfassten zahlreiche Institutionen Überwachungsberichte: die staatlichen, regionalen, kommunalen und SED-Behörden, die Staatssicherheit, die Wahlausschüsse.[96] Sie mussten unter anderem Informationen an die nächsthöhere Instanz weiterleiten.[97] Die Beobachter berichteten meist nicht nur über die Nichtteilnahme, sondern auch über unangemessene Verhaltensweisen, etwa eine unerwünschte Wahlkabinennutzung oder Anmerkungen auf dem Zettel.[98]

Im Nachhinein mussten die verschiedenen Instanzen nochmals eine genaue Analyse mit exakter Statistik für die nächsthöhere Ebene verfassen. Wahlverweigerung galt als Makel, und je höher die Instanz war, der Ergebnisse gemeldet wurden, desto mehr näherten sich die Zahlen den erwünschten 100 Prozent.[99]

Bei den Kommunalwahlen im Mai 1989 wurde mit offiziellen 98,77 Prozent das schlechteste Wahlergebnis in der DDR überhaupt erreicht. Bemerkenswerte 1,15 Prozent hatten gegen den Wahlvorschlag votiert.[100] Die Opposition aber hatte nachgewiesen, dass die Zahl der Wahlverweigerungen und der Nein-Stimmen weitaus höher lag. Der Ritus der Unterwerfung war brüchig geworden.

Der befreite Körper

Während die Sozialisten emsig daran arbeiteten, die Herrschaft in ihrem Staat zu zementieren, und während sie sich allmählich in ein Regime der alten Männer transformierten, begann weltweit ein komplexer Wandlungsprozess, erst untergründig, dann immer mächtiger und sichtbarer und lauter: Die Geschlechterordnung geriet durcheinander, setzte den Emanzipationsprozess der Frauen in spektakulärer Weise fort und veränderte im Laufe der Jahrzehnte die westlichen Demokratien grundlegend.

Dabei sah der Neubeginn nach 1945 für die Frauen deprimierend aus. Schon rein körperlich blieben sie in degradiert. Hausarbeit war nach wie vor schwer und schmutzig und selbstverständlich unbezahlt, und sie wurde in Ost- und Westdeutschland fast ausschließlich von Frauen erledigt. Das Bohnern und Scheuern, das Wäschewringen, das Schleppen der nassen Kleidung zum Aufhängen, das Präparieren des Bügeleisens, das sparsame Haushalten mit Einkochen für den Winter, der Einkauf zu Fuß oder mit dem Fahrrad – die ganze Armseligkeit der Lebensführung machte vor allem den Frauen zu schaffen. Rund siebzig Stunden arbeitete eine Hausfrau Anfang der 1950er-Jahre,[101] während für Lohnarbeiterinnen und Lohnarbeiter wie in der Weimarer Republik wieder eine Wochenarbeitszeit von rund 48 Stunden galt. Selten half der Mann im Haushalt mit. Im Gegenteil, den Ehefrauen wurde eingeschärft, die abends vom Berufsleben Heimkehrenden zu schonen und zu pflegen. Eine durchschnittliche Frau bekam bereits in jungen Jahren zwei bis drei Kinder und verhinderte damit frühzeitig alternative Optionen. Die Menschen lebten beengt, häufig generationenübergreifend und mit mangelhafter Elektrizität und einfachen sanitären Anlagen. Eine vierköpfige Familie wohnte 1950 im Durchschnitt auf weniger als fünfzig Quadratmetern. Für die Alten und für die Frauen, die nicht außer Haus zur Arbeit gingen oder wie viele Mütter in der DDR trotz Arbeit den Haushalt erledigten, war die Enge besonders bedrängend.[102] Kneipen, die für Männer neben dem Arbeitsplatz eine Ausweichmöglichkeit boten, galten nicht als angemessener Aufenthaltsort für Frauen. Zusätzlich zur maskulinen Politik der Nachkriegszeit mit alten Männern in der Führung und gewaltfreudigen Parteianhängern, zusätzlich zu den überkommenen Mütterlichkeits- und Familienidealen sorgten diese Lebensumstände dafür, dass sich die weibliche Hälfte der Bevölkerung wenig in der Politik engagierte und kaum in Parteien oder Gewerkschaften eintrat. Neben der fehlenden Zeit für ein ehrenamtliches Engagement in der Demokratie fehlte den Frauen auch die dafür oft erforderliche Berufserfahrung und Ausbildung, sei es in der Bürokratie, den Medien oder der Juristerei. Selbstverständlich kamen Frauen für ein höheres politisches Amt nicht in Betracht.

All das veränderte sich in einem atemberaubenden Prozess, in dem sich neue Ansichten und ein neuer Umgang mit dem Körper einstellten, die eine egalitäre Geschlechterordnung in den Horizont des Denkbaren rückten. Konsum und Bequemlichkeit erreichten ein neues, bis dahin unvorstellbares Ausmaß. Viele Überzeugungen, Einstellungen und Traditionen, deren Anfänge oft weit vor dem 20. Jahrhundert lagen, lösten sich auf.

Wunder der Wirtschaft

Die Grundlage der Veränderungen war der wachsende Wohlstand. Die Geschichte der Demokratie ist eng mit Eigentumsvorstellungen und materieller Prosperität verwoben, und die Verbindung der geglückten Demokratie in Westdeutschland mit wirtschaftlichem Erfolg ist wenig erstaunlich. Im ganzen nordatlantischen Raum erwiesen sich die schnelle und massive Anhebung des Lebensstandards, das rasche Anwachsen des Durchschnittseinkommens, die zunehmende Freizeit, die wachsenden Konsummöglichkeiten als eine völlig neue Erfahrung für die Bevölkerung. Nie zuvor hatte es einen solchen Wohlstandsanstieg gegeben. In Westdeutschland jedoch war der ökonomische Aufschwung besonders intensiv und kam für viele nach dem Elend des Krieges so überraschend, dass er allgemein als «Wirtschaftswunder» bezeichnet wurde. Der Erfolg war den günstigen Rahmenbedingungen zu verdanken, der klugen alliierten Politik mit dem Marshallplan und den weltweiten Entwicklungen, die den Weg zu einem globalen Freihandel öffneten. Von 1950 bis 1956 verdoppelte sich das Bruttosozialprodukt, bis 1960 verdreifachte es sich. Die Bundesrepublik hörte auf, Einheimische zur Auswanderung zu bewegen, aus Arbeitslosigkeit wurde Arbeitskräftemangel, und die Regierung gab endlich dem Drängen südeuropäischer Staaten nach, die ihre Arbeitslosigkeit mit temporärer Auswanderung drosseln wollten. Westdeutschland wurde zum Einwanderungsland mit «Gastarbeitern», die wesentlich zum Wirtschaftsaufschwung beitrugen.[103] Der Export blühte, und manchem Bundesbürger wuchs der Stolz auf «Made in Germany» so sehr ans Herz, dass er darüber die Wiedervereinigung vergaß. Republikanisches Pathos ist schön für Demokratien, aber Wohlstand ist unverzichtbar. Er schafft Zufriedenheit und ermöglicht Gerechtigkeit.

Auch in anderen Weltregionen kam es zu einem Industrialisierungs- und Demokratisierungsschub. Länder wie Japan, Australien, Neuseeland oder Malaysia trugen zu der globalen «Wohlstandsexplosion» bei. Der Wohlstand ermöglichte es den Industriestaaten, einen Sozialstaat einzurichten, von dem Reformerinnen der Jahrhundertwende kaum zu träumen gewagt hätten.[104]

Der westdeutsche Wirtschaftsminister Ludwig Erhard erklärte es immer wieder: Demokratie und Marktwirtschaft hingen ebenso zusammen wie Sozialismus und Planwirtschaft.[105] Bald setzte sich der Begriff «soziale Marktwirtschaft» durch, wobei viele ihrer zentralen Elemente wie die Montan-Mitbestimmung oder die Lohnfortzahlung im Krankheitsfall von Adenauer und christlich-sozialen Kreisen gegen Erhard durchgeboxt werden mussten.[106] Das Konzept der Sozialen Marktwirtschaft wies auf die Grundierung des demokratischen Glücks hin: ein Wohlstand, der allen ein würdiges Leben ermöglichte, und eine Sozialpolitik, die sich verpflichtete, zunehmend die materielle Bedingung für die Unantastbarkeit der menschlichen Würde zu gewähren. «Wohlstand für alle», wie es Erhard 1957 im Titel seines Buchs auf den Punkt brachte. Die Sozialdemokratie gab die letzten Reste ihrer Klassenkampfrhetorik auf, lernte und reformierte sich. Die schlagkräftigen Gewerkschaften, die blühende Industrie, die braven Deutschen, Konservative und Linke und Liberale, Alte und Junge: Sie alle fanden sich irgendwie in einem – wie die Historikerin Julia Angster es nennt – «Konsenskapitalismus» wieder.[107] Auch der Kapitalismus wurde dem großen Zähmungsprogramm der Moderne unterworfen.[108] Keine nennenswerte Macht in der westlichen Hemisphäre wollte noch den Kapitalismus zerstören. Das lag auch schlicht daran, dass einige der wichtigsten Industriekapitäne nach Sträuben und Händeringen den Wert einer fairen Sozialordnung mit sozialem Frieden, hoher Umverteilungsquote nach unten und mit starken Gewerkschaften erkannt hatten.[109]

5. Demokratie nach dem Nationalsozialismus

Was Wohlstand für alle bedeutet, lässt sich kaum überschätzen. 1957 trug die Einführung der Dynamischen Rente zur Bekämpfung der massiven Altersarmut bei. Nach einer Erhöhung der Renten um staunenswerte 60 Prozent wurden diese künftig dem Lohnniveau angepasst, so dass auch die Menschen im Ruhestand vom Wirtschaftswachstum profitierten.[110] Alten Menschen war es von nun an möglich, ein unabhängiges Leben in Würde ohne Hilfe der Kinder zu führen – ein wichtiger Beitrag zur Individualisierung. Die Arbeitszeit sank nicht nur in der Bundesrepublik massiv. Gehörte zu Beginn der 1950er Jahre die Sechs-Tage-Woche noch selbstverständlich in den Alltag der Menschen, setzte sich allmählich in den 1960er und 1970er Jahren der Samstag als freier Tag bei einer Vierzig-Stunden-Woche durch – etwa dreißig Stunden Arbeitszeit in der Woche weniger als hundert Jahre zuvor. In Deutschland wurden die Verbesserungen wesentlich durch die Gewerkschaften vorangetrieben, die ab 1955 die Kampagne für die Fünf-Tage-Woche begannen: «Samstags gehört Vati mir».[111] Die Menschen hatten mehr Zeit für Parteiarbeit, ihr Vertrauen in die Politik und die Republik stieg. Die Affäre der Demokratie entwickelte sich zu einer überaus kommoden Geschichte. Glück bedeutete für viele Menschen ein Leben mit Zentralheizung, Wurst und Italienurlaub.

Bereits 1951 wurde Deutschland wieder in die Internationale Arbeitsorganisation, die ILO, aufgenommen. Bei der Eröffnung der ILO-Zweigstelle in Bonn erinnerte Generaldirektor David Morse an den großen Beitrag, den die internationale Gemeinschaft der deutschen Sozialstaatexpertise seit dem Kaiserreich verdankte.[112]

Die SPD setzte sich in guter Tradition und mit großem Engagement für bessere Lebensbedingungen ein. Die gewerkschaftseigene «Neue Heimat» wurde zu einem der größten Wohnungsbauunternehmen der Bundesrepublik. In Hamburg, Bielefeld, Frankfurt und zahlreichen anderen Städten entstanden große Siedlungen. Sie boten den Menschen nicht nur mehr Raum, sondern mit weiten Grünflächen auch mehr Luft und Gesundheit, und die Kombination aus Ein- und Zweifamilienhäusern mit großen Wohnblocks kam der zunehmenden Individualisierung entgegen. Gerade junge Familien zogen aus den Altbauwohnungen in die Vorstädte – ein internationaler Trend, der sich auch in den sozialistischen Ländern fand, die mit riesigen Neubauvierteln für günstigen Wohnraum sorgten.[113] Der Auszug aus den Altstädten beschleunigte die Auflösung der Arbeiterbewegung, und die Neuformierung des Mittelstand stärkte die Unionsparteien. Die Generationen trennten sich. Die Maßstäbe verschoben und weiteten sich. 1970 lebte eine vierköpfige Familie auf 86 Quadratmetern, die Fläche pro Person hatte sich innerhalb von zwanzig Jahren fast verdoppelt.[114] Nicht nur die schlichte weiße Formsprache der Architektur ging auf die Reformzeit um 1900 zurück, in der die deutsche Avantgarde etwa des Werkbundes einflussreich gewesen war, sondern auch die Sehnsucht nach Freiheit und der Wille, Gesundheit, soziale Gerechtigkeit und Ästhetik im Dienst der Menschen zu vereinen.

Auch in der DDR wuchs der Wohlstand. Auf ihrem VIII. Parteitag im Jahr 1971 verkündete die SED mit der «Einheit von Wirtschafts- und Sozialpolitik» ein altes sozialdemokratisches Programm. Als Ziel galt die «Erhöhung des materiellen und kulturellen Lebensniveaus». Der Konsumsozialismus wurde ohne Demokratie umgesetzt. Gleichwohl erwies sich die Erhöhung des Lebensstandards als relativ erfolgreich, und 1989 behauptete Staatschef Erich Honecker zum vierzigsten Jahrestag der DDR: «Unsere Republik gehört heute zu den 10 leistungsfähigsten Industrienationen der Welt, zu den knapp zwei Dutzend Ländern mit dem höchsten Lebensstandard.» Das war eine Übertreibung. Doch hatten sich die Lebensverhältnisse in vierzig Jahren DDR tatsächlich deutlich verbessert. Honecker stellte seine Rede unter das Motto: «Durch das Volk und für das Volk wurde Großes vollbracht» und griff damit auf die alteuropäische Demokratieformel zurück.[115] Der Wohlstand in der DDR oder auch in den Diktaturen der reichen Ölstaaten zeigt, dass ein hohes materielles Lebensniveau keineswegs zwangsläufig zu Demokratie führt. Doch ist Demokratie ohne Wohlstand nicht möglich. Auch spricht vieles dafür, dass ökonomische Prosperität in Kombination mit einem hohen Bildungsniveau demokratische Kräfte befördert. Der Untergang der DDR hing auch damit zusammen, dass sich eine gebildete Bevölkerung, die im Wohlstand lebt, schlechter diktatorisch beherrschen lässt als eine ungebildete, verarmte.[116]

In der DDR kam dem Wohlstand eine besondere Funktion zu, weil er vor allem seit den 1970er Jahren in Form der Sozialpolitik als Legitimationsersatz diente. Entgegen den Warnungen seiner Ökonomen baute Erich Honecker den Sozialstaat massiv aus und legte Programme auf, die letztlich zu einer überbordenden Verschuldung des Staates führten. Die DDR wurde zwar zum Musterstaat in der sowjetischen Hemisphäre, doch die Menschen verglichen sich weniger mit den Nachbarstaaten im Osten als vielmehr mit der Bundesrepublik – und dagegen empfanden die meisten die DDR als zweitklassig.[117]

Körperbeherrschung

In einem Punkt schien die DDR der Bundesrepublik voraus zu sein: in der Frauenemanzipation. Die Tatsache, dass Frauen viel selbstverständlicher arbeiteten, verdankte sich dem Umstand des Arbeitskräftemangels und der politischen Integration über die Betriebe in der DDR, nicht der Sorge des Staates um Gerechtigkeit und nicht dem Aufbegehren der Menschen für Gleichheit. Andere Entwicklungen wie die rasche Abschaffung der im Westen aufrechterhaltenen diskriminierenden Gesetze kosteten die DDR nichts. Die Diktatur musste bei solchen Veränderungen nicht nur keine Rücksicht auf konservative Mentalitäten im Inland nehmen, sondern konnte damit sogar im Ausland für ihre sozialistische Ordnung werben. Die Frauen in der DDR nutzten und schätzten die neuen Spielräume, und nach der Wiedervereinigung wollten die Ostdeutschen diesen Vorsprung nicht mehr missen.[118]

Im Westen benötigten Frauen bis 1962 die Erlaubnis des Ehemanns für die Eröffnung eines Kontos und bis 1977 für die Berufstätigkeit. Großunternehmen wie Volkswagen schlossen verheiratete Frauen kategorisch aus dem Betrieb aus. Noch 1966 entschied der Bundesgerichtshof, dass die Gattin nicht nur durch Gewalt zum Sex gezwungen werden durfte, sondern dass es sich aufgrund der geforderten «Opferbereitschaft» für sie verbiete, beim Geschlechtsverkehr «Gleichgültigkeit oder Widerwillen» zu zeigen.[119] Erst 1997 beurteilte die bundesrepublikanische Justiz die Vergewaltigung in der Ehe als unrechtmäßigen Gewaltakt.[120]

Gewalt blieb nicht nur im Privaten präsent, sondern auch vor aller Augen wie im linken Terror der RAF oder im anhaltenden und oft ignorierten rechten Terror. Die Bundesrepublik der 1970er Jahre war das Land, in dem sich Tausende Holocaust-Direkttäter auf dem Höhepunkt ihrer zweiten Karriere befanden, die meisten von ihnen ehemalige Angehörige der Einsatzgruppen, der Konzentrationslager-SS oder von Erschießungskommandos. Trotz dieser Kontinuitäten, zum Teil auch wegen ihnen, kam es zum Aufbruch.

Die neue Befreiung der Frauen begann im nordatlantischen Raum, in Gesellschaften, die sich diversifizierten, die im Wohlstand Neues wagten und Traditionen kritisch befragen konnten. In Westdeutschland stieg die Wahlbeteiligung weiter an. Die Mitgliederzahl der SPD überschritt die Millionengrenze. Prozentual gingen mehr Deutsche wählen als je zuvor in freien Wahlen, mehr als im Kaiserreich und mehr als in der Weimarer Republik. Immer

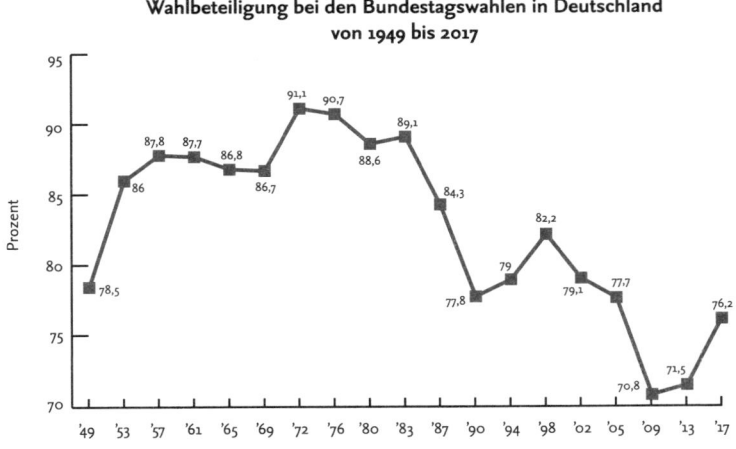

Quelle: Bundeswahlleiter

mehr Bürgerinnen und Bürger machten Demokratie zu ihrer Herzensangelegenheit. Die Menschen verlangten nach mehr und noch mehr Demokratie. Die Menschenwürde wurde immer weiter definiert und immer drängender eingefordert. «Keine Frau kann sich frei nennen, solange sie ihren eigenen Körper nicht besitzt und kontrolliert», das war Margaret Sanger schon 1922 klar gewesen. «Das ist für Frauen der Schlüssel zur Freiheit.»[121] In der zweiten Jahrhunderthälfte wurde dieser Traum in den liberalen Demokratien wahr, und vieles spricht dafür, dass die Möglichkeit der Frau, über ihren Körper zu bestimmen, eine der bedeutendsten Weichenstellungen für die menschliche Freiheit war.

In diesem Kontext waren plötzlich Frauen zu hören – laut und immer lauter. Ein Beispiel ist das *Frauenhandbuch* von 1972, geschrieben von dem Kollektiv «Brot und Rosen». Es erwies sich als ein Aufklärungsbuch im eigentlichen Sinne: Indem die Frauen Informationen über den weiblichen Körper boten und Hinweise, in welcher Beziehung er zu medizinischen und rechtlichen Strukturen steht, forderten sie zur Selbstermächtigung aus der Unmündigkeit auf. Wie so oft in den Aufbrüchen der Zeit, boten Aktivistinnen aus den USA das Vorbild. Das Frauenhandbuch ging zurück auf das Werk *Our Bodies, Ourselves*, das amerikanische Feministinnen 1970 herausgebracht hatten und das weltweit von Frauen rezipiert, übersetzt oder wie im deutschen Fall für das eigene Land neu geschrieben wurde.[122] Auch diese Bewegung gründete in der Zeit um 1900. Der Name «Brot und Rosen» verwies auf die Frauenbewegung der Jahrhundertwende, als amerikanische Bürgerrechtlerinnen gefordert hatten, nicht nur Brot, sondern auch Rosen seien für Frauen unabdingbar.[123]

Diese Aufklärungsliteratur zeigt anschaulich, wie Demokratisierungsprozesse und die Aneignung des eigenen Körpers Hand in Hand gingen. «Unsere Körper werden benutzt, um Waren zu verkaufen, mit denen Männer Millionen machen», konstatieren die Autorinnen. Die Sexualisierung und die «Ausbeutung» des weiblichen Körpers blockiere das Gefühl für die eigene Würde: «Es war uns nie erlaubt, Achtung vor anderen Frauen und vor uns selbst zu haben.»[124]

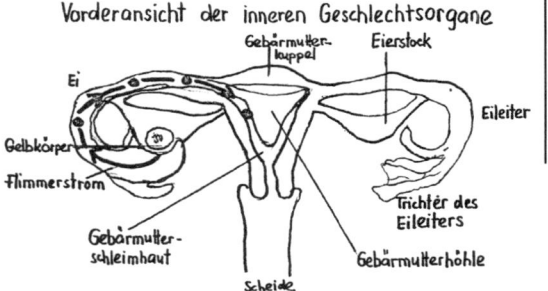

Abbildung aus dem
«Frauenhandbuch»
von 1972

Die Frauen zeigten die Bedeutung der Care-Arbeit auf; die einseitige Belastung der Frau mit dieser unbezahlten Arbeit sei entscheidend für ihre diskriminierte Stellung in der Gesellschaft.[125] Sie verwiesen damit auf ein Problem, das sich mit der Professionalisierung der sozialen Berufe um 1900 ergeben hatte: weil diese weiblich waren und weil das Idealbild der Frau nicht mit Studium, Prestige, Geld und Karriere in Verbindung gebracht wurde. Das erklärte, warum typisch weibliche Berufe wie Krankenschwester, Sozialarbeiterin oder Hebamme finanziell schlechter gestellt waren und einen geringeren Status hatten, denn für diese Frauenberufe wurde kein Studium eingerichtet – anders als für typisch männliche Berufe wie Zahnarzt oder Ingenieur.[126]

Das Handbuch zeigt auch die große Bandbreite und Ambivalenz demokratischer Bewegungen in der zweiten Hälfte des 20. Jahrhunderts. Die Autorinnen sind nicht nur antikapitalistisch, antibürgerlich, antiklerikal, antiwestlich, sondern auch dezidiert antiparlamentarisch und antiplural. Die Welt ist klar in Hell und Dunkel aufgeteilt, und die Bundesrepublik, in der immerhin seit einigen Jahren mit Willy Brandt die Sozialdemokratie an der Macht war, gehörte nicht zu den Guten. Die Sprache ist von einer bemerkenswerten Härte: Viele «Schweinereien» hätten die Autorinnen «endgültig von der Illusion geheilt», dass man «doch noch etwas durch das bürgerliche Parlament erreichen kann». Ärzte und Parlamentarier seien «Fachidioten». «Die Kapitalisten» sinnen allein auf Profit und Totschlag und wollten in Ländern der «3. Welt» einen «Völkermord» anrichten.[127]

Antikapitalismus gehörte ebenso wie der Antiklerikalismus zum Protestton der bürgerlichen Jugend. Die Frauenbewegung war Teil dieser Gegenkultur, die das Alte niederreißen wollte: den Biedermeier der Nachkriegsjahrzehnte, das Hausfrauendasein, die achtbare Wohlstandsmännlichkeit in Gewerkschaften, Kirchen und Chefetagen, den Nationalismus, den Fleiß und die so mühsam wieder hergestellte Ordnung. Die Sehnsucht nach Privatheit verachteten sie. Die Frauenbewegung blieb interessanterweise – und zu einem Teil bis heute – innerhalb des neomarxistischen Gedankengebäudes.[128] Moderne und die Rolle der Frau wurden häufig ökonomisch als Krankheiten des ausbeuterischen Kapitalismus interpretiert, so dass die Vorstellung entstand, mit der Moderne habe die Unterdrückung der Frau eigentlich erst begonnen.[129] Auch wenn die deutsche Frauenbewegung sehr heterogen war, blieb sie alles in allem bis Ende der 1970er Jahre «autonom» und in Distanz zum parlamentarischen System und zum Staat.[130] Mit der Gründung der Partei «Die Grünen» 1979 änderte sich das, denn hier waren Frauen stark vertreten. Generell stieg erst in den 1980er Jahren der Anteil der Frauen in europäischen Parlamenten allmählich an.

Die feministischen Autorinnen des Frauenhandbuchs gehörten zu einer gebildeten und hochpolitisierten Minderheit, die mit ihrer radikalen Systemkritik kaum für Mehrheiten sprachen. Doch wirkte die Emanzipation wie in anderen Industriestaaten weit über den Kreis der Aktivistinnen hinaus und betraf eine überwältigende Mehrheit – nicht zuletzt über die Vorstellungen von Familie. Wenn die Autorinnen «Geburtenkontrolle als Herrschaftsinstrument» interpretierten, so trafen sie damit den Kern.[131] 1960 wurde die Pille offiziell als Verhütungsmittel auf dem US-amerikanischen Markt zugelassen, und 1961 erschien auf dem internationalen Markt die Pille von Schering mit gewaltigem Tamtam, mit größerer Sicherheit und mit weniger Nebenwirkungen.[132] Frauen konnten nun mehr als je zuvor über ihren Körper und damit über ihr Leben bestimmen.

Die Frauenrechtlerinnen aber kritisierten die Pille zunehmend als eine Profitmaschine des Kapitalismus, als Dezimierungsprogramm für die Bevölkerung in Entwicklungsländern und als Unterdrückungsinstrument der Männer, die damit umso ungestörter die weiblichen Körper ausbeuten konnten.[133] Alice Schwarzer, die junge, kluge Stimme der Frauenbewegung, erklärte 1981, Frauen hätten die Pille «zu lange» schweigend geschluckt und zunehmend daran «gewürgt».[134] Doch die Mehrheit der Frauen ließ sich davon nicht beirren, und immer mehr griffen zu dem Verhütungsmittel. In der Bundesrepublik nahmen 1969 zwei Millionen Frauen im gebärfähigen Alter die Pille und damit etwa 16 Prozent der Frauen zwischen fünfzehn und vierundvierzig Jahren, in den 1980er Jahren stieg der Anteil auf 40 Prozent und nahm in den 1990er und 2000er Jahren weiter zu.[135]

Für viele Frauen war die Pille kein politischer Akt und noch weniger ein Statement zur Lage des Kapitalismus. Das Verhütungsmittel empfanden sie als Erleichterung ihres Alltags, aber auch als Möglichkeit, mehr Spaß im Leben zu haben. Die Pille erlaubte es den Eltern, erst in einem höheren Alter Kinder zu bekommen, und die gewonnene Zeit eröffnete Frauen, aber durchaus auch Männern, individuelle Freiheitshorizonte jenseits von Familienstrukturen für Bildung, Karriere, Hobbys oder Reisen. Und so passte die Pille gut in die neuen Zeiten und in die sich wandelnden Wert- und Glücksvorstellungen. 1975 traute sich die Plattenfirma der Country-Sängerin Loretta Lynn nach Jahren der Verzögerung und sittlichen Bedenken das Lied «The Pill» zu veröffentlichen. «All the years I stayed at home while you had all your fun», sang Loretta Lynn, Jahr um Jahr ein neues Baby, doch nun werde sich die Welt komplett ändern: Sie gebe sich nicht mehr mit dem Zweitklassigen zufrieden, nun gelte fifty-fifty für alles, für die Macht, die Freizeit, aber auch für die Lust.[136] Sechzig Radiostationen boykottierten das Lied. Die Pille galt auch Mitte der 1970er Jahre noch als moralisch höchst problematisch. Konservative und ein großer Teil der Kirchen stießen auf breite Zustimmung in der Gesellschaft, wenn sie vor den welterschütternden Wirkungen der Pille warnten: Frauen würden nicht mehr durch die natürlichen Zügel ihrer

Fruchtbarkeit an der freien Liebe gehindert, man pfusche Gott ins Handwerk und missachte den Kindersegen. 1968 bekräftigte die katholische Kirche mit der Enzyklika «Humanae vitae» die Ablehnung der Verhütungsmittel und vertrat die Ansicht, der Geschlechtsakt müsse der Fortpflanzung dienen. Kurz: Die Bedenken von Loretta Lynns Produzenten schienen berechtigt. Doch das Pillen-Lied eroberte die Herzen und die Charts.[137] Auch ein immer größerer Teil der Katholikinnen griff zur Pille.[138]

Die Pille brachte nicht automatisch die Emanzipation und öffnete den Frauen (bekanntermaßen) nicht im Nu die Tore in die Öffentlichkeit und in die Politik.[139] Der starke Rückgang der Geburtenrate fand erst Ende der 1960er Jahre statt, als mehr Frauen zur Pille griffen. Doch sind die Korrelationen zwischen Verhütung und Emanzipation unübersehbar. Um 1900 hatten größere körperliche Freiheit und ein wachsender Respekt vor dem Körper der Menschen dazu beigetragen, dass Frauen in den Industriestaaten allmählich rechtlich weitgehend gleichgestellt wurden. Dennoch waren Frauen in den folgenden Jahrzehnten neuen und alten Einschränkungen ausgesetzt geblieben. Nach der Erfindung der Pille lösten sich allmählich tiefsitzende Beschränkungen für Frauen, und Geschlechtervorurteile schwanden – auch wenn diese Neujustierung der Geschlechterordnung ein äußerst langwieriger, bis heute fortdauernder Prozess ist. Dass Frauen seit der Wende zum 21. Jahrhundert in fast allen Ländern wie nie zuvor in der Politik aktiv sind, dass sie als Regierungschefinnen und Parlamentarierinnen herrschen, nachdem sie lange schon in etwa gleich hoher Zahl wie Männer an den Wahlen teilnehmen, dass sie Parteifunktionärinnen sind und ihr Anteil an Parteimitgliedschaften steigt, hat viele Ursachen – zu denen auch das Befreiungspotential der Pille gehört. Die Entwicklungsökonomie verweist darauf, dass die erst in einem höheren Alter einsetzenden Geburten und die Abnahme der Kinderzahl pro Frau entscheidend für die Prosperität einer Gesellschaft seien. Die weltweit sinkende Fertilitätsrate durch die Möglichkeiten der Familienplanung sei einer der Hauptgründe für den ansteigenden Wohlstand, wobei der steigenden Bildung von Frauen eine besondere Bedeutung zukomme.[140]

Beim Blick auf die gesamtgesellschaftlichen Folgen der Aufbrüche um «1968» spricht vieles dafür, dass die eigentlichen Veränderungen weniger in politischen Umbrüchen bestanden – Kohls endlose Jahre standen erst noch bevor –, sondern vielmehr in einem neuen Geschlechterverhältnis, das die Selbstverständlichkeit patriarchaler Strukturen aufbrach. Mit der Etablierung der weiblichen körperlichen Freiheit, der Hinterfragung alter Männlichkeitsvorstellungen, neuen Erziehungsidealen von Toleranz und Mitleid, mit einem neuen pluralen Familien- und Geschlechterbild läuteten diese Veränderungen ein Ende der wohl stärksten und ältesten antidemokratischen Kräfte ein, der Unterdrückung der Frauen, und forcierten einen der wichtigsten Demokratisierungsprozesse.[141]

Globale Gemeinschaft und globale Zerrissenheit: Kalter Krieg und Entkolonisierung

Der Umbruch in den 1960er und 1970er Jahren gestaltete sich auf nahezu allen Feldern. Er war massiv, und er war global. Die Bewegungen und Veränderungen ergriffen die Massen und transformierten die Gesellschaften von oben bis unten.[142] Die Welt sah nach dieser Umbruchzeit anders aus. Die Grundierung bildete eine lang andauernde Veränderung der Wertvorstellungen. Auch das war kein nationales Phänomen: weg von autoritären und materiellen Werten hin zu mehr Toleranz und Verantwortung, weniger Malochen und Kollektiv, mehr Freizeit, Sex und Selbstentfaltung. Kino statt Kirche.[143] Tatsächlich war der Säkularisierungsschub entscheidend; von ihm erholten sich die Kirchen trotz mancher gegenläufigen Tendenzen und späterer Eliten-Diskurse über die Rückkehr der Religion nicht mehr. In der zweiten Hälfte des 20. Jahrhunderts ergriff er auch Länder mit einer traditionell stark religiös gebundenen Bevölkerung wie Spanien oder Irland, im 21. Jahrhundert auch die USA und Polen. In den sozialistischen Staaten sahen sich die Menschen über harsche Repressionen wie die Benachteiligung gläubiger Jugendlicher zum Kirchenaustritt gezwungen, während sich im Westen die Säkularisierung weniger aus einem antireligiösen Impuls entwickelte. Die altehrwürdige Institution der Kirche und ihre Moralvorstellungen, die über Jahrhunderte die Menschen zutiefst beeinflusst hatten, wichen in einem weichen Übergang den Freuden des Konsums, dem neuen Bildungshunger, den endlos scheinenden Freizeit- und Berufsmöglichkeiten.[144]

Für den Wandel standen Personen wie der junge John F. Kennedy, US-Präsident von 1961 bis 1963, die Beatles, die afroamerikanische Sängerin Diana Ross oder eine linke Regierung in der Bundesrepublik. Gustav Heinemann, der erste sozialdemokratische Bundespräsident, erklärte bei seinem Amtsantritt 1969: «Freiheitliche Demokratie muss endlich das Lebenselement unserer Gesellschaft werden.»[145] Willy Brandt, deutscher Bundeskanzler von 1969 bis 1973, forderte: «Mehr Demokratie wagen», und leitete eine neue Ostpolitik der Entspannung ein. In den Bundestagswahlen von 1972, bei denen erstmals Frauen und Männer bereits ab achtzehn wählen durften, ging es um eine Fortsetzung seiner Amtszeit, um seine soziale Vorstellung von Demokratie, um eine friedliche Ostpolitik, um eine offenere Gesellschaft. Die Wahlen mobilisierten die Menschen, und wie nie zuvor engagierten sie sich am Wahlkampf. Mit über 91 Prozent erreichte die Bundesrepublik ihren Spitzenwert bei der Wahlbeteiligung. Die SPD wurde mit knapp 46 Prozent erstmals die stärkste Fraktion, noch vor der CDU/CSU. Zugleich entwickelte sich der Antikommunismus zu einer integrierenden und demokratisierenden Kraft – und auch das war eine Tendenz, die weit über Deutschland hinausreichte.

Die 1960er und 70er Jahre waren die Zeit der Entkolonialisierung in Afrika. Voller Hoffnung starteten die jungen Nationen in die Freiheit. In Südeuropa beendeten Spanien, Portugal und Griechenland ihre Diktaturen und installierten Parlamentarismus und freie Wahlen.[146] Die afroamerikanische Bürgerrechtsbewegung präsentierte sich stark und war erfolgreich. Sie entwickelte sich zu einem weltweiten Vorbild im Kampf für Minderheiten, deren Probleme stärker ins Bewusstsein der vielen drangen – und sie erkämpfte endlich das Wahlrecht für die afroamerikanischen Bürgerinnen und Bürger. US-Präsident Jimmy Carter nutzte eine neue ethische Politik, um die USA aus dem moralischen Sumpf zu ziehen, in den das Land durch den Vietnamkrieg, seinen brutalen Rassismus und CIA-Skandale geraten war.[147]

Tatsächlich war es auch eine Zeit der tiefen Gespaltenheit der westlichen Gesellschaften. Die Umbrüche und Aufbrüche und das rastlose Verlangen nach Veränderung wurden nicht zuletzt durch grassierende Ängste befeuert: die ganz reale Chance auf einen Atomkrieg, in dem sich die Menschheit mit größter Wahrscheinlichkeit selbst auslöschen würde. Die Angst führte zu einer moralischen Hochrüstung, sie war panikartig, unmittelbarer, größer wohl als spätere Ängste etwa vor dem islamistischen Terror oder dem Klimawandel. Sie befeuerte den Hass und die Unversöhnlichkeit zwischen «Linken», die vermeintlich kommunistischen Phantasmagorien nachhingen und das Unrecht des Sowjetimperiums entschuldigten, und «Rechten», die als Kalte Krieger, so der Vorwurf, sinnlos aufrüsteten und mit ihrer Rigorosität leichtfertig die Existenz der Menschheit riskierten. Die 1970er Jahre weckten mit ihrem Protest gegen das Establishment generell ein tiefes Gefühl des Misstrauens nicht nur gegenüber Großinstitutionen wie den Kirchen oder Gewerkschaften, sondern auch gegenüber Politikern und Parteien. In den folgenden Jahren sank die Wahlbeteiligung bei Bundestagswahlen relativ kontinuierlich bis auf 78 Prozent im Jahr 1990.

Viele Zeitgenossen sahen sich in einer Ära der Revolution, und diese galt im Bürgertum nicht länger als furchterregend und abscheulich. Auch wenn sich linke Intellektuelle in Deutschland zunehmend nicht mehr in revolutionärer Opposition zum parlamentarischen System verstanden, trugen sie doch zur Etablierung eines neuen globalen Narrativs von der Befreiung der Menschheit durch Gewalt und Aufruhr bei.[148] Die Französische Revolution erfuhr eine Neubewertung und wurde in ein glorreiches Licht gerückt. Demokratiegeschichte entwickelte sich in öffentlichen und wissenschaftlichen Diskursen vielfach zu einer Geschichte der Revolution.[149] Selbst liberale Kräfte entdeckten die «Revolution» als positiven Traditionsbestand, wobei etwa für die Erinnerung an 1848 insgesamt die bürgerliche Erinnerung an das Parlament in Frankfurt gegenüber den Barrikaden in den Hintergrund rückte.[150]

Globale Gefühle der Menschenwürde

Der Kalte Krieg beförderte in den 1970er Jahren durch die Systemkonkurrenz aber auch ein neues Gefühl für die Würde des Menschen.[151] Seit den 1950er Jahren wurden die Menschenrechte immer wichtiger für die Politik und blieben nicht länger ein Anliegen aufgeklärter Eliten. Millionen Menschen machten sie zu ihrer Herzenssache:[152] in der globalen Empörung über den Vietnamkrieg oder über den Militärputsch in Chile, im Eintreten gegen die Christenverfolgungen in der Sowjetunion oder im Kampf gegen den Rassismus in Südafrika.[153] Für Europa, aber auch darüber hinaus, errang die Konferenz für Sicherheit und Zusammenarbeit allergrößte Bedeutung, ein zweijähriger Prozess der Ost-West-Entspannung, an dem die europäischen Staaten, die Sowjetunion, die USA und Kanada teilnahmen. In der Schlussakte von Helsinki von 1975 wurden Maßnahmen festgesetzt, die wesentlich zur Eindämmung von Gewalt beitrugen. So verpflichteten sich die Unterzeichnerstaaten, auf die Anwendung und Androhung von Gewalt zu verzichten.[154] Für die Bevölkerung in der sowjetischen Hemisphäre entwickelte sich die Schlussakte zu einem schlagkräftigen Argument im Kampf gegen die sozialistischen Diktaturen, denn ihre Staaten hatten sich darin vor aller Welt verpflichtet, Gewissens-, Religions- und Reisefreiheit zu gewähren. Das Dokument entfaltete eine realpolitische Wirkung, anders als die sozialistischen Nationalverfassungen, in denen solche Rechte zu einer leeren Formel geworden waren.[155]

Entscheidend für die Aufwertung der Menschenrechte waren nicht zuletzt die unzähligen Gründungen von NGOs, die das Aufblühen einer internationalen Zivilgesellschaft signalisierten. Menschenrechtsgruppen wie Amnesty International klagten die Verletzung der Menschenwürde durch nationale Regime international an, konnten auf diese Weise weltweit Empathie mobilisieren und die Staatenlenker vor der Weltöffentlichkeit beschämen – und bemerkenswerterweise funktionierte diese Gefühlspolitik. 1977 erhielt Amnesty International den Friedensnobelpreis. So entwickelten sich Menschenrechte zu einer harten Währung für Staatsmänner insbesondere in der Außenpolitik. Menschenrechtspolitik bildet einen zuweilen übersehenen Teil der Globalisierung.

Das Bewusstsein für Menschenrechte spiegelte sich in der Bundesrepublik auch im neuen Umgang mit den nationalsozialistischen Verbrechen wider, deren Verfolgung die Justiz in skandalöser Weise vernachlässigt hatte. Der Eichmann-Prozess in Jerusalem von 1961 und der Auschwitz-Prozess in Frankfurt am Main von 1963 bis 1965 rückten den Genozid an der jüdischen Bevölkerung, von dem bisher allenfalls vage Vorstellungen kursierten, ins öffentliche Bewusstsein.[156] Mit der amerikanischen Fernsehserie *Holocaust* von 1978/79, die den Völkermord als bewegendes Familiendrama darstellte und die Perspektive der Opfer einnahm, drang der Genozid an den europäischen Jüdinnen und Juden nicht nur ins kollektive Gedächtnis der Deutschen, sondern auch weltweit in den Schulunterricht und verstärkt in die zeitgeschichtliche Forschung.[157] Der Holocaust wurde Bestandteil der deutschen Identität. Nachdenken über Deutschland hieß von nun an, Nachdenken über die deutschen Verbrechen – aber auch, Rechenschaft darüber abzulegen, wie sich daraus lernen ließe. Seither bedeutet Demokratie in Deutschland immer auch die Reflexion über die Abgründe im menschlichen Zusammenleben.

Die neue Öffentlichkeit für Menschenrechte knüpfte an alte Traditionen an. Wie um 1800 die Gegnerinnen und Gegner der Sklaverei appellierten nun Nichtregierungsorganisationen an das Gefühl. Eine Fernsehserie wie *Holocaust*, aber auch die Massenmedien arbeiteten mit schockierenden Bildern. Menschenrechte bedurften für ihre Umsetzung und Installierung der Gefühle, und wie nie zuvor ließ sich in der zweiten Hälfte des 20. Jahrhunderts das Gefühl der Massen erreichen. Die Kunst diente nun in einem viel größeren Ausmaß als bisher als Übermittlerin und Verstärkerin der Gefühle. Pop-Lieder von Superstars wie Bod Geldof («Do They

Know It's Christmas?») oder Michael Jackson und Lionel Richie («We are the world») wandten sich an ein Millionenpublikum mit ihrem Appell für die Hungernden und Leidenden der Welt. Ihre Platten gehören zu den erfolgreichsten überhaupt – und stimulierten umgehend Kapitalismuskritik. Die großen Filmproduzenten konnten mit Hilfe neuer Technik und aufgrund eines globalen Vertriebs und des Fernsehens in Filmen wie *Schindlers Liste* (1993) oder *Hotel Ruanda* (1994) weltweit Emotionen hervorrufen. Antikriegsfilme wie *Die Brücke* (1959) oder *Platoon* (1986) erreichten – anders als die pazifistischen Filme der Zwischenkriegszeit – nun Millionen Menschen. Mit der globalen Popkultur gelang es Künstlerinnen wie Dionne Warwick oder Musikern wie Stevie Wonder, rassistische Stereotype zu überwinden und die zuvor verachtete afroamerikanische Musik in die Wohnstuben der Menschen rund um den Globus zu bringen. Die Kultur für den gehobenen Geschmack blieb moralischen Fragen erst recht nicht verschlossen. Schriftsteller wie Uwe Johnson, Autorinnen wie Gudrun Pausewang, Regisseure wie Volker Schlöndorff und Theatermacher wie Rolf Hochhuth griffen Fragen der Gerechtigkeit auf und appellierten an Gefühle der Mitmenschlichkeit und Moral.

Der Werte- und Gefühlshaushalt änderte sich – aber Gewalt war damit nicht verschwunden. Gerade gegen Frauen hielt sie an.[158] Doch wurde diese Gewalt – trotz des aufflammenden politischen Terrors – immer stärker stigmatisiert, wofür vor allem auch die Frauenbewegung der 1970er und 1980er Jahre kämpfte.[159] Gewalt wurde juristisch zunehmend tabuisiert und die Würde des Individuums in der Rechtsprechung und in Reformvorhaben gefördert. Das zeigte sich in neuen pädagogischen Ansätzen, die den Schulen nicht mehr allein die Aufgabe der Wissensvermittlung zuschrieben, sondern auch der Persönlichkeitsbildung – und zwar hin zu einem verantwortungsvollen, selbstbewussten Individuum.[160] Die Jugendfürsorge, ein Projekt der Reformzeit um 1900, betonte nun noch stärker die Würde des Einzelnen. Für problematische Verhaltensweisen wurden zunehmend die gesellschaftlichen Strukturen verantwortlich gemacht.[161] 1968 schränkte das Bundesverfassungsgericht in einer bahnbrechenden Entscheidung

Der befreite Körper | 303

elterliche Willkür ein: «Das Kind ist ein Wesen mit eigener Menschenwürde und dem eigenen Recht auf Entfaltung seiner Persönlichkeit.» Weiter hieß es: Eine «Verfassung, welche die Würde des Menschen in den Mittelpunkt ihres Wertesystems stellt», könne nur dann Rechte an einer anderen Person einräumen, wenn diese «zugleich pflichtgebunden sind und die Menschenwürde des anderen respektieren».[162] 1973 wurde in der Bundesrepublik die «körperliche Züchtigung» in pädagogischen Einrichtungen endgültig verboten. Im Jahr 2000 beschloss der Bundestag: «Kinder haben ein Recht auf gewaltfreie Erziehung. Körperliche Bestrafungen, seelische Verletzungen und andere entwürdigende Maßnahmen sind unzulässig.»[163]

In der Transformationszeit um 1970 gelang es schwulen Männern, auf ihre Rechte aufmerksam zu machen und sich zu organisieren. Weltweit waren sie nahezu nirgendwo Herren ihres Körpers, mussten unter extremer Diskriminierung leiden und in manchen afrikanischen und asiatischen Ländern mit körperlicher Züchtigung oder mit der Todesstrafe rechnen. In der Bundesrepublik wurden bis Mitte der 1960er Jahre über 45 000 Personen wegen homosexueller «Unzucht» verurteilt. Die DDR strich 1968 den «Homosexuellen-Paragraph», und die Bundesrepublik hob 1969 immerhin die Strafbarkeit der Homosexualität auf.[164] Die Lebensstile pluralisierten sich. Die Anzahl der Personen pro Haushalt nahm ab, die Einpersonenhaushalte und «wilden Ehen» nahmen zu.[165]

Trotz der Einbettung in internationale Transformationsprozesse bleibt für die Bundesrepublik Deutschland die Menschenwürde von besonderer Bedeutung mit geradezu sakralem Rang, und sie prägt in nahezu allen ethischen Grenzfragen die Diskussion, sei es in der pränatalen Diagnostik, im Abtreibungsrecht oder bei der Sterbehilfe.[166]

Der Bildungsanstieg der Bevölkerung spielte entscheidend mit bei der Demokratisierung in diesen Transformations- und Reformjahren um 1970. Der Wohlstand ermöglichte in den reichen Ländern und in geringerem Maß oft auch in Entwicklungsstaaten einen Ausbau des Schul- und Universitätssystems. Pädagogen, Soziologinnen und Psychologen debattierten darüber, was «Demo-

5. Demokratie nach dem Nationalsozialismus

kratisierung der Bildung» bedeuten konnte. Die Schülermitverwaltung und der Sozialkundeunterricht wurden eingeführt. 1971 trat das BAföG in Kraft, das Bundesausbildungsförderungsgesetz, das jungen Menschen auch aus ärmeren Familien das Studium ermöglichte. Bis dahin verzichteten diese Familien oft ganz darauf, ein Kind studieren zu lassen, zuweilen schickten sie nur den ältesten Sohn an die Universität.[167] Doch allein der rasante Anstieg an Gymnasiasten und Studentinnen bedeutete einen grandiosen Demokratisierungsschub. Der Intellektuelle Ralf Dahrendorf erklärte 1965 «Bildung ist ein Bürgerrecht», und für viele in der Politik wurde das zur Devise. Der Anteil der Studierenden war in Deutschland 1970 immerhin schon auf 14 Prozent bei den jungen Menschen angewachsen – von vier Prozent um 1950; 1995 betrug er über 40 Prozent. Der Frauenanteil unter den Studierenden stieg von einem Viertel im Jahr 1950 auf über die Hälfte an der Wende zum 21. Jahrhundert. Den schnell steigenden Bildungsgrad der Mädchen nannten Wissenschaftlerinnen eine «stille Revolution». Die Erfüllung eines Berufswunsches überstieg seit den 1980er Jahren bei westdeutschen Mädchen den Wunsch nach Heirat und Kindern.[168]

In der DDR, wo der Staat auswählte und nach Parteibuch und Elternhaus studieren ließ, blieb die Zahl der Studierenden niedrig. Nach der großen sozialen Umschichtung und dem Aufstieg vieler Männer und Frauen aus den unteren Schichten in die Funktionseliten, hatte in den 1980er Jahren schließlich ein Arbeiterkind weniger Chancen auf einen Universitätsbesuch als im Westen. Im wiedervereinigten Deutschland aber saß das berühmte katholische Mädchen vom Land – lange Zeit Inbegriff eines Opfers struktureller Diskriminierung – recht selbstverständlich mit dem Hamburger Fabrikantensohn und der Leipziger Pfarrerstochter im Vorlesungssaal. Im Jahr 2000 war Europa in den jüngeren Generationen zu einem Kontinent der Hochschulabsolventen geworden, die es nun ebenso häufig gab, wie fünfzig Jahre zuvor Industriearbeiter.[169] Mittlerweile befinden wir uns in einer globalen Bildungsrevolution, in der ein überwältigender Teil der Menschen immer länger die Schule besucht und insbesondere der Bildungsanstieg der Frauen einen großen Aufschwung nimmt.[170]

Der befreite Körper | 305

Die Geschichte ist auch hier kein linearer Prozess. Die neuen unabhängigen Staaten auf dem afrikanischen Kontinent versanken oft in Korruption, in revolutionären Unruhen oder in Militärputschen. Die als junge Hoffnungsträger angetretenen Staatsführer entwickelten sich vielerorts zu korrupten Diktatoren. Frauen konnten zumeist wenig von der neuen Freiheit genießen.[171] Auch der Wandel der islamischen Welt in den 1960er und 1970er Jahren, zu dem wie in Afrika eine «Kultur der nationalen Befreiung» gehörte, brachte den Menschen nicht immer mehr Freiheit und Wohlstand. Wie im Iran endeten auch später nach dem Arabischen Frühling die meisten Aufbrüche in einer bigotten Männerherrschaft, die den Islam dazu missbrauchte, Mädchen und Frauen noch stärker als in anderen Schwellenländern zu entrechten und ihnen vielfach Bildung und Freiheit vorzuenthalten.[172] In den 1990er Jahren sah die Welt neue Genozide. Nicht nur in Ruanda, sondern auch im ehemaligen Jugoslawien – auf dem Boden Europas. Nun aber überließ man die Ahndung dieser Verbrechen nicht mehr nationalen Gerichten, und 1998 wurde in Den Haag der Internationale Gerichtshof eingerichtet. Seit er 2002 seine Arbeit begann, hat er in zahlreichen Staaten ermittelt. In Deutschland zeigte sich diese neue Zuwendung zu einer internationalen Verantwortlichkeit in der Haltung des Außenministers Joschka Fischer. Er wandelte 1999 angesichts des Kosovokrieges die bis dahin geltende bundesrepublikanische Staatsräson «Nie wieder Krieg» in das Credo «Nie wieder Auschwitz».[173]

Menschenrechte wurden vielfach weiterhin getreten und die Würde des Menschen angetastet, aber es gab nun eine Weltöffentlichkeit, die sich dafür zuständig fühlte, es gab den klaren Konsens gegen die Verbrechen. Der Weg von der Ächtung eines Problems bis zu seinem Ende ist oft lang wie die allmähliche Abschaffung der Folter gezeigt hat, doch die Ächtung ist ein erster wichtiger Schritt. Dass ausgerechnet die USA unter ihrem Präsidenten George W. Bush die Folter mit Methoden wie «Waterboarding» wieder einführten und als «alternative Maßnahme» rechtfertigten, gehört zweifellos zu den schwersten Rückschlägen in der Geschichte der Menschenrechte. Gewiss gab es Folter immer, aber es ist etwas grundsätzlich anderes und verrückt den Rahmen der Zivilisation, wenn sie im Tageslicht und unter dem Anschein des Rechts ausgeübt wird.

In vielerlei Hinsicht bestätigt die trotz aller Rückschläge wachsende Emanzipation von Frauen die These von der Bedeutung sukzessiver Reformen und Veränderungen, die oft wirkungsvoller sein konnten und weiterführten als gewalttätige Revolutionen.[174] Egal ob in der Säkularisierung, dem Wertewandel, dem steigenden Wohlstand oder der Umorientierung in der Geschlechterordnung: Die Veränderungen waren tiefgreifende Prozesse, denen gegenüber das Steinewerfen der Männer von 1968 wie ein Kinderspiel wirkt. Dort, wo es Revolutionen gab, waren sie wie in Prag 1968 entweder nicht erfolgreich oder brachten wie im Iran mehr Unfreiheit als Freiheit. Und doch waren Revolutionen immer wieder entscheidend.

Europa und die Welt

Im Jahr 1989 gingen die Menschen auf die Straße, und es kam – nach 1848/49 – zu einer zweiten europäischen Revolution. Die Diktaturen, die unter sowjetischer Fremdherrschaft ihr Regiment geführt hatten, fielen in sich zusammen. Die Gründe dafür waren vielfältig. Die UdSSR unter Gorbatschow wollte nicht länger den Hegemon geben und die sozialistischen Republiken vor ihren Bevölkerungen schützen. Offenbar war es auch schwierig geworden, eine Staatsmacht in einem Land aufrechtzuerhalten, in dem Frauen und Männer, die im Wohlstand lebten, eine gute Bildung genossen und in vielerlei Hinsicht Anschluss an freie Medien hatten, ohne wesentliche Bürgerrechte blieben.[175] Dass die Revolutionen von 1989 anders als ihre Vorgängerinnen ohne die heftigen Rückschläge auskamen, ohne einen Napoleon und ohne Reaktionsära, hing gewiss auch mit ihrer Gewaltfreiheit zusammen.[176] Es waren keine «Verwüstung predigende Revolutionäre»[177] auf den

Straßen, sondern Frauen und Männer, die eine freie Demokratie aufbauen wollten. Der Beitritt eines Großteils der Länder in Mittel- und Osteuropa zur NATO und zur Europäischen Union ist Ausdruck dieser Hinwendung zur liberalen Demokratie und ihrer Attraktivität. 2012 erhielt die Europäische Union den Friedensnobelpreis.

Das Europa der Ökonomie

Es ist wenig erstaunlich, dass die Europäische Union vielfach zum Synonym für Europa geworden ist. Ihre Anfänge gestalteten sich nüchtern ökonomisch. Die von Frankreich in einem bemerkenswerten außenpolitischen Neuanfang vorgeschlagene Montanunion, in der sich 1951 unter anderem Frankreich und Italien mit der Bundesrepublik auf einen gemeinsamen Wirtschaftsraum für Kohle und Stahl einigten, trug zu dem stabilisierenden und demokratisierenden Wirtschaftsaufschwung der Nachkriegsjahrzehnte bei. Über die Europäische Wirtschaftsgemeinschaft von 1957 – mit Belgien, Frankreich, Italien, Luxemburg, den Niederlanden und der Bundesrepublik Deutschland – bis hin zur gemeinsamen europäischen Währung, dem Euro, waren ökonomische Fragen zentral für die Einigung. Tatsächlich erwies sich die Europäische Union auf lange Sicht als ein Wohlstandsmotor. Nach 1989 profitierten davon gerade auch die Menschen im ehemaligen sowjetischen Einflussbereich. Lag das durchschnittliche Nettoeinkommen eines ehemaligen DDR-Bürgers 1990 noch bei unter 10 000 Euro, so stieg es bis 2019 auf 26 000 Euro und liegt damit rund 1000 Euro über dem EU-Durchschnitt, aber immer noch beträchtlich unter dem Standard der alten Bundesländer von über 35 000 Euro.[178] Die Ökonomie ist die Grundlage für den umfassenden Sozialstaat in Europa. Dieser ist zwar national organisiert, doch gehört das Sozialstaatsmodell zu einem wesentlichen Kennzeichen Europas und trägt zum guten Ruf der EU bei. Über Europas Konzentration auf das Monetäre und Ökonomische ist viel geklagt worden, doch Nüchternheit hat Demokratie oft mehr genutzt als geschadet.[179]

Standards

Auch wenn eine gemeinsame Verfassung für die 1992 gegründete Europäische Union scheiterte, entwickelte sich die Organisation doch zu einer Wertegemeinschaft, die durch die europäischen Utopien der Aufklärung von Gleichheit, Freiheit und Gerechtigkeit geprägt war. Das blieb neben der wohlfeilen anti-europäischen Rhetorik vieler nationaler Regierungen und dem engen Fokus auf die Wirtschaft oft eher unbemerkt. Die Europäische Integration war stets gerade auch als Wertegemeinschaft attraktiv, und so war es möglich, in den 1950er Jahren Deutschland zu integrieren, in den 1970er und 1980er Jahren die südeuropäischen Staaten Spanien, Griechenland und Portugal, die ihre Diktaturen beendeten, und in Folge des sowjetischen Zusammenbruchs auch viele der früheren sozialistischen Länder.

Die moralische Grundierung Europas resultiert nicht zuletzt aus den beiden Weltkriegen und dem Holocaust, die auf europäischem Boden stattgefunden haben. Der Vertrag von Lissabon von 2007/2009 sorgte für eine Konvergenz nicht nur ökonomischer, sondern auch demokratischer Standards in Europa. Mit dem Vertrag trat die Grundrechtecharta der Europäischen Union in Kraft, in der die allgemeinen Menschenrechte und die sozialen Rechte zusammengefasst werden, darunter prominent Freiheit, Gleichheit und Gerechtigkeit. Fundamentale Rechte wie die Menschenwürde, das Folterverbot oder das Verbot der Sklaverei gelten gemäß der Charta einschränkungslos und absolut. Seit dem Vertrag von Amsterdam 1997 ist die Gleichstellung der Geschlechter das erklärte Ziel der Europäischen Union. Hatte die Generalversammlung der Vereinten Nationen 1948 die «Konvention über die Verhütung und Bestrafung des Völkermordes» verabschiedet, so gab es ab 2002 auf europäischem Boden den Internationalen Strafgerichtshof, um dieses Verbrechen zu ahnden.

Demokratisch und elitär

Die Europäische Union bestätigt einmal mehr, wie wichtig Eliten für Demokratisierungsprozesse sind. Die Verfassungsmütter und -väter hatten früh den Wert von Europa erkannt und bereits im Grundgesetz die «Verwirklichung eines vereinten Europas» gefordert. Auch heute sind es oft die gebildeten Schichten, die gerne über den Nationalstaat hinausgehen, wobei sich rein zahlenmäßig allein die Schicht der Studierten im Vergleich zum 19. Jahrhundert um ein Vielfaches erweitert hat.

Doch auch wenn Eliten häufig demokratische Prozesse vorantreiben und die EU stützen, heißt das nicht, wie Populisten gerne behaupten, dass die Sache im Gegensatz zum Volk steht. Wie Umfragewerte zeigen, ist die Zustimmung zu Europa ausgesprochen hoch. Eine deutliche Mehrheit der EU-Bürgerinnen und -Bürger bewerten die Mitgliedschaft in der Europäischen Union positiv, wobei die Zustimmung unter jungen Menschen besonders stark ist.[180] Insbesondere in Deutschland ist die Zustimmung zur Europäischen Union in den letzten Jahren angestiegen, von 45 Prozent im Jahr 2011 auf 63 Prozent 2019.[181] Die Macht der Rechtspopulisten und Nationalisten, die insbesondere in osteuropäischen Ländern beträchtlichen Schaden an demokratischen Institutionen angerichtet haben, stellt allerdings eine beachtliche Herausforderung dar. Handelt es sich dabei doch um einen späten Rückschlag der Revolutionen, die den Staatssozialismus beendet haben? Vermutlich zeigt sich hier, dass Demokratie nur langsam wächst und ein sehr mühsames Projekt der Selbsterziehung ist und kein Selbstläufer; die demagogische Verführungskraft, Demokratie als Abkürzung zu verstehen, als schnelles Durchregieren der einen Partei, als knappe Umsetzung des einen Volkswillens, als Inbegriff der einen Wahrheit, bleibt groß. Die Mahnung zur Machtbalance, zum Abwägen, zur Relativierung und zum Kompromiss, zum Schutz der Minderheiten und der Bewahrung von Freiheit wirkt in krisenhaften Zeiten allzu häufig als hinderlich und mühsam.

5. Demokratie nach dem Nationalsozialismus

	Stärke der Partei in Prozent	Name der Partei
Belgien	11,68	Vlaams Belag
Bulgarien	12,13	IMRO – Bulgarische Nationale Bewegung (7,36 %), Wolja (3,62 %), Nationale Front für die Rettung Bulgariens (1,15 %)
Dänemark	10,76	Dänische Volkspartei
Deutschland	11	AfD
Estland	12,7	Estnische Konservative Volkspartei
Finnland	13,8	PS – Die Finnen
Frankreich	26,54	Rassemblement National (23,3 %), Debout la France + CNIP (3,51 %)
Griechenland	9,85	Goldene Morgenröte (4,87 %), Greek Solution (4,18 %), Unabhängige Griechen 0,8 %
Irland		
Italien	40,7	Lega (34,26 %), Fratelli d'Italia (6,44 %)
Kroatien		
Lettland	17,32	Nationale Vereinigung (16,4 %), KPV – «Wem gehört der Staat?» (0,92 %)
Litauen	2,73	TT – Ordnung und Gerechtigkeit
Luxemburg	10,03	ADR – Alternative Demokratische Reformpartei
Malta		
Niederlande	14,49	FvD – Forum für Demokratie (10,96 %), PVV – Partei für die Freiheit (3,53 %)
Österreich	17,2	FPÖ
Polen	53,62	PiS – Recht und Gerechtigkeit (45,38 %), Kukiz-Bewegung (3,69 %), Confederation Liberty and Independence (4,55 %)

Portugal		
Rumänien		
Schweden	15,34	SD – Schwedendemokraten
Slowakei	16,19	L'SNS (12,1 %), Slowakische Nationalpartei (4,09 %)
Slowenien	5,71	SNS – Slowenische Nationale Partei (4,01 %), DOM – Heimatliga (1,7 %)
Spanien	6,28	VOX
Tschechien	9,14	SPD – Freiheit und direkte Demokratie
Ungarn	58,9	Fidesz – Ungarischer Bürgerbund (52,65 %), Jobbik – Bewegung für ein besseres Ungarn (6,34 %)
Vereinigtes Königreich	30,79	Brexit Party
Zypern	8,25	ELAM – Nationale Volksfront

Rechtspopulistische und rechtsradikale Parteien in Europa, Europawahl 2019

Es ist daher nur folgerichtig, wenn Populisten Europa als undemokratisch bezeichnen, denn tatsächlich lässt sich die EU ganz ähnlich wie die UNO als ein Projekt der Einhegung von Demokratie verstehen, wenn es um universale Werte wie Menschenrechte geht. Andererseits geht die EU mit ihrer Gesetzgebung weit über Menschenrechtsfragen hinaus, so dass es an der Zeit ist, die Partizipation der Bürgerinnen und Bürger neu zu organisieren. 60 Prozent der Gesetze werden mittlerweile nicht mehr in Nationalstaaten, sondern auf der europäischen Ebene verabschiedet.[182] Das Europaparlament wird zwar mittlerweile von der Bevölkerung gewählt, doch es ist noch relativ schwach, und die Wahlen laufen im nationalen Rahmen ab. Von der Politikwissenschaftlerin Ulrike Guérot stammt die Idee, die Bürger mit neuen Rechten für Europa zu begeistern: mit der Gleichheit der Stimme aller; denn aktuell zählt eine Wahlstimme in einem bevölkerungsreichen Land wie

5. Demokratie nach dem Nationalsozialismus

Deutschland wesentlich weniger als in einem kleinen Land wie Malta.[183] Die Lehre aus der Geschichte zeigt jedoch zweierlei: Erstens ist der Einsatz für Wahlrechtsreformen und Stimmrechtserweiterungen eher ein Elitenprojekt. Das ist zwar kein Argument gegen die Idee an sich, aber es ist unwahrscheinlich, dass sich damit eine breite Bewegung anfachen lässt. Zweitens ist die «Politikverdrossenheit», wie die Ablehnung der etablierten Politik und die sinkende Wahlbeteiligung schon früh genannt wurden, kein extremer Krisenzustand von Demokratie, sondern bestätigt einmal mehr, dass das Interesse für Politik und für Partizipation kein naturwüchsiger Zustand ist und häufig der Bequemlichkeit und dem bürgerlichen Desinteresse unterliegt.[184]

Grundsätzlich scheint auch für Europa zu gelten: Mehr und direktere Partizipation bedeutet keineswegs immer einen Gewinn an Demokratie. Der Griff zum Plebiszit erwies sich jedenfalls auch für die Europäische Union nicht unbedingt als demokratiefördernd. Das Projekt der europäischen Verfassung, das 2004 beschlossen worden war, scheiterte an den Volksabstimmungen in Frankreich und den Niederlanden. Die Wählenden stimmten dort weniger über die Verfassung ab, sondern nutzten die Chance, nationale Rechnungen zu begleichen und ihre aktuellen Regierungen abzustrafen. Plebiszite mögen auf kommunaler Ebene und für klare Fragen mit relativ klaren Folgekosten ihre Berechtigung haben (bauen wir eine Turnhalle? wollen wir autofreie Straßen?). Für hochkomplexe politische Prozesse wie die europäische Integration mit schwer absehbaren Konsequenzen eignen sie sich kaum. Plebiszite dienten zudem häufig in noch weit stärkerem Maße als Parlamentswahlen oder Ämterwahlen als Herrschafts- und Akklamationsinstrument. Charismatische Diktaturen greifen mit Vorliebe dazu, weil Volksabstimmungen anfällig sind für Korruption und Demagogie und weil sie ein hohes Irrationalitätspotential haben. So war das Brexit-Referendum eher eine Abstimmung über die Flüchtlingspolitik und Ausdruck allgemeiner Unzufriedenheit eines Teils der Wählerschaft als das Ergebnis einer rationalen Abwägung für oder gegen die europäische Integration. Es waren übrigens nur 37 Prozent der britischen Wahlberechtigten, die für den Austritt stimmten, 51,8 Prozent der Wählerinnen und Wähler. Und doch gilt die plebiszitäre Entscheidung als unumstößlich. Das verweist auf ein weiteres Problem von Volksentscheiden: Sie stehen quer zum System der parlamentarischen Demokratie, das auf Flexibilität angewiesen ist. Plebiszite können schnell eine zerstörerische Gewalt entfalten, wenn sie in das feine Geflecht moderner Demokratien eingreifen und die komplexen politischen Abläufe dirigieren wollen.

Nation in Europa

Auch der häufig von Intellektuellen vorgebrachte Plan, Europa müsse die Nationalstaatlichkeit überwinden, verliert im Lichte historischer Erfahrung eher an Attraktivität.[185] Demokratie hat sich keineswegs zufällig innerhalb von Nationalstaaten entwickelt, und die Werte der Französischen Revolution wurden nicht etwa durch die Nationalstaatlichkeit feindlich gekapert, wie häufig behauptet wird.[186]

Vielmehr bot die Nation den Rahmen für eine realistische, erfahrbare Gemeinschaft, innerhalb derer sich die Bürger als Gleiche begegnen und ein Gefühl der Solidarität entwickeln konnten.[187] Die Nation war die große Gleichmacherin und damit die Basis für Demokratie und für den Sozialstaat – für ein gerechtes Zusammenleben.

Nun ist der Bezugsrahmen der Nation keine natürliche Größe. Nicht nur die Deutschen haben Erfahrung damit, wie sich nationale Identitäten wandeln können, wie aus Württembergern und Sachsen allmählich Deutsche wurden. Dabei erwies es sich als ein recht geringes Problem für die Menschen, multiple Identitäten zu entwickeln. Eine Bürgerin, die sich 1900 als Deutsche empfand, fühlte sich zugleich als Bayerin oder Hamburgerin. Umfragen heute zeigen diese Fähigkeit auch in der Europäischen Union. Europaweit nimmt die Zahl der Menschen zu, die sich als Bürger ihrer Nation und zugleich als EU-Bürger fühlen. 2019 sah die große Mehrheit in der EU keinen Widerspruch zwischen nationaler und europäischer Identität. Lediglich ein Viertel gab an, die nationale Identität sei wichtiger.[188] Auch ermöglicht die Digitalisierung, dass demokratische Gebilde heute größer sein können als noch im 20. Jahrhundert, denn neue Techniken erlauben die räumliche Ausdehnung von Strukturen und Infrastrukturen, die unabdingbar für Demokratien sind.[189]

Europa ist ein einzigartiges Gebilde, kein supranationaler Staat und kein Staatenbund, aber auch keine Ansammlung an Einzelstaaten. Europa ist etwas Neues und Großartiges. Es löscht die Idee der Nationen nicht aus, deren Attraktivität und anhaltende emotionale Mobilisierungs- und Solidarisierungskraft nicht unterschätzt werden sollten; Europa kann aber die multiplen Identitäten, in denen ein Großteil der Europäerinnen und Europäer ohnehin lebt, um eine große Zugehörigkeit erweitern.

Europa ist das schönste Kind der neuen Zeit. Das europäische Projekt offenbart die Kraft, die von der Demokratie ausgeht, von der Vision, die Würde aller Menschen zu schützen. Und auch wenn diese Vision allzu oft hinter der Realität zurückbleibt, auch wenn die Mühen und Rückschläge unvermeidlich zur Demokratiegeschichte gehören, so zeigt gerade Europa: Die Arbeit an der Demokratie lohnt sich.

AUSBLICK
EINE AFFÄRE VON KRISE UND GLÜCK

Diese Demokratiegeschichte erzählt von einer Affäre – mit allen menschlichen Abgründen. Es ist eine Modernisierungserzählung, eine leidenschaftliche, optimistische Aufklärungschronologie von Fehlern und Lernprozessen, in deren Herz das Menschheitsverbrechen des Holocausts steckt. Diese Geschichte ist nicht geradlinig, sie steckt voller Zufälle. Die Krise ist der Modus der Demokratie, die Aufklärung mit der Gleichheitsforderung und all ihren Ambivalenzen bildet den Ausgangspunkt, Kritik und Skandalisierung sind ihr Lebenselixier, und Flexibilität ist ihre Stärke. Das Ziel der Demokratie aber liegt im Glück der Menschen, genauer: in ihrem individuellen Recht, danach zu streben – *the pursuit of happiness*. Gleichheit, Freiheit und Gerechtigkeit sind dafür die Voraussetzung. Es ist nicht einfach, Demokratie auf einen Punkt zu bringen. Und im Deutschen klingt es bescheidener und irgendwie auch großartiger, mit Mühen im Laufe der Geschichte errungen: die Menschenwürde. Es passt zur deutschen Geschichte, dass die Lehre darin besteht, sich auf diesen Grund zu besinnen.

Nimmt man die Geschichte ernst, dann sieht es gut aus mit der Demokratie. Die vielen Untergangsgesänge, die man ihr singt, und die Warnungen, die zu ihrem Schutze ausgesprochen werden, sollten eher als ein Symptom der demokratischen Vitalität verstanden werden und weniger als eine zutreffende Analyse. Galt «Gleichheit» um 1800 fast überall nur dem weißen und besitzenden Mann, so weitete sich die Vorstellung hundert Jahre später auf die Möglichkeit aus, auch Frauen einzubeziehen; in den 1920er Jahren gab es rund 30 Länder mit demokratischer Herrschaft, 1989 knapp 70 und 1995 schon 115, während es heute über 120 sind. Noch nie lebten so viele Menschen in Demokratien wie in diesem jungen Jahrtausend – absolut und prozentual. Nur Zyniker können darüber hinwegsehen, welch einen Gewinn das konkret für die betroffenen Menschen ist.

Nun sind diese Zahlen natürlich eine Konstruktion. Demokratie ist nie schwarz oder weiß, sondern immer auch eine graduelle Frage.[1] Die normativ eng definierte dichotomische Vorstellung von Demokratie und Autokratie ist ahistorisch. Sie gewann mit dem Ersten Weltkrieg an Wirkkraft, nicht zuletzt, um den Krieg moralisch zu rechtfertigen, und sie wurde nach 1945 zur großen außenpolitischen Rahmenerzählung des Westens. Beim Blick auf die Geschichte kann sie die unterschiedlichen Quellen von Demokratie verbergen, etwa den Disziplinierungseffekt von Wahlen, um die Menschen an das große Nationalstaatsprojekt zu binden, oder die Exklusionskraft der demokratischen Inklusion, die zugleich die Misogynie des Nationalstaats beförderte. Im Fall der deutschen Geschichte verbarg die dichotomische Vorstellung über viele Jahrzehnte die Wirkkraft und Attraktivität des Parlaments oder die Stärke des öffentlichen Diskurses. Die Schwarz-Weiß-Erzählung verbirgt überhaupt die Nuancen, die sich zeigen, wenn man unterschiedliche Länder miteinander vergleicht. Und doch sind diese Modelle hilfreich. Die Qualitätsmerkmale für Demokratie von *Freedom House*, die den genannten Zahlen zugrunde liegen,

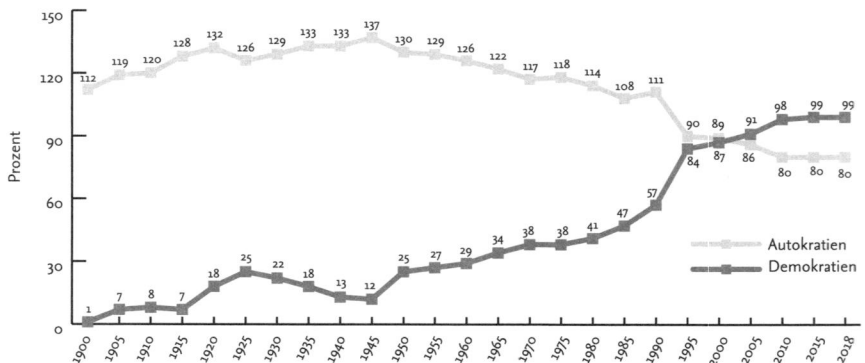

Zahl der Autokratien und der Demokratien, 1900–2018

sind im Detail überaus nuanciert, fragen nicht nur nach Wahlen und Parlament, sondern auch nach Rechtsstaatlichkeit oder nach der Pluralität einer Gesellschaft. Um die Gesamtentwicklung der Demokratie besser zu verstehen bieten daher diese Zahlenreihen eine wichtige zusätzliche Information.

Blickt man zurück in die Geschichte der Demokratie, lassen sich nicht nur positive Tendenzen erkennen, sondern der Rückblick ermöglicht auch, das Krisenhafte besser einzuordnen. Denn Krise ist immer, und Probleme gibt es genug. In vielen Ländern Europas floriert der Rechtsextremismus, und Populisten begeistern weltweit die Menschen – um als *erstes* diese Herausforderung zu nennen. Die Digitalisierung und die Möglichkeiten des Internets erweisen sich als ein *zweites* Konfliktfeld. *Drittens* gilt die sozialökonomische Ungleichheit vielen als das zentrale Problem der Demokratie, deren Herzstück doch die Gleichheit ist. Die größte Bedrohung aber scheint *viertens* aktuell mit der Klimaerwärmung auf einer ganz anderen Ebene zu liegen, und manchem scheint die Demokratie mit ihren Sorgen demgegenüber das geringere Problem zu sein. Weitere globale Fragen gehören in diese Kategorie wie Pandemien, die Zunahme an geflüchteten Menschen oder die anhaltende Frauenfeindlichkeit in vielen Ländern nicht nur des Nahen Ostens. Es geht dabei um die Suche nach einer globalen Gerechtigkeit. Im Grunde ist es die alte soziale Frage in globaler Dimension. Neben diesen vier Problemen ließen sich weitere Konflikte aufzählen, etwa der anhaltende Antisemitismus oder die Ermüdungserscheinungen der Europäischen Union und der traurige Fall Großbritanniens.[2]

Was bedeuten diese Probleme für die liberale Demokratie? Zwar lehrt Geschichte nicht, wie die Zukunft aussieht, aber sie ermöglicht uns ein besseres Verständnis der Gegenwart. Die genannten Problemfelder sollen daher im Lichte der Thesen dieses Buchs betrachtet werden: dass Demokratie immer wieder von Eliten und häufig von Reformen befördert wird, dass Demokratie von ihrer Einschränkung lebt, dass der Umgang mit dem Körper ein Indikator für den Zustand der Demokratie ist und dass sich Demokratien zwar innerhalb von Nationen entfalten, aber international gesehen eine recht parallele Entwicklung nehmen. Dabei geht es nicht darum, die genannten Problemfelder umfassend zu ergründen. Vielmehr soll mit ihrer knappen historischen Erläuterung ein Panorama der gegenwärtigen Demokratie skizziert werden.

Was den Rechtsextremismus und Populismus, das *erste* Problemfeld, betrifft, so lassen sie sich als einen Backlash interpretieren, wie er häufig in der Geschichte anzutreffen ist, wenn Gesellschaften diverse und alte Denkweisen fragwürdig werden.[3] Die Globalisierung, der Aufbruch der Geschlechterordnung oder die Digitalisierung ängstigen viele Menschen und führen zu erbitterten Gegenreaktionen wie dem offenen Rassismus, den in Deutschland die Partei «AfD» befördert mit ihrer gespreizten Intoleranz und Kompromissunfähigkeit. Diese Reaktionen ähneln dem Aufblühen des Rassismus und der völkischen Bewegung um 1900 oder dem Erwachen des Faschismus in der Zwischenkriegszeit. Fast immer geht es auch darum, die alte Geschlechterordnung zu behaupten.[4] Der Vergleich mit der Weimarer Republik zeigt aber zugleich, wie weit wir von jenen Zuständen entfernt sind – trotz des schrecklichen Terrors des NSU. Denn die Bevölkerung von funktionierenden Demokratien lebt grundsätzlich in Sicherheit, Menschen leiden nicht Hunger, auf den Straßen finden keine Schlachten statt, internationale Organisationen wie die EU, die UNO oder auch die NATO gewähren bei aller Reformbedürftigkeit ein Maß an Sicherheit, das häufig unterschätzt wird. Während hungernde Menschen im Chaos der Weltwirtschaftskrise um 1930 die demokratische Ordnung für unzulänglich hielten, spricht wenig dafür, dass Bürger heute tatsächlich jene Republiken zerstören wollen, die ihnen Wohlstand, Sicherheit und auch ein Maß an Freiheit bieten, auf das sie wohl kaum zugunsten eines starken Führers verzichten wollen.

Wie beim Rechtsextremismus verdeutlicht die Denkart populistischer Strömungen zudem, dass die liberale Demokratie ein bürgerliches Projekt ist, das im Wesentlichen von Bürgern erdacht wurde und im 19. Jahrhundert mit dem Bürgertum seinen Aufstieg nahm. Demokratie lebt von Bildung, von der Selbstbeschränkung und Selbstkritik, vom Kommunikativen, vom Sich-Zurücknehmen-Können. Bürgerlichkeit ist kein Garant für Demokratie, wie der Nationalsozialismus gezeigt hat, aber ohne sie wird es schwierig, wie am Stalinismus deutlich wird. In gewisser Weise lassen sich diese Ideologien, die um die Jahrhundertwende und dann in der ersten Hälfte des 20. Jahrhunderts mit den Massengesellschaften ihren Aufstieg nahmen, als ein Zerrbild der Demokratie verstehen: die Herrschaft des vom Volk legitimierten Demagogen – ohne die Schranken von Verfassung, Rechtsstaat oder *Checks and Balances*.

Linke und rechte Populisten fordern ein Ende der Zurückhaltung, ein Durchgreifen und Draufschlagen. Zurecht verstehen sich Rechtsextreme und Populisten gerne als Revolutionäre. Sie zerschlagen lieber, als dass sie reformieren, die männliche Heldenpose liegt ihnen mehr am Herzen als die mühsame Parlamentsarbeit. Sie fordern klare Antworten, wo in modernen Gesellschaften nur ein Abwägen möglich ist.

Das *zweite* Problemfeld, auf das hier ein Blick geworfen werden soll, ist die Digitalisierung. Mit den veloziferischen Kommunikationswegen der digitalen Technik finden die alten Verschwörungstheorien und der altbekannte Hass neuen Aufwind: Antisemitismus, Ängste gegen alles Andere und Neue. Nachrichten werden vielfach jenseits des professionellen Journalismus generiert und in digitalen Echoräumen verstärkt. Damit ist jedoch nur ein kleiner Teil der Schwierigkeiten von neuen Kommunikationstechniken genannt. Auch in freiheitlichen Demokratien gefährdet das Internet die Privatsphäre und die Menschenwürde. Einmal mehr bedarf die Demokratie der Einschränkung. Die neuen Medien erfordern Regeln, wie sie jeder Austausch in einer größeren Gemeinschaft braucht. Und da es gelungen ist, Buchdruck, Fernsehen oder Radio in Übereinstimmung mit den Werten der Demokratie zu bringen, wird dies auch mit den neuen Kommunikationstechnologien möglich sein.[5]

So spricht vieles dafür, dass die digitale Welt mehr Chancen als Gefahren birgt. Die neuen Medien bieten eine ganz neue Transparenz zwischen Regierenden und Regierten; noch nie war es so leicht, mit den Abgeordneten in Kontakt zu treten, noch nie wurden Entscheidungen so offen präsentiert, wie es heute im Internet möglich ist; der Protest gegen die neue Intransparenz der Politik gehört zu den vielen Wehklagen, die sich aus historischer Unkenntnis speisen. Das Internet schafft Hierarchien ab. Bei aller Priorität der Repräsentation sind die inklusiven Möglichkeiten des Internets doch ein großes Potential, um mehr Menschen bequemer und intensiver an politischen Prozessen zu beteiligen. Als ein Wunderwerk der digitalen Welt erweist sich die globale Enzyklopädie Wikipedia, in der Menschen kostenlos für andere Menschen ihr Wissen in erstaunlich hoher Qualität zur Verfügung stellen. Wissen aber ist eine Voraussetzung für sinnvolle Partizipation. Wikipedia ist ein Teil der Tendenz, die das Bürgerliche immer mehr erweitert und immer mehr Menschen inkludiert. Es wird gerne übersehen, wie viele Möglichkeiten und welches Wissen das Internet kostenlos zur Verfügung stellt. Ein Internetzugang, den es in westlichen Demokratien oft mitsamt entsprechenden Geräten in öffentlichen Räumen wie Bibliotheken gibt, schließt jeden und jede barrierefrei an das globale Wissen an.

Das Internet öffnet die Welt. Zwar sollte das Konzept von Nation nicht vorschnell verabschiedet werden, auch wenn das Intellektuelle aus nachvollziehbaren Gründen immer wieder fordern.[6] Demokratien sind nahezu immer in Nationen geboren und mit Nationen gewachsen, und vermutlich werden Partizipation und Sozialstaat noch lange auf diese Grundlage angewiesen sein. Doch Nationen sind menschengemacht und keine feste Größe. Menschen sind in der Lage, multiple Identitäten in ihrem Herzen zu hegen. Umfragen zeigen, dass die Mehrheit der Europäerinnen und Europäer sowohl eine nationale als auch eine europäische Identität besitzt. Und warum sollte eine solidarische Gesellschaft nicht eines Tages über Europa hinaus möglich sein? Noch nie haben Eliten international so stark kooperiert wie heute.[7] Die Simultanübersetzung, die digitale Konzerne wohl bald als App zur Verfügung stellen, kann ein schweres Hemmnis für die transnationale Zusammenarbeit überwinden: die Sprachenvielfalt, die stets nur von einer kleinen Elite gemeistert werden konnte.[8] Internetplattformen, auf der sich Menschen innerhalb klarer Regeln weltweit begegnen können, gewähren einen gemeinsamen Kommunikationsraum, der ebenfalls eine Voraussetzung für demokratisches Leben ist. Das Internet kann damit noch weit mehr als die bisherigen Medien für weltweite Skandale sorgen, wenn etwa ein Kind im Jemen hungert oder eine Minderheit wie die Uiguren vernichtet werden soll. So wie Folter und Sklaverei um 1800, der Weberaufstand 1844 oder die Wohnungsverhältnisse um 1900 dank neuer Medien in immer weiteren Kreisen für Empörung sorgten und die Reformen beförderten, können moderne Kommunikationstechnologien, globale Blockbuster, Hits, Essays und Fotografien Mitleid und Solidarität in ganz neuem Umfang wecken und für Reformen und mehr Gerechtigkeit sorgen.[9] Skandalisierung kann in alle Richtungen wirken, und oft genug wird das Neue ihr Opfer. In der Demokratiegeschichte sorgte sie aber immer wieder dafür, das bisher Selbstverständliche zu problematisieren, neue Gefühle von Mitleid zu wecken und neue Maßstäbe zu setzen: sei es gegen Armut, gegen Gewalt oder für einen neuen Sprachgebrauch.

Trotz der Möglichkeiten, die das Internet gerade für Ärmere und Benachteiligte bietet und weniger entwickelte Regionen der Welt aufholen lässt,[10] liegt aktuell in der Ungleichheit eines der größten Probleme für Demokratie, womit das *dritte* Konfliktfeld angeschnitten ist. Immer wieder wird die sich öffnende soziale Schere beschworen, und zahllose Analysen halten sie für den Ausgangspunkt aller demokratischen Sorgen.[11] Doch ist die Lage nicht in jedem Land eindeutig, und auf globaler Ebene scheint die Ungleichheit insgesamt eher abzunehmen.[12] Hinzu kommt, dass wachsende soziale Ungleichheit historisch betrachtet nicht notwendigerweise Demokratie verhindert. Im 19. Jahrhundert wuchsen zugleich die Ungleichheit und die Demokratie. Wichtiger ist der Wohlstandssockel, die Frage, wie gut es den Ärmsten in der Gesellschaft geht. Vieles spricht daher im Hinblick auf den nationalen oder europäischen Rahmen für ein bedingungsloses Grundeinkommen. Weltweit aber gilt es, weiter die absolute Armut zu bekämpfen. Auch wenn sie sich in den letzten zwanzig Jahren halbiert hat, ist es für eine immer weiter zusammenwachsende Welt doch unerträglich, wenn für viele Kinder weiterhin das Geburtsland darüber entscheidet, ob es ein Leben in Würde führen kann, ob es Bildung erhalten und eine Zukunft haben wird.

Zweifellos spielt auch die relative Armut eine Rolle. Die Lebenserwartung von Armen in liberalen Demokratien liegt zwar bedeutend höher als von Menschen in Ländern des globalen Südens, aber innerhalb der Industriestaaten liegt sie einige Jahre unter der von wohlhabenderen Bürgern. Eine Person misst ihr Wohlbefinden in Relation zur eigenen und nicht zu einer fernen, fremden Gesellschaft. Und doch ist es vermutlich nicht sinnvoll, die soziale Frage ganz auf den Aspekt der relativen Armut zu reduzieren. Ob Menschen hungern oder nicht, ist ein gravierender Unterschied. Ob die Körper der Menschen vor Gewalt geschützt sind, ob Bürgerinnen und Bürger rein physisch ein Leben in Würde führen können, ist eher eine Frage von absoluter Armut. Der Sozialstaat, diese großartige demokratische Errungenschaft, sorgt dafür, dass es den Ärmsten in liberalen Demokratien weltweit am besten geht.[13]

Der Blick auf den Körper ermöglicht überhaupt einen eigenen Zugang zur Frage der Ungleichheit, denn Ungleichheit manifestiert sich auch durch rassistische Strukturen. Der US-amerikanische Intellektuelle Ta-Nehisi Coates sieht die Essenz des Rassismus im Unrecht gegen den «black body». Es gehe um die Verweigerung des Rechts, «to secure and govern our own bodies».[14] Von jeher zeigt sich die körperliche Ungleichheit in der Geschlechterfrage, und die Skandalisierungen von *#Metoo* oder *#Aufschrei* attackieren alte Selbstverständlichkeiten. Nun kann auch der machtvolle Mann nicht mehr selbstverständlich auf den Körper der Frau zugreifen, eine der variantenreichsten, ältesten, selbstverständlichsten Praktiken, die sich in der Übermacht des Herrschers gegenüber den Untertanen gezeigt hatte, in der Macht des Hausherrn gegenüber der Magd, des Sklavenbesitzers gegenüber der Sklavin, des Ehemanns gegenüber der Gattin, des einflussreichen Moguls gegenüber der jungen Frau, des physisch Stärkeren gegenüber der körperlich Schwächeren. *#MeToo* trägt dazu bei, dass auch der Körper der abhängigen Frauen unantastbar wird. Zwar sieht die Praxis oft genug noch anders aus, doch wie so oft bilden die Skandalisierungen und die Hinterfragung von Selbstverständlichkeiten einen wichtigen Anfang.

Das *vierte* Konfliktfeld der Demokratien im 21. Jahrhundert betrifft die globalen Probleme, die den Ängsten während des Kalten Krieges ähneln. Die Umweltzerstörung wirkt ähnlich erschütternd wie die Angst vor dem Atomkrieg oder vor der Pandemie, weil sie unmittelbar unsere Körper betrifft und den Tod aller Menschen bedeuten kann. Die Panik verleitet zuweilen zu einer Verächtlichmachung der Demokratie, und die Frage wird laut, ob man auf demokratische Verfahren verzichten sollte, um mit drastischen Maßnahmen wie der Einschränkung der Mobilität und des Konsums die Umwelt sofort schützen zu können. Überhaupt, so mahnen manche, sei ein Ende des Kapitalismus geboten; eine Art Weltdirektorium könnte Wohlstand verteilen und Migrationsströme lenken.[15] Doch radikale, womöglich mit Gewalt geforderte Umbrüche gehen selten gut, auch das zeigt die Geschichte. Neuere Forschung bestätigt immer wieder, dass reformerische, friedliche, ausgehandelte Transformationen wesentlich besser funktionieren, nicht zuletzt weil hier Frauen stärker beteiligt sind.[16]

Das hat auch damit zu tun, dass Menschen zur Bequemlichkeit neigen. Gewiss ist es in einer Demokratie wichtig, politische Inklusion und zivilgesellschaftliches Engagement zu befördern. Doch die Geschichte der Demokratisierung muss immer wieder von der Trägheit erzählen: Der Wähler wurde mit Alkohol und Geld zum Wählen gelockt und mit Gesetzen und Kampagnen zur Partizipation gedrängt. Konzepte einer die Gesellschaft durchdringenden «deep democracy», wie sie Iris Young im Sinn hat, oder Hannah Arendts Vorstellung, erst ein politisch aktives Leben sei eine vollwertige Existenz, sind wohl als Zukunftsvisionen wertvoll, denn die Gesellschaften werden sich weiter verändern.[17] Aber aktuelle Studien zeigen, dass zivilgesellschaftlicher Einsatz bis heute eher nicht die Massen bewegt, sondern den Einfluss von Eliten weiter stärkt, weil es in der Regel die Gebildeten sind, die sich freiwillig engagieren.[18] Hinzu kommt, dass freie Demokratien, anders als Diktaturen, auch ein nicht-politisches Leben tolerieren müssen. Vermutlich wird also für den geforderten ökologischen Umbau der Gesellschaften am ehesten die liberale Demokratie Lösungen finden können, dieses krumm gewachsene Gemisch aus Volksherrschaft, Repräsentation, Eliteneinfluss, Verfassungen, Freiheit, Einschränkung. Der Parlamentarismus mit seiner Fähigkeit zur Vermittlung zwischen Expertenwissen und Bevölkerung ist in der Lage, den Transformationsprozess mit Reformen friedlich zu befördern. Die Probleme der Moderne sind komplex, und sie lassen sich nur mit modernen Mitteln lösen,[19] etwa indem der Kapitalismus weiter gezähmt wird und mit einer grünen Technologie umweltschonendere Lebensweisen befördert werden.[20]

Keine Frage: Ein Ende der liberalen Demokratien ist möglich – aber unwahrscheinlich. Demokratie braucht viele Jahrzehnte, um zu wachsen, um das Wurzelwerk zu entwickeln, das für ihre Stabilität notwendig ist. Wie quantitative Studien zeigen, dauert es lange, bis Demokratie ihr Versprechen von Wohlstand, Freiheit und Gleichheit erfüllen kann.[21] Historisch betrachtet wäre es daher überraschend gewesen, wenn alle neu entstandenen Demokratien nach 1989/90 ohne ernsthafte Probleme und Rückschritte auskämen. Wie man an den USA sehen kann, sind selbst alte Demokratien nicht vor Populismus und den Verführungen gefeit, die Machtbalance zugunsten der eigenen Partei zu verletzen, auch wenn diese alten Demokratien bessere Ressourcen für die Regeneration haben. Die Geschichte der Demokratie ist die Geschichte ihrer Krise und ihrer Neuorientierung.

Die Angst vor einem nahen Ende der Demokratie speist sich auch aus der Vorstellung von einer besseren Vergangenheit. Aber wann soll die gewesen sein? In den Nachkriegsjahren? In den 1970er Jahren? Selbst abgesehen von der Gewalt des linken Terrors haben die Kriege und Menschenrechtsverletzungen des Ost-West-Konfliktes, die seit einigen Jahren euphemistisch als «stabilisierend» interpretiert werden, eher Panik erzeugt. Auch die noch nicht allzu lange zurückliegenden Zeiten, in denen weiße Männer ihr Monopol in Politik, Wirtschaft und Wissenschaft für selbstverständlich hielten, boten kaum das Bild einer besseren Demokratie. Die Nostalgie vieler Intellektueller ist ein Luxus, den sich Frauen und Minderheiten nicht leisten können.

Demokratie ist attraktiv, und in Umfragen geben weltweit Mehrheiten an, dass sie Demokratie für die beste Staatsform halten.[22] Hinzu kommt die immer wieder bestätigte enge Korrelation zwischen der demokratischen Regierungsform und dem Glücksempfinden der Menschen.[23] Demokratie vermag bei allen Gebrechen, die sie hat, am ehesten die Menschenwürde zu schützen, sie kann am ehesten Gleichheit, Freiheit und Gerechtigkeit gewähren. Dass das Krisenempfinden gleichwohl nicht schwächer wird, kann auch als Chance gesehen werden, denn Krise und Kritik befördern Reformen und sorgen dafür, dass sich unsere Demokratien weiterentwickeln. Wichtig wäre allerdings, dass die Mehrheiten die teils intellektuellen, teils populistischen Abgesänge auf die liberale Demokratie weiterhin nicht allzu wörtlich nehmen, um gelassen den Alltag der Demokratie leben zu können.

Deutschland war seit Beginn der modernen Demokratiegeschichte um 1800 stets ein Teil der internationalen Entwicklungen, die sich – im nationalen Rahmen – mit bemerkenswerter Parallelität im nordatlantischen Raum entfalteten, von der Einführung weiter Partizipationsmöglichkeiten um 1800, über die schrittweise Etablierung des Parlaments bis zu der großen Konvergenz um 1900, in der sich der Konsens herausbildete, dass Massenpartizipation die Grundlage moderner Herrschaft sei. Das war die Zeit, in der mit dem allmählichen Erfolg des Sozialstaats die Ansicht an Boden gewann, dass alle ein Anrecht auf Wohlstand, Sicherheit und Freiheit haben.

Demokratie war immer auch eine deutsche Affäre. Die deutsche Geschichte ist kein Weg in den Westen, Deutschland war stets ein Teil des Westens – als einer imagined community von Zivilität, in der Herrschaft für das Volk und irgendwie auch durch das Volk da sein sollte.[24] Dass Deutschland zumeist ein recht gewöhnlicher Fall der Demokratiegeschichte war, mag manche enttäuschen, und manchen mag dieses Ergebnis angesichts des Zivilisationsbruchs des Holocaust als unangemessen erscheinen. Doch gerade die Einsicht, dass es einen langen deutschen Weg in die NS-Diktatur und den Holocaust ebensowenig gibt wie eine demokratische Sondergeschichte, ist eine wichtige Lektion. Der Nationalsozialismus entstand aus einer Demokratie und aus weit über hundert Jahre alten demokratischen Traditionen. Das heißt, auch Demokratien sind kein definitiver Schutz gegen den Absturz in Terror und Verbrechen. Das ist überaus beunruhigend – und es erscheint daher verständlich, dass viele das Bedürfnis haben, das Menschheitsverbrechen des Holocaust mit langen Kausalketten von Untertanengeist und Pickelhauben zu erklären. Deutschland als gewöhnlicher Fall zeigt aber zugleich, wie stark und schön die Idee von Demokratie ist, die sich der Gleichheit und dem Glück der Menschen verschrieben hat. Selbst nachdem die Deutschen die Welt in Brand gesetzt hatten, standen ihnen die Tore der Demokratie offen, und heute ist Deutschland ein braves Musterland der Demokratie.

Demokratie hat eine wunderbare und wunderliche Geschichte. Sie ist eine Affäre voller Krisen, aber auch voller Glück und Neuanfang, gerade für die Deutschen. Die Affäre geht weiter. Die Zukunft ist offen, und vermutlich ist sie hell.

DANK

Ich bin sehr froh über alle Aufmunterungen und Kritik, die ich – nicht zuletzt auf Twitter – durch zahlreiche wunderbare Kolleginnen und Kollegen erfahren habe. Ich danke Frank Bösch, Birte Förster, Paul Nolte und Thomas Stockinger dafür, einzelne Kapitel durchgelesen und mir wichtige Hinweise gegeben zu haben. Das Hamburger Institut für Sozialforschung bot mir den nötigen Freiraum zur Forschung, und mit Clara Maier, Philipp Müller und Lars Döpking führte ich dort die heftigsten und schönsten Diskussionen. In München fand ich an der Universität der Bundeswehr mit Lara-Sophie Bierhoff, Yannick Schübel und Nicole Höner drei hochengagierte studentische Mitarbeitende, die mich mit Recherchen unterstützt, aber auch in den Tälern der Fußnoten und den Höhen der Register-Lemmata begleitet haben.

Herzlich danken möchte ich schließlich meinem Lektor Ulrich Nolte für die schöne und anregende Zusammenarbeit.

Mein besonderer Dank gilt meinem Mann für das andauernde Gespräch über Theorie, Gott und die Welt.

ANMERKUNGEN

Archive und Archivabkürzungen

ACDP	Archiv für Christlich-Demokratische Politik
ADA	Archives Departementales Ajaccio
GStA	PK Geheimes Staatsarchiv Preußischer Kulturbesitz
HStA Drd	Haupstaatsarchiv Dresden
HStASt	Hauptstaatsarchiv Stuttgart
LAB	Landesarchiv Berlin
LAG	Landesarchiv Greifswald
NARA	National Archives and Records Administration
SAPMO-BA	Stiftung Archiv der Parteien und Massenorganisationen der DDR im Bundesarchiv
SCAHD	South Carolina Archives & History Department
StadtA WOB	Stadtarchiv Wolfsburg
UA DEBU	Universitätsarchiv Herrnhut

Einleitung

1 Der Gelehrte Johann Michael von Loën, 1771, zitiert nach Kuczynski, Alltags des deutschen Volkes, S. 226.
2 Johann Georg Krünitz, Das Gesindewesen nach Grundsätzen der Ökonomie und Polizeywissenschaft abgehandelt, Berlin 1779, S. 49.
3 Vgl. zur Geschichte der Armut in Europa in der longue durée Bronislaw Geremek, Poverty. A History, Oxford 1994; Thomas Riis, La Pauvreté dans les pays nordiques 1500–1800, Odense 1990; vgl. zur europäischen jahrhundertelangen Geschichte des Hungers Alfani u. a.: Famines.

Anmerkungen

4 Chakrabarty, Europa provinzialisieren, S. 309.
5 Jeremias Gotthelf, Die Armennot, in: Carl Jantke, Dietrich Hilger (Hg.), Die Eigentumslosen, S. 337–389, hier S. 383.
6 Hippel, Armut, S. 10.
7 Vgl. zum Begriff der Armut Hippel, Armut, S. 3–10.
8 Stichweh, Key Elements, S. 5–7.
9 Nolte, Demokratie, S. 73; vgl. Rosanvallon, Für eine Begriffs- und Problemgeschichte; Müller, Adam Tooze, Einleitung.
10 Vgl. zur Bedeutung des Begriffs «Revolution» Koselleck, Vergangene Zukunft, S. 67 f.
11 Jakob Tanner, Ist die Revolution reaktionär?, in: Das Magazin Bd. 14 (2018), S. 4.
12 Grundsätzlich zu Revolution und Demokratie Nolte, Demokratie, S. 74–76.
13 Bayer u. a., The Democratic Dividend; Chenoweth u. Stephan, Civil Resistance.
14 Wilentz, Rise of American Democracy, S. xix.
15 Vgl. zur neuesten Forschung in der Körper- und Geschlechtergeschichte Zettelbauer, Embodiment, S. 9–24.
16 Sarasin, Mapping the Body; Lorenz, Leibhaftige Vergangenheit, S. 13–21.
17 Bourdieu, Herrschaft, S. 165.
18 «L'usage de ce mot est si familier, qu'il n'y a presque personne qui ne soit convaincu au-dedans de soi-même que la chose lui est évidemment connue. Ce sentiment intérieur est commun au philosophe & à l'homme qui n'a point réfléchi», Encyclopédie, Bd. 5 (1755), S. 115.
19 Vgl. etwa Köhler u. a. (Hg.), Recht fühlen; Bandes, Compassion; Damler, Rechtsästhetik; Hilgers u. a. (Hg.), Affekt und Urteil.
20 Pascal Eitler u. Monique Scheer, Emotionengeschichte, insbes. S. 284.
21 Köhler, Menschenrecht fühlen, S. 68.
22 Vgl. den Überblick in Verheyen, Geschichte der Gefühle.
23 Vgl. zur Rolle der Medien für humanitäres Engagement Paulmann (Hg.), Humanitarism.
24 Vgl. etwa Conway, Democracy in Postwar Western Europe.
25 Vgl. den Überblick in Manfred G. Schmidt, Demokratietheorien.
26 Vgl. Meier u. a., Demokratie, S. 848–852; Carl Wilhelm von Lancizolle, Ueber Königthum Und Landstände in Preussen, 1846, S. 344–346.
27 Ernst Moritz Arndt, Verfassungen in Teutschland, 1814, S. 222.
28 Journal général de France, 9.2.1791, S. 158.
29 «[T]hat the king is established in this degree by the people, and for their sake, and that he cannot subsist without them», in: Brutus, Vindiciae contra Tyrannos; vgl. Lohmann, Menschenrechtserklärungen der Moderne.
30 Vgl. Maier, Revolution und Kirche.
31 Morgan, Inventing the people, 38.
32 Rosanvallon, Begriffs- und Problemgeschichte, S. 97–85; Luhmann, Die Politik der Gesellschaft, 97 u. 103; Kelsen, Wesen und Wert der Demokratie, S. 5, 14 u. 26–28.

Anmerkungen | 331

1. Eliten und Volk

1 Vgl. zum Prozess Dominique Holleaux, Le procès du chevalier de La Barre, in: Jean Imbert (Hg.), Quelques Procès Criminels des XVIIe et XVIIIe Siècles, Paris 1964, S. 165–179.
2 Jacques de Saint Victor, Blasphemie. Geschichte eines «imaginären Verbrechens», Hamburg 2017, S. 52–61, das Zitat auf S. 56.
3 Hunt, Human Rights, S. 81.
4 Zitert nach Hunt, Human Rights, S. 20.
5 Voltaire, Dictionnaire philosophique (Ausgabe 1769), URL: http://www.bacdefrancais.net/torture-voltaire.php (12.12.2018).
6 Jean Jacques Rousseau, Discours sur l'origine et les fondements de l'inégalité parmi les hommes, in: ders., Schriften zur Kulturkritik (Die zwei Diskurse von 1750 und 1755), übersetzt u. hg. von Kurt Weigand, Hamburg 1964 (2. Aufl.), S. 170–174.
7 Musen-Almanach für das Jahr 1791, S. 33.
8 Schings, Der mitleidige Mensch, S. 18.
9 Nussbaum, Politische Emotionen, S. 567.
10 Carl Friedrich Pockels, Der Mann. Ein anthropologisches Charaktergemälde seines Geschlechts. Ein Gegenstück zur Charakteristik des weiblichen Geschlechts, Bd. 2, Hannover 1806, S. 286.
11 Köhler, Menschenrecht fühlen, insbes. S. 67–69; Schings, Der mitleidige Mensch, S. 27; Vgl. Nussbaum, Politische Emotionen, S. 587.
12 Brief Lessing an Nicolai, November 1756, in: Gotthold Ephraim Lessing: Briefwechsel über das Trauerspiel, hg. von Michael Holzinger, Berliner Ausgabe 2014, S. 8.
13 Nussbaum, Politische Emotionen, S. 24.
14 Ludwig, Zur Dekonstruktion von «Frauen», «Männern» und «dem Staat»; Bourdieu, Die männliche Herrschaft, S. 153–217.
15 Köhler, Menschenrecht fühlen, S. 71 f.; Drescher, «Whose Abolition»?, S. 136–166.
16 Dazu Damler, Rechtsästhetik.
17 Klopstock, «Sie und nicht Wir» (1790), in: Klopstocks Oden, Bd. 3, Leipzig 1831, S. 172.
18 Immanuel Kant, Zum ewigen Frieden (1795), Stuttgart 1973.
19 Immanuel Kant, Zum ewigen Frieden (1795), Stuttgart 1973, S. 121.
20 Johann Gottfried Herder, Briefe zur Beförderung der Humanität. 1793–1797, Zehnte Sammlung, S. 119 u. 118.
21 Zitiert nach Kucklick, Das unmoralische Geschlecht, S. 16.
22 Kucklick, Das unmoralische Geschlecht, S. 11.
23 Stollberg-Rilinger, Aufklärung, S. 145 f.
24 Theodor Gottlieb von Hippel, Über die bürgerliche Verbesserung der Weiber, Berlin 1792, S. 28, S. 59–61 u. S. 213.
25 Kant, Der Charakter des Geschlechts, in: Anthropologie in pragmatischer Hinsicht 1799, Kant Werke in 12 Bänden, Frankfurt 1968, Bd. XII, S. 648–672.
26 Hippel, Verbesserung der Weiber, S. 28–31 et passim; Kant, Der Charakter

des Geschlechts. Kant und Hippel argumentieren hier fast bis in den Wortlaut hinein ähnlich.
27 Tomaselli, Enlightenment debate on women, S. 101–124, hier S. 121.
28 Schwartz Cowan, More Work for Mother.
29 Hufton, Frauenleben, S. 35 u. S. 71–79.
30 Tosh, Hegemonic masculinity, S. 56 u. 48, s. auch S. 45; Jäger u. a., Pierre Bourdieu, S. 19; Bovenschen, Weiblichkeit, S. 66.
31 Hohkamp, Häusliche Gewalt, S. 276–302.
32 Frevert, Frauen-Geschichte, S. 17 u. 27; Hufton, Arbeit und Familie, S. 27–59, hier: S. 53.
33 Zitiert in: Davis, Frauen, Politik und Macht, S. 189. 200 Jahre später erklärte der Naturwissenschaftler Johann Georg Krünitz, der Mann müsse das Oberhaupt und der «Beschützer und Ernährer» sein, Frevert, Frauen-Geschichte, S. 27.
34 Wunder, Frauen in der Frühen Neuzeit, S. 247.
35 Kucklick, Das unmoralische Geschlecht.
36 Otto, Pollack, religiöser Umbruch, S. 83–114, hier S. 108.
37 Hunt, Human Rights, S. 20.
38 Brief Lessing an Nicolai, November 1756, in: Lessing: Briefwechsel über das Trauerspiel, hg. von Michael Holzinger, Berliner Ausgabe 2014, S. 8.
39 Martus, Aufklärung, S. 730.
40 Vgl. etwa Le Journal de la Corse, 16.2.1818, Per 1, ADA.
41 Hunt, Human Rights, S. 77 f.
42 Hunt, Human Rights, S. 78.
43 Kuczynski, Geschichte des Alltags, S. 214–216.
44 Fenby, Modern France, S. 8; Salomon Philipp Gans, Von der Verarmung des Landmannes, in: Jantke, Hilger (Hg.), Die Eigentumslosen, S. 83–85.
45 Kant, Metaphysische Anfangsgründe der Rechtslehre (1797), Hamburg 1986, S. 432 u. S. 314; Vgl. Dann, Kants Republikanismus; Kosellecks Ausführungen in Christian Meier u. a., Demokratie, S. 842 f. u. 849–853.
46 Beide Zitate aus Schiller an den Herzog v. Augustenburg, 13. Juli 1793, URL: Friedrich Schiller Archiv, https://www.friedrich-schiller-archiv.de/briefe-schillers/an-herzog-v-augustenburg/schiller-an-den-herzog-v-augustenburg-13-juli-1793/.
47 Friedrich Schlegel, Kritische Fragmente (1797), Berlin 2013, S. 11.
48 Martus, Aufklärung, S. 731; Meier u. a., Demokratie, S. 872, s. auch S. 869–874 u. S. 881.
49 Zitiert nach Safranski, Hölderlin, S. 152, vgl. S. 151.
50 Hölderlin, Lebenslauf.
51 Zitiert in Sandkühler, Handbuch Deutscher Idealismus, S. 14.
52 Meier u. a., Demokratie, S. 869–881; Arndt, Ständische Verfassungen in Teutschland, S. 222.
53 Zitiert nach der Besprechung des Buches in Johann E. Th. Janke (Hg.), Abhandlungen über einige der wichtigsten Theile der Preußischen Städte-Ordnung, Städte-Verwaltung und Kommunal-Verfassung, Berlin 1833, S. 307 u. S. 312.
54 Martus, Aufklärung, S. 713.
55 Justus Möser, Patriotische Phantasien, Kap. 1 (1775), URL: http://gutenberg.spiegel.de/buch/patriotische-phantasien-4232/1.

Anmerkungen

56 Justus Möser, Patriotische Phantasien, Kap. 1 (1775), URL: http://gutenberg.spiegel.de/buch/patriotische-phantasien-4232/1.
57 Karl Streckfuß, Katechismus für Stadtverordnete der Preußischen Städte, Berlin 1832, S. 20.
58 Thomas Jefferson, First Inaugural Address, Washington, D. C. 1801.
59 Sellin, Gewalt und Legitimität, S. 228 f.
60 Tocqueville, Demokratie, S. 272 f.; vgl. ähnlich Jefferson, First Inaugural Address.
61 August von Hardenberg, Reorganisation des Preußischen Staats, Riga, 12.9.1807 (Rigaer Denkschrift), URL: http://www.staatskanzler-hardenberg.de/quellentexte_riga.html (1.2.2019).
62 Fahrmeir, Revolutionen und Reformen, S. 36–39.
63 Bayly, Geburt der modernen Welt, S. 113–119 u. S. 126; Hahn, Berding, Reformen, S. 186.
64 Huber, Deutsche Verfassungsgeschichte, Bd. 1, S. 127–135.
65 Nolte, Staatsbildung, S. 113–123 et passim, zu Württemberg und der Rolle des Monarchen S. 121.
66 Nolte, Staatsbildung, S. 122; Nonn, Das 19. und 20. Jahrhundert, S. 200.
67 Beispielhaft Maximilian von Monteglas, Ansbacher Mémoire, 1796.
68 Paul Sauer, Der schwäbische Zar. Friedrich – Württembergs erster König, Stuttgart 1984.
69 Montgelas, Ansbacher Mémoire, 1796.
70 Ahasver Graf von Lehndorff, Am Hof der Königin Luise (1799), Berlin 2009, S. 160.
71 Vgl. zur Entmystifizierung der Reformbeamten Stamm-Kuhlmann, Friedrich Wilhelm III., S. 10; vgl. auch Ullmann, Zimmermann, Einleitung.
72 Langewiesche, Restauration und Revolution, S. 62.
73 Vogel, Die preußischen Reformen, S. 17.
74 Montgelas, Ansbacher Mémoire, Kap. IV.
75 Zitiert nach Nolte, Staatsbildung, S. 127.
76 Stockinger, Dörfer und Deputierte, S. 41 f.
77 Die Historikerin Dorinda Outram spricht von der «unbridgeable gap between peasant and bourgeois», die sich gerade auch im Körper vollziehe, Outram, Body, S. 50.
78 Friedrich List, Ackerverfassung, die Zwergwirtschaft und die Auswanderung, in: Jantke, Hilger (Hg.), Die Eigentumslosen, S. 112–124, hier S. 117.
79 Philipp Lindemann, Die Eigentumslosen im Amte Eutin, in: Jantke, Hilger (Hg.), Die Eigentumslosen, S. 57–70, hier S. 60.
80 Nipperdey, Bürgerwelt, S. 41.
81 Hardenberg, Rigaer Denkschrift.
82 Blickle, Leibeigenschaft, S. 17.
83 Lepore, Diese Wahrheiten, S. 146–149.
84 Matthias Middell, Der Wiener Kongress aus globalhistorischer Perspektive, in: bpb 2015, https://www.bpb.de/apuz/206925/der-wiener-kongress-aus-globalhistorischer-perspektive?p=all (3.3.2020).
85 Blickle, Leibeigenschaft.
86 Thompson, Moral Economy, S. 76–136, hier S. 78.
87 Georg Rudé, Die Volksmassen in der Geschichte. Unruhen, Aufstände und

Anmerkungen

Revolutionen in England und Frankreich 1730–1848, Frankfurt 1977; Thompson, Moral Economy, S. 115–120.
88 Hufton, Frauenleben, S. 624–627.
89 Hufton, Frauenleben, S. 641 f.
90 Freiherr vom Stein, zitiert nach Nolte, Staatsbildung, S. 57.
91 Immediatbericht der Minister Schrötter und Stein, Königsberg 9.11.1808, in: Vom Stein, ausgewählte politische Briefe und Denkschriften, hg. von Botzenhart und Ipsen, 2. Aufl., 1986, S. 171–176; Präambel der Städteordnung vom 19.11.1808; Städteordnung auf: Internet-Portal «Westfälische Geschichte», https://www.lwl.org/westfaelische-geschichte/que/normal/que 1028.pdf [2.2.2020].
92 Karl Streckfuß, Katechismus für Stadtverordnete der Preußischen Städte, Berlin 1832, S. 21.
93 Vgl. zur kritischen Einschätzung Nolte, Staatsbildung, S. 56–62 u. S. 75 f.
94 Nipperdey, Bürgerwelt, S. 38; vgl. auch von Gierke, Die Steinsche Städteordnung, S. 57.
95 Stollberg-Rilinger, Symbolik und Technik, S. 39 f.
96 «Tagebuch»-Eintrag vom 16.4.1809, Oberpräs. Sack in seinem Bericht an Minister Dohna, Berlin, 18.4.1809, in: Granier, Berichte, S. 404; vgl. ebd. die weiteren Berichte Sacks an Dohna; vgl. zu den Parallelen in Österreich Stockinger, Dörfer und Deputierte, S. 679–712.
97 Stollberg-Rilinger, Symbolik und Technik.
98 Instruction für Commissarius des Magistrats, A Rep. 001–02, Nr. 2571, Bl. 79, LAB; vgl. *Vossische Zeitung*, 16.5.1848.
99 Przeworski, Suffrage and Voting Secrecy.
100 Morgenblatt, 22.6.1809, S. 592.
101 Schambach, Dortmund, S. 107.
102 Potsdam, Vossische Zeitung, 4.6.1842, A Rep. 001–02, Nr. 2588, LAB; Druckschrift von Ober-Bürgermeister, Bürgermeister und Rath hiesiger Königl. Residenzien, Berlin, o. D., ca. 1838, A Rep. 001-02, Nr. 2588, LAB; Öffentliche Bekanntmachung von Magistrat, Berlin, 11.1.1849, A Pr.Br. Rep. 030, Nr. 14 005, LAB; Abschrift, Stadtverordneter Benda an Regierung zu Potsdam, Berlin, 16.4.1844, A Rep. 000-01-01, Nr. 1239, LAB.
103 Gutachten der Abtheilungen des königl. Staatsraths für das Innere, für die Justiz, und für die Finanzen, Berlin, 25.1.1830, Rep. 60, Nr. 666, 1824–1836, Bl. 170, LAG.
104 Nolte, Staatsbildung, S. 109–189.
105 Zitiert nach Nolte, Gemeindebürgertum, S. 122; vgl. Brandt, Konstitutionalisierungswelle, S. 837–840.
106 Zitiert nach Hippel, Landtagswahlen, S. 1.
107 Vgl. Kaschuba, Politische Horizonte, S. 87; Wölk, Wahlbewusstsein, S. 311–352, hier S. 326; Schambach, Dortmund, S. 252; Himmelfarb, Politics of Democracy, S. 97–138.
108 Harry Christensen, Die Bereitschaft der Bürger, an politischer Arbeit teilzunehmen, in: Brigitte Meier, Helga Schultz (Hg.), Die Wiederkehr des Stadtbürgers. Städtereformen im europäischen Vergleich, S. 215–236, hier S. 216.
109 Crook, Elections in the French Revolution, S. 190; Crook, Dunne, European Elections?, S. 677 et passim; Edelstein, Integrating, S. 320 u. S. 325.

Anmerkungen

110 Edelstein, French Peasants, S. 320 u. S. 325; Horn, Building the New Regime, S. 225–263, hier S. 232; Crook, Dunne, European Elections?, S. 677 u. S. 682.
111 Edelstein, Integrating, S. 323.
112 Immediat-Zeitungs-Bericht von Oberpräs. Sack, 9. Februar 1809, in: Granier, Berichte, S. 355.
113 Stamm-Kuhlmann, Staatsverständnis, S. 627 u. S. 654.
114 Langewiesche, «Staat» und «Kommune», S. 624.
115 Liste E an Wahlprotokollen, A Rep. 001-02, Nr. 2530, LAB; Aufruf an die stimmfähigen Bürger, Der Magistrat, Berlin, 10.4.1848, F Rep. 310, Sammlung 1848, Nr. 1422b, LAB; Vordruck von Oberbürgermeister etc., Berlin, 30.5.1823, A Rep. 001-02, Nr. 2585, LAB.
116 Justus Möser, Patriotische Phantasien, Kap. 1, URL: http://gutenberg.spiegel.de/buch/patriotische-phantasien-4232/1.
117 Immediatbericht der Minister Schrötter und Stein, Königsberg 9.11.1808, zitiert nach: Conze, Preußische Reform, S. 52 f.
118 Servan, la justice criminelle, zitiert nach Foucault, Überwachen und Strafen, S. 131.
119 Ludwig, «Frauen», «Männer» und «der Staat», S. 42.
120 Hardenberg, Rigaer Denkschrift.
121 Zitiert nach Stamm-Kuhlmann, Staatsverständnis, S. 648.
122 Zitiert nach Nolte, Staatsbildung, S. 116.
123 Carl von Rotteck, Wort über die Landstände, in: Dr. Carl von Rottecks gesammelte Schriften mit Biographie und Briefwechseln, Pforzheim 1841, S. 405–414, hier S. 411.
124 Zitiert nach Nolte, Staatsbildung, S. 114.
125 Morgan, Inventing the People.
126 Wood, Significance, S. 16; Morgan, American Slavery.
127 Vgl. Helbich u. a., Briefe aus Amerika.
128 Altschuler, Blumin, Rude Republic, S. 15; Formisano, Political Culture, S. 128.
129 Morgan, Inventing the People, S. 303; Rogers, Right to Vote, S. 6.
130 Formisano, Political Culture, S. 143; vgl. Richter, Moderne Wahlen, S. 78–81.
131 Altschuler, Blumin, Rude Republic, S. 14; Kousser, Shaping; Altschuler, Blumin, Rude Republic, S. 16; Formisano, Political Culture, S. 17.
132 Keyssar, Right to Vote, S. Table A2 bis Table A4.
133 Rosanvallon, Sacre, S. 55–68.
134 Bianchi, Enjeux du Tournant, S. 369–387, hier S. 374–376; Tanchoux, Les procédures électorales.
135 Vgl. Kühne, Dreiklassenwahlrecht, S. 391; Gall, Bismarck, S. 618–637, insbes. S. 622–626.
136 Horn, New Regime, S. 238.
137 Vgl. zur geringen Alphabetisierungsrate in Frankreich McPhee A, Social History of France, S. 163–165; vgl. zum Zusammenhang von Bildung und Demokratie Richter, Moderne Wahlen, S. 481–499.
138 Vgl. etwa die Wahlunterlagen für die Plebiszite 1M146, ADA; vgl. Langlois, Napoléon Bonaparte Plébiscité?, S. 81–93.
139 Horn, New Regime, S. 232.
140 Langlois, Le plebiscite, S. 43–65, S. 231–246, S. 390–415; Stockinger, Dörfer und Deputierte, S. 245 f.

141 Crook, Napoleon Comes to Power, S. 76 f.; Horn, New Regime, S. 238 f.
142 Bianchi, Enjeux du Tournant, S. 374 f.; Horn, New Regime, S. 240.
143 Horn, New Regime, S. 257–261.
144 Crook, Dunne, European Elections?, S. 284.
145 Guionnet, L'apprentissage de la politique moderne, S. 28.
146 Journal du Département de la Corse, 7.3.1824, 1Per2, ADA.
147 O'Gorman, Popular Politics, S. 161–186.
148 Bensel, The American Ballot Box.
149 Zitiert nach Formisano, Political Culture, S. 131.
150 Crook, Dunne, European Elections?, S. 686; Briquet, Klientelismus und Politisierung, S. 85–100; Namen der Wahlsieger in den Wahlunterlagen der Jahre IX-1848, 3M1-3M169, ADA.
151 Williams, Edwin, The Book of the Constitution, New York 1833; Pole, Representation, S. 26 f., S. 306 f.; Keyssar, Voting, S. 855.
152 Stollberg-Rilinger, Symbolik und Technik des Wählens, S. 31–62.
153 Luhmann, Gesellschaft der Gesellschaft, S. 744 f.; vgl. Koselleck, Kritik und Krise, S. 19.
154 Schneider, Wissensproduktion, S. 9 f., S. 318; Schieder, Strukturen, S. 154.
155 Osterhammel, Verwandlung, S. 62.
156 Geisthövel, Restauration, S. 83.
157 James Scott spricht von «simplification», Scott, Seeing Like a State, S. 81; vgl. dazu auch Schneider, Wissensproduktion, S. 202.
158 Brückweh, Menschen zählen, S. 319 f.
159 Schneider, Wissensproduktion, S. 430–432.
160 Rotteck, Wort über die Landstände, zitiert nach Sellin, Gewalt und Legitimität, S. 228 f.; vgl. zum Wahlrecht in Baden Brandt, Konstitutionalisierungswelle, S. 836 f.
161 Poovey, Discourse of Statistics, S. 264; Wienfort, Preußen, S. 987 f.; Schneider, Wissensproduktion, S. 34.
162 Émile Durkheim, Marcel Mauss, Über einige primitive Formen von Klassifikationen (1903), in: Émile Durkheim (Hg.), Schriften zur Soziologie der Erkenntnis, Frankfurt 1987.
163 Göderle, Zensus und Ethnizität.
164 Brückweh, Menschen zählen, S. 5.
165 An Act Directing a Census, No. 859, 1848, in: Bellinger, Compilation, S. 517.
166 Bemerkungen des Regierungs-Raths Graffunder im statistischen Büreau, o. D., ca. Anfang 1855, u. weitere Unterlagen in dieser Akte I. HA Rep. 90 A, Nr. 3226, Bl. 16 ff., GStA PK; Auszug aus der von dem Innenminister dem Ministerpräsidenten vorgelegten Denkschrift mit der Überschrift: «Die nächsten Aufgaben im Ressort des Ministeriums des Innern», 1.8.1891, Das Gesetz, betr. die Änderung des Wahlverfahrens, I. HA Rep. 90 A, Nr. 3230, GStA PK; Statistiken zu den Akten, betreffend das Wahlrecht zum Abgeordnetenhause und das Wahlverfahren im allgemeinen I. HA Rep. 169 C 80, Nr. 28, GStA PK; Minister des Innern an Staatsmin., Bethmann Hollweg, 28.1.1817, I. HA Rep. 90 A, Nr. 3239, GStA PK; Unterlagen aus den 1870er und 1880er Jahren in I. HA Rep. 169 C 80, Nr. 19, Bd. 1, GStA PK.
167 Grünthal, Dreiklassenwahlrecht, S. 28, S. 34–42 u. S. 46; Boberach, Wahlrechtsfragen, S. 134; vgl. Weber, Ein Wahlrechtsnotgesetz des Reichs, S. 220;

ein Beispiel dafür wäre Webers Kollege Rudolf von Gneist, nationale Rechtsidee, S. 1.
168 Georg Jellinek, zitiert nach Jureit, Tietze, Postsouveräne Territorialität, S. 10.
169 Foucault, Überwachen und Strafen, S. 280, S. 368.
170 Bensel, American Ballot Box, S. 202 f.
171 Bender, Among Nations, S. 4.
172 DeBats, Power of Map; vgl. zu diesem Unterkapitel auch Stockinger, Bezirke, S. 263.
173 Georg Waitz als Berichterstatter des Verfassungsausschusses, Sten. Ber. pr. AH, 18.2.1849; vgl. auch Redebeitrag Malkewitz, Sten. Ber. pr. AH, 12.2.1910; «Wie kann die preußische Wahlrechtsfrage gelöst werden?» von Robert Schmölder, Tag, 29.5.1913.
174 Vgl. dazu das Protokoll der ersten Sitzung der Wahlrechtskommission. Zweiter Teil nach der Pause: 15. Februar 1910, I. HA Rep. 169 C 80, Nr. 2e, GStA PK.
175 Haines, Long Term Marriage Patterns.
176 Brewin, Celebrating Democracy, S. 79; Kimmel, Manhood, S. 13–78.
177 Fahrmeir, Revolutionen und Reformen, S. 29–31.
178 «Die Wahlrechte in Deutschland und im Auslande», Bautzener Nachrichten, 20.5.1913.
179 Brief von anonymem Schreiber an Bismarck, 31.5.1870, I. HA Rep. 90 A, Nr. 128, GStA PK.
180 Kühne, Dreiklassenwahlrecht, S. 501 f.
181 Bader-Zaar, Politische Rechte für Frauen, S. 77–98.
182 Nolte, Demokratie, S. 190; Bader-Zaar, Women's Suffrage, S. 202–204.
183 So Gerlach am 15.2.1849, zitiert nach Boberach, Wahlrechtsfragen, S. 129.
184 Edmond und Jules de Goncourt, Eintrag 25. Mai 1869, Journal. Erinnerungen aus dem literarischen Leben. 1869–1872, Bd. 5, übersetzt von Cornelia Hasting, Leipzig 2013, S. 67.
185 Weber, Wahlrecht und Demokratie, S. 368.
186 Levitan, Cultural History of the British Census, S. 6.

2. Inklusion und Exklusion

1 Lied der Weber in Peterswaldau und Langenblelau. Das Blutgericht, in: Püttmann, Deutsches Bürgerbuch, S. 199–202.
2 Hodenberg, Aufstand der Weber, S. 28–34.
3 Hodenberg, Aufstand der Weber, S. 34 u. S. 222–225.
4 Hippel, Armut, S. 8.
5 Hodenberg, Aufstand der Weber.
6 Steinmetz, Das Sagbare, S. 20 f. u. S. 185 f.
7 Warren, Democracy and the State, bes. S. 383.
8 Hodenberg, Aufstand der Weber, S. 39–47 u. S. 229.
9 Hodenberg, Aufstand der Weber, S. 58 f.
10 Hodenberg, Aufstand der Weber, S. 60.
11 Vernon, Hunger, S. 2.

Anmerkungen

12 Karl Marx, Die Klassenkämpfe in Frankreich 1848–1850, in: Karl Marx, Friedrich Engels, Werke, Bd. 7, Berlin 1976, S. 64–94, hier S. 85.
13 Lepenies, Armut, S. 51.
14 Hodenberg, Aufstand der Weber, S. 70.
15 «Du paupérisme dans plusieurs pays de l'Europe», in: Journal du Departement de la Corse, 8.4.1830, S. 2.
16 Philipp Lindemann, Die Eigentumslosen im Amte Eutin, in: Carl Jantke, Dietrich Hilger (Hg.), Die Eigentumslosen, München 1965, S. 69; vgl. auch weitere Dokumente in diesem Quellenband.
17 Koselleck, Preußen Reform und Revolution, S. 587.
18 Vgl. zu frühen Forderungen in der Reformation nach einer Politik für die Armen Lohmann, Bedeutung des Protestantismus, S. 146 f.
19 Hitzer, Philanthropie, S. 115 f.; Schmuhl, Senfkorn.
20 Czolkoß, English Ladies, S. 255–280.
21 Hitzer, Philanthropie, S. 121; Erica Chenoweth und Maria J. Stephan können mit ihren quantitativen Studien über Transformationsprozesse zeigen, wie friedliche Reformen unter Einbezug der Frauen besser funktionieren (Chenoweth, Stephan, Civil Resistance).
22 Kott, Sozialstaat und Gesellschaft, S. 131.
23 Hodenberg, Aufstand der Weber, S. 74 f.
24 Reulecke, Die Anfänge, S. 21–59.
25 Reulecke, Die Anfänge, S. 29 f.
26 Hodenberg, Aufstand der Weber, S. 75.
27 Hodenberg, Aufstand der Weber, S. 124.
28 Kuhn, Arbeiterbewegung, S. 26 f.
29 Hodenberg, Aufstand der Weber, S. 119.
30 Friedrich Wilhelm Wolff, Das Elend und der Aufruhr in Schlesien, in: Hermann Püttmann, Bürgerbuch 1845, Darmstadt 1845, S. 174–199.
31 Bettine von Arnim, Dies Buch gehört dem König, 1852.
32 Zitiert nach Hodenberg, Aufstand der Weber, S. 124.
33 Hodenberg, Aufstand der Weber, S. 412 f.
34 Karl Marx, Zur Kritik der Hegelschen Rechtsphilosophie. Einleitung, in: Karl Marx, Friedrich Engels, Werke, Bd. 1, Berlin 1976, S. 378–391, hier S. 385.
35 Friedrich Engels, Die Lage der arbeitenden Klasse in England, Leipzig 1845.
36 «Du paupérisme dans plusieurs pays de l'Europe», in: Journal du Departement de la Corse, 8.4.1830, S. 2.
37 Friedrich Engels, Das neue Armengesetz, 1845, URL: https://www.textlog.de/en-england-neue-armengesetz.html (13.02.2020).
38 Schnurbein, Ökonomien des Hungers, Für den Hinweis auf Skandinavien danke ich Berit Glanz.
39 Friedrich Mueller, Die Künstler aller Zeiten und Völker, Stuttgart 1857, S. 412.
40 Gorella, von Heppe (Hg.), Kunst; «Mit dem Besen. Auch Deutsche malten für die Revolution», in: Spiegel, 1.1.1973.
41 «Die Armuth und der Communismus», in: Illustrirte Zeitung, Nr. 11, 9.9.1843, S. 166–168.
42 «Die Armuth und der Communismus», in: Illustrirte Zeitung, Nr. 11, 9.9.1843, S. 166–168.
43 Torsten Liesegang, Lesegesellschaften in Baden 1780–1850, Berlin 2000; Prü-

sener, Lesegesellschaften, S. 189–301; Emil Erne, Art. «Lesegesellschaften», in: Historisches Lexikon der Schweiz, 2010, URL: https://hls-dhs-dss.ch/de/articles/011300/2010-09-23/ (14.2.2019).
44 Hodenberg, Aufstand der Weber, S. 72 f.
45 Bösch, Mediengeschichte, S. 104.
46 Vernon, Hunger, S. 20.
47 Alfani, O' Gráda, Famine, S. 111–113.
48 Alfani, O' Gráda, Famine, S. 11 u. S. 98 f.
49 Lepenies, Armut, S. 55–59.
50 Müller, Die Revolution, S. 36.
51 Krause, Fiskalische Dezentralisation, S. 170.
52 Kastner, Kinderarbeit, S. 8; Feldenkirchen, Kinderarbeit, S. 1–41, hier S. 18.
53 Die königliche Kabinettsordre, die der Beschwerde aus dem Militär von 1828 folgte, spielte im folgenden Gesetzgebungsprozess keinerlei Rolle, Kastner, Kinderarbeit, S. 73; vgl. Feldenkirchen, Kinderarbeit.
54 Zitiert in Kastner, Kinderarbeit, S. 116.
55 Zitiert in Kastner, Kinderarbeit, S. 13–139.
56 Lorenz von Stein, Die Geschichte der sozialen Bewegung in Frankreich von 1789 bis auf unsere Tage, Leipzig 1850; Dirk Blasius, Lorenz von Steins Lehre vom Königtum der Sozialen Reform und ihre verfassungsrechtlichen Grundlagen, in: Der Staat Bd. 10/1 (1971), S. 33–51, hier S. 33.
57 Nolte, Gemeindebürgertum, S. 297–299; Schmidt, Verfassungskultur, S. 168 f.
58 Einladung zur Subscription und resp. Stimmensammlung, in: Rheinische Allgemeine Zeitung, 14.1.1840.
59 Nolte, Gemeindebürgertum, 297 f.; Wien, Politische Feste.
60 Schmidt, Verfassungskultur, S. 168.
61 Louise Otto, Gruß zum Sängerfest, Meißen 1844, in: dies., Mein Lebensgang, Leipzig 1893, S. 54–57.
62 Zitiert nach Schötz, Politische Partizipation, S. 195.
63 Bösch, Mediengeschichte, S. 104.
64 Kroll, geistiges Preußen, S. 50.
65 Alfred von Auerswald, Der Preußische Huldigungslandtag von 1840, Königsberg 1843; Nipperdey, Bürgerwelt, S. 397 f.; Müller, Revolution, S. 31.
66 Obenaus, Anfänge, S. 167 f.; Heun, Konstitutionalismus, S. 375 f.; Nipperdey, Bürgerwelt, S. 335 f.; Kroll, geistiges Preußen, S. 50.
67 Zitiert nach Kroll, geistiges Preußen, S. 50.
68 Nipperdey, Bürgerwelt, S. 336 u. S. 398.
69 Rüdiger Hachtmann, Berlin 1848. Eine Politik- und Gesellschaftsgeschichte der Revolution, Bonn 1997, S. 111; Müller, Revolution, S. 32.
70 Joachim Mehlhausen, Kirche zwischen Staat und Gesellschaft. Zur Geschichte des evangelischen Kirchenverfassungsrechts in Deutschland (19. Jahrhundert), in: Vestigia Verbi. Aufsätze zur Geschichte der evangelischen Theologie, Berlin 1999, S. 123–187; Ernst Bammel, Die Rheinisch-Westfälische Kirchenordnung und ihr Einfluß auf die preußische Landeskirche, in: Rheinische Vierteljahresblätter Bd. 55 (1991), S. 232–251.
71 Hedwig Richter, «Maximilian von Schwerin-Putzar», in: Dirk Alvermann, Jörn Niels (Hg.), Biographisches Lexikon für Pommern, Köln 2019, S. 312–318.

72 Rudolf Haym, Reden und Redner des ersten Vereinigten Preußischen Landtags, Berlin 1847, S. 173.
73 Deutsche Zeitung, 15.10.1847.
74 Friedrich Daniel Bassermann, Denkwürdigkeiten 1811–1855. Herausgegeben von Ernst von Bassermann-Jordan und Friedrich von Bassermann-Jordan, Frankfurt 1926, S. 16.
75 Obenaus, Anfänge des Parlamentarismus, S. 594.
76 Obenaus, Anfänge des Parlamentarismus, S. 594.
77 «Inland», in: Vossische Zeitung, 3.3.1848.
78 «Frankreich im Februar 1848», in: Vossische Zeitung, 4.3.1848.
79 Karl Theodor Welcker in der zweiten Kammer des Badischen Landtages, 23.2.1848, Hoke, Reiter, Rechtsgeschichte, S. 377.
80 Müller, Die Revolution, S. 41 f.
81 Adresse der Mannheimer Bürgerversammlung an die Regierung, 27.2.1848, in: Hoke, Reiter, Rechtsgeschichte, S. 377 f.
82 Müller, Die Revolution, S. 41 f.
83 Offizieller Artikel, Die deutsche Bundesversammlung, Das Präsidium, Dönhoff, 1.3.1848, in: Breslauer Zeitung, 5.3.1848.
84 Zitiert nach Schötz, Politische Partizipation, S. 199.
85 Müller, Die Revolution, S. 48.
86 «Deutschland. Hamburg», in: Königlich privilegirte Berlinische Zeitung (= Vossische Zeitung), 9.3.1848; «Leipzig», in: Breslauer Zeitung, 9.3.1848; Müller, Revolution, S. 43 u. S. 48.
87 Einladung zur Subscription und resp. Stimmensammlung, in: Rheinische Allgemeine Zeitung, 14.1.1840.
88 Gernot Jochheim, 18. März 1848: revolutionärer Aufstand in Berlin, bpb 2014, URL: http://www.bpb.de/izpb/195475/18-maerz-1848?p=all (24.4.2019).
89 Hufton, Frauenleben, S. 649.
90 Loster-Schneider, Schraut, Interaktion von Revolutionsbild, S. 188–191.
91 Hauch, Geschlecht der Revolution, S. 85.
92 Asch, Frauen ohne Furcht und Nadel, S. 7 f.
93 Asch, Frauen ohne Furcht und Nadel, S. 8 u. 4.
94 Outram, Body and The French Revolution, S. 41–56.
95 Müller, Die Revolution, S. 40–42.
96 «Heidelberg, 5. März», in: Deutsche Zeitung, 7. März 1848.
97 Zitiert nach Asch, Frauen ohne Furcht und Nadel, S. 4.
98 Langewiesche, Der gewaltsame Lehrer, S. 20; Appelt, Geschlecht, Staatsbürgerschaft, Nation, S. 164.
99 Hoegaerts, Masculinity and Nationhood, S. 3 u. S. 56 f.
100 Thiele, Leviathan, S. 107 f. u. S. 290 f.
101 «Nach den täglichen parlamentarischen Kämpfen», Vossische Zeitung, 9.5.1848, 3.
102 Stockinger, Dörfer und Deputierte; Konsistorium der Provinz Pommern an jeden der Superintendenten Dr. v. Schubert in Altenkirchen, Otto in Garz, Schlopper in Bergen, 26.4.1848, Rep. 60, Nr. 34, Bl. 63, LAG; Magistrat von Pasevalck an Oberpräsidenten von Pommern, Herrn von Bonin zu Stettin, 22.4.1848, Rep. 60, Nr. 34, Bl. 55, LAG.
103 Friedrich Wilhelm, Camphausen, Bornemann an Staatsmin., Potsdam,

Anmerkungen 341

24.4.1848, Gesetzessammlung No. 18, Rep. 60, Nr. 34, Die Ausführung des Wahlgesetzes vom 8.4.1848, 1848–49, Bl. 2, LAG.
104 Sten. Ber. Pr. ZK, 42. Sitzung, 26.10.1849, S. 902.
105 «Sämmtliche Wahlmänner der Stadt Berlin» und weitere Informationen in der Zeitungsausgabe, Vossische Zeitung, 3.5.1848, 7 f.; Vossische Zeitung, 30.4.1848; Görlitzer Fama, 4.5.1848; Münsterberger Stadtblatt, 5.5.1848; die Ausgaben der Locomotive von 1848.
106 Obermann, Wahlen, S. 55; «Breslau, 10. Mai», *Vossische Zeitung*, 13.5.1848.
107 Augsburger Tageblatt, 24.4.1848, S. 504.
108 Zitiert im Augsburger Tageblatt, 25.4.1848, S. 513.
109 Münchner politische Zeitung, 25.4.1848.
110 Wehler, Deutsche Gesellschaftsgeschichte, S. 740.
111 Türk, Parlamentszuschauerinnen, S. 509.
112 Siemann, Deutsche Revolution, S. 136.
113 Nipperdey, Bürgerstaat, S. 653.
114 «70 Jahre Grundgesetz. Das Erbe der Paulskirchenverfassung», Feature von Annette Wilmes, 22.5.2019, URL: https://www.deutschlandfunkkultur.de/70-jahre-grundgesetz-das-erbe-der-paulskirchenverfassung.976.de.html?dram:article_id=449426.(13.02.2020)
115 Limbach, Paulskirchenverfassung, S. 163.
116 Nipperdey, Bürgerwelt, S. 652 f.
117 Nipperdey, Bürgerwelt, S. 446 u. S. 618.
118 Kuhn, Arbeiterbewegung, S. 47.
119 Balser, Sozial-Demokratie, 1848/49–1863.
120 Nipperdey, Bürgerwelt, S. 619.
121 Hitzer, Philanthropie, S. 117.
122 Regierungspräsident in Cöslin an Innenminister, 7.4.1848, zitiert nach: Obermann, Wahlen, S. 55; vgl. auch Bleiber, Pro oder Kontra, S. 340; Obermann, Wahlen, S. 55.
123 «Stettin, den 2. Mai», *Vossische Zeitung*, 3.5.1848, 3, ebenso in der Vossischen «Nachrichten aus Stettin», 3.5.1848; «Breslau, 10. Mai», *Vossische Zeitung*, 13.5.1848; «Aus Pommern», *Vossische Zeitung*, 12.5.1848; vgl. Obermann, Wahlen, S. 55; Dipper, Revolutionäre Bewegungen, S. 555–587, hier S. 555 f.
124 Alexander Andrae, Erinnerungen eines alten Mannes aus dem Jahre 1848, Bielefeld 1895, S. 33; vgl. ebd. S. 27 f.; Akten in Rep. 60, Nr. 34, Bl. 64, LAG.
125 Nipperdey, Bürgerwelt, S. 619.
126 Nipperdey, Bürgerwelt, S. 662.
127 Helmut Dahmer, Bakunin, S. 25–27, hier S. 31.
128 Zitiert nach Dahmer, Bakunin, S. 31.
129 Zitiert nach Dahmer, Bakunin, S. 31.
130 Offenburg in der Badischen Mairevolution 1849, URL: http://www.landeskunde-baden-wuerttemberg.de/7430.html (5.1.2019).
131 Nolte, Gemeindebürgertum, S. 396.
132 Nipperdey, Bürgerwelt, S. 662 f.
133 Adresse eines Mädchens, Louise Otto an den Minister Oberländer, Leipziger Arbeiterzeitung, 20.5.1848, zitiert in Rolf-Bernhard Essig u. a. (Hg.): «Wer schweigt, wird schuldig!» Offene Briefe von Martin Luther bis Ulrike Meinhof, S. 70–76, hier S. 70 f.

134 Müller, Die Revolution, S. 84.
135 Friedrich Battenberg: Judenemanzipation im 18. und 19. Jahrhundert, Europäische Geschichte Online, 2010, URL: http://ieg-ego.eu/de/threads/europaeische-netzwerke/juedische-netzwerke/friedrich-battenberg-judenemanzipation-im-18-und-19-jahrhundert#DieRevolutionvon1848undihreFolgen (11.02.2020).
136 Beide Zitate zitiert nach Hauch, Geschlecht der Revolution, S. 77.
137 Louise Otto, Mein Programm als Mitarbeiterin einer Frauenzeitung, in: Sociale Reform Bd. 1 (1849), S. 19–22, hier S. 21.
138 Tetrault, Myth of Seneca Falls, S. 4–17.
139 Louise Otto, «Programm», in: Frauen-Zeitung, 21.4.1849.
140 Frauen-Zeitung April 1848, S. 39 f.
141 Welskopp, Mikropolitik, S. 72.
142 Lucas, Scheitern, S. 45–57.
143 Lucas, Scheitern, S. 48–54.
144 Beard, Women & Power, insbes. S. 17.
145 Hasenclever 1876, zitiert nach Welskopp, Mikropolitik, S. 76.
146 Referat in Glauchau 1872, zitiert in: Welskopp, Banner der Brüderlichkeit, S. 526.
147 Albert R. Parsons, What is Anarchism? Anarchism: Its Pilosophy and Scientific Basis, as definied by Some of its Apostles (Chicago 1887), in: Dave Roediger, Frankling Rosemont (Hg.), Haymarket Scrapbook, Chicago 1986, 27–28, hier 27 f.
148 Altschuler, Blumin, Rude Republic, S. 58.
149 Crick, Democracy, S. 51.
150 Ronald Hayduk, Gatekeepers to the franchise. Shaping Election Administration in New York, DeKalb 2005, S. 48; Altschuler, Blumin, Rude Republic, S. 58.
151 Botzenhart, Deutscher Parlamentarismus, S. 145.
152 Redebeitrag Vogt 1849, Paulskirche, zitiert nach Vogel u. a., Wahlen in Deutschland, S. 337.
153 Rosanvallon, Democracy, S. 110; Stockinger, Dörfer und Deputierte, S. 404 u. S. 598; Sperber, alte Revolution, S. 14 u. S. 20; Edelstein, Integrating, S. 325; Mattmüller, Durchsetzung, S. 219–221; Botzenhart, Deutscher Parlamentarismus, S. 141–163; Obermann, Wahlen, 35 f.; Nipperdey, Bürgerwelt, S. 609.
154 Bock, Frauen, S. 183; vgl. Tosh, Hegemonic masculinity, S. 41 u. S. 47–48.
155 Bourdieu, Herrschaft, S. 158.
156 Bourdieu, Herrschaft, S. 189 et passim.
157 Rosanvallon, Democracy, 98–114; Dipper, Revolutionäre Bewegungen, S. 569; Stockinger, Dörfer und Deputierte, S. 436–441 u. S. 642; Edelstein, Integrating, S. 321–323.
158 Stockinger, Dörfer und Deputierte, S. 439–447 u. S. 642–644.
159 Nolte, Propaganda.
160 Blickle, Leibeigenschaft, S. 17.
161 Constantin François Volney: La loi naturelle ou Catéchisme du Citoyen français, Grenoble 1793, zitiert nach Sarasin, Körper, S. 76.
162 John Locke, Ein Brief über Toleranz, 1689, zitiert nach Stollberg-Rilinger, Aufklärung, S. 305.

Anmerkungen 343

163 Zitiert nach Nolte, Staatsbildung, S. 59.
164 Ludwig, «Frauen», S. 42 f.
165 John Locke, Second Treatise on Government, 1690, Kap. V. Sec. 27.
166 Morgan, Inventing the People, S. 71; Frederick Douglass, My Bondage and My Freedom, New York 1855, S. 80–88.
167 Schröder, Prügelstrafe und Züchtigungsrecht, S. 5; Günzel, Jugendstrafrecht, S. 22.
168 Schröder, Prügelstrafe und Züchtigungsrecht, S. 5 f.
169 Zitiert nach Steinmetz, Das Sagbare, S. 367 f.
170 Vgl. dazu umfassend Jörg Wettlaufer, Das Herrenrecht der ersten Nacht. Hochzeit, Herrschaft und Heiratszins im Mittelalter und in der frühen Neuzeit, Frankfurt 1999.
171 Vgl. Abbatte, Parker, Geschichte der Oper, S. 168–172.
172 Lindenberger, Lüdtke, Einleitung, S. 23 f.
173 Outram, Body, S. 47–56; Sarasin, Körper, S. 346; Ludwig, «Frauen», S. 46.
174 Türk, Parlamentszuschauerinnen, S. 498.
175 Zitiert nach Ludwig, «Frauen», S. 41.
176 Friedrich Wilhelm Wolff, Das Elend und der Aufruhr in Schlesien, in: Hermann Püttmann, Bürgerbuch 1845, Darmstadt 1845, S. 174–199, hier S. 175.
177 Matthias Middell, Der Wiener Kongress aus globalhistorischer Perspektive, in: bpb 2015, URL: https://www.bpb.de/apuz/206925/der-wiener-kongress-aus-globalhistorischer-perspektive?p=all.
178 Boix, Democracy and Redistribution.
179 Piketty, Capital.
180 Vgl. zum Forschungsüberblick in Geddes, Democratization.
181 Ziblatt, How Did Europe Democratize?; Geddes, Democratization; Boix, Democracy and Redistribution, S. 2.
182 Tocqueville, Demokratie, S. 6.
183 Zitiert nach Obenaus, Anfänge des Parlamentarismus, S. 100 f.
184 Karl Marx, Friedrich Engels, Das kommunistische Manifest, London 1848, S. 5.
185 Zitiert nach Vogel, Gewerbefreiheit, S. 120.
186 Hobsbawm, Industrie und Empire, S. 1.
187 Plumpe, Das kalte Herz des Kapitalismus.
188 Brandt, Weg in die demokratische Moderne, S. 14; Rapport, Revolution, S. 14; vgl. Rosanvallon, Le Sacre du citoyen, S. 55–68.
189 Lorenz von Stein, Geschichte der sozialen Bewegung in Frankreich von 1789 bis auf unsere Tage, 3. Bd. Leipzig 1850, S. 104.
190 Wienfort, Preußen, S. 968; Richter, Moderne Wahlen, S. 235–300.
191 Tocqueville, Demokratie, S. 7; Meier u. a., Demokratie, S. 875.
192 Zitiert nach Frie, Marwitz, S. 278.
193 Obenaus, Anfänge des Parlamentarismus, S. 57 f.; Ernst von Bülow-Cummerow, Preußen, seine Verfassung, seine Verwaltung, sein Verhältnis zu Deutschland, Berlin 1842, S. 10 u. S. 16–18.
194 Kühne, Dreiklassenwahlrecht, S. 386.
195 Kühne, Dreiklassenwahlrecht, S. 116; Clark, Preußen, S. 573 f.; Brandt, Weg in die demokratische Moderne, S. 116.
196 Reglement zur Verordnung vom 30. Mai d. J. über Ausführung der Wahl der Abgeordneten zur zweiten Kammer, 31.5.1849, §§ 8–15.

Anmerkungen

197 Protokoll Sitzung des Staatsministeriums, 1.5.1849, I. HA Rep. 90 A, Staatsministerium Jüngere Registratur, Nr. 3225, Bd. 1, GStA PK.
198 Drucksache No. 40, 30.5.1849, Zweite Kammer, Berlin, 12.8.1849, Sammlung sämtlicher Drucksachen der Zweiten Kammer, Bd. 1. Nr. 1 bis 100. Berlink,, 1849.
199 «Kampf oder Versöhnung», Münsterberger Stadt- und Wochenblatt, 27.7.1849.
200 Abgeordneter Landfermann, Sten. Ber. ZK, 42. Sitzung, 26.10.1849, S. 883.
201 Bernhard Ruetz, Der preußische Konservatismus im Kampf gegen Einheit und Freiheit, Berlin 2001, S. 131.
202 Das gilt trotz niedriger Wahlbeteiligung auf dem Land, Vogel u. a., Deutschland, S. 210.
203 Eintrag vom 30.3.1845, Leopold von Gerlach, Denkwürdigkeiten aus dem Leben Leopold v. Gerlachs, hg. von seiner Tochter, Bd. 1, Berlin 1891, S. 415.
204 Boberach, Wahlrechtsfragen, S. 54 f.; «Wahlrecht und Wahlfähigkeit», in: Staatslexikon (Görres-Gesellschaft), Sp. 1106; Brandt, Weg in die demokratische Moderne, S. 14; Rapport, Revolution, S. 14.
205 Kirsch, Monarch und Parlament, S. 395.
206 Vgl. dazu auch Pohl, Kommunen, S. 118 u. S. 130.
207 Langewiesche, Epochenjahr.
208 Hermann Baumgarten, Der deutsche Liberalismus. Eine Selbstkritik (1866), hg. von Adolf M. Birke, Frankfurt 1974, S. 54.
209 Zitiert in Richter, Schwerin-Putzar.
210 Langewiesche, Epochenjahr, S. 621.

3. Das bürgerliche Projekt: Mobilisierung und Beschränkung

1 Hans Kampffmeyer, Die Gartenstadtbewegung, Leipzig u. Berlin 1903, S. 85.
2 «Why do some countries work longer hours than others?», in: Economist, 28.12.2018; zur modernen Technik der Normalisierung vgl. Möhring, Marmorleiber, insbes. S. 15.
3 Das Goldene Buch des Deutschen Volkes an der Jahrhundertwende. Leipzig 1900, Wirtschaftsleben, S. 47.
4 Zitiert nach Himmelfarb, Politics of Democracy, S. 4.
5 Enzyklika «Rerum novarum», Papst Leo XIII, 15.5.1891.
6 Dipper, Revolutionäre Bewegungen, S. 555.
7 Friedrich Nietzsche, Jenseits von Gut und Böse. Vorspiel einer Philosophie der Zukunft, 1886, Kap. 12.2, Projekt Gutenberg, URL: http://gutenberg.spiegel.de/buch/ecce-homo-7354/12 (1908, 17.02.2020).
8 Friedrich Nietzsche, Zur Genealogie der Moral, Vorrede, in: ders., Werke in drei Bänden, hg. v. Karl Schlechta, München 1966, Bd. II, S. 767.
9 Himmelfarb, Compassion, S. 4.
10 Kaschuba, Lebenswelt und Kultur, S. 16.
11 Kuhn, deutsche Arbeiterbewegung, S. 70.

12 Plumpe, Das kalte Herz.
13 August Bebel, Die Frau und der Sozialismus. Mit einem einleitenden Vorwort von Eduard Bernstein. Neudruck der 1929 erschienenen Jubiläumsausgabe, Berlin/Bonn 1985, S. 36.
14 Entwurf eines Vereinsgesetzes, 22.11.1907, Reichstagsprotokolle, Bd. 243, 1908.
15 Kershaw, Höllensturz, S. 29.
16 Zitiert nach Himmelfarb, Politics of Democracy, S. 102.
17 Grote, Röder, Constitutionalism, S. 236–239.
18 «Die Berufung auf Reichsverfassung und Wahlgesetz sollte die auseinanderdriftenden Strömungen und Interessen auf einen gemeinsamen Nenner bringen, sie diente dem ‹nation-building›», Biefang, Macht, S. 47, vgl. S. 44 f.
19 Richter, Moderne Wahlen, S. 330–335.
20 Vgl. zu «Bonapartismus» und Reichstagswahlrecht Anderson, Lehrjahre, S. 480–482.
21 Engels an Marx, 13.4.1866, zitiert nach: Steinbach, Zähmung, Bd. 1, S. 135; vgl. Conze, Groh, Arbeiterbewegung.
22 Biefang, Modernität wider Willen, S. 250.
23 Sten. Ber. pr. AH, 26.11.1873, S. 96; vgl. auch Below, Wahlrecht, S. 52.
24 Vgl. Gall, Bismarck, S. 223–227 et passim; Nipperdey, Machtstaat, S. 41 f. u. 107–109.
25 Nipperdey, Bürgerwelt, S. 42.
26 Heinrich Lehmberg an Bismarck, Bremen, 18.3.1867, I. HA Rep. 90 A, Nr. 128, GStA PK.
27 Provinzial-Correspondenz, Januar 1867, zitiert nach: Steinbach, Zähmung, Bd. 1, S. 103; vgl. auch Schreiben, wohl von Bismarck an Eulenburg, 5.9.1867, I. HA Rep. 90 A Staatsmin., Nr. 190, Bd. 2, GStA PK; zur Wahlbeteiligung Nipperdey, Machtstaat, S. 42.
28 «Görlitz, 14. Februar», Görlitzer Anzeiger, 14.2.1867; «Einem wegen seiner pronociert konservativen Gesinnung», Berliner Gerichts-Zeitung, 14.2.1867.
29 Engels an Marx, 13.3.1867, zitiert nach: Steinbach, Zähmung, Bd. 1, S. 137.
30 Welskopp, Banner der Brüderlichkeit, S. 465 u. 525 f.; Biefang, Zeremoniell, S. 253.
31 Zitiert nach Foner, Forever Free, S. 131.
32 Foner, Reconstruction, S. 282 u. 314; John S. Reynolds, Reconstruction in South Carolina. 1865–1877, Columbia 1905.
33 Für Frankreich Barral, Troisième République, sowie die Arbeiten von John Dunne und Malcolm Crook; für Belgien Nohlen, Opiela, Belgien, 83 f.
34 Berg, unordentliche Demokratie, S. 123–140; Bensel, Ballot Box.
35 Anderson, Demokratiedefizit.
36 Richter, Moderne Wahlen, 195 f.
37 Anderson, Demokratiedefizit.
38 Edwin L. Godkin, The Republican Party and the Negro, in: Forum VI (1889), 246–257, hier S. 257.
39 Kühne, Dreiklassenwahlrecht.
40 Weber, Wahlrecht und Demokratie, S. 368; vgl. zu Webers Demokratiebegriff Rosanvallon, Gute Regierung, S. 111–116.

Anmerkungen

41 Le Bon, Psychologie, S. 4 f.; vgl. zum elitären Diskurs über «Masse», Middendorf, Masse.
42 Kleppner, Electoral Politics; Skowronek, New American State, S. 40; Llanque, Demokratisches Denken, S. 107 f. u. 112 f.; Rosanvallon, Die gute Regierung, S. 22 f.
43 Richter, Transnational Reforms.
44 Vgl. zu der Argumentation Llanque, Demokratisches Denken, S. 95; Hans Delbrück, Das allgemeine Stimmrecht, in: Preußische Jahrbücher 72 (1893), 377–384, hier S. 381.
45 Delbrück, Regierung und Volkswille, S. 131; Peter Gilg, Erneuerung des demokratischen Gedankens im wilhelminischen Deutschland, Wiesbaden 1965.
46 Ernst Troeltsch, Der Ansturm der westlichen Demokratie, in: Adolf von Harnack (Hg.), Die Deutsche Freiheit. Fünf Vorträge, Gotha 1917, 79–113, hier S. 94; Weber, Wahlrecht und Demokratie, S. 349; vgl. zum Demokratisierungsprozess Lässig, ‹Terror der Straße›, S. 227.
47 Nolte, Demokratie, S. 224.
48 Meyer, Wahlrecht, S. 419.
49 Zitiert nach Meier u. a., Demokratie, S. 893.
50 Paul Laband, in: Das Goldene Buch des Deutschen Volkes an der Jahrhundertwende, Leipzig 1900, Staatswesen S. 2.
51 Hedwig Richter, Die Konvergenz der Wahltechniken.
52 Llanque, Tammany Hall.
53 Richter, Transnational Reform.
54 William, Pluralistic Universe; vgl. Höffe, Kritik der Freiheit, S. 125 u. S. 182–185.
55 Wolff, Noch einmal von vorn.
56 Hedwig Dohm; Der Frauen Natur und Recht: 1. Die Frauen fordern das Stimmrecht als ein ihnen natürlich zukommendes Recht, 1876, URL: https://frauenmediaturm.de/historische-frauenbewegung/hedwig-dohm-frauen-natur-recht-stimmrecht-1876/.
57 Abgeordneter Laing, zitiert nach Steinmetz, Das Sagbare, S. 364.
58 Planert, Wie reformfähig war das Kaiserreich?
59 Uwe Fuhrmann, Gewerkschafterinnen in der Erinnerungskultur der Gewerkschaften. Thesenpapier für die Kommission «Erinnerungskulturen der sozialen Demokratie», 11.11.2019.
60 Friedrich Nietzsche, Die Geburt der Tragödie (1872), Hamburg 2017, S. 6.
61 Kühne, Reichsverfassung, S. 132.
62 Nipperdey, Machtstaat, S. 88.
63 Nipperdey, Machtstaat, S. 102.
64 Sten. Ber. Konst. Norddt. RT, 23.3.1867, S. 329.
65 Vgl. die Beiträge in Frevert (Hg.), Militär und Gesellschaft.
66 Zitiert nach Dobner, Sozialpolitik, S. 99.
67 Buchstein, Jörke, Postdemokratie; Crouch, Post-democracy.
68 Kielmansegg, Volkssouveränität, S. 251–255.
69 Thomas Jefferson (1785), Betrachtungen über den Staat Virginia. Herausgegeben und mit einem einführenden Essay von Hartmut Wasser, Zürich 1989, S. 256.

70 Zitiert nach Peter Massing, Joseph Schumpeter, in: ders. Gotthard Breit u. a. (Hg.), Demokratietheorien. Texte und Interpretationen, Schwalbach/Ts. 2003, 180–187, hier S. 183.
71 Aufruf der Masuren, abgedruckt in Vossische Zeitung, 18.10.1897.
72 Nohlen, Wahlrecht, S. 32–35.
73 Vgl. etwa Koenigsmarck an Minister-Präsidenten Bismarck, 14.11.1863, GStA PK.
74 Crook, Protest Voting; Stockinger, Voix perdues; vgl. auch Merl, Elections; Bohn, «The People's Voice».
75 Below, Wahlrecht, S. 48 f.; Meyer, Wahlrecht, S. 419–421; Redebeitrag Pachnicke, Sten. Ber. Pr. AH, 5.12.1917, Sp. 6600, I. HA Rep. 169 C 80, Nr. 22, Bd. 2, GStA PK.
76 Meyer, Wahlrecht, S. 420.
77 Richter, Transnational Reform.
78 Crook, Crook, Reforming voting practices; Richter, Moderne Wahlen, S. 499–517.
79 Richter, Konvergenz der Wahltechniken.
80 Vossische Zeitung, 31.12.1899, Nr. 612.
81 Sandrine Kott, Sozialstaat und Gesellschaft, S. 162 u. S. 194.
82 DeGooyer u. a. (Hg.), Vom Recht.
83 Zitiert nach Maier, Leviathan, S. 166; die Forschung spricht hier zuweilen von «innerer Nationsbildung», Ullmann, Politik im deutschen Kaiserreich, S. 77.
84 «Die Kultur der Massen», Vorwärts, 31.12.1899, S. 1.
85 Vgl. die Zitate in Salewski, ‹Neujahr 1900›, S. 369 f.
86 «Deutschlands Politik im 19. Jahrhundert», in: Vossische Zeitung, Nr. 2, 3.1.1900, zitiert nach Salewski: ‹Neujahr 1900›, S. 349.
87 Nipperdey, Machtstaat, S. 356.
88 Ian Kershaw, Höllensturz, 29–31.
89 Meinecke, Reform, S. 177, vgl. auch S. 162 u. S. 152; Delbrück, Regierung und Volkswille, S. 81 f.
90 Kaube, Max Weber, S. 210 f.
91 Volker Ullrich, Die nervöse Großmacht. Aufstieg und Untergang des deutschen Kaiserreichs 1871–1918, Frankfurt 2007, S. 140 f. u. S. 338; Herbert, Geschichte Deutschlands, S. 38.
92 «Deutschland an der Jahreswende», 1. Beilage des «Vorwärts», 31.12.1899.
93 «Rückblicke aufs 19. Jahrhundert» von Franz Mehring, Vorwärts, 31.12.1899.
94 Salewski: ‹Neujahr 1900›, S. 372.
95 Vgl. Kerbs, Reulecke (Hg.), deutsche Reformbewegungen; Schaser u. a., politische Lebensgemeinschaft.
96 1902 in deutscher Sprache im S. Fischer Verlag (Berlin) erschienen.
97 Was der Historiker Shelton Stromquist über die amerikanischen Reformer, die *Progressives*, schreibt, gilt auch für die Reformbewegungen in anderen Ländern: Das Ziel war die «reinventing of ‹the people›» oder «constitute an imagined people», Stromquist, Reinventing, viii.
98 Huber, Pietsch, Rietzler, Women's International Thought; Rodgers, Atlantiküberquerungen, S. 19–131; Schüler, Frauenbewegung.
99 Groppe, Kaiserreich.

100 Blom, Vertigo Years.
101 Krajewski, Globalisierungsprojekt, S. 51–84, hier S. 54.
102 Hardtwig, Politische Stile, S. 325–355, hier S. 335.
103 Conrad, Globalisierung, S. 48; zu «Bilanz des Jahrhunderts» Kocka, 19. Jahrhundert, S. 26.
104 Adam, Philanthropy, S. 124.
105 Grete Meisel-Hess, Die Sexuelle Krise, Jena 1909.
106 Fiedler, Jugend im Krieg, S. 9.
107 Richard Ungewitter, Kultur und Nacktheit. Eine Forderung, Stuttgart 1911, S. 57.
108 Möhring, Marmorleiber, S. 139 f.
109 Zitiert nach Evans, Todesstrafe, S. 517, vgl. S. 516–545 et passim.
110 Zitiert nach Evans, Todesstrafe, S. 522.
111 Zitiert nach Evans, Todesstrafe, S. 545.
112 Berliner Volkszeitung, 13.12.1900, zitiert nach Evans, Todesstrafe, S. 557.
113 Beiträge dazu in Kerbs, Reulecke (Hg.), Handbuch der deutschen Reformbewegungen.
114 Das Goldene Buch des Deutschen Volkes an der Jahrhundertwende, Leipzig 1900, Staatswesen S. 19.
115 Woloch, A Class by Herself, S. 85–120.
116 Kott, Sozialstaat und Gesellschaft, S. 125.
117 Dauks, Kinderarbeit, S. 153 f.
118 Vorwärts, 31.12.1899.
119 Nipperdey, Arbeitswelt, S. 359 f.; «Fabrikgesetzgebung», in: Meyers Großes Konversations-Lexikon, Band 6, Leipzig 1906, S. 247–253.
120 Global Child Mortaily 2019, Our World in Data, URL: https://ourworldindata.org/child-mortality. (20.02.2020)
121 Adam, Philanthropy, S. 125.
122 Fisch, Europa, S. 260.
123 Vgl. Gransche, Rothenbacher, Wohnbedingungen, S. 64–95; Zimmermann, Wohnungsfrage, S. 122–130.
124 Jacob A. Riis, How the Other Half Lives (1890), Stilwell 2005.
125 Matthew, Liberal Age, S. 516.
126 Allgemeiner Deutscher Zentralverband zur Bekämpfung des Alkoholismus, Alkoholismus: Seine Wirkungen und seine Bekämpfung, Leipzig 1905, S. 299.
127 Auszüge aus Keferstein, Moderne Arbeiterbewegung und Alkoholfrage, in: Der Alkoholismus. Zeitschrift zur wissenschaftlichen Erörterung der Alkoholfrage 1 (1905), S. 71.
128 «Zur Jahreswende», in: Der Alkoholismus. Zeitschrift zur wissenschaftlichen Erörterung der Alkoholfrage 1 (1905), S. 1–8, hier S. 4 f.; Dr. Marcuse: «Beiträge zum Alkoholismus der Arbeitenden Klasse», in: Der Alkoholismus. Zeitschrift zur wissenschaftlichen Erörterung der Alkoholfrage 1 (1905), S. 8–13, hier S. 12 f.
129 Pastor Dr. Stubbe: «Aus der älteren Mäßigkeitsbewegung in Schleswig-Holstein», in: Der Alkoholismus. Zeitschrift zur wissenschaftlichen Erörterung der Alkoholfrage 1 (1905), S. 342.
130 Hannelore Fischer, Kollwitz – Je veux agir dans ce temps, Strasbourg 2019.

131 Freitag, Kriminologie; Himmelfarb, Compassion; Matthew, Liberal Age, S. 463–522 u. S. 516 f.
132 Vgl. Huber, Pietsch, Rietzler, Women's International Thought.
133 Alexandra Stern, Eugenic nation: faults and frontiers of better breeding in modern America, Berkeley/Los Angeles 2005; David Oshinsky, ‹Imbeciles› and ‹Illiberal Reformers›, New York Times, 14.3.2016.
134 Möller, Das Jahr 1900, S. 183.
135 Schultz, The Physical is Political, S. 20–49, hier S. 33.
136 Schröder, Prügelstrafe, S. 9–12.
137 Bromme, Lebenserinnerungen, 1905, zitiert nach: Erhard Lucas, Vom Scheitern der deutschen Arbeiterbewegung, Frankfurt 1983, S. 45–47.
138 Alice Zimmern, Women's Suffrage In Many Lands, London 1909, S. 79 f. u. 95.
139 Fuhrmann, Paula Thiede; Schneider (Hg.), Sie waren die Ersten.
140 Stöcker, Lebenserinnerungen, S. 57 u. 76.
141 Heinsohn, Konservative Parteien.
142 Baker, Domestication, S. 636 et passim.
143 Hollis, Ladies Elect; Röwekamp, Interdependenzen des Frauenwahlrechts.
144 Hitzer, Philanthropie, S. 123.
145 Steinmetz, Das Sagbare, S. 365.
146 Hugo Paas, Jugendfürsorge in der Fortbildungsschule. Vortrag, in: Zur Volksschulpädagogik Bd. 25 (1911), S. 9; 1903 wurde erstmals eine Bahnhofsmission für Männer installiert, die man nunmehr besonderen Gefahren ausgesetzt sah, Hitzer, Im Netz der Liebe, S. 107–112 u. S. 121.
147 Kundrus, Von den Herero zum Holocaust?, S. 84; Eckert, Namibia.
148 Badiou, Das Jahrhundert, S. 16.
149 Bösch, Öffentliche Geheimnisse, S. 225–327.
150 Seibold, Emily Hobhouse.
151 Bösch, Öffentliche Geheimnisse, S. 253 f.
152 Pavlakis, British Humanitarianism.
153 Langewiesche, Der Gewaltsame Lehrer, S. 348–399.
154 Osterhammel, Verwandlung, S. 698.
155 Osterhammel, Verwandlung, S. 196 f.
156 Osterhammel, Verwandlung, S. 699 f. u. S. 1183; M. Boot, Savage Wars of Peace, S. 99–128, inbes. S. 125.
157 Zimmerer, Zeller (Hg.), Deutsch-Südwestafrika, S. 45.
158 Eckert, Namibia, S. 231 u. 236; Levene, Genocide, S. 233–336 et passim; vgl. auch Conrad, Ungleiche Welt, S. 18 f.
159 Häusler, Genozid, S. 303.
160 Nipperdey, Machtstaat, S. 729.
161 Reichstagsprotokolle, 5. Sitzung, 2.12.1905, S. 91.
162 «Deutschland an der Jahreswende», 1. Beilage des «Vorwärts», 31.12.1899.
163 Bösch, Öffentliche Geheimnisse, S. 264.
164 Reichstagsprotokolle, 20.1.1886, S. 659.
165 Hewitson, Germany, S. 39 u. S. 229.
166 Bösch, Öffentliche Geheimnisse, S. 225–327.
167 Kundrus, Die Kolonien, S. 7–18, hier S. 7.
168 Zitiert in einer Rede Bebels, Reichstagsprotokolle, 16.2.1894, S. 1294.
169 Radkau, Nervosität, S. 225.

Anmerkungen

170 Ronald Hyam, Empire and Sexuality, Manchester 1990.
171 Aldrich, Colonialism and Homosexuality.
172 Bösch, Öffentliche Geheimnisse, S. 230.
173 Stone, Afzal-Khan, Gender, Race and Narrative Structure.
174 Andreas Eckert u. Michael Pesek, Bürokratische Ordnung und koloniale Praxis. Herrschaft und Verwaltung in Preußen und Afrika, in: Sebastian Conrad u. a.: Das Kaiserreich transnational. Deutschland in der Welt 1871–1914. Göttingen 2004, S. 87–106.
175 Bösch, Öffentliche Geheimnisse, S. 234–246; Times-Zitat auf S. 239.
176 Reichstagsprotokolle, 3.12.1906, S. 4092 u. 4094.
177 Bösch, Öffentliche Geheimnisse, S. 275–288.
178 Habermas, Skandal in Togo, S. 259.
179 Lora Wildenthal, Rasse und Kultur. Frauenorganisationen in der deutschen Kolonialbewegung des Kaiserreichs, in: Birte Kundrus (Hg.), Phantasiereiche, S. 202–219.
180 Reichstagsprotokolle, 16.2.1894, S. 1295.
181 Zitiert nach Bösch, Öffentliche Geheimnisse, S. 270.
182 Osterhammel, Verwandlung, S. 700.
183 Hall, Spektakel des «Anderen».
184 Habermas, Skandal in Togo, S. 18.
185 Zitiert nach Bösch, Öffentliche Geheimnisse, S. 272.
186 Zitiert nach A. J. A. Morris, The Scaremongers. The Advocacy of War and Rearmament 1896–1914, New York 1984, S. 89.
187 Conrad, Ungleiche Welt, S. 16.
188 Habermas, Skandal in Togo, S. 20 u. S. 245–255.
189 Pavlakis, British Humanitarianism.
190 Osterhammel, Verwandlung, S. 635 f.; Osterhammel, Kolonialismus, S. 44 f.; Pavlakis, British Humanitarianism.
191 Bösch, Öffentliche Geheimnisse, S. 303.
192 Speitkamp, Deutsche Kolonialgeschichte, S. 140 f.; Bösch, Öffentliche Geheimnisse, S. 303 f.
193 Zimmerer, Zeller (Hg.), Deutsch-Südwestafrika; Zimmerer, Kolonialismus und Holocaust.
194 Badiou, Jahrhundert, S. 15
195 Zimmerer, Erster deutscher Völkermord, S. 77 f.
196 Vgl. den Forschungsüberblick von Steinbacher, Holocaust im Spannungsfeld; Kundrus, Von den Herero zum Holocaust, S. 82–91, insbes. S. 86–89. Kundrus auch zum Thema Genozid: «Internationale Vergleiche legen den Schluss nahe, dass der mörderische Krieg im heutigen Namibia nicht der Anfang einer spezifisch deutschen Gewaltgeschichte war, sondern das letzte Kapitel der mörderischen europäischen Kolonialkriege im 19. Jahrhundert», Kundrus, Später europäischer Kolonialkrieg.
197 Steinbacher, Holocaust im Spannungsfeld, S. 92.
198 Jean Paul Wendling, Epidemics and Genocide in Eastern Europe 1890–1945, Oxford 2000; Steinbacher, Holocaust im Spannungsfeld, S. 92 f.

Anmerkungen | 351

4. Gewalt: Homogenisierung und Diversität

1 SS-Obersturmbannführer Johannes Kleinow an Ehefrau, 1942, zitiert nach: Hembera, Die Shoah im Distrikt Krakau, S. 176.
2 Herbert, Geschichte Deutschlands, S. 122.
3 Zitiert nach: Möller, Das Jahr 1900, S. 182.
4 Möller, Das Jahr 1900, S. 183.
5 Kershaw, Höllensturz, S. 13.
6 In seiner Denkschrift, 29.7.1914, zitiert nach Ritter, Staatskunst und Kriegshandwerk, S. 315.
7 Vgl. Salewski, ‹Neujahr 1900›, S. 359–362.
8 Das Goldene Buch des Deutschen Volkes an der Jahrhundertwende. Leipzig 1900, Wirtschaftsleben, S. 47.
9 Herbert, Geschichte Deutschlands, S. 122.
10 Herbert, Geschichte Deutschlands, S. 112–115.
11 Müller, Nation, S. 65.
12 Münchner Neueste Nachrichten, 4. August 1914.
13 Groppe, Kaiserreich, S. 445.
14 Stöcker, Erinnerungen.
15 Zitiert nach Nipperdey, Machtstaat, S. 778
16 Llanque, Demokratisches Denken, S. 46.
17 Zitiert nach Müller, Nation, S. 96.
18 Kershaw, Höllensturz, S. 65.
19 Kershaw, Höllensturz, S. 66.
20 Nipperdey, Machtstaat, S. 780.
21 Zitiert nach Llanque, Demokratisches Denken, S. 50.
22 Leonhard, Büchse der Pandora, S. 110–115.
23 Kershaw, Höllensturz, S. 68 f.
24 Blom, Vertigo Years, S. 14.
25 Kershaw, Höllensturz, S. 68
26 Llanque, Demokratisches Denken, S. 50–53.
27 Kershaw, Höllensturz, S. 76.
28 Patrick Bormann, Thronrede Kaiser Wilhelms II. vor den Abgeordneten des Reichstags, 4. August 1914, URL: https://www.1000dokumente.de/index.html?c=dokument_de&dokument=0081_kwi&object=context&l=de (24.02.2020)
29 Diese und die weiteren Ausführungen zur Zusammenkunft im Weißen Saal Reichstagsprotokolle, 4.8.1914, S. 1 f.
30 Rede Haase, Reichstagsprotokolle, 4.8.1914, S. 7.
31 Rede Haase, Reichstagsprotokolle, 4.8.1914, S. 8 f.
32 Vgl. zum Kriegsbeginn und einem vermeintlichen Demokratiedefizit in Deutschland auch Anderson, Demokratiedefizit, S. 367–397, hier S. 395–398.
33 Zitiert nach Leonhard, Büchse der Pandora, S. 336 f.
34 Jünger, Krieg, S. 46.
35 Leonhard, Büchse der Pandora, S. 339.

36 Tagebuchnotizen von Bauer, März 1916, zitiert nach Jessen, Verdun, S. 213.
37 Jessen, Verdun, S. 213 f.
38 Barbusse, Das Feuer, Kap. 24.
39 Barbusse, Das Feuer Kap. 13.
40 Barbusse, Das Feuer, Kap. 12.
41 Barbusse, Das Feuer, Kap. 4.
42 Barbusse, Das Feuer, Kap. 21.
43 Barbusse, Das Feuer, Kap. 6.
44 Leonhard, Büchse der Pandora, S. 296.
45 Resolution, Women's International League for Peace and Freedom, Den Haag, 1915, URL: https://web.archive.org/web/20120505191602/http://www.wilpfinternational.org/statements/1915.htm. (24.02.2020)
46 Leonhard, Büchse der Pandora, S. 548 f.
47 Zitiert nach Leonhard, Büchse der Pandora, S. 550.
48 Leonhard, Büchse der Pandora, S. 338.
49 Leonhard, Büchse der Pandora, S. 518.
50 Nipperdey, Machtstaat, S. 855; Leonhard, Büchse der Pandora, S. 518 f.
51 Leonhard, Büchse der Pandora, S. 491–511.
52 Leonhard, Büchse der Pandora, S. 563 f.
53 Büttner, Weimar, S. 120; Leonhard, Büchse der Pandora, S. 565.
54 «Der Krüppel», Vorwärts, 20.9.1920, S. 2.
55 Kurt Tucholsky (= Ignaz Wrobel), Sechzig Fotografien, in: Die Weltbühne, 5.6.1924, S. 768.
56 George L. Mosse, Gefallen für das Vaterland. Nationales Heldentum und namenloses Sterben, Stuttgart 1993.
57 Mann, Sieg der Demokratie, S. 33.
58 Zitiert nach Förster, 1919, S. 15.
59 «Starke Wahlbeteiligung», Vossische Zeitung, 20.1.1919, S. 1.
60 Vgl. die ersten Forschungsergebnisse des Projekts von Steffen Kailitz, Sebastian Paul und Matthäus Wehowski: «Aufbruch zu Demokratie und Nationalstaatlichkeit im Dreiländereck Deutschland – Polen – Tschechoslowakei nach dem ‹Großen Krieg› (1918–1923)», Hannah-Arendt-Institut für Totalitarismusforschung.
61 Förster, 1919, S. 15–30.
62 Ius Suffragii – International Woman Suffrage News 4 (1919), S. 1.
63 Seit längerer Zeit betont die Forschung – etwa die Historikerinnen Angelika Schaser, Kerstin Wolff oder Birgitta Bader-Zaar –, dass sich der Durchbruch des Frauenwahlrechts in so vielen Ländern nach dem Ersten Weltkrieg nicht schlicht mit der Revolution oder dem Krieg erklären lässt, Schaser, Zur Einführung des Frauenwahlrechts; Wolff, «Stadtmütter»; Bader-Zaar, Das Frauenwahlrecht als Menschenrecht?
64 Kelsen, Wesen und Wert, S. 3.
65 «Volk und Wahl» von Oscar Müller, in: DAZ, 20.1.1919, S. 1.
66 Müller, Tooze, Fragilität; Wolfrum, Geglückte Demokratie, S. 52.
67 Harry Graf Kessler, Das Tagebuch (1880–1937), Bd. 7: 1919–1923, hg. von Angela Reinthal, Stuttgart 2007, S. 105.
68 Llanque, Demokratisches Denken, S. 137; Herbert, Geschichte Deutschlands, S. 115.

69 Gerald Feldman, Army, Industry and Labor in Germany, 1914-1918, Princeton 1992.
70 Richter, Moderne Wahlen, S. 305 f.
71 «Eine Osterbotschaft Kaiser Wilhelms», 7.4.1917, abgedruckt in: Der Tag, 8.4.1917.
72 Reichstagsprotokolle, 19.7.1917, S. 3573.
73 V. H. Rothwell, British War Aims and Peace Diplomacy 1914–1918, Oxford 1971, S. 71.
74 Llanque, Demokratisches Denken, S. 104 f., S. 107, S. 110 u. S. 112–127.
75 Meinecke, Osterbotschaft, S. 174–180, hier S. 174.
76 Weber, Das preußische Wahlrecht, S. 224–235, hier S. 224–226.
77 Delbrück, Regierung und Volkswille, S. 45; Meinecke, Reform des preußischen Wahlrechts; Meinecke, Osterbotschaft; Weber, Das preußische Wahlrecht; Weber, Wahlrecht und Demokratie; Weber, Bismarcks Erbe, S. 338–343, hier S. 343; Llanque, Demokratisches Denken, S. 143–154.
78 Vgl. etwa Ferdinand Tönnies, Der englische Staat und der deutsche Staat, Berlin 1917; Llanque, Demokratisches Denken, S. 114–135.
79 Körner, Käthe Kollwitz, S. 171–178, hier S. 172.
80 Nipperdey, Machtstaat, S. 866 f.
81 Käthe Kollwitz, Die Tagebücher 1908–1943, München 2012, Eintrag vom 1.10.2018, S. 375.
82 Nolte, Demokratie, S. 200.
83 Schaser, Frauenwahlrecht, S. 97–110, hier S. 97.
84 Reichstagsprotokolle, Antrag Nr. 2002 vom 8.11.1918, S. 8153.
85 Vortrag des altpreuß. OKR-Präsidenten Moeller auf dem Dresdner Kirchentag, in: Schneemelcher [sen.], «Von der Pastorenkirche zur Volkskirche», Vossische Zeitung, M.-A., 04.09.1919, S. 4. Für den Hinweis danke ich Johannes Wischmeyer.
86 Der Krieg konnte «als Rettung vor der weiteren Demokratisierung» angesehen werden, so Llanque, Demokratisches Denken, S. 134; vgl. Barth, Dolchstoßlegende.
87 Förster 1919, S. 115; Berg, Woodrow Wilson, S. 77–80.
88 Charles Seymour, Donald Paige Frary, How the World Votes. The Story of Democratic Development in Elections, 2 Bde, Springfield 1918, Vol. 1, S. 13.
89 Büttner, Weimar, S. 504.
90 Sitzung vom 19.2.1919, Stenographische Berichte Reichstag, S. 177.
91 Birte Förster, Mareike König, Hedwig Richter: Parlamentarierinnen in der Weimarer Nationalversammlung 1919 – Porträts in 280 Zeichen, in: hypotheses.org, URL: https://19jhdhip.hypotheses.org/3828 (24.02.2020)
92 Schulz, Die freiheitlich demokratische Grundordnung.
93 Stolleis, Anfang mit Vergangenheit, S. 4.
94 Büttner, Weimar, S. 117.
95 Rosanvallon, Regierung, S. 22 f.; Stephen Skowronek, Building a New American State. The Expansion of National Administrative Capacities, 1877–1920, Cambridge 1982, S. 40; Llanque, Demokratisches Denken, S. 107 f. u. S. 112 f.; Kleppner, Electoral Politics, S. 163 f. u. S. 227.
96 Kelsen, Wesen und Wert, S. 14.
97 Stenographische Berichte, Parlamentsprotokoll, 21.8.1919, S. 2751.

Anmerkungen

98 Protokolle Verfassungsgebende deutsche Nationalversammlung, Sitzung des Verfassungsausschusses, URL: http://dl.ub.uni-freiburg.de/diglit/nat_vers1919/1068?sid=3570986efb1594683b2df561f4c1835a. (24.02.2020)
99 Stenographische Berichte, Parlamentsprotokoll, 21.8.1919, S. 2751.
100 Zitiert nach Leonhard, Frieden, S. 654.
101 Förster, 1919, S. 101 f.
102 Vgl. zur Inklusions- und Exklusionskraft von Nation generell Thiele, Leviathan, S. 107 f.
103 Herbert, Geschichte Deutschlands, S. 189 f.
104 Gerwarth, Vanquished, S. 204–219.
105 Brandt, Echo des Krieges, S. 150; Eberhard Kolb, Frieden von Versailles, München 2005, S. 41–70; Hans Fenske, Erstaunliche Verharmlosung, FAZ, 25.7.2019, S. 25; Gerwarth, Vanquished, S. 199–204.
106 Büttner, Weimar, S. 120.
107 Förster, 1919, S. 94.
108 Es sei «ein ‹schlechter› Frieden» gewesen, urteilt der Historiker Adam Tooze, der von «einem großen Teil der Bevölkerung abgelehnt wurde, nicht nur in Amerika, sondern in der ganzen englischsprachigen Welt», Tooze, Sintflut, S. 27.
109 Zitiert nach Gerwarth, Revolutionen, S. 114 f.
110 Kolb, Schumann, Weimarer Republik, S. 11.
111 Zitiert nach Käppner, 1918.
112 Zu den Gerüchten Jones, Am Anfang war Gewalt.
113 Scheidemann, Memoiren, S. 245.
114 Kolb, Schumann, Weimarer Republik, S. 7 f.
115 Llanque, Demokratisches Denken, S. 48.
116 Büttner, Weimar, S. 42.
117 Kolb, Schumann, Weimarer Republik, S. 10.
118 Herbert, Geschichte Deutschlands, S. 181 f.
119 Förster, 1919, S. 92 f.
120 Joe Vellacott, ‹Transnationalism› in the Early Women's International League for Peace and Freedom, in: Harvey L. Dyck (Hg.), The Pacifist Impulse In Historical Perspective, Toronto 1996, S. 362–383.
121 Förster, Friedensmacherinnen; Wilmers, Pazifismus.
122 Förster, 1919, S. 125.
123 Kolb, Schumann, Weimarer Republik, S. 10–15.
124 Büttner, Weimar, S. 44.
125 Marcel Böhles, Im Gleichschritt für die Republik. Das Reichsbanner Schwarz-Rot-Gold im Südwesten, 1924 bis 1933, Essen 2016, S. 25–34.
126 Jones, Am Anfang war Gewalt, S. 12; Gerlach, Mord, S. 46.
127 Büttner, Weimar, S. 182 f.
128 Kershaw, Höllensturz, S. 118 f.
129 Hildburg Wegener, Anna von Gierke, in: Deutsches Digitales Frauenarchiv, URL: https://www.digitales-deutsches-frauenarchiv.de/akteurinnen/anna-von-gierke (24.02.2020)
130 Schüler, Frauenbewegung, S. 316 f.
131 Sabrow, Der Rathenaumord.
132 Gumbel, politischer Mord, Berlin 1922; Büttner, Weimar, S. 188–193.
133 Gerwarth, Vanquished, S. 9–14 u. 73 f.

134 Gerwarth, Vanquished, S. 14; Wolfrum, Welt im Zwiespalt, S. 49 f.: Wirsching, Schumann (Hg.), Violence and Society; Gerwarth, Horne (Hg.), War in Peace.
135 Katia Mann an Ehemann, 3.4.1925, in: Die Briefe der Manns. Ein Familienporträt, hg. von Kerstin Klein u. a., Frankfurt 2016, S. 47.
136 Zitiert nach Tooze, Sintflut, S. 12 f.; vgl. Pohl, Gustav Stresemann.
137 Vgl. mit Berücksichtigung der neuesten Forschung Leonhard, Der überforderte Frieden.
138 Zitiert nach Conze, Illusion, S. Kap. Kein Karthago-Frieden
139 Büttner, Weimar, S 133.
140 Christian Koller: Vor 100 Jahren: Gründung der Internationalen Arbeitsorganisation (ILO), in: Sozialarchiv Info 2 (2019), S. 5–14.
141 Daniel Maul, The International Labour Organization: 100 years of global social policy, 2019; Förster, 1919, S. 108 f.
142 Borchardt, Wachstum, Krisen, Handlungsspielräume, S. 165–182.
143 Eichenhofer, Arbeits- und Sozialrecht, S. 103–131, hier S. 124.
144 Thomas Mann, Sieg der Demokratie, 1938, S. 63.
145 Aidt, Dallal, Female voting power; Teele, Forging the Franchise, S. 274 f.
146 Schüler, Frauenbewegung, S. 287.
147 Die zuweilen beschworene Dichotomie zwischen konservativem Sozialstaat Bismarck'scher Prägung und einem Sozialstaat, der auf zivilgesellschaftliche Selbsthilfe setzt, erscheint beim Blick auf die konkrete sozialstaatliche Arbeit nicht sonderlich überzeugend.
148 Kott, Sozialstaat und Gesellschaft, S. 193.
149 Geyer, Grenzüberschreitungen, S. 341–357.
150 Kershaw, Höllensturz, S. 117.
151 Förster, 1919, S. 50.
152 Matthias Bauer, Die transnationale Zusammenarbeit sozialistischer Parteien in der Zwischenkriegszeit. Eine Analyse der außenpolitischen Kooperations- und Vernetzungsprozesse am Beispiel von SPD, SFIO und Labour Party, Düsseldorf 2018.
153 Zitiert nach Eichenhofer, Arbeits- und Sozialrecht, S. 114.
154 Eichenhofer, Arbeits- und Sozialrecht, S. 124.
155 Büttner, Weimar, S. 504 f.; Günzel, Jugendstrafrecht, S. 69.
156 Kelsen, Demokratie, S. 30.
157 Mann, Sieg der Demokratie, S. 37.
158 Peter Noever (Hg.), Die Frankfurter Küche von Margarete Schütte-Lihotzky, Berlin 1992.
159 Kolb, Schumann, Weimarer Republik, S. 104 f.
160 Kolb, Schumann, Weimarer Republik, S. 93; Büttner, Weimar, S. 364.
161 Müller, Nach dem Krieg, S. 8.
162 Förster, 1919, S. 67 f.
163 DHI Washington, Titel der *Berliner Illustrirten Zeitung*: Ebert und Noske in der Sommerfrische (August 1919), URL: http://germanhistorydocs.ghi-dc.org/sub_image.cfm?image_id=4236&language=german (24.02.2020)
164 Zitiert nach Uwe Fuhrmann, Gewerkschafterinnen in der Erinnerungskultur der Gewerkschaften. Thesenpapier für die Kommission «Erinnerungskulturen der sozialen Demokratie», 11.11.2019; Hagemann, Frauenalltag und Männerpolitik, S. 639–641.

165 Förster, Den Staat mitgestalten.
166 Birte Förster, Der Königin Luise-Mythos, S. 329–346.
167 Metzler, Schumann, Unübersichtlichkeiten und Machtverschiebungen..
168 Hagemann, Frauenalltag, S. 639–641.
169 Hagemann, Frauenalltag, S. 643.
170 «Nun aber genug! Gegen die Vermännlichung der Frau», Berliner Illustrirte Zeitung, 29.3.1925, S. 389.
171 Zitiert nach Walzer, Käthe Schirmacher, S. 91.
172 Emma Witte, Feminismus und völkische Frauen, in: Deutsches Tageblatt 18.4.1924, zitiert nach Kirsten Heinsohn, Paper für Zentrum für liberale Moderne.
173 Vgl. Peukert, Weimarer Republik.
174 Johannes Chwalek, «Vorläufig bin ich noch in Einzelhaft» – Franziska Kessel (1906–1934), in: Mainzer Geschichtsblätter Bd. 15 (2014), S. 123–146, hier S. 128.
175 Mann, Sieg der Demokratie.
176 Frei, Bürgerlich, S. 16.
177 Michael Wildt, «Volksgemeinschaft», Version: 1.0.
178 Mommsen, Hitler und der Mythos der Volksgemeinschaft, S. 132–140, hier S. 132.
179 Frei, «Volksgemeinschaft».
180 Zitate aus Proklamation der Reichsregierung an das deutsche Volk (1.2.1933), in: Völkischer Beobachter, 2. Februar 1933.URL: http://germanhistorydocs.ghi-dc.org/sub_document.cfm?document_id=3940 (25.02.2020)
181 Wolfrum, Welt im Zwiespalt, S. 50.
182 Smith, New Deal als demokratisches Projekt, S. 497.
183 Steinbacher, Einleitung.
184 Haarer, Die deutsche Mutter, S. 7–8.
185 Zitiert in Flemming, Die Frau, S. 57–70, hier S. 62.
186 Margaret Diwell, Die Biographie der Jubilarin auf dem Hintergrund der Geschichte der Juristinnen, in: Konstanze Görres-Ohde u. a. (Hg.), Die DLG-Präsidentin. Gedenkschrift für Henriette Heinbostel, Berlin 2007, S. 25–32, hier S. 28.
187 Stöcker, Lebenserinnerungen.
188 Gerwarth, Vanquished, S. 255.
189 Vgl. Rosenhaft, Links gegen rechts?
190 Rosenberg, Paramilitary Violence.
191 Smith, New Deal als demokratisches Projekt, S. 496.
192 Frei, Bürgerlich, S. 16.
193 Siemens, Stormtroopers, S. 125 f.
194 Mann, Zukunft der Demokratie, S. 27.
195 Adolf Hitler, Rede bei der Eröffnung des neueinberufenen Reichstags, 21.März 1933, URL: https://www.1000dokumente.de/pdf/dok_0005_tag_de.pdf (3.3.2020)
196 Anne Applebaum, Red Famine. Stalin's War on Ukraine, London 2017.
197 Strenge, Ermächtigungsgesetz, Wels-Zitat auf S. 6; Richard Morsey (Hg.), Das «Ermächtigungsgesetz» vom 24. März 1933, Göttingen 1968, Siebert-Zitat auf S. 42.

198 Schaser, Frauenbewegung in Deutschland, S. 118.
199 Hubert, Uniformierter Reichstag, S. 25–28, S. 371 et passim.
200 Albert Speer, Erinnerungen, Frankfurt 1969, S. 166.
201 Hubert, Uniformierter Reichstag, S. 54–56 u. S. 141–144.
202 «Der große Appell», in: Vossische Zeitung, 10.11.1933, S. 11.
203 Domarus, Der Reichstag, S. 82.
204 Hubert, Uniformierter Reichstag, S. 361 u. S. 371 f.
205 Verordnung des Führers und Reichskanzlers über die Auflösung und Neuwahl des Reichstages, 7.3.1936, Reichsgesetzblatt I, S. 133; vgl. Falter, Hitlers Wähler.
206 «Die Abstimmung an Bord des ‹Hindenburg›», in: Schwedter Tageblatt, 30.3.1936; «Die Wahl an Bord des ‹Hindenburg›», in: National-Zeitung, 30.3.1936.
207 Eintrag vom 31.3.1936, Tagebücher von Joseph Goebbels, S. 594; «Die Wahlfeier der Nation», in: Schwedter Tageblatt, 30.3.1936.
208 Stepanek, Wahlkampf im Zeichen der Diktatur, S. 123; «98,79 v. H. für Adolf Hitler», Schwedter Tageblatt vom 30.3. 1936.
209 Eintrag vom 31.3.1936, Tagebücher von Joseph Goebbels. Sämtliche Fragmente, hg. von Elke Fröhlich, Teil 1, Bd. 2, München 1987, S. 594.
210 «Flight Called Symbolic», in: New York Times, 30.3.1936.
211 Richter, Die Konstruktion des modernen Wählers; vgl. zur Entwicklung des westlichen Wahlprozederes auch Crook, Crook, Reforming voting practices.
212 Sopade, Deutschland-Berichte, 1936, S. 400.
213 Anderson, Practicing Democracy; Mergel, Parlamentarische Kultur; Richter, Moderne Wahlen.
214 Jessen, Richter, Non-Competitive Elections.
215 Jessen, Richter (Hg.), Voting for Hitler and Stalin; Mücke, Wahlen und Gewalt.
216 Richter, Buchstein, Neue Geschichte der Wahlen.
217 Vgl. zu den Filmen für die Wahlkämpfe Chrystal, Nazi Party Election Films.
218 Omland, National Socialist, S. 254–275, hier S. 258.
219 Oded Heilbronner, The Black Forest. The Disintegration of the Workers' Catholic Milieu and the Rise of the Nazi Party, in: Conan Fischer (Hg.), The Rise of National Socialism and the Working Classes in Weimar Germany, Oxford 1996, 217–235.
220 Vgl. Hubert, Uniformierter Reichstag, 251–257 u. 273; ebenso die Einschätzung von Jung, Wahlen und Abstimmungen, S. 73.
221 Dirk Hänisch, Das Wahl- und Abstimmungsverhalten in Chemnitz 1933 und 1945, in: Chemnitz in der NS-Zeit. Beiträge zur Stadtgeschichte 1933–1945, Leipzig 2008, S. 7–36, hier S. 8 u. S. 16; Norbert Sahrhage, Diktatur und Demokratie in einer protestantischen Region. Stadt und Landkreis Herford 1929 bis 1953, Bielefeld 2005, S. 155; Victor Klemperer, Tagebucheintrag vom 14.11.1933 u. vom 21.8.1934.
Vermutlich waren 1936 zwischen zwei Drittel und drei Viertel der Stimmen gegen das Regime als Ja-Stimmen gezählt, so dass vermutlich die Nein-Stimmen 1936 noch ebenso hoch waren wie 1934, Omland, National Socialist, 266 f.
222 Documents on British Foreign Policy 1919–1939, edited by E. L. Woodward and Rohan Batler. Second Series, Vol. VI: 1933–34. London 1957, S. 40.

Anmerkungen

223 «Hitler is Backed by 99.08 % of Vote in Poll on Empire», in: New York Times, 11.4.1938, S. 3.
224 Schreiben Fricks an die Gauleiter, 7.11.1933, zitiert nach Hubert, Uniformierter Reichstag, S. 248.
225 So berichtet Klemperer in seinem Tagebuch, Eintrag vom 9.11.1933, Klemperer, Tagebücher 1933–1941, S. 66; vgl. zum Wahlverhalten der jüdischen Bevölkerung «Absolute Power is Won», in: New York Times, 20.8.1934, S. 5.
226 Erste Verordnung zum Reichsbürgergesetz, 14.11.1935, §§ 1–4.
227 Bracher, Plebiszit und Machtergreifung, S. 3–43, hier S. 21.
228 Zitiert nach Omland, Reichstagswahlen und Volksabstimmungen, S. 9.
229 Hubert, Uniformierter Reichstag, 249.
230 Vgl. dazu Hubert, Uniformierter Reichstag, S. 25–27.
231 Müller, Nach dem Ersten Weltkrieg, S. 68; vgl. auch Grüttner, Brandstifter und Biedermänner, S. 40.
232 Sopade, Deutschland-Berichte, 1936, S. 401.
233 Hubert, Uniformierter Reichstag, S. 43.
234 Fijalkowski, Führerstaat, S. 39–42.
235 Schmitt, Staat, S. 35.
236 Schmitt, Staat, S. 7.
237 Zitiert nach Hubert, Uniformierter Reichstag, S. 240.
238 Zitiert nach Jung, Plebiszit und Diktatur, S. 28, vgl. dazu auch die Ausführung über die Pläne einer neuen Verfassung, «die den Willen des Volkes mit der Autorität einer wirklichen Führung verbindet», zitiert nach ebd., S. 58.
239 Huber, Verfassungsrecht, S. 194.
240 Schmitt, Staat, S. 11.
241 Huber, Verfassungsrecht, S. 194.
242 Huber, Staatsoberhaupt, S. 228 f.
243 Aly, Hitlers Volksstaat, S. 27 f.; Hubert, Uniformierter Reichstag, S. 239; Sopade, Deutschland-Berichte, 1936, S. 399.
244 Zitiert nach Jung, Plebiszit und Diktatur, 56, vgl. auch die Hitlerzitate auf S. 78.
245 Zitiert nach Domarus, Der Reichstag, S. 78.
246 Zitiert nach Bracher u. a., Machtergreifung, S. 350.
247 Martin Broszat kommentiert, die Wahlen seien «alles andere als ein vorbehaltloses Mandat» gewesen, Broszat: Struktur, S. 72; vgl. auch Bracher, Plebiszit und Machtergreifung, S. 4–6.
248 Hubert, Uniformierter Reichstag, S. 129.
249 Aly, Hitlers Volksstaat, S. 26.
250 Eintrag vom 4. Dezember 1938, Tagebücher von Joseph Goebbels. Sämtliche Fragmente, hg. von Elke Fröhlich, Teil 1, Bd. 3, München 1987, S. 452.
251 Protokoll, Reichstagssitzung, 30.1.1939, S. 8, «kapitalistische Demokratien» auf S. 10.
252 Protokoll, Reichstagssitzung, 30.1.1939, S. 8.
253 Wolfrum, Welt im Zwiespalt, S. 52.
254 Büttner, Weimar, S. 283.
255 Zitiert nach Herbert, Geschichte Deutschlands, S. 325.
256 Herbert, Geschichte Deutschlands, S. 325 f.
257 Lindenberger, Lüdtke, Einleitung, S. 24 f.

258 Wildt, Volksgemeinschaft als Selbstermächtigung, S. 13.
259 Bock, Zwangssterilisation, S. 233.
260 Uwe Lohalm, Völkische Wohlfahrtsdiktatur. Öffentliche Wohlfahrtspolitik im nationalsozialistischen Hamburg, Hamburg 2010.
261 Küppersbusch, Becker, Lebenslänglich Todesstrafe, S. 35.
262 Kundrus, Krieg und Holocaust in Europa; Gerlach, Mord.
263 Gerlach, Mord, S. 51 f.
264 Gerlach, Mord, S. 308 f.
265 Gerlach, Mord, S. 310 u. S. 323.
266 Whitman, Hitler's American Model.
267 Ahlheim, Antisemitismus, S. 320–323.
268 Wildt, Volksgemeinschaft als Selbstermächtigung; Ahlheim, Antisemitismus, S. 342–346.
269 Wildt, Volksgemeinschaft als Selbstermächtigung, S. 327–335.
270 Gerlach, Mord, S. 56–61; Benz, Holocaust, S. 34 f.
271 Wildt, Volksgemeinschaft als Selbstermächtigung, S. 8 f.
272 Zitiert nach Wildt, Volksgemeinschaft als Selbstermächtigung, S. 232 f.
273 Gerlach, Mord, S. 52 f.
274 Victor Klemperer, Tagebücher, Tagebucheintrag zum 24.8.1938, S. 419.
275 Zweite Verordnung zur Durchführung des Gesetzes über die Änderung von Familiennamen und Vornamen vom 17. August 1938, RGBl I, 1044.
276 4.6.1942, zitiert nach Kundrus, Krieg und Holocaust, S. 239.
277 Protokolle Nürnberger Prozess, 26.11.1945, Nachmittagssitzung, S. 324, URL: http://www.zeno.org/Geschichte/M/Der+Nürnberger+Prozeß/Hauptverhandlungen/Fünfter+Tag,+Montag,+26.+November+1945/Nachmittagssitzung. (25.02.2020)
278 Benz, Holocaust, S. 38 u. S. 55–59.
279 Zitiert in Herbert, Holocaust-Forschung, S. 31–82, hier S. 33 f.
280 Hembera, Shoah im Distrikt Krakau, S. 159 u. 183; Herbert, Holocaust-Forschung, S. 34.
281 Herbert, Holocaust-Forschung, S. 34 f.
282 Herbert, Geschichte Deutschlands, S. 458.
283 Bajohr, Löw, Neuere Holocaust-Forschung, S. 14 f.
284 Bajohr, Löw, Neuere Holocaust-Forschung, S. 12.
285 Bajohr, Löw, Neuere Holocaust-Forschung, S. 14.
286 Tooze, Wages of Destruction, S. 37–201.
287 Ingo Loose, Massenraubmord? Materielle Aspekte des Holocaust, in: Bajohr, Löw (Hg.), Holocaust, S. 141–166.
288 Wildt, Volksgemeinschaft (Docupedia).
289 Herbert, Geschichte Deutschlands, S. 502 f.
290 Edina Rauschenberger, Tagungsbericht «Die Einsamkeit der Opfer. Methodische, ethische und politische Aspekte der Zählung der Menschenverluste des Zweiten Weltkriegs», 09.12.2011–10.12.2011, Budapest, in: H-Soz-u-Kult, 8.6.2012; Wolfrum, Welt im Zwiespalt, S. 31.
291 Diana Gring, Die Todesmärsche und das Massaker von Gardelegen – NS-Verbrechen in der Endphase des Zweiten Weltkrieges, Gardelegen 1993.

5. Demokratie nach dem Nationalsozialismus

1 Zitiert nach Asbell, Pille, S. 224, Original: «Modern woman is at last free, as a man is free, to dispose of her own body, to earn her living, to pursue the improvement of her mind, to try a sucessfull career.»
2 Thomas Vogel, Kriegsfolgen, Dossier Zweiter Weltkrieg, bpb 30.4.2015, URL: https://www.bpb.de/geschichte/deutsche-geschichte/der-zweite-weltkrieg/202284/kriegsfolgen (02.03.2020); Jähner, Wolfszeit, S. 89.
3 Herbert, Geschichte Deutschlands, S. 572.
4 Jähner, Wolfszeit, S. 77.
5 Zitiert nach Rainer Gries, Die Rationen-Gesellschaft. Versorgungskampf und Vergleichsmentalität, Leipzig 1991, S. 250.
6 Wolfrum, Geglückte Demokratie, S. 44.
7 Jähner, Wolfszeit, S. 91–96 u. S. 105.
8 Kossert, Kalte Heimat, S. 75–77.
9 Vgl. zur Notwendigkeit der Korrektur dieser Erzählungen Biess, Eckert, Introduction.
10 Morten Kamphovener, 1946, zitiert in: Kossert, Kalte Heimat, S. 74 f.
11 Andrew Demshuk, The Lost German East. Forced Migration and the Politics of Memory, 1945–1970, Cambridge 2012; Bösch, Political Integration.
12 Vgl. zur Demokratisierung nach 1945 Conway, Democracy, S. 66 et passim.
13 Vgl. dazu Schings, Der mitleidige Mensch, S. 11–19.
14 Frank Dikötter, Mao's Great Famine, London 2010.
15 Vgl. den Forschungsüberblick bei Conze, Suche nach Sicherheit, S. 47.
16 Vgl. zur Bedeutung der Kommunen Gatzka, Demokratie der Wähler.
17 Kaase, Schmidt (Hg.), Eine lernende Demokratie.
18 Oliver Jungen, «Im Wissen um die Würde des Menschen», in: FAZ, 22.5.2019.
19 Dreier, Kontexte des Grundgesetzes, in: DVBl. 1999, S. 667–697, hier S. 672 f.
20 Eberhardt, Menschenrechte, S. 162–172, hier S. 163.
21 Wolfrum, Geglückte Demokratie, S. 40.
22 Kühne, Die Reichsverfassung der Paulskirche, S. 132 f. u. 146 f.
23 Stolleis, Anfang, S. 6.
24 BVerfGE 7, 198 – Lüth (sog. Lüth-Urteil), URL: http://www.servat.unibe.ch/dfr/bv007198.html#208 (03.03.2020); vgl. Stolleis, Anfang, S. 6 f.
25 Stolleis, Anfang, S. 7.
26 Maier, The Weimar Origins, S. 1–23, hier S. 9.
27 Stolleis, Anfang, S. 8.
28 Karl Loewenstein, «Militant Democracy and Fundamental Rights», in: American Political Science Review Bd. 31 (1937), S. 417–433 und S. 638–658.
29 Rede des Abgeordneten Carlo Schmid im Parlamentarischen Rat, 8.9.1948, URL: http://artikel20gg.de/Texte/Carlo-Schmid-Grundsatzrede-zum-Grundgesetz.htm. (03.03.2020)
30 Stolleis, Anfang, 8.
31 Stolleis, Anfang, 12.

Anmerkungen

32 Christian Bommarius, Das Grundgesetz. Eine Biographie, Berlin 2009, S. 117.
33 Müller, Populismus, S. 24–29, hier S. 25.
34 Müller, Populismus, S. 24–29, hier S. 25.
35 Möllers, Grundgesetz, S. 23.
36 Bösch, CDU, S. 12; Herbert, Geschichte Deutschlands, S. 573–575.
37 Klaus Jochen Arnold, Demontagen in der Sowjetischen Besatzungszone und Berlin 1945 bis 1948, Potsdam 2007.
38 Gatzka, Demokratie der Wähler, S. 288–290, S. 335 u. S. 527–530.
39 Herbert, Geschichte Deutschlands, S. 567.
40 Bösch, CDU, S. 13.
41 Reiner Möckelmann, Wartesaal Ankara. Ernst Reuter – Exil und Rückkehr nach Berlin, Berlin 2016, S. 285.
42 Herbert, Geschichte Deutschlands, S. 566 f.
43 Alfred Döblin, Der Nürnberger Lehrprozess, Baden-Baden 1946, S. 10.
44 Antonio Cassese, The Tokyo Trial and Beyond, Cambridge 1993; Wolfrum, Welt im Zwiespalt, S. 36 u. 186.
45 Recker, Geschichte der Bundesrepublik Deutschland, S. 11 f.
46 Herbert, Geschichte Deutschlands, S. 572.
47 Fritscher-Fehr, Demokratie im Ohr, S. 12.
48 Fritscher-Fehr, Demokratie im Ohr, S. 11 f., S. 14 et passim.
49 Liebmann, Rudolf Herrnstadt; Jähner, Wolfszeit, S. 305–336.
50 Fritscher-Fehr, Demokratie im Ohr, S. S. 150 f.; Jähner, Wolfszeit, S. 305–336.
51 Fritscher-Fehr, Demokratie im Ohr, S. 33 f., S. 147–152.
52 Fritscher-Fehr, Demokratie im Ohr, S. 147 u. S. 282.
53 Beispielhaft im Auftrag der amerikanischen Besatzungsmacht Alfred Döblin, Der Nürnberger Lehrprozess, Baden-Baden 1946.
54 Otto Dibelius, Der Staat, Berlin 1949; Pollack, Richter, DDR, S. 692 u. S. 699.
55 Konrad Adenauer, Reden 1917–1967. Eine Auswahl, hg. von Hans-Peter Schwarz, Stuttgart 1975, S. 146 f.
56 Herbert, Best.
57 Görtemaker, Safferling, Die Akte Rosenberg.
58 So Bösch, Wirsching, Innenministerien.
59 Wolfrum, Geglückte Demokratie, S. 57 f.
60 Gebhardt, Wischermann, Familiensozialisation.
61 Ein vermutlich letztes Mal wurde das Buch vom Verlag Gerber im Jahr 1996 aufgelegt.
62 19.1.1949, Tondokument Elisabeth Selberts Radio-Ansprache, in: Gleichberechtigung im Grundgesetz – dank Elisabeth Selbert, SWR2, 18.1.2019, URL: https://www.swr.de/swr2/wissen/archivradio/1949-elisabeth-selbert-gleichberechtigung-im-grundgesetz,broadcastcontrib-swr-31242.html.(03.03.2020)
63 Bösch, Politik als Beruf, S. 22.
64 Niehuss, Familie, Frau und Gesellschaft, S. 98–127; zur Diskrepanz zwischen Ideal, Recht und Praxis zuletzt Neumaier, Familie.
65 Silies, Pille, S. 38–40.
66 Silies, Pille, S. 42 f.
67 Pollack, Religiöser und gesellschaftlicher Wandel, S. 42–46.
68 Conze, Sicherheit, S. 49.
69 Conway, Democracy, S. 64–66.

70 Steber, The West; vgl. den Forschungsüberblick in Gatzka, Demokratie, S. 30.
71 Schildt, Siegfried, Deutsche Kulturgeschichte, S. 125; vgl. zum Wahlsystem in der Bundesrepublik Pukelsheim, Imposing Constitutionality.
72 Mergel, Propaganda nach Hitler, S. 349–353.
73 Gatzka, Demokratie der Wähler, S. 213–219 u. S. 529.
74 Bösch, CDU, S. 240 f.
75 Schwan, Antikommunismus; Becker, CDU und CSU; Bösch, CDU, S. 7–20 u. S. 79 f. u. S. 194.
76 Alfred Grosser, Bonner Demokratie, Düsseldorf 1960, S. 421.
77 Radkau, Theodor Heuss,
78 Gatzka, Demokratie, S. 288–290, S. 335 u. S. 527–530.
79 Levsen, Autorität und Demokratie.
80 So prototypisch Haffner, Schatten der Geschichte, S. 291.
81 Tischler, Flucht in die Verfolgung.
82 Wolfrum, Geglückte Demokratie, S. 41.
83 Richter, DDR, S. 17 f.; Roger Engelmann, Karl-Wilhelm Fricke, Der Tag X und die Staatssicherheit. 17. Juni 1953: Reaktionen und Konsequenzen im DDR-Machtapparat, Bremen 2003.
84 Pollack, Das unzufriedene Volk.
85 Die Einheitslisten kamen erstmals 1949 bei den Wahlen zum 3. Volkskongress zum Einsatz, Ritter u. Niehuss, S. 182; Bienert, Opposition und Blockpolitik.
86 Die Akten des MfS zeigen, dass es massive Wahlfälschungen gegeben hatte, Weber, Die DDR, S. 32.
87 Brief anonym, o. D., HStA Drd. 11 420, Nr. 54.
88 SED-Informationsbericht Kreis Löbau, 13.5.57, HStA Drd. 11 864, Nr. IV/4/09.086.
89 Leidholdt, CDU-Vorsitzender, OV Lobenstein an KV Schleiz, 5.8.1950, ACDP II-209, 004/6.
90 Ev. Bischof der Kirchenprovinz Sachsen, D. Müller, an Brüder im Amt, Reformationstag 1950, SAPMO-BA DY 30/ IV 2/14/16.
91 Notiz Einfluss der Kirchen auf die Massen, 22.9.1955, LArch Berlin C Rep 101/04, Nr. 91, Bd. 1, Bl. 114 f.; Generalinspekteur der Volkspolizei, Ministerium des Innern an ZK der SED, 11.10.1954, SAPMO-BA DY 30/IV 2/14/16; SED-Bericht, Kreis Löbau, 14.11.1968, HStA Drd. 11 864, Nr. IV/4/09.086; Informationsbericht, 23.4.1957, ACDP III-40-088/1; H. Meyer an F. P. Stocker, 26.10.1950, MAB 104GI, Vogt, Johannes; vgl. zum Verhalten der Evangelischen Landeskirchen Pollack, Kirche in der Organisationsgesellschaft, S. 148.
92 Richter, Rechtsunsicherheit als Prinzip.
93 Brief Stellv. des Vorsitzenden, RdK Löbau, an Stellv. des Vorsitzenden, RdB Dresden, 25.4.1966, HStA Drd. 11 430, Nr. 10 809, S. 5; Goerner, Behandlung der Kirchenpolitik, S. 155 f.; Wahlanalyse, o. A., wohl 1958, HStA Drd. 11 430, Nr. 10 701; Nationale Front an Kreisrat von Löbau, 19.9.1950, HStA Drd. 11 420, Nr. 57.
94 Vgl. etwa Abschlussbericht über Mitarbeit bei Volkskammerwahlen, 18.10.1976, ACDP II-209-030/1; Monatsbericht RdK Löbau, 25.4.1974, HStA Drd. 11 430, Nr. 10 926; Zentralsekretariat der SED an Landes-Provinzial- und

Bezirksorganisationen, 7/1946, HStA Drd. 11 377, Nr. 236; RdB an alle Stellvertretenden Vorsitzenden in den RdK, 5.11.1971, HStA Drd. 11 430, Nr. 10 994; Telegramm Probst Grüber an Staatssekretär J. Hegen, 25.9.1954, BA DO 4/342.

95 Informationsbericht Februar, RdB Drd., Referat Kirchenfragen, 6.3.1970, BA DO 4/2967/68; Unterlagen SED, Kreis Löbau, HStA Drd. 11 864, Nr. IV/4/09.085; Informationsbericht von H. Dohle, RdB Drd., 6.3.1970, BA DO 4 / 2968.
96 Vgl. etwa Wahlberichte in ACDP III-50-002/1 u. II-209-030/1; Unterlagen Thüringisches StA Rudolstadt, Bezirksleitung der SED Gera IV / A-2 / 14 / 696 u. IV 2 / 14 / 1195.
97 Predigt zum Wahlsonntag 17.10.1954 in Herrnhut, UA DEBU 622.
98 Vgl. etwa die Akten in SAPMO DY 30/ IV 2/14/16-17 u. 21; Unterlagen Kreisarchiv Löbau-Zittau, RdK Löbau 230.
99 Vgl. etwa 1. Stellv. des Vorsitzenden, RdK Löbau, an 1. Stellv., Gen. Opitz, RdB Drd., 12.10.1965, HStA Drd. 11 430, Nr. 10 849; RdK Löbau, Stellv. des Vorsitzenden für Innere Angelegenheiten an RdB Drd., Stellv. des Vorsitzenden für Innere Angelegenheiten, 25.4.1966, Anhang, u. Akte Wahlbeteiligung evangelischer Pfarrer [für Volkswahlen 1958], HStA Drd. 11 430, Nr. 10 809; Unterlagen in HStA Drd. 11 430, Nr. 10 701, HStA Drd. 11 430, Nr. 10 994; Unterlagen in HStA Drd. 11 430, Nr. 10 847, 10 849 u. 10 994; SED-Unterlagen in HStA Drd. 11 857, Nr. IV C-2/14/ 675; Unterlagen in SAPMO DY 30/ IV 2/14/17; CDU-BV Magdeburg an Carl Ordnung, 13.4.1959, ACDP VII–013-0177.
100 Lindner, DDR 1989/90, S. 25–32.
101 Silies, Pille, S. 48 f.
102 Vgl. etwa Unterlagen in StadtA WOB, HA 8721 u. StadtA WOB, HA 25; Herbert, Geschichte Deutschlands, S. 791 f.; zum Frauenanteil in den Parteien vgl. Oskar Niedermayer, Die soziale Zusammensetzung der Parteimitgliederschaften, in: bpb 7.10.2017, URL: https://www.bpb.de/politik/grundfragen/parteien-in-deutschland/zahlen-und-fakten/140358/soziale-zusammensetzung. (04.03.2020)
103 Knortz, Diplomatische Tauschgeschäfte.
104 Ambrosius, Folgen des Booms.
105 Abelshauser, Wirtschaft in Westdeutschland; Wolfrum, Geglückte Demokratie, S. 76.
106 Bösch, CDU, S. 20 f.
107 Angster, Konsenskapitalismus und Sozialdemokratie.
108 Frevert, Kapitalismus.
109 Ambrosius, Folgen des Booms.
110 Bösch, CDU, S. 22.
111 Wolfrum, Geglückte Demokratie, S. 86.
112 Kott, Sozialstaat und Gesellschaft, S. 196.
113 Jascha Philipp Braun, Großsiedlungsbau im geteilten Berlin. Das Märkische Viertel und Marzahn als Beispiele des spätmodernen Städtebaus, Berlin 2019.
114 Herbert, Geschichte Deutschlands, S. 791.
115 Festrede von Erich Honecker, in: Neues Deutschland, 6.10.1989.
116 Pollack, Das unzufriedene Volk.
117 Richter, DDR, S. 36–48.
118 Weil, Herrschaftsalltag und soziale Wirklichkeit.

119 BGH, 02.11.1966 – IV ZR 239/65, 2.11.1966.
120 Goedelt, Vergewaltigung und sexuelle Nötigung.
121 Zitiert nach Marks, Sexual Chemistry, S. 183.
122 Lenz, Frauenbewegung, S. 104; Davis, Making of Our Bodies.
123 Gisela Bock, Die ‹andere› Arbeiterbewegung in den USA von 1905 bis 1922. Die Industrial Workers of the World. Trikont Verlag, München 1976, S. 53.
124 Frauenhandbuch, S. 8.
125 Frauenhandbuch, S. 23 u. S. 126–129; Silies, Pille, S. 378–380.
126 Schwartz Cowan, More Work for Mother.
127 Frauenhandbuch, S. 61–63.
128 Vgl. etwa die faszinierende Studie Schwartz Cowan, More Work for Mother.
129 Hedwig Richter, Geschlecht und Moderne.
130 Ferree, Feminismen, S. 83–118.
131 Frauenhandbuch, S. 62.
132 Asbell, Pille, S. 216.
133 Marks, Sexual Chemistry, S. 186–200; Asbell, Pille, S. 274–277.
134 Schwarzer, So fing es an!, S. 39; Frauenhandbuch, S. 63.
135 Silies, Pille, S. 8 u. S. 416 f.
136 Strachan u. a. (Hg.), Why don't women rule the world?
137 «The 10 Best Loretta Lynn Songs», URL: https://www.stereogum.com/1863670/the-10-best-loretta-lynn-songs/franchises/list/ (04.03.2020)
138 Asbell, Pille, S. 220–227.
139 Es gibt auch hier keine eindeutigen Kausalketten, und zu Recht verweist die Historikerin Eva-Maria Silies darauf, dass die Durchsetzung der Pille keine lineare Modernisierung bedeutet habe, Silies, Pille, S. 429.
140 Martha J. Bailey, Momma's got the pill: how Anthony Comstock and Griswold v. Connecticut shaped U. S. childbearing, in: American Economic Review, Bd. 100/1 (2010), S. 98–129; Goldin, Katz, The power of the pill.
141 Hodenberg, Das andere Achtundsechzig, S. 193 et passim.
142 Auch wenn viele Entwicklungen schon früher eingesetzt hatten, so ist der Begriff von Axel Schildt und Detlef Siegfried von einer «Transformationsgesellschaft» in den Jahren um 1970 gewiss zutreffend, Schildt, Siegfried, Deutsche Kulturgeschichte, S. 245; vgl. Schildt, Schmidt, «Wir wollen mehr Demokratie wagen», S. 11 f.
143 Elisabeth Noelle-Neumann, Thomas Petersen, Zeitenwende – Der Wertewandel 30 Jahre später, in: Aus Politik und Zeitgeschichte, Bd. 29 (2001).
144 Pollack, Rosta, Religion and Modernity; Pollack, Religiöser und gesellschaftlicher Wandel, S. 45–53.
145 Gustav W. Heinemann, Präsidiale Reden, Frankfurt 1971, S. 28.
146 Moyn, Die Rückkehr des verlorenen Sohns.
147 Wolfrum, Welt im Zwiespalt, S. 192 f.
148 Gallus, «Revolution», S. 59–72; Richter, 1975.
149 Prägend Barrington Moore, Lord and Peasant in the Making of the Modern World, Boston, 1966.
150 Beispielhaft die Rolle der Schulwettbewerbe, die Bundespräsident Gustav Heinemann 1973 mit der Körber Stiftung ins Leben rief. Für den Hinweis danke ich Thomas Lindenberger.
151 Moyn, The Last Utopia.

152 Paulmann, in: ders. (Hg.), Humanitarianism and Media, S. 1–38, hier S. 15 f.
153 Richter, 1975.
154 Peter, Wentker (Hg.), Die KSZE im Ost-West-Konflikt.
155 Ned Richardson-Little, The Universal Declaration of Human Rights in East Germany. Socialist Appropriation and Dissident Contestation, 1948–1989, in: Zeitgeschichte-online, Dezember 2018, URL: https://zeitgeschichte-online.de/themen/universal-declaration-human-rights-east-germany (04.03.2020)
156 Schildt, S. 210.
157 Bösch, 1979, S. 363–395.
158 Brücker, «Und ich bin heil do 'rauskommen», S. 337–265, insbes. S. 364 f.
159 Notz, Die autonomen Frauenbewegungen; Davies, Gegen die Sprachlosigkeit.
160 Schildt, Siegfried, Deutsche Kulturgeschichte, S. 294 f.
161 Schildt, Siegfried, Deutsche Kulturgeschichte, S. 297 f.
162 Zitiert nach Müller-Münch, Geprügelte Generation, S. 265.
163 Zitiert nach Müller-Münch, Geprügelte Generation, S. 271.
164 Wolfrum, Welt im Zwiespalt, S. 234–236.
165 Schildt, Materieller Wohlstand, S. 21–53, hier S. 33; Schildt, Siegfried, Deutsche Kulturgeschichte, S. 341 f.
166 Stolleis, Anfänge, S. 6.
167 Andreas Hadjar, Rolf Becker (Hg.), Die Bildungsexpansion, Wiesbaden 2006.
168 Seidenspinner, Burger, Mädchen, S. 82.
169 Wolfrum, Welt im Zwiespalt, S. 272.
170 Max Roser, Esteban Ortiz-Ospina, Global Rise of Education, 2019. Published online at OurWorldInData.org. URL: https://ourworldindata.org/global-rise-of-education (04.03.2020)
171 Vgl. zur Dekolonisation Jansen, Osterhammel, Decolonisation.
172 Reinhard Schulze, Geschichte der Islamischen Welt: Von 1900 bis zur Gegenwart, München 2016, S. 200–202.
173 Wolfrum, Welt im Zwiespalt, S. 195.
174 Vgl. dazu Hebeisen u. a. (Hg.), Reformen jenseits der Revolte.
175 Pollack, Das unzufriedene Volk.
176 Chenoweth, Stephan, Civil Resistance.
177 Carl Friedrich Pockels, Der Mann. Ein anthropologisches Charaktergemälde seines Geschlechts. Ein Gegenstück zur Charakteristik des weiblichen Geschlechts, Bd. 2, Hannover 1806, S. 286.
178 Sachverständigenrat zur Begutachtung der gesamtwirtschaftlichen Entwicklung (Hg.), Ganzheitliche Wohlfahrtsberichterstattung, September 2019, URL: https://www.sachverstaendigenrat-wirtschaft.de/indikatorensystem.html (04.03.2020)
179 Geddes, Democratization.
180 European Public Opinion, Pew Research Center, 15.10.2019. Europäisches Parlament, Eurobarometer, September 2018, URL: http://www.europarl.europa.eu/germany/de/presse-veranstaltungen/eurobarometer-september-2018 (04.03.2020)
181 Zustimmung zu Europa deutlich gestiegen, in: FAZ, 5.5.2019.
182 Edgar Wolfrum, Rückkehr, Verwandlung und Krise Europas, in: Frédéric Delouche (Hg.), Das Europäische Geschichtsbuch. Von den Anfängen bis ins 21. Jahrhundert, Stuttgart 2018, S. 416–493, hier S. 473.

Anmerkungen

183 Guérot, Der neue Bürgerkrieg, S. 61–86.
184 Abdurashid Solijonov, Voter Turnout Trends around the World, hg. vom International Institute for Democracy and Electoral Assistance, 2016, S. 25 f., URL: https://www.idea.int/sites/default/files/publications/voter-turnout-trends-around-the-world.pdf (04.03.2020)
185 Habermas, Ausbau der Europäischen Union.
186 Vgl. zur Kritik an der Idee, Nation zu verabschieden Jörke, Größe der Demokratie, 236 f.
187 Max Weber spricht von «Solidaritätsempfinden», Grundriss der Soziologie (1911–1913), S. 527, URL: http://www.zeno.org/Soziologie/M/Weber,+Max/Grundriss%C3%9F+der+Soziologie/Wirtschaft+und+Gesellschaft/Zweiter+Teil.+Die+Wirtschaft+und+die+gesellschaftlichen+Ordnungen+und+M%C3%A4chte/Kapitel+VIII.+Politische+Gemeinschaften/%C2%A7+5.+Die+%C2%BBNation%C2%AB (3.3.2020)
188 Ein Überblick über verschiedene Umfragen in «Bleib cool, Europa», von Matthias Krupa, in: Die Zeit, 25.4.2019.
189 Passig, Lobo, Internet.

Ausblick
Eine Affäre von Krise und Glück

1 Young, Inclusion and Democracy, S. 5.
2 Vgl. zum Antisemitismus Mirjam Fischer, Antisemitismus bei Muslimen, in: bpb, Dossier Rechtsextremismus, URL: http://www.bpb.de/politik/extremismus/rechtsextremismus/260341/antisemitismus-bei-muslimen (07.03.2020); Clarke, u. a., Brexit.
3 Vgl. zur neueren Forschung den Forschungsüberblick in Salzborn, Rechtsextremismus; Mudde, Populist Radical Right.
4 Grzebalska, modus operandi; Hark, Villa, Unterscheiden und herrschen.
5 Passig, Lobo, Internet; Leggewie, Bieber, Demokratie 2.0.
6 Ulrike Guérot u. a., Europa Jetzt!
7 Wolfrum, Welt im Zwiespalt, S. 367.
8 Gideon Lewis-Kraus, The Great A. I. Awakening. How Google used artificial intelligence to transform Google Translate, one of its more popular services – and how machine learning is poised to reinvent computing itself, in: New York Times, 14.12.2016.
9 Sontag, On Photography, 1977.
10 Vgl. allerdings das Problem des «Digital Divide»: Zillien, Haufs-Brusberg, Digital Divide; Norris, Digital Divide.
11 Beispielhaft Nachtwey, Abstiegsgesellschaft.
12 Thomas Hellebrandt, Paolo Mauro, The Future of Worldwide Income Distribution (April 1, 2015). Peterson Institute for International Economics Working Paper 15-7 (2015), URL: http://dx.doi.org/10.2139/ssrn.2593894 (07.03.2020); Bourguignon, Globalisierung der Ungleichheit.
13 Stolleis, Geschichte des Sozialrechts.

14 Coates, The World and Me, S. 12 u. S. 8.
15 Vgl. zur Forderung nach einem Ende des Kapitalismus Bruno Kern, Das Märchen vom grünen Wachstum, Zürich 2020; vgl. Klein, Green New Deal.
16 Chenoweth, Stephan, Civil Resistance.
17 Young, Inclusion and Democracy, S. 3–5.
18 Schäfer, Verlust, S. 167–206.
19 Vgl. etwa Nassehi, Muster.
20 Fücks, Intelligent wachsen.
21 Gerring, u. a., Democracy.
22 Globally, Broad Support for Representative and Direct Democracy, Pew Research Center, 16.10.2017, URL: https://www.pewresearch.org/global/2017/10/16/globally-broad-support-for-representative-and-direct-democracy/#shallow-commitment-to-representative-democracy (07.03.2020)
23 World Happiness Report 2019, URL: https://worldhappiness.report/ed/2019/ (07.03.2020); vgl. Nolte, Demokratie, S. 477.
24 Winkler, Weg in den Westen.

BILDNACHWEIS

S. 38: © bpk/National Portrait Gallery, London | *S. 39 (links):* © bpk/RMN/Grand Palais/Thierry Le Mage | *S. 39 (rechts):* © akg-images | *S. 68:* © INTERFOTO/Bildarchiv Hansmann | *S. 85:* © bpk | *S. 90:* © bpk/Dietmar Katz | *S. 121:* Holzstich aus «Über Land und Meer» 38, ©akg-images | *S. 131:* © bpk | *S. 141:* © bpk | *S. 151 (links):* © Digitales Deutsches Frauenarchiv | *S. 151* (rechts): © bpk | *S. 157:* © Deutsches Historisches Museum, Bildarchiv/Postkarten, Inventarnr. 1989/1595.33 | *S. 160:* © picture alliance/HIP | *S. 183:* © Universitätsbibliothek Heidelberg, https://digi.ub.uni-heidelberg.de/diglit/kla1915/0573 | *S. 195:* © Picture alliance/Sammlung Berliner Verlag Archiv | *S. 201:* Public domain | *S. 202:* © picture alliance/Photo 12/Ann Ronan Picture Library | *S. 210:* © bpk | *S. 217:* © picture alliance/ullstein Bild | *S. 244:* © akg-images | *S. 259:* © picture alliance/Everett Colle | *S. 293:* Aus: Frauenhandbuch, 1972, S. 15

LITERATUR

Abbatte, Carolyn, Roger Parker, Eine Geschichte der Oper. Die letzten 400 Jahre, München 2012.
Abelshauser, Werner, Wirtschaft in Westdeutschland, 1945–1948, München 1975.
Adam, Thomas, Philanthropy, Civil Society, and the State in German History 1815–1989, Woodbridge 2016.
Ahlheim, Hannah, «Deutsche, kauft nicht bei Juden!». Antisemitismus und politischer Boykott in Deutschland 1924 bis 1935, Göttingen 2011.
Aidt, Toke S., Bianca Dallal, Female voting power: the contribution of women's suffrage to the growth of social spending in Western Europe (1869–1960), in: Public Choice Bd. 134 (2008), S. 391–417.
Aldrich, Robert, Colonialism and Homosexuality, London 2002.
Alfani, Guido, Cormac Ó Gráda, Famines in Europe: An Overview, in: Guido Alfani, Cormac Ó Gráda (Hg.), Famine in European History, Cambridge 2017, S. 1–24.
Altschuler, Glenn C., Stuart M. Blumin, Rude Republic: Americans and Their Politics in the Nineteenth Century, Princeton 2000.
Aly, Götz, Hitlers Volksstaat. Raub, Rassenkrieg und nationaler Sozialismus, Bonn 2014.
Ambrosius, Gerald, Gesellschaftliche und wirtschaftliche Folgen des Booms der 1950er und 1960er Jahre, in: Hartmut Kaelble (Hg.), Der Boom 1948–1972, Opladen 1991, S. 7–32.
Anderson, Margaret, Lehrjahre der Demokratie. Wahlen und politische Kultur im Deutschen Kaiserreich, Stuttgart 2009.
Anderson, Margaret, Ein Demokratiedefizit? Das Deutsche Kaiserreich in vergleichender Perspektive, in: Geschichte und Gesellschaft Bd. 44/3 (2018), S. 367–398.
Anderson, Margaret, Practicing Democracy Elections and Political Culture in Imperial Germany, Princeton 2000.
Anderson, Monica, Women and the Politics of Travel 1870–1914, Vancouver 2006.
Angster, Julia, Konsenskapitalismus und Sozialdemokratie. Die Westernisierung von SPD und DGB von 1940–1965, München 2003.
Appelt, Erna, Geschlecht, Staatsbürgerschaft, Nation. Politische Konstruktionen des Geschlechterverhältnisses in Europa, Frankfurt 1999.
Asbell, Bernard, Die Pille und wie sie die Welt veränderte, Frankfurt 1998.
Asch, Susanne, Frauen ohne Furcht und Nadel. Geschlechterverhältnisse in der Revolution 1848/49, in: Ariadne Bd. 33 (1998), S. 4–11.

Bader-Zaar, Birgitta, Politische Rechte für Frauen vor der parlamentarischen Demokratisierung. Das kommunale und regionale Wahlrecht in Deutschland und Österreich im langen 19. Jahrhundert, in: Hedwig Richter, Kerstin Wolff (Hg.), Frauenwahlrecht, S. 77–98.
Bader-Zaar, Birgitta, Women's Suffrage and War: World War I and Political Reform in a Comparative Perspective, in: Irma Sulkunen, Seija-Leena Nevala-Nurmi, Pirjo Markkola (Hg.), Suffrage, gender and citizenship: international perspectives on parliamentary reforms, Newcastle 2009, S. 193–218.
Bader-Zaar, Birgitta, Das Frauenwahlrecht als Menschenrecht? Politische Rechte im Kontext der Diskurse über Geschlechterdifferenz und der Entwicklung eines universellen Gleichheitsanspruchs, in: Roman Birke, Carola Sachse (Hg.), Menschenrechte und Geschlecht im 20. Jahrhundert, Göttingen 2018, S. 23–45.
Badiou, Alain, Das Jahrhundert. Aus dem Französischen von Heinz Jatho, Zürich 2010.
Bajohr, Frank, Andrea Löw, Tendenzen und Probleme der neueren Holocaust-Forschung, in: dies. (Hg.), Der Holocaust. Ergebnisse und neue Fragen der Forschung, Frankfurt 2015, S. 9–30.
Baker, Paula, The Domestication of Politics: Women and American Political Society, 1780–1920, in: American Historical Review Bd. 89/3 (1984), S. 620–647.
Balser, Frolinde, Sozial-Demokratie, 1848/49–1863. Die erste deutsche Arbeiterorganisation «Allgemeine Arbeiterverbrüderung» nach der Revolution, Stuttgart 1962.
Bandes, Susan A., Compassion and the rule of law, in: International Journal of Law in Context Bd. 2 (2017), S. 184–196.
Barbusse, Henri, Das Feuer. Tagebuch einer Korporalschaft, Zürich 1918.
Barth, Boris, Dolchstoßlegende und Novemberrevolution, in: Alexander Gallus (Hg.), Die vergessene Revolution von 1918/19, Göttingen 2010.
Battenberg, Friedrich, Judenemanzipation im 18. und 19. Jahrhundert, Europäische Geschichte Online, 2010, URL: http://ieg-ego.eu/de/threads/europaeische-netzwerke/juedische-netzwerke/friedrich-battenberg-judenemanzipation-im-18-und-19-jahrhundert#DieRevolutionvon1848undihreFolgen (11.02.2020)
Bayer, Markus, u. a., The Democratic Dividend of Nonviolent Resistance, in: Journal of Peace Research Bd. 6 (2016), S. 758–777.
Bayly, Christopher A., Die Geburt der modernen Welt, Frankfurt 2006.
Beard, Mary, Women & Power, London 2017.
Becker, Winfried, CDU und CSU, 1945–1950: Vorläufer, Gründung und regionale Entwicklung bis zum Entstehen der CDU-Bundespartei, München 1987.
Bellinger, Edmund, Compilation of the Law in Relation to Elections in SC, Embracing Statutes, Reports, Resolutions, Contested Cases, Forms, &c: Prepared Under Resolution of the Legislature, Columbia 1860.
Below, Georg von, Das Parlamentarische Wahlrecht in Deutschland, Berlin 1909.
Bender, Thomas, A Nation among Nations. America's Place in World History, New York 2006.
Bensel, Richard Franklin, The American Ballot Box in the Mid-Nineteenth Century, Cambridge 2004.
Benz, Wolfgang, Der Holocaust, München 2018.
Berding, Helmut, Hans-Werner Hahn, Reformen, Restauration und Revolution 1806–1848/49, Stuttgart 2010.

Literatur

Berg, Manfred, Eine wilde und unordentliche Demokratie. Wahlen und Gewalt in der amerikanischen Geschichte, in: Hedwig Richter, Hubertus Buchstein (Hg.), Kultur und Praxis der Wahlen, Wiesbaden 2016, S. 123–140.

Berg, Manfred, Woodrow Wilson. Amerika und die Neuordnung der Welt. Eine Biografie, München 2017.

Bianchi, Serge, Les Logiques et les Enjeux du Tournant Électoral de Brumaire, in: Jean-Pierre Jessenne (Hg.), Du Directoire au Consulat, Bd. 3: Brumaire dans l'histoire du lien politique et de l'Etat-Nation, 2001, S. 369–387.

Biefang, Andreas, Die andere Seite der Macht. Reichstag und Öffentlichkeit im «System Bismarck» 1871–1890, Düsseldorf 2009.

Biefang, Andreas, Modernität wider Willen. Bemerkungen zur Entstehung des demokratischen Wahlrechts des Kaiserreichs, in: Wolfram Pyta, Ludwig Richter (Hg.), Gestaltungskraft des Politischen. Festschrift für Eberhard Kolb, Berlin 1998, 239–259.

Biefang, Andreas, Die Reichstagswahlen als demokratisches Zeremoniell, in: ders. u. a. (Hg.), Das politische Zeremoniell im Deutschen Kaiserreich 1871–1918, Düsseldorf 2009, 233–270.

Bienert, Michael C., Zwischen Opposition und Blockpolitik, Düsseldorf 2016.

Biess, Frank, Astrid M. Eckert, Introduction: Why Do We Need New Narratives for the History of the Federal Republic?, in: Central European History Bd. 52 (2019), S. 1–18.

Bleiber, Helmut, Pro oder Kontra? Zur Rolle der Bauern in der deutschen Revolution 1848/49, in: Heiner Timmermann (Hg.), 1848. Revolution in Europa. Verlauf, politische Programme, Folgen und Wirkungen, Berlin 1999, S. 335–350.

Blickle, Peter, Von der Leibeigenschaft zu den Menschenrechten. Eine Geschichte der Freiheit in Deutschland, München 2003.

Blom, Philipp, The Vertigo Years. Europe, 1900–1914, New York 2008.

Boberach, Heinz, Wahlrechtsfragen im Vormärz. Die Wahlrechtsanschauung im Rheinland 1815–1849 und die Entstehung des Dreiklassenwahlrechts. Herausgegeben von der Kommission für Geschichte des Parlamentarismus und der politischen Parteien, Düsseldorf 1959.

Bock, Gisela, Frauen in der europäischen Geschichte. Vom Mittelalter bis zur Gegenwart, München 2000.

Bock, Gisela, Zwangssterilisation im Nationalsozialismus. Studien zur Rassenpolitik und Frauenpolitik, Opladen 1986.

Bösch, Frank, Mediengeschichte. Vom asiatischen Buchdruck zum Fernsehen, Frankfurt/New York 2011.

Bösch, Frank, Öffentliche Geheimnisse. Skandale, Politik und Medien in Deutschland und Großbritannien 1880–1914, München 2009.

Bösch, Frank, The Political Integration of the Expellees in Postwar West Germany, in: Borutta, Manuel, Jan C. Jansen (Hg.), Vertriebene and Pieds-Noirs in Postwar Germany and France, London/New York 2016, S. 153–172.

Bösch, Frank, Macht und Machtverlust. Die Geschichte der CDU, Stuttgart 2002.

Bösch, Frank (Hg.), Andreas Wirsching (Hg.), Hüter der Ordnung. Die Innenministerien in Bonn und Ost-Berlin nach dem Nationalsozialismus, Göttingen 2018.

Bösch, Frank, Politik als Beruf. Zum Wandel einer beschimpften Profession seit 1945, Januar 2018.

Bösch, Frank, Zeitenwende 1979: Als die Welt von heute begann, München 2019.

Bohn, Thomas, «The People's Voice»: The Elections to the Supreme Soviet of the USSR in 1958 in the Belarusian Capital Minsk, in: Ralph Jessen, Hedwig Richter (Hg.), Voting for Hitler and Stalin. Elections Under 20th Century Dicatorships, Frankfurt/New York 2011, 309–336.

Boix, Carles, Democracy and Redistribution, Cambridge 2003.

Boot, M., The Savage Wars of Peace. Small Wars and the Rise of American Power, New York 2002.

Borchardt, Knut, Wachstum, Krisen, Handlungsspielräume der Wirtschaftspolitik, Göttingen 1997.

Botzenhart, Manfred, Deutscher Parlamentarismus in der Revolutionszeit 1848–1850, Düsseldorf 1977.

Bourdieu, Pierre, Die männliche Herrschaft, in: Irene Dölling, Beate Krais (Hg.), Ein alltägliches Spiel. Geschlechterkonstruktion in der sozialen Praxis, Frankfurt 1997, S. 153–217.

Bourguignon, Francois, Globalisierung der Ungleichheit, Hamburg 2013.

Bracher, Karl Dietrich, Plebiszit und Machtergreifung. Eine kritische Analyse der nationalsozialistischen Wahlpolitik (1933–34), in: Max Beloff (Hg.), On the Track of Tyranny. Essays Presented by the Wiener Library to Leonard G. Montefiore, O.B.E. on the Occasion of His Seventieth Birthday, London 1960, S. 3–43.

Bracher, Martin, u.a., Die nationalsozialistische Machtergreifung, Wiesbaden 1962.

Brandt, Hartwig, Die deutschen Staaten der ersten Konstitutionalisierungswelle, in: ders. u.a. (Hg.), Handbuch der europäischen Verfassungsgeschichte im 19. Jahrhundert, Bonn 2012.

Brandt, Susanne, Das letzte Echo des Krieges. Der Versailler Vertrag, Stuttgart 2018.

Brewin, Mark W., Celebrating Democracy: The Mass-mediated Ritual of Election Day, New York u.a. 2008.

Broszat, Martin, Zur Struktur der NS-Massenbewegung, in: Vierteljahreshefte der Zeitgeschichte Bd. 31/1 (1983), S. 52–76.

Brücker, Eva, «Und ich bin heil da 'rauskommen». Gewalt und Sexualität in einer Berliner Arbeiternachbarschaft zwischen 1916/17 und 1958, in: Thomas Lindenberger, Alf Lüdtke (Hg.), Physische Gewalt. Studien zur Geschichte der Neuzeit, Frankfurt 1995, S. 337–265.

Brückweh, Kerstin, Menschen zählen. Wissensproduktion durch britische Volkszählungen und Umfragen vom 19. Jahrhundert bis ins digitale Zeitalter, Berlin/Boston 2015.

Brutus, Stephanus Junius, the Celt, Vindiciae contra tyrannos: Or, Concerning the legitimate power of a prince over the people, and of the people over a prince, hg. und übersetzt von George Garnett, Cambridge u.a. 1994.

Briquet, Jean-Louis, Klientelismus und Politisierung. Das Beispiel Korsikas während der Dritten Französischen Republik (1870–1940), in: Hedwig Richter, Hubertus Buchstein (Hg.), Kultur und Praxis der Wahlen, Wiesbaden 2017, S. 85–100.

Büttner, Ursula, Weimar. Die überforderte Republik. 1918–1933, Stuttgart 2008.

Buchstein, Hubertus, Dirk Jörke, Das Unbehagen an der Demokratietheorie, in: Leviathan Bd. 31/4 (2003), 470–495.

Chakrabarty, Dipesh, Europa als Provinz, Princeton 2007.
Chenoweth, Erica, Maria J. Stephan, Why Civil Resistance Works: The Strategic Logic of Nonviolent Conflict, New York 2011.
Clark, Christopher, Preußen. Aufstieg und Niedergang 1600–1947, München 2008.
Clarke, Harold D., u. a., Brexit: Why Britain Voted to Leave the European Union, Cambridge 2017.
Coates, Ta-Nehisi, Between The World and Me, New York 2015.
Conrad, Sebastian, Globalisierung und Nation im Deutschen Kaiserreich, München 2006.
Conrad, Sebastian, Ungleiche Welt, in: Zeitgeschichte. Die Deutschen und ihre Kolonien. Das wilhelminische Weltreich 1884 bis 1918, Hamburg 2019, S. 14–21.
Conway, Martin, Democracy in Postwar Western Europe: The Triumph of a Political Model, in: European History Quaterly Bd. 32 (2002), S. 59–84.
Conze, Werner, Preußische Reform unter Stein und Hardenberg: Bauernbefreiung und Städteordnung, Stuttgart 1956.
Conze, Werner, Dieter Groh, Die Arbeiterbewegung in der nationalen Bewegung. Die deutsche Sozialdemokratie vor, während und nach der Reichsgründung, Stuttgart 1966.
Conze, Eckart, Die große Illusion. Versailles 1919 und die Neuordnung der Welt, München 2018.
Conze, Eckart, Die Suche nach Sicherheit. Eine Geschichte der Bundesrepublik Deutschland von 1949 bis in die Gegenwart, Hamburg 2009.
Cowan, Ruth Schwartz, More Work for Mother: The Ironies of Household Technology from the Open Hearth to the Microwave, New York 1983.
Crick, Bernard, Democracy: A Very Short Introduction, Oxford 2002.
Chrystal, William G., Nazi Party Election Films, 1927–1938, in: Cinema Journal Bd. 15/1 (1975).
Crook, Malcom, Elections in the French Revolution, An Apprenticeship in Democracy 1789–1799, Cambridge 2009.
Crook, Malcolm, John Dunne, The First European Elections? Voting and Imperial State-Building Under Napoleon, 1802–1813, in: Historical Journal Bd. 57/3 (2014), S. 661–697.
Crook, Malcolm, Napoleon Comes to Power. Democracy and Dictatorship in Revolutionary France 1795–1804, Chicago 1998.
Crook, Malcolm, Protest Voting: The Revolutionary Origins of Annotated Ballot Papers Cast in French Plebiscites, 1851–1870, Manuskript, 2013.
Crook, Malcolm, Tom Crook, Reforming voting practices in a global age: the making and remaking of the modern secret ballot in Britain, France and the United States, c. 1600–c. 1950, in: Past and Present Bd. 212 (2011), S. 199–237.
Crouch, Colin, Post-democracy, Cambridge 2005.
Czolkoß, Michael, Die Universität Greifswald in der preußischen Hochschullandschaft (1830–1865). Studien zur Geschichte der Geschichtswissenschaft, Marburg 2015.
Czolkoß, Michael, «Ich sehe da manches, was dem Erfolg der Diakonissensache in England schaden könnte» – English Ladies und die Kaiserswerther Mutterhausdiakonie im 19. Jahrhundert, in: Veronika Albrecht-Birkner u. a. (Hg.), Zwischen Aufklärung und Moderne. Erweckungsbewegungen als historiographische Herausforderung, Münster 2017, S. 255–280.

Dahmer, Helmut, Michael Bakunin, der Don Quijote der Revolution, in: Friedrich-Ebert-Stiftung (Hg.), Michael Bakunin, Gottfried Semper, Richard Wagner und der Dresdner Mai-Aufstand 1849, Bonn 1995, S. 25–27.
Damler, Daniel, Rechtsästhetik. Sinnliche Analogien im juristischen Denken, Berlin 2016.
Dann, Otto, Kants Republikanismus und seine Folgen, in: Martin Kirsch, Pierangelo Schiera (Hg.), Denken und Umsetzung des Konstitutionalismus in Deutschland und anderen europäischen Ländern in der ersten Hälfte des 19. Jahrhunderts, Berlin 1999.
Dauks, Sigrid, Kinderarbeit in Deutschland im Spiegel der Presse, Berlin 2003.
Davies, Catherine, Gegen die Sprachlosigkeit. Als häusliche Gewalt einen Namen bekam: zur Geschichte der Frauenhaus-Bewegung, in: Geschichte der Gegenwart, 11.12.2019.
Davis, Kathy, The Making of Our Bodies, Ourselves: How Feminism Travels across Borders, Durham 2007.
Davis, Natalie Zemon, Frauen, Politik und Macht, in: Georges Duby (Hg.), Geschichte der Frauen, Frankfurt 1994, S. 189–206.
DeBats, Donald A., The Power of the Map, and Its Dangers, in: Historical Methods, Bd. 45/4 (2012), S. 193–197.
DeGooyer, Stephanie, u. a. (Hg.), Vom Recht, Rechte zu haben, Hamburg 2018.
Delbrück, Hans, Regierung und Volkswille. Eine akademische Vorlesung, Berlin 1914.
Dipper, Christof, Revolutionäre Bewegungen auf dem Lande: Deutschland, Frankreich, Italien, in: Dieter Dowe u. a. (Hg.), Europa 1848. Revolution und Reform, Bonn 1998, S. 555–587.
Dobner, Petra, Neue Soziale Frage und Sozialpolitik, Wiesbaden 2007.
Domarus, Max, Der Reichstag und die Macht, München 1968.
Dreier, Horst, Kontexte des Grundgesetzes, in: DVBl. 1999, S. 667–697.
Drescher, Seymour, «Whose Abolition»? Popular Pressure and the Ending of the British Slave Trade, in: Past and Present Bd. 143 (1993), S. 136–166.
Eberhardt, Daniel, Der Einfluss der Allgemeinen Erklärung der Menschenrechte auf die Grundrechtsberatungen des Grundgesetzes im Parlamentarischen Rat, in: MenschenRechtsMagazin Bd. 2 (2009), S. 162–172.
Eckert, Andreas, Namibia – Ein deutscher Sonderweg in Afrika? Anmerkungen zur internationalen Diskussion, in: Jürgen Zimmerer, Joachim Zeller (Hg.), Völkermord in Deutsch-Südwestafrika. Der Kolonialkrieg (1904–1908) in Namibia und seine Folgen, Berlin 2003, S. 226–236.
Edelstein, Melvin, Integrating the French Peasants into the Nation-State. The Transformation of Electoral Participation (1789–1870), in: History of European Ideas Bd. 15 (1992), S. 319–326.
Eichenhofer, Eberhard, Das neue Arbeits- und Sozialrecht, in: Thomas Stamm-Kuhlmann (Hg.), November 1918. Revolution an der Ostsee und im Reich, Köln 2020, S. 103–131.
Eitler, Pascal, Monique Scheer, Emotionengeschichte als Körpergeschichte. Eine heuristische Perspektive auf religiöse Konversionen im 19. und 20. Jahrhundert, in: Geschichte und Gesellschaft Bd. 35/2 (2009), S. 282–313.
Erne, Emil, «Lesegesellschaften», in: Historisches Lexikon der Schweiz, 2010, URL: https://hls-dhs-dss.ch/de/articles/011300/2010-09-23/ (3.3.2020)

Literatur

Essig, Rolf-Bernhard, u. a. (Hg.), «Wer schweigt, wird schuldig!» Offene Briefe von Martin Luther bis Ulrike Meinhof, Göttingen 2007.

Evans, Richard, Rituale der Vergeltung. Die Todesstrafe in der deutschen Geschichte. 1532–1987, Berlin 2001.

Fahrmeir, Andreas, Revolutionen und Reformen, München 2010.

Feldenkirchen, Wilfried, Kinderarbeit im 19. Jahrhundert. Ihre wirtschaftlichen und sozialen Auswirkungen, in: Zeitschrift für Unternehmensgeschichte Bd. 26 (1981), S. 1–41.

Fenby, Jonathan, The History of Modern France. From the Revolution to the Present Day, London 2015.

Ferree, Myra Marx, Feminismen, Frankfurt 2018.

Fiedler, Gudrun, Jugend im Krieg. Bürgerliche Jugendbewegung, Erster Weltkrieg und Sozialer Wandel, Köln 1989.

Fijalkowski, Jürgen, Die Wendung zum Führerstaat. Die ideologischen Komponenten in der politischen Philosophie Carl Schmitts, Wiesbaden 1958.

Fisch, Jörg, Europa zwischen Wachstum und Gleichheit 1850–1914, Stuttgart 2002.

Fischer, Mirjam, Antisemitismus bei Muslimen, in: bpb, Dossier Rechtsextremismus, URL: http://www.bpb.de/politik/extremismus/rechtsextremismus/260341/antisemitismus-bei-muslimen (07.03.2020)

Flemming, Jens, «Die Frau ist Geschlechts- und Arbeitsgenossin des Mannes». Die Frauen und der Nationalsozialismus, in: Werner Faulstich (Hg.), Die Kultur der 30er und 40er Jahre (Kulturgeschichte des 20. Jahrhunderts), München 2009, S. 57–70.

Förster, Birte, Der Königin Luise-Mythos. Mediengeschichte des «Idealbilds deutscher Weiblichkeit», 1860–1960, Göttingen 2011.

Förster, Birte, 1919. Ein Kontinent erfindet sich neu, Stuttgart 2018.

Förster, Birte, Friedensmacherinnen. Der Frauenfriedenskongress in Zürich 1919, in: Aus Politik und Zeitgeschichte. Pariser Friedensordnung 1919/20, 15/2019, S. 12–17.

Förster, Birte, Den Staat mitgestalten. Wege zur Partizipation von Frauen im Großherzogtum und Volksstaat Hessen 1904–1921, in: Hedwig Richter, Kerstin Wolff (Hg.), Frauenwahlrecht. Demokratisierung der Demokratie in Deutschland und Europa, Hamburg 2018, S. 221–248.

Foner, Eric, Forever Free. The Story of Emancipation and Reconstruction, New York 2006.

Foner, Eric, Reconstruction. America's Unfinished Revolution. 1863–1877, New York 2002.

Formisano, Ronald, The Transformation of Political Culture. Massachusetts Parties, 1790s-1840s, Oxford/New York 1984.

Foucault, Michel, Überwachen und Strafen. Die Geburt des Gefängnisses, Frankfurt am Main 2008.

Fücks, Ralf, Intelligent wachsen. Die grüne Revolution, München 2013.

Fuhrmann, Uwe, «Frau Berlin». Paula Thiede (1870–1919). Vom Arbeiterkind zur Gewerkschaftsvorsitzenden, Konstanz 2019.

Frauenhandbuch, hg. vom Kollektiv Brot und Rosen, Berlin 1972.

Frei, Norbert, Wie bürgerlich war der Nationalsozialismus, in: ders. (Hg.), Wie bürgerlich war der Nationalsozialismus, Göttingen 2018, S. 9–19.

Frei, Norbert, «Volksgemeinschaft». Erfahrungsgeschichte und Lebenswirklichkeit der Hitler-Zeit, in: ders. (Hg.), 1945 und wir. Das Dritte Reich im Bewußtsein der Deutschen, München 2005, S. 107–128.

Freitag, Sabine, Kriminologie in der Zivilgesellschaft. Wissenschaftsdiskurse und die britische Öffentlichkeit, 1830–1945, München 2014.

Frevert, Ute, Frauen-Geschichte. Zwischen Bürgerlicher Verbesserung und Neuer Weiblichkeit, Frankfurt am Main 1986.

Frevert, Ute, Die kasernierte Nation. Militärdienst und Zivilgesellschaft in Deutschland, München 2001.

Frevert, Ute, (Hg.), Militär und Gesellschaft im 19. und 20. Jh., Stuttgart 1997.

Frevert, Ute, Kapitalismus, Märkte und Moral, Wien 2019.

Frie, Ewald, Friedrich August Ludwig von der Marwitz: 1777–1837. Biographien eines Preußen, Paderborn 2001.

Fritscher-Fehr, Melanie, Demokratie im Ohr. Das Radio als geschichtskultureller Akteur in Westdeutschland, 1945–1963, Bielefeld 2019.

Gallus, Alexander, «Revolution», «freiheitlicher Sozialismus», und «deutsche Einheit». Sehnsuchtsorte nonkonformistischer intellektueller Akteure in der Frühphase der Bundesrepublik Deutschland, in: Schildt, Schmidt, «Wir wollen mehr Demokratie wagen», S. 59–72.

Gall, Lothar, Bismarck und der Bonapartismus, in: Historische Zeitschrift Bd. 223 (1976), S. 618–637.

Gatzka, Claudia, Die Demokratie der Wähler. Stadtgesellschaft und politische Kommunikation in Italien und der Bundesrepublik 1944–1979, Düsseldorf 2019.

Gebhardt, Miriam, Clemens Wischermann, Familiensozialisation seit 1933 als Geschichte generationeller Weitergabeprozesse, in: dies. (Hg.), Familiensozialisation seit 1933, Stuttgart 2007, S. 9–23.

Geddes, Barbara, What Causes Democratization?, in: The Oxford Handbooks Online, Oxford/New York 2013.

Geisthövel, Alexa, Restauration und Vormärz 1815–1847. Seminarbuch Geschichte, Paderborn 2008.

Gerlach, Christian, Mord an den europäischen Juden. Ursachen, Ereignisse, Dimensionen, München 2017.

Gerring, John, u. a., Democracy and Human Development, in: Journal of Politics Bd. 74 (2012), S. 1–17.

Gerstenberger, Heide, Markt und Gewalt: die Funktionsweisen des historischen Kapitalismus, Münster 2017.

Gerwarth, Robert, Die größte aller Revolutionen. November 1918 und der Aufbruch in eine neue Zeit, München 2018.

Gerwarth, Robert, The Vanquished. Why the First World War Failed to End, New York 2016.

Gerwarth, Robert, John Horne (Hg.), War in Peace. Paramilitary Violence in Europe after the Great War, Oxford 2017.

Geyer, Martin, Grenzüberschreitungen: Vom Belagerungszustand zum Ausnahmezustand, in: Niels Werber u. a. (Hg.), Erster Weltkrieg. Kulturwissenschaftliches Handbuch, Stuttgart u. a. Weimar 2014, S. 341–357.

Gierke, Otto von, Die Steinsche Städteordnung (1909), Darmstadt 1957.

Gneist, Rudolf von, Die nationale Rechtsidee von den Ständen und das preußische Dreiklassenwahlsystem. Eine sozial-historische Studie, Darmstadt 1962.

Literatur

Goedelt, Katja, Vergewaltigung und sexuelle Nötigung. Untersuchung der Strafverfahrenswirklichkeit, Göttingen 2010.

Göderle, Wolfgang, Zensus und Ethnizität. Zur Herstellung von Wissen über soziale Wirklichkeiten im Habsburgerreich zwischen 1848 und 1910, Göttingen 2016.

Goerner, Martin Georg, Die Behandlung der Kirchenpolitik im Staatsapparat und in den Massenorganisationen, in: Clemens Vollnhals (Hg.), Die Kirchenpolitik von SED und Staatssicherheit. Eine Zwischenbilanz, Berlin 1997, S. 139–158.

Görtemaker, Manfred, Christoph Safferling, Die Akte Rosenberg. Das Bundesministerium der Justiz und die NS-Zeit, München 2016.

Goldin, C., L. F. Katz, The power of the pill: oral contraceptives and women's career and marriage decisions, in: Journal of Political Economy, Bd. 110/4 (2002), S. 730–770.

Gorella, Arwed D., Hortense von Heppe (Hg.), Kunst der bürgerlichen Revolution von 1830 bis 1848/49, Berlin 1972.

Granier, Herman, (Hg.), Berichte aus der Berliner Franzosenzeit: 1807–1809. Nach den Akten des Berliner Geheimen Staatsarchivs und des Pariser Kriegsarchivs, Leipzig 1913.

Gransche, Elisabeth, Franz Rothenbacher, Wohnbedingungen in der zweiten Hälfte des 19. Jahrhunderts 1861–1910, in: Geschichte und Gesellschaft Bd. 14 (1988), S. 64–95.

Greenfeld, Liah, Nationalism. Five Roads to Modernity, Cambridge 1993.

Grote, Rainer, Tillmann Röder, Constitutionalism in Islamic Countries: Between Upheaval and Continuity, Oxford 2012.

Groppe, Carola, Im deutschen Kaiserreich. Eine Bildungsgeschichte des Bürgertums 1871–1918, Köln 2018.

Grünthal, Günther, Das preußische Dreiklassenwahlrecht. Ein Beitrag zur Genesis und Funktion des Wahlrechtsoktrois vom Mai 1849, in: HZ Bd. 226 (1978), S. 17–66.

Grüttner, Michael, Brandstifter und Biedermänner. Deutschland 1933–1939, Stuttgart 2015.

Grzebalska, Weronika, The genered modus operandi of the illiberal transformation in Hungary and Poland, in: Women's Studies International Forum Bd. 68 (2018), S. 164–172.

Günzel, Stefanie, Die geschichtliche Entwicklung des Jugendstrafrechts und des Erziehungsgedankens, Marburg 2001.

Guérot, Ulrike, Der neue Bürgerkrieg. Das offene Europa und seine Feinde, Berlin 2017.

Guérot, Ulrike, u. a., Europa Jetzt! Eine Ermutigung, Göttingen 2018.

Guionnet, Christine, L'apprentissage de la politique moderne. Les élections municipales sous la monarchie de Juillet, Paris 1997.

Gumbel, Emil J., Vier Jahre politischer Mord, Berlin 1922.

Gumbrecht, Hans Ulrich, Modern, Modernität, Moderne, in: Geschichtliche Grundbegriffe, Stuttgart 1978, S. 93–131.

Haarer, Johanna, Die deutsche Mutter und ihr erstes Kind, München 1964.

Habermas, Rebekka, Skandal in Togo, Frankfurt 2016.

Habermas, Jürgen, Warum der Ausbau der Europäischen Union zu einer supra-

nationalen Demokratie nötig und wie er möglich ist, in: Leviathan Bd. 42, 4 (2014), S. 524–538.
Häusler, Matthias, Der Genozid an den Herero, Weilerwist 2018.
Haffner, Sebastian, Im Schatten der Geschichte. Historisch-politische Variationen aus 20 Jahren, Wiesbaden 1985.
Hagemann, Karen, Frauenalltag und Männerpolitik. Alltagsleben und gesellschaftliches Handeln von Arbeiterfrauen in der Weimarer Republik, Bonn 1990.
Haines, Michael R., Long Term Marriage Patterns in the United States from Colonial Times to the Present (NBER Working Paper Series on Historical Factors in Long Run Growth). National Bureau of Economic Research, Cambridge 1996.
Hall, Stuart, Das Spektakel des «Anderen», in: ders. (Hg.), Ideologie, Identität, Repräsentation. Ausgewählte Schriften 4, Hamburg 2004, S. 108–166.
Hardtwig, Wolfgang, Politische Stile 1800–1945, in: Dietrich Erben, Christine Tauber (Hg.), Politikstile und die Sichtbarkeit des Politischen in der Frühen Neuzeit, Passau 2016, S. 325–355.
Hark, Sabine, Paula-Irene Villa, Unterscheiden und herrschen. Ein Essay zu den ambivalenten Verflechtungen von Rassismus, Sexismus und Feminismus in der Gegenwart, Bielefeld 2017.
Hauch, Gabriella, Das «Geschlecht der Revolution» im «tollen» Jahr 1848/49, in: Helgard Fröhlich u. a. (Hg.), 1848 im europäischen Kontext, Wien 1999, S. 74–96.
Hebeisen, Erika, u. a. (Hg.), Reformen jenseits der Revolte. Zürich in den langen Sechzigern, Zürich 2018.
Heinsohn, Kirsten, Konservative Parteien in Deutschland 1912–1933. Demokratisierung und Partizipation in geschlechterhistorischer Perspektive, Düsseldorf 2010.
Helbich, Wolfgang, u. a., Briefe aus Amerika. Deutsche Auswanderer schreiben aus der Neuen Welt 1830–1930, München 1988.
Hellebrandt, Thomas, Paolo Mauro, The Future of Worldwide Income Distribution (April 1, 2015). Peterson Institute for International Economics Working Paper 15-7 (2015), URL: http://dx.doi.org/10.2139/ssrn.2593894 (07.03.2020)
Hembera, Melanie, Die Shoah im Distrikt Krakau. Jüdisches Leben und deutsche Besatzung in Tarnów 1939–1945, Darmstadt 2016.
Herbert, Ulrich, Geschichte Deutschlands im 20. Jahrhundert, München 2014.
Herbert, Ulrich, Holocaust-Forschung in Deutschland: Geschichte und Perspektiven einer schwierigen Disziplin, in: Frank Bajohr, Andrea Löw (Hg.), Der Holocaust. Ergebnisse und neue Fragen der Forschung, Frankfurt 2015, S. 31–82.
Herbert, Ulrich, Best: Biographische Studien über Radikalismus, Weltanschauung und Vernunft, München 2016.
Heun, Werner, Die Struktur des Deutschen Konstitutionalismus des 19. Jahrhunderts im verfassungsgeschichtlichen Vergleich, in: Der Staat Bd. 45/3 (2006), S. 365–382.
Hewitson, Mark, Germany and the Modern World, 1880–1914, Cambridge 2018.
Hilgers, Thomas, u. a. (Hg.), Affekt und Urteil, Paderborn 2015.
Himmelfarb, Gertrude, The Politics of Democracy: the English Reform Act of 1867, in: Journal of British Studies Bd. 6/1 (1966), S. 97–138.
Himmelfarb, Gertrude, Poverty and Compassion. The Moral Imagination of the Late Victorians, New York 1991.

Hippel, Wolfgang von, Armut. Unterschichten. Randgruppen in der Frühen Neuzeit, München 1995.

Hippel, Wolfgang von, «Ach, schon wieder wählen.» Landtagswahlen in Baden und Württemberg zur Zeit des Biedermeier, in: Beiträge zur Landeskunde Nr. 1, Februar 1986, S. 1–7.

Hitzer, Bettina, Protestantische Philanthrophie und Zivilgesellschaft, in: Arnd Bauerkämper, Jürgen Nautz (Hg.), Zwischen Fürsorge und Seelsorge. Christliche Kirchen in den europäischen Zivilgesellschaften seit dem 18. Jahrhundert, Frankfurt/New York 2009, S. 113–130.

Hitzer, Bettina, Im Netz der Liebe. Die protestantische Kirche und ihre Zuwanderer in der Metropole Berlin (1849–1914), Köln u. a. 2006.

Hobsbawm, Eric, Industry and Empire: From 1750 to the Present Day, New York 1999.

Hodenberg, Christina von, Aufstand der Weber. Die Revolte von 1844 und ihr Aufstieg zum Mythos, Bonn 1997.

Hodenberg, Christina von, Das andere Achtundsechzig, München 2018.

Hohkamp, Michaela, Häusliche Gewalt. Beispiele aus einer ländlichen Region des mittleren Schwarzwaldes im 18. Jahrhundert, in: Thomas Lindenberger, Alf Lüdtke (Hg.), Physische Gewalt. Studien zur Geschichte der Neuzeit, Frankfurt 1995, S. 276–302.

Hoke, Rudolf, Ilse Reiter, Quellensammlung zur österreichischen und deutschen Rechtsgeschichte, Wien u. a. 1993.

Hollis, Patricia, Ladies Elect. Women in English Local Government 1869–1914, Oxford 1987.

Horn, Jeff, Building the New Regime. Founding the Bonapartist State in the Department of the Aube, in: French Historical Studies, Bd. 25/2 (2002), S. 225–263.

Huber, Ernst Rudolf, Das Staatsoberhaupt des Deutschen Reiches, in: Zeitschrift für die gesamte Staatswissenschaft / Journal of Institutional and Theoretical Economics Bd. 95, H. 2. (1935), S. 202–229.

Huber, Ernst R., Verfassungsrecht des Großdeutschen Reiches. Zweite, stark erweiterte Auflage der «Verfassung», Hamburg 1939.

Huber, Valeska, Tamson Pietsch, Katharina Rietzler, Women's International Thought and the new Professions, 1900–1940, in: Modern Intellectual History Bd. 5 (2019), S. 1–25.

Hubert, Peter, Uniformierter Reichstag: Die Geschichte der Pseudo-Volksvertretung 1933–1945 (Beiträge zur Geschichte des Parlamentarismus und der politischen Parteien), Düsseldorf 1992.

Hufton, Olwen, Frauenleben. Eine europäische Geschichte 1500–1800, Frankfurt 1998.

Hufton, Olwen, Arbeit und Familie, in: Arlette Farge, Natalie Davis (Hg.), Geschichte der Frauen, S. 27–59.

Hunt, Lynn, Inventing Human Rights. A History, New York 2007.

Jähner, Thomas, Wolfszeit: Deutschland und die Deutschen 1945–1955, Berlin 2019.

Jansen, Jan C., Jürgen Osterhammel, Decolonisation: A Short History, Princeton 2017.

Jantke, Carl, Dietrich Hilger (Hg.), Die Eigentumslosen, München 1965.

Jessen, Olaf, Verdun 1916. Urschlacht des Jahrhunderts, München 2014.

Jessen, Ralph, Hedwig Richter, Non-Competitive Elections in 20th Century Dictatorships: Some Questions and General Considerations, in: dies. (Hg.), Voting for Hitler and Stalin. Elections under 20th Century Dictatorships, Frankfurt 2011, S. 9–38.

Jörke, Dirk, Die Größe der Demokratie. Über die räumliche Dimension von Herrschaft und Partizipation, Berlin 2019.

Jones, Marc, Am Anfang war Gewalt: Die deutsche Revolution 1918/19 und der Beginn der Weimarer Republik, Berlin 2017.

Jung, Otmar, Plebiszit und Diktatur: die Volksabstimmungen der Nationalsozialisten, Tübingen 1995.

Jung, Otmar, Wahlen und Abstimmungen im Dritten Reich 1933–1938, in: Eckhard Jesse, Konrad Löw (Hg.), Wahlen in Deutschland, Berlin 1998, S. 69–97.

Jureit, Ulrike, Nikola Tietze (Hg.), Postsouveräne Territorialität. Die Europäische Union und ihr Raum, Hamburg 2015.

Kaase, Max, Günther Schmidt (Hg.), Eine lernende Demokratie. 50 Jahre Bundesrepublik Deutschland, Berlin 1999.

Käppner, Joachim, 1918. Aufstand für die Freiheit. Die Revolution der Besonnenen, Berlin 2018.

Kaschuba, Wolfgang, Zwischen Deutscher Nation und Deutscher Provinz. Politische Horizonte und soziale Milieus im frühen Liberalismus, in: Dieter Langewiesche (Hg.), Liberalismus im 19. Jahrhundert. Deutschland im europäischen Vergleich, Göttingen 1988, S. 83–109.

Kaschuba, Wolfgang, Lebenswelt und Kultur, München 1990.

Kastner, Dieter, Kinderarbeit im Rheinland, Köln 2004.

Kaube, Jürgen, Max Weber. Ein Leben zwischen den Epochen, Berlin 2014.

Kelsen, Hans, Vom Wesen und Wert der Demokratie, Tübingen 1920.

Kerbs, Diethart, Jürgen Reulecke (Hg.), Handbuch der deutschen Reformbewegungen, Wuppertal 1998.

Kershaw, Ian, Höllensturz. Europa 1914 bis 1949, München 2016.

Key, Ellen, Das Jahrhundert des Kindes, Berlin 1902.

Keyssar, Alexander, Voting, in: Michael Kazin, Rebecca Edwards, Adam Rothman (Hg.), Princeton Encyclopedia of American Political History, Princeton 2009, S. 854–863.

Graf Kielmansegg, Peter, Volkssouveränität. Eine Untersuchung der Bedingungen demokratischer Legitimität, Stuttgart 1977.

Kimmel, Michael, Manhood in America. A Cultural History, New York u. a. 1996.

Kirsch, Martin, Monarch und Parlament im 19. Jahrhundert. Der monarchische Konstitutionalismus als europäischer Verfassungstyp – Frankreich im Vergleich, Göttingen 1999.

Klein, Naomi, Green New Deal, Hamburg 2019.

Klemperer, Victor, Ich will Zeugnis ablegen bis zum letzten. Tagebücher 1933–1941, Berlin 1994.

Kleppner, Paul, Continuity and Change in Electoral Politics, 1893–1928, New York 1987.

Mann, Katia, an Ehemann, 3.4.1925, in: Die Briefe der Manns. Ein Familienporträt, hg. von Kerstin Klein u. a., Frankfurt 2016.

Knortz, Heike, Diplomatische Tauschgeschäfte. «Gastarbeiter» in der westdeutschen Diplomatie und Beschäftigungspolitik 1953–1973, Köln u. a. 2008.

Literatur

Kocka, Jürgen, Das lange 19. Jahrhundert, Stuttgart 2001.

Köhler, Sigrid G., u. a. (Hg.), Recht fühlen, Paderborn 2017.

Köhler, Sigrid G., Menschenrecht fühlen, Gräuel der Versklavung zeigen. Zur transnationalen Abolitionsdebatte im deutschsprachigen populären Theater um 1800, in: Sigrid G. Köhler u. a. (Hg.), Recht fühlen, Paderborn 2017, S. 63–79.

Körner, Dorothea, Käthe Kollwitz und die Preußische Akademie der Künste, in: Berlinische Monatshefte Bd. 6 (2000), S. 171–178.

Kolb, Eberhard, Dirk Schumann, Die Weimarer Republik, Berlin 2012.

Koselleck, Reinhart, Vergangene Zukunft. Zur Semantik geschichtlicher Zeiten, Frankfurt 1989.

Koselleck, Reinhart, Kritik und Krise. Eine Studie zur Pathogenese der bürgerlichen Welt, Frankfurt 2013.

Koselleck, Reinhart, Preußen zwischen Reform und Revolution. Allgemeines Landrecht, Verwaltung und soziale Bewegung von 1791 bis 1848, Stuttgart 1981.

Kossert, Andreas, Kalte Heimat. Die Geschichte der deutschen Vertriebenen nach 1945, München 2009.

Kott, Sandrine, Sozialstaat und Gesellschaft. Das deutsche Kaiserreich in Europa, Göttingen 2014.

Kousser, Morgan, The Shaping of Southern Politics: Suffrage Restriction and the Establishment of the One-Party South, 1880–1910, New Haven 1974.

Krajewski, Markus, Globalisierungsprojekte: Sprache, Dienste, Wissen, in: Niels Werber u. a. (Hg.), Erster Weltkrieg. Kulturwissenschaftliches Handbuch, Stuttgart/Weimar 2014, S. 51–84.

Krause, Skadi Siiri, Tocqueville über fiskalische Dezentralisation und die Finanzverfassung des Ancien Regime, in: Sebastian Huhnholz (Hg.), Fiskus-Verfassung-Freiheit. Politisches Denken der öffentlichen Finanzen von Hobbes bis heute, Baden-Baden 2018, S. 159–178.

Kroll, Frank-Lothar, Das geistige Preußen. Zur Ideengeschichte eines Staates, Paderborn 2001.

Kucklick, Christoph, Das unmoralische Geschlecht, Berlin 2008.

Kuczynski, Jürgen, Geschichte des Alltags des deutschen Volkes, Bd. 2: 1650–1810, Köln 1992.

Kühne, Jörg-Detlef, Reichsverfassung der Paulskirche, Neuwied 1998.

Kühne, Thomas, Dreiklassenwahlrecht und Wahlkultur in Preußen: 1867–1914. Landtagswahlen zwischen korporativer Tradition und politischem Massenmarkt, Düsseldorf 1994.

Kühne, Thomas, Wahlrecht – Wahlverhalten – Wahlkultur. Tradition und Innovation in der historischen Wahlforschung, in: Archiv für Sozialgeschichte 22 (1993), S. 481–547.

Küppersbusch, Friedrich, Oliver Becker, Lebenslänglich Todesstrafe. Deutschlands letzte Todeskandidatin, Hamburg 2000.

Kuhn, Axel, Die deutsche Arbeiterbewegung, Stuttgart 2004.

Kundrus, Birthe, Von den Herero zum Holocaust? Einige Bemerkungen zur aktuellen Debatte, in: Mittelweg 36 Bd. 14/4 (2005), S. 82–91.

Kundrus, Birthe, Die Kolonien – «Kinder des Gefühls und der Phantasie», in: dies. (Hg.), Phantasiereiche. Zur Kulturgeschichte des deutschen Kolonialismus, Frankfurt 2003, S. 7–18.

Kundrus, Birthe, Später europäischer Kolonialkrieg, in ZEITGeschichte Bd. 5 (2019), S. 77–78.
Kundrus, Birthe, Dieser Krieg ist der große Rassenkrieg. Krieg und Holocaust in Europa, München 2018.
Lässig, Simone, Der ‹Terror der Straße› als Motor des Fortschritts? Zum Wandel der politischen Kultur im ‹Musterland der Reaktion›, in: Simone Lässig, Karl Heinrich Pohl (Hg.), Sachsen im Kaiserreich. Politik, Wirtschaft und Gesellschaft im Umbruch, Weimar 1997, S. 191–239.
Langewiesche, Dieter, Europa zwischen Restauration und Revolution 1815–1849, Oldenburg 2007.
Langewiesche, Dieter, «Staat» und «Kommune». Zum Wandel der Staatsaufgaben in Deutschland im 19. Jahrhundert, in: Historische Zeitschrift Bd. 248 (1989), S. 621–635.
Langewiesche, Dieter, Der gewaltsame Lehrer: Europas Kriege in der Moderne, München 2019.
Langewiesche, Dieter, 1848 – ein Epochenjahr in der deutschen Geschichte?, in: Geschichte und Gesellschaft 25 (1999), S. 613–625.
Langlois, Claude, Napoléon Bonaparte Plébiscité?, in: Léo Hamon, Guy Lobrichon (Hg.), L'élection du chef de l'État en France de Hugues Capet à nos jours, Paris 1988, S. 81–93.
Langlois, Claude, Le plébiscite de l'an VIII ou le coup d'état du 18 pluviôse an VIII, in: Annales historiques de la Révolution française Bd. 207 (1972), S. 43–65, 231–246, 390–415.
Le Bon, Gustave, Psychologie der Massen, Stuttgart 1982.
Leggewie, Claus, Christoph Bieber, Demokratie 2.0. Wie tragen neue Medien zur demokratischen Erneuerung bei?, in: Claus Offe (Hg.), Demokratisierung der Demokratie (VII.6.), Frankfurt/New York 2003, S. 124–151.
Lenz, Ilse, (Hg.), Die Neue Frauenbewegung in Deutschland. Abschied vom kleinen Unterschied. Eine Quellensammlung, Wiesbaden 2010.
Leonhard, Jörn, Die Büchse der Pandora. Geschichte des Ersten Weltkriegs, München 2014.
Leonhard, Jörn, Der überforderte Frieden. Versailles und die Welt 1918–1923, München 2018.
Levitan, Kathrin, A Cultural History of the British Census: Envisioning the Multitude in the Nineteenth Century, New York 2011.
Lepenies, Philipp, Armut. Ursachen, Formen, Auswege, München 2017.
Lepore, Jill, Diese Wahrheiten. Eine Geschichte der Vereinigten Staaten von Amerika, München 2020.
Levene, Mark, Genocide in the Age of the Nation, London 2005.
Levsen, Sonja, Autorität und Demokratie. Eine Kulturgeschichte des Erziehungswandels in Westdeutschland und Frankreich, 1945–1975, Göttingen 2019.
Liebmann, Irina, Wäre es schön? Es wäre schön! Mein Vater Rudolf Herrnstadt, Berlin 2008.
Limbach, Anna Caroline, Das Strafrecht der Paulskirchenverfassung 1848/49, Frankfurt 1995.
Lindenberger, Thomas, Alf Lüdtke, Einleitung: Physische Gewalt – eine Kontinuität der Moderne, in: dies. (Hg.), Physische Gewalt. Studien zur Geschichte der Neuzeit, Frankfurt 1995, S. 7–38.

Literatur

Lindner, Bernd, Die demokratische Revolution in der DDR 1989/90, Bonn 1998.

Llanque, Marcus, Demokratisches Denken im Krieg: die deutsche Debatte im Ersten Weltkrieg, Berlin 2000.

Llanque, Marcus, Tammany Hall, die Macht über die Wahlen und die Wende zur realistischen Demokratietheorie, in: Hedwig Richter, Hubertus Buchstein (Hg.), Kultur und Praxis der Wahlen, Wiesbaden 2017, S. 141–160.

Lohmann, Friedrich, Die Bedeutung des Protestantismus für die Menschenrechtserklärungen der Moderne, in: Antonius Liedhegener, Ines-Jaqueline Werkner (Hg.), Religion, Menschenrechte und Menschenrechtspolitik, Wiesbaden 2010, S. 126–152.

Lorenz, Maren, Leibhaftige Vergangenheit. Einführung in die Körpergeschichte, Tübingen 2000.

Loster-Schneider, Gudrun, Sylvia Schraut: Alles wegen einer Frau. Zur Interaktion von Revolutionsbild und bürgerlichem Weiblichkeitsmythos im Film, in: Frauen und Revolution. Strategien weiblicher Emanzipation 1789 bis 1848, hg. von Frauen & Geschichte Baden-Württemberg, Tübingen u. a. 1998, S. 176–219.

Ludwig, Gundula, Zur Dekonstruktion von «Frauen», «Männern» und «dem Staat». Foucaults Gouvernementalitätsvorlesungen als Beitrag zur Weiterentwicklung feministischer poststrukturalistischer Staatstheorie, in: femina politica Bd. 2 (2010), S. 39–50.

Luhmann, Niklas, Die Politik der Gesellschaft, Frankfurt am Main 2002.

Luhmann, Niklas, Die Gesellschaft der Gesellschaft, Berlin 1998.

Maier, Clara, The Weimar Origins of the West German Rechtsstaat, 1919–1969, in: Historical Journal 2019, S. 1–23.

Maier, Hans, Revolution und Kirche. Zur Frühgeschichte der christlichen Demokratie. Mit einem Nachwort von Bronisław Geremek, München 2006.

Marks, Lara V., Sexual Chemistry, Yale 2001.

Mann, Thomas, Vom zukünftigen Sieg der Demokratie, 1938, Zürich 2005.

Martus, Steffen, Aufklärung. Das deutsche 18. Jahrhundert – ein Epochenbild, Berlin 2015.

Matthew, H. C. G., The Liberal Age (1851–1914), in: Kenneth O. Morgan, The Oxford Illustrated History of Britain, Oxford/New York 2009, S. 463–522.

Mattmüller, Markus, Die Durchsetzung des allgemeinen Wahlrechts als gesamteuropäischer Vorgang, in: Beate Junker u. a. (Hg.), Geschichte und politische Wissenschaft. Festschrift für Erich Gruner, Bern 1975, S. 213–236.

McPhee, Peter, A Social History of France. 1789–1914, Hampshire/New York 1992.

Meier, Christian, u. a., Demokratie, in: Otto Brunner, Werner Conze, Reinhart Koselleck (Hg.), Geschichtliche Grundbegriffe. Historisches Lexikon zur politisch-sozialen Sprache in Deutschland, Stuttgart 2004, Bd. 1, S. 821–899.

Meinecke, Friedrich, Politik und Kultur (1914), in: ders.: Politische Schriften und Reden, hg./eingeleitet von Georg Kotowski, Darmstadt 1958, S. 76–82.

Meinecke, Friedrich, Die Reform des preußischen Wahlrechts (1917), in: ders.: Politische Schriften und Reden, hg./eingeleitet von Georg Kotowski, Darmstadt 1958, S. 146–173.

Mergel, Thomas, Parlamentarische Kultur in der Weimarer Republik. Politische Kommunikation, symbolische Politik und Öffentlichkeit im Reichstag, Düsseldorf 2002.

Mergel, Thomas, Propaganda nach Hitler. Eine Kulturgeschichte des Wahlkampfs in der Bundesrepublik 1949–1990, Göttingen 2010.

Merl, Stephan, Elections in the Soviet Union, 1937–1989 – A view into a Paternalistic World from Below, in: Ralph Jessen, Hedwig Richter (Hg.), Voting for Hitler and Stalin. Elections under 20th Century Dictatorships, Frankfurt/New York 2011, S. 276–308.

Metzler, Gabriele, Dirk Schumann, Unübersichtlichkeiten und Machtverschiebungen, in: dies. (Hg.), Geschlechter(un)ordnung und Politik in der Weimarer Republik, Bonn 2016, S. 7–30.

Meyer, Georg, Das parlamentarische Wahlrecht. Nach des Verfassers Tode hg. v. Georg Jellinek, Berlin 1901.

Meyer, Charles S., Leviathan 2.0. Die Erfindung moderner Staatlichkeit, in: Emily S. Rosenberg (Hg.), 1870–1945. Weltmärkte und Weltkriege (Geschichte der Welt. Hg. von Akira Iriye und Jürgen Osterhammel, Bd. 5), München 2012, S. 33–286.

Middendorf, Stefanie, «Masse», Version 1.0, in: Docupedia-Zeitgeschichte, 2013, http://docupedia.de/zg/Masse?oldid=90534 (17.02.2020)

Möhring, Maren, Marmorleiber. Körperbildung in der deutschen Nacktkultur (1890–1930), Köln u. a. 2004.

Möller, Frank, Das Jahr 1900. Der Traum vom endlosen Fortschritt, in: Enno Bünz u. a. (Hg.), Der Tag X in der Geschichte. Erwartungen und Enttäuschungen seit tausend Jahren, Stuttgart 1997, S. 169–187.

Möllers, Christoph, Das Grundgesetz. Geschichte und Inhalt, München 2019.

Mommsen, Hans, Hitler und der Mythos der Volksgemeinschaft. Zur Auflösung der bürgerlichen Nation, in: Dan Diner u. a. (Hg.), Deutsche Zeiten. Geschichte und Lebenswelt. Festschrift zur Emeritierung von Moshe Zimmermann, Göttingen 2012, S. 132–140.

Morgan, Edmund S., Inventing the people. The rise of popular sovereignty in England and America, New York 1989.

Morgan, Edmund S., American Slavery, American Freedom, New York 1975.

Moyn, Samuel, Die Rückkehr des verlorenen Sohns – Einleitung: Die 1970er Jahre als Umbruchphase in der Menschenrechtsgeschichte, in: Jan Eckel, Samuel Moyn (Hg.), Moral für die Welt? Menschenrechte in den 1970er Jahren, Göttingen 2012, S. 7–21.

Moyn, Samuel, The Last Utopia. Human Rights in History, Cambridge 2010.

Mudde, Cas, The Populist Radical Right: A Reader, London 2017.

Mücke, Ulrich, Wahlen und Gewalt in Peru im 19. und 20. Jahrhundert, in: Hedwig Richter, Hubertus Buchstein, Kultur und Praxis der Wahlen. Eine Geschichte der modernen Demokratie, Wiesbaden 2017, S. 161–183.

Müller, Tim B., Adam Tooze, Einleitung, in: Tim B. Müller, Adam Tooze (Hg.), Normalität und Fragilität. Demokratie nach dem Ersten Weltkrieg, Hamburg 2015.

Müller, Tim B., Nach dem Ersten Weltkrieg. Lebensversuche moderner Demokratien, Hamburg 2014.

Müller, Frank L., Uwe Puschner, Die Revolution von 1848/49, Darmstadt 2002.

Müller, Jan-Werner, Populismus. Symptom einer Krise der politischen Repräsentation?, in: APuZ Bd. 40–42 (2016), S. 24–29.

Müller-Münch, Ingrid, Die geprügelte Generation: Kochlöffel, Rohrstock und die Folgen, München 2013.

Literatur

Nachtwey, Oliver, Die Abstiegsgesellschaft, Berlin 2016.

Nassehi, Armin, Muster. Theorie der digitalen Gesellschaft, München 2019.

Neugebauer-Wölk, Monika, Wahlbewusstsein und Wahlerfahrungen zwischen Tradition und Moderne, in: Historische Zeitschrift (1984), S. 311–352.

Neumaier, Christopher, Familie im 20. Jahrhundert. Konflikte um Ideale, Politiken und Praktiken. Wertewandel im 20. Jahrhundert. Bd. 6., Berlin 2019.

Niedermayer, Oskar, Die soziale Zusammensetzung der Parteimitgliederschaften, in: bpb 7.10.2017, URL: https://www.bpb.de/politik/grundfragen/parteien-in-deutschland/zahlen-und-fakten/140358/soziale-zusammensetzung (04.03.2020)

Niehuss, Merith, Familie, Frau und Gesellschaft. Studien zur Strukturgeschichte der Familie in Westdeutschland, Göttingen 2001.

Nipperdey, Thomas, Deutsche Geschichte 1866–1918. Bd. 1. Arbeitswelt und Bürgergeist, München 2013.

Nipperdey, Thomas, Deutsche Geschichte 1866–1918. Bd. II. Machtstaat vor der Demokratie, München 1992.

Nipperdey, Thomas, Deutsche Geschichte 1800–1866. Bürgerwelt und starker Staat, München 2012.

Nohlen, Dieter, Heidemarie Opiela, Belgien, in: Dolf Sternberger, Bernhard Vogel (Hg.), Die Wahl der Parlamente und anderer Staatsorgane. Ein Handbuch, Bd. I: Europa, Berlin 1969, S. 77–124.

Nohlen, Dieter, Wahlrecht und Parteiensystem: zur Theorie und Empirie der Wahlsysteme, Opladen 2009.

Nolte, Paul, Was ist Demokratie? Geschichte und Gegenwart, München 2012.

Nolte, Paul, Staatsbildung als Gesellschaftsreform. Politische Reformen in Preußen und den süddeutschen Staaten, 1800–1820, Frankfurt / New York 1990.

Nolte, Paul, Gemeindebürgertum und Liberalismus in Baden 1800–1850. Tradition – Radikalismus – Republik, Göttingen 1994.

Nolte, Paul, Parteien und Propaganda im Vormärz. Die schwierigen Anfänge staatlicher Meinungslenkung in einer politisierten Gesellschaft, in: Ute Daniel, Wolfram Siemann (Hg.), Propaganda. Meinungskampf, Verführung und politische Sinnstiftung (1789–1989), Frankfurt 1994, S. 83–100.

Norris, Pippa, Digital Divide: Civic Engagement, Information Poverty, and the Internet Worldwide, Cambridge/New York 2001.

Notz, Gisela, Warum flog die Tomate? Die autonomen Frauenbewegungen der Siebzigerjahre, Neu-Ulm 2006.

Nussbaum, Martha C., Politische Emotionen. Warum Liebe für Gerechtigkeit wichtig ist. Aus dem Amerikanischen von Ilse Utz, Berlin 2014.

Obenaus, Herbert, Anfänge des Parlamentarismus in Preußen bis 1848, Düsseldorf 1984.

Obermann, Karl, Die Wahlen zur Frankfurter Nationalversammlung im Frühjahr 1848: die Wahlvorgänge in den Staaten des Deutschen Bundes im Spiegel zeitgenössischer Quellen, Berlin (Ost) 1987.

Omland, Frank, «Germany Totally National Socialist» – National Socialist Reichstag Elections and Plebiscites, 1933–1938: The Example of Schleswig-Holstein, in: Ralph Jessen, Hedwig Richter (Hg.), Voting for Hitler and Stalin. Elections Under 20th Century Dictatorships, Frankfurt/New York 2011, S. 254–275.

Omland, Frank, «Du wählst mi nich Hitler!» Reichstagswahlen und Volksabstimmungen in Schleswig-Holstein 1933–1938, Hamburg 2006.

O'Gorman, Frank, Ritual Aspects of Popular Politics in England (c. 1700–1830), in: Memoria y Civilización Bd. 3. (2000), S. 161–186.
Osterhammel, Jürgen, Die Verwandlung der Welt. Eine Geschichte des 19. Jahrhunderts, München 2009.
Osterhammel, Jürgen, Kolonialismus. Geschichte, Formen, Folgen, München 1995.
Otto, Rüdiger, Detlef Pollack, Der religiöse Umbruch im ausgehenden 18. Jahrhundert, in: Martin Schulte (Hg.), Politik, Religion und Recht, Berlin 2017, S. 83–114.
Outram, Dorinda, The Body and the French Revolution. Sex, Class and Political Culture, New Haven/London 1989.
Passig, Kathrin, Sascha Lobo, Internet – Segen oder Fluch, Berlin 2012.
Paulmann, Johannes (Hg.), Humanitarianism and Media, New York 2019.
Pavlakis, Dean, British Humanitarianism and the Congo Reform Movement, 1896–1913, Burlington, Vt, 2015, in: The American Historical Review, Bd. 122/1 (2017), S. 251–252.
Peter, Matthias, Hermann Wentker (Hg.), Die KSZE im Ost-West-Konflikt: Internationale Politik und gesellschaftliche Transformation 1975–1990, München 2012.
Peukert, Detlef, Die Weimarer Republik: Krisenjahre der Klassischen Moderne, Berlin 1987.
Piketty, Thomas, Capital in the twenty-first century, Cambridge 2014.
Planert, Ute, Wie reformfähig war das Kaiserreich? Ein westeuropäischer Vergleich aus geschlechtergeschichtlicher Perspektive, in: Sven Oliver Müller, Cornelius Torp (Hg.), Das Deutsche Kaiserreich in der Kontroverse, Göttingen 2009, S. 165–184.
Plumpe, Werner, Das kalte Herz: Kapitalismus: die Geschichte einer andauernden Revolution, Berlin 2019.
Pohl, Karl Heinrich, Kommunen, kommunale Wahlen und kommunale Wahlrechtspolitik. Zur Bedeutung der Wahlrechtsfrage für die Kommunen und den deutschen Liberalismus, in: ders. u. a. (Hg.), Modernisierung und Region im wilhelminischen Deutschland. Wahlen, Wahlrecht und Politische Kultur, Bielefeld 1998, S. 89–126.
Pohl, Karl Heinrich, Gustav Stresemann. Biografie eines Grenzgängers, Göttingen 2015.
Pole, Jack Rode, Political Representation in England and origins of the American republic, London 1966.
Pollack, Detlef, Religiöser und gesellschaftlicher Wandel in den 1960er Jahren, in: Claudia Lepp u. a. (Hg.), Religion und Lebensführung im Umbruch der langen 1960er Jahre, Göttingen 2016, S. 31–64.
Pollack, Detlef, Gergely Rosta, Religion and Modernity: An International Comparison, Oxford 2017.
Pollack, Detlef, Das unzufriedene Volk, Bielefeld, erscheint 2020.
Poovey, Mary, Figures of Arithmetic, Figures of Speech: The Discourse of Statistics in the 1830s, in: Critical Inquiry Bd. 19/2 (1993), S. 256–276.
Poovey, Mary, A History of the Modern Fact. Problems of Knowledge in the Sciences of Wealth and Society, Chicago 1998.
Prüsener, Marlies, Lesegesellschaften im achtzehnten Jahrhundert, in: Börsenblatt für den Deutschen Buchhandel 29 (1972), S. 189–301.

Literatur

Przeworski, Adam, Suffrage and voting secrecy in general elections, Cambridge 2015.

Pukelsheim, Friedrich, Imposing Constitutionality, in: ders. (Hg.), Proportional Representation: Apportionment Methods and Their Applications, Switzerland 2014, S. 41–57.

Radkau, Joachim, Das Zeitalter der Nervosität. Deutschland zwischen Bismarck und Hitler, München 1998.

Radkau, Joachim, Theodor Heuss, München 2013.

Rapport, Mike, 1848. Revolution in Europa, Berlin 2011.

Recker, Marie-Luise, Geschichte der Bundesrepublik Deutschland, München 2002.

Reulecke, Jürgen, Die Anfänge der organisierten Sozialreform in Deutschland, in: Rüdiger vom Bruch (Hg.), Weder Kommunismus noch Kapitalismus. Bürgerliche Sozialreform in Deutschland vom Vormärz bis in die Ära Adenauer, München 1985, S. 21–59.

Richardson-Little, Ned, The Universal Declaration of Human Rights in East Germany. Socialist Appropriation and Dissident Contestation, 1948–1989, in: Zeitgeschichte-online, Dezember 2018, URL: https://zeitgeschichte-online.de/themen/universal-declaration-human-rights-east-germany (04.03.2020)

Richter, Hedwig, Moderne Wahlen. Eine Geschichte der Demokratie in Preußen und den USA im 19. Jahrhundert, Hamburg 2017.

Richter, Hedwig, Transnational reform and democracy: election reforms in New York City and Berlin around 1900, in: Journal of the Gilded Age and progressive era Bd. 15/2 (2016), S. 149–175.

Richter, Hedwig, Hubertus Buchstein, Eine Neue Geschichte der Wahlen. Einleitung, in: dies. (Hg.), Kultur und Praxis der Wahlen. Eine Geschichte der modernen Demokratie, Wiesbaden 2017, S. 1–27.

Richter, Hedwig, Detlef Pollack, Protestantische Theologie und Politik in der DDR, in: Historische Zeitschrift Bd. 294,3 (2012), S. 687–719.

Richter, Hedwig, Die Konvergenz der Wahltechniken und die Konstruktion des modernen Wählers in Europa und Nordamerika, in: Tim B. Müller, Adam Tooze (Hg.), Normalität und Fragilität. Demokratie nach dem Ersten Weltkrieg, Hamburg 2015, S. 70–90.

Richter, Hedwig, Geschlecht und Moderne. Analytische Zugänge zu Kontinuitäten und Umbrüchen in der Geschlechterordnung im 18. und 19. Jahrhundert, in: Archiv für Sozialgeschichte Bd. 57 (2017), S. 111–130.

Richter, Hedwig, Die DDR, Paderborn 2009.

Richter, Hedwig, 1975, Revolution, Sozialismus und Rassismus – Der deutsche Protestantismus in der internationalen Ökumene, in: Andreas Fahrmeir, Stefan v. d. Lahr (Hg.), Deutschland. Eine Globalgeschichte, München 2021, S. 755–759.

Ritter, Gerhard, Staatskunst und Kriegshandwerk. Das Problem des «Militarismus» in Deutschland, München 1973.

Ritter, Gerhard, Merith Niehuss, Wahlgeschichtliches Arbeitsbuch. Materialien zur Statistik des Kaiserreichs 1871 – 1918, München 1998.

Rodgers, Daniel T., Atlantiküberquerungen: die Politik der Sozialreform, 1870–1945, Stuttgart 2010.

Röwekamp, Marion, «The double bind». Von den Interdependenzen des Frauenwahlrechts und Familienrechts vor und nach 1918, in: Hedwig Richter, Kerstin Wolff (Hg.), Demokratisierung der Demokratie, S. 99–123.

Rogers, Donald, Introduction – The Right to Vote in American History, in: ders. (Hg.), Voting and the spirit of American democracy: essays on the history of voting and voting rights in America, Urbana/Chicago 1990, S. 3–18.

Rosanvallon, Pierre, Für eine Begriffs- und Problemgeschichte des Politischen, in: Mittelweg Bd. 6 (2011/12), S. 43–66.

Rosanvallon, Pierre, Le sacre du citoyen. Histoire du suffrage universel en France, Paris 1992.

Rosanvallon, Pierre, Democracy. Past and Future, New York 2006.

Rosanvallon, Pierre, Die gute Regierung, Hamburg 2015.

Rosenberg, William G., Paramilitary Violence in Russia's Civil Wars, 1918–1920, in: Robert Gerwarth, John Horne (Hg.), War in Peace, S. 21–39.

Rosenhaft, Eve, Links gegen rechts? Militante Straßengewalt um 1930, in: Thomas Lindenberger, Alf Lüdtke (Hg.), Physische Gewalt. Studien zur Geschichte der Neuzeit, Frankfurt 1995, S. 238–275.

Roser, Max, Esteban Ortiz-Ospina, Global Rise of Education, 2019. Published online at OurWorldInData.org. URL: https://ourworldindata.org/global-rise-of-education (04.03.2020)

Sabrow, Martin, Der Rathenaumord. Rekonstruktion einer Verschwörung gegen die Republik von Weimar, München 1994.

Safranski, Rüdiger, Hölderlin. Komm! ins Offene, Freund!, München 2019.

Salewski, Michael, ‹Neujahr 1900› – Die Säkularwende in zeitgenössischer Sicht, in: Archiv für Kulturgeschichte Bd. 53/2 (1971), S. 335–381.

Salzborn, Samuel, Rechtsextremismus. Erscheinungsformen und Erklärungsansätze, Baden-Baden 2015.

Sandkühler, Hans Jörg, Handbuch Deutscher Idealismus, Stuttgart 2005.

Sarasin, Philipp, Reizbare Maschinen. Eine Geschichte des Körpers 1765–1914, Frankfurt 2001.

Schäfer, Armin, Der Verlust politischer Gleichheit. Warum die sinkende Wahlbeteiligung der Demokratie schadet, Frankfurt/New York 2015.

Schambach, Karin, Stadtbürgertum und industrieller Umbruch Dortmund 1780 – 1870, München 1996.

Schaser, Angelika, Helene Lange und Gertrud Bäumer: Eine politische Lebensgemeinschaft, Köln 2010.

Schaser, Angelika, Zur Einführung des Frauenwahlrechts vor 90 Jahren am 12. November 1918, in: Feministische Studien Bd. 1 (2009), S. 97–110.

Schaser, Angelika, Frauenbewegung in Deutschland: 1848–1933, Darmstadt 2006.

Scheidemann, Phillip (1928), Memoiren eines Sozialdemokraten, Bd. 2. Hamburg 2010.

Schieder, Theodor, Strukturen und Persönlichkeiten in der Geschichte (Erstdruck 1968), in: Bettina Hitzer, Thomas Welskopp (Hg.), Die Bielefelder Sozialgeschichte. Klassische Texte zu einem geschichtswissenschaftlichen Programm und seinen Kontroversen, Bielefeld 2010, S. 137–265.

Schildt, Axel, Wolfgang Schmidt, «Wir wollen mehr Demokratie wagen». Antriebskräfte, Realität und Mythos eines Versprechens, Bonn 2019.

Schildt, Axel, Detlef Siegfried, Deutsche Kulturgeschichte. Die Bundesrepublik von 1945 bis zur Gegenwart, München 2009.

Schildt, Axel, Materieller Wohlstand – pragmatische Politik – kulturelle Umbrüche. Die 60er Jahre in der Bundesrepublik, in: ders. u. a. (Hg.), Dynamische Zeiten, Hamburg 2002, S. 21–53.

Schiller, Friedrich an den Herzog v. Augustenburg, 13. Juli 1793, URL: Friedrich Schiller Archiv, https://www.friedrich-schiller-archiv.de/briefe-schillers/an-herzog-v-augustenburg/schiller-an-den-herzog-v-augustenburg-13-juli-1793/ (20.01.2020)

Schings, Hans-Jürgen, Der mitleidigste Mensch ist der beste Mensch. Poetik des Mitleids von Lessing bis Büchner, Würzburg 2012.

Schmidt, Manfred G., Demokratietheorien, Opladen 2019.

Schmidt, Rainer, Verfassungskultur und Verfassungssoziologie. Politischer und rechtlicher Konstitutionalismus in Deutschland im 19. Jahrhundert, Wiesbaden 2012.

Schmitt, Carl, Staat, Bewegung, Volk. Die Dreigliederung der politischen Einheit, Hamburg 1933.

Schmuhl, Hans, Senfkorn und Sauerteig. Die Geschichte des Rauhen Hauses von 1833 bis 2008, Hamburg 2008.

Schneider, Michael, Wissensproduktion im Staat. Das königlich preußische statistische Bureau 1860–1914, Frankfurt 2013.

Schneider, Dieter (Hg.), Sie waren die Ersten. Frauen in der Arbeiterbewegung, Frankfurt 1988.

Schnurbein, Stefanie von, Ökonomien des Hungers. Essen und Körper in der skandinavischen Literatur, Berlin 2018.

Schötz, Susanne, Politische Partizipation und Frauenwahlrecht bei Louise Otto-Peters, in: Hedwig Richter, Kerstin Wolff (Hg.), Frauenwahlrecht, S. 187–220.

Schröder, Martin, Prügelstrafe und Züchtigungsrecht in den deutschen Schutzgebieten Schwarzafrikas, Münster 1997.

Schüler, Anja, Frauenbewegung und soziale Reform, Stuttgart 2004.

Schultz, Jaime, The Physical is Political: Women's Suffrage, Pilgrim Hikes and the Public Sphere, in: Roberta J. Park, Patricia Vertinsky, Women, Sport, Society, New York 2011, S. 20–49.

Schulz, Sarah, Die freiheitlich demokratische Grundordnung. Ergebnis und Folgen eines historisch-politischen Prozesses, Weilerswist 2019.

Schwan, Gesine, Antikommunismus und Antiamerikanismus in Deutschland. Kontinuität und Wandel nach 1945, München 1999.

Schwarzer, Alice, So fing es an – 10 Jahre neue Frauenbewegung, München 1981.

Scott, James, Seeing like a state. How certain schemes to improve the human condition have failed, New Haven 2008.

Seibold, Birgit Susanne, Emily Hobhouse and the reports on the Concentration Camps during the Boer War 1899–1902. Two different perspectives, Stuttgart 2011.

Seidenspinner, Gerlinde, Angelika Burger, Mädchen 82. Eine repräsentative Untersuchung über die Lebenssituation u. das Lebensgefühl 15- bis 19-jähriger Mädchen in der Bundesrepublik, München 1982.

Sellin, Volker, Gewalt und Legitimität, Oldenburg 2016.

Siemann, Wolfram, Die deutsche Revolution von 1848/49, Frankfurt 1985.

Siemens, Daniel, Stormtroopers. A New History of Hitler's Brownshirts, New Haven 2017.

Silies, Eva-Maria, Liebe, Lust und Last. Die Pille, Göttingen 2010.

Smith, Jason Scott, Der New Deal als demokratisches Projekt. Die Weltwirtschaftskrise und die Vereinigen Staaten, in: Tim B. Müller, Adam Tooze (Hg.), Normalität und Fragilität. Demokratie nach dem Ersten Weltkrieg, Hamburg 2015, S. 496–511.

Solijonov, Abdurashid, Voter Turnout Trends around the World, hg. vom International Institute for Democracy and Electoral Assistance, 2016, S. 25 f., URL: https://www.idea.int/sites/default/files/publications/voter-turnout-trends-around-the-world.pdf (04.03.2020)

Sontag, Susan, On Photography, New York 1977.

Speitkamp, Wilfried, Deutsche Kolonialgeschichte, Stuttgart 2005.

Sperber, Jonathan, Eine alte Revolution in der neuen Zeit. 1848/49 in europäischer Perspektive, in: Christian Jansen, Thomas Mergel (Hg.), Die Revolution von 1848/49. Erfahrung – Verarbeitung – Deutung, Göttingen 1998, S. 14–36.

Stamm-Kuhlmann, Thomas, Die Rolle von Staat und Monarchie bei der Modernisierung von oben. Ein Literaturbericht mit ergänzenden Betrachtungen zur Person König Friedrich Wilhelms III., in: Bernd Sösemann (Hg.), Gemeingeist und Bürgersinn. Die preußischen Reformen, Berlin 1993, S. 261–278.

Stamm-Kuhlmann, Thomas, «Man vertraue doch der Administration!» Staatsverständnis und Regierungshandeln des preußischen Staatskanzlers Karl August von Hardenberg, in: Historische Zeitschrift Bd. 264 (1997), S. 613–654.

Steber, Martina, ‹The West›, Tocqueville and West German Conservatism from the 1950s to the 1970s, in: dies., Riccardo Bavaj (Hg.), Germany and ‹the West›. The History of a Modern Concept, New York/Oxford 2015, S. 230–245.

Steinbach, Peter, Die Zähmung des politischen Massenmarktes. Wahlen und Wahlkämpfe im Bismarckreich im Spiegel der Hauptstadt- und Gesinnungspresse, Passau 1990.

Steinbacher, Sybille, Sonderweg, Kolonialismus, Genozide: Der Holocaust im Spannungsfeld von Kontinuitäten und Diskontinuitäten der deutschen Geschichte, in: Frank Bajohr, Andrea Löw (Hg.), Der Holocaust. Ergebnisse und neue Fragen der Forschung, Frankfurt 2015.

Steinbacher, Sybille, Einleitung, in: dies. (Hg.), Volksgenossinnen. Frauen in der NS-Volksgemeinschaft, Göttingen 2007, S. 9–26.

Steinmetz, Willibald, Das Sagbare und das Machbare. Zum Wandel politischer Handlungsspielräume. England 1780–1867, Stuttgart 1993.

Stepanek, Marcel, Wahlkampf im Zeichen der Diktatur. Die Inszenierung von Wahlen und Abstimmungen im nationalsozialistischen Deutschland, Leipzig 2014.

Stichweh, Rudolph, Key Elements of a Theory of World Society, 2018, URL: https://www.academia.edu/36317187/Key_Elements_of_a_Theory_of_World_Society_April_2018 (12.12.2019)

Stöcker, Helene, Lebenserinnerungen, hg. von Reinhold Lütgemeier-Davin, Kerstin Wolff, Köln 2015.

Stockinger, Thomas, Dörfer und Deputierte. Die Wahlen zu den konstituierenden Parlamenten von 1848 in Niederösterreich und im Pariser Umland (Seine-et-Oise), München 2012.

Stockinger, Thomas, Bezirke als neue Räume der Verwaltung. Die Einrichtung der staatlichen Bezirksverwaltung in den Kernländern der Habsburgermonarchie nach 1848. Ein Problemaufriss, in: Administory. Zeitschrift für Verwaltungsgeschichte Bd. 2 (2017), S. 249–277.

Stockinger, Thomas, Voix perdues? Ungültige, verstreute und andere «sinnlose» Stimmen bei Wahlen im Jahr 1848 in Frankreich und Österreich, in: Hedwig Richter, Hubertus Buchstein (Hg.), Kultur und Praxis der Wahlen, Wiesbaden 2017, S. 293–314.

Stollberg-Rilinger, Barbara, Europa im Jahrhundert der Aufklärung, Stuttgart 2000.

Stollberg-Rilinger, Barbara, Symbolik und Technik des Wählens in der Vormoderne, in: Hedwig Richter, Hubertus Buchstein (Hg.), Kultur und Praxis der Wahlen, Wiesbaden 2017, S. 31–62.

Stolleis, Michael, Ein Anfang mit Vergangenheit. Das Grundgesetz als Antwort, Manuskript, Vortrag Kassel, 25.6.2019.

Stolleis, Michael, Geschichte des Sozialrechts in Deutschland, Stuttgart 2003.

Stone, Carole, Fawzia Afzal-Khan, Gender, Race and Narrative Structure: A Reappraisal of Joseph Conrad's «Heart of Darkness», in: Conradina Bd. 29/3 (1997), S. 221–234.

Strachan, J. Cherie, u. a. (Hg.), Why Don't Women Rule the World?: Understanding Women's Civic and Political Choices, Washington 2019.

Strenge, Irene, Das Ermächtigungsgesetz vom 24. März 1933, in: Journal der Juristischen Zeitgeschichte Bd. 7 (2013), S. 1–46.

Stromquist, Shelton, Reinventing «The People». The Progressive Movement, the Class Problem, and the Origins of Modern Liberalism, Urbana/Chicago 2006.

Tanchoux, Philippe, Les procédures électorales en France de la fin de l'Ancien Régime à la Première Guerre mondiale, Paris 2004.

Teele, Dawn L., Forging the Franchise. The Political Origins of the Women's Vote, Princeton 2018.

Tetrault, Lisa, The Myth of Seneca Falls. Memory and the Women's Suffrage Movement, Chapel Hill 2014.

Thiele, Alexander, Der gefräßige Leviathan, Tübingen 2019.

Thompson, Edward P., The Moral Economy of the English Crowd in the Eighteenth Century, in: Past & Present, Bd. 50/1 (1971), S. 76–136.

Tischler, Carola, Flucht in die Verfolgung. Deutsche Emigranten im sowjetischen Exil 1933–1945, Münster 1996.

Tocqueville, Alexis de, Über die Demokratie in Amerika, Berlin 2017.

Tomaselli, Sylvana, The Enlightenment debate on women, in: History Workshop Bd. 20 (1985), S. 101–124.

Tooze, Adam, Sintflut. Die Neuordnung der Welt 1916–1931, München 2015.

Tooze, Adam, The Wages of Destruction. The Making and Breaking of the Nazi Economy, London 2006.

Tosh, John, Hegemonic masculinity and the history of gender, in: Stefan Dudink u. a. (Hg.), Masculinities in Politics and war. Gendering Modern History, Manchester/New York 2004, S. 41–58.

Türk, Henning, «Ich gehe täglich in die Sitzungen und kann die Politik nicht lassen». Frauen als Parlamentszuschauerinnen und ihre Wahrnehmung in der politischen Öffentlichkeit der Märzrevolution 1848/49, in: GG Bd. 43 (2017), S. 497–525.

Ullmann, Hans-Peter, Clemens Zimmermann (Hg.), Restaurationssystem und Reformpolitik. Süddeutschland und Preußen im Vergleich, München 1996.

Ullmann, Hans-Peter, Politik im Deutschen Kaiserreich 1871–1918, München 2005.

Verheyen, Nina, Geschichte der Gefühle, Version: 1.0, in: Docupedia-Zeitgeschichte,18.6.2010, URL: http://docupedia.de/zg/Geschichte_der_Gef.C3.BChle?oldid=128789 (20.1.2020)

Vernon, James, Hunger. A modern History, Cambridge 2007.

Vogel, Barbara (Hg.), Preußische Reformen 1807 bis 1820, Königstein 1980.

Vogel, Bernhard, u. a., Wahlen in Deutschland. Theorie-Geschichte-Dokumente, 1848–1970, Berlin/New York 1971.

Walzer, Anke, Käthe Schirmacher. Eine deutsche Frauenrechtlerin auf dem Wege vom Liberalismus zum konservativen Nationalismus, Pfaffenweiler 1991.

Warren, Mark E., Democracy and the State, Oxford 2009.

Weber, Max, Ein Wahlrechtsnotgesetz des Reichs (1917), in: Max-Weber-Gesamtausgabe: Bd. 1.15, Tübingen 1984, S. 217–223.

Weber, Max, Wahlrecht und Demokratie in Deutschland (1917), in: Max-Weber-Gesamtausgabe, Bd. 1.15, Tübingen 1984, S. 347–396.

Weber, Max, Das preußische Wahlrecht (1917), in: Max-Weber-Gesamtausgabe, Bd. 1.15, Tübingen 1984, S. 224–235.

Weber, Max, Bismarcks Erbe in der Reichsverfassung (1917), in: Max-Weber-Gesamtausgabe, Bd. 1.15, Tübingen 1984, S. 338–343.

Weber, Hermann, Die Geschichte der DDR, Würzburg 2004.

Wehler, Hans-Ulrich, Von der Reformära bis zur industriellen und politischen Deutschen Doppelrevolution 1814–1845/49. Deutsche Gesellschaftsgeschichte, München 2005.

Weil, Francesca, Herrschaftsalltag und soziale Wirklichkeit. Zwei sächsische Betriebe in der DDR während der Honecker-Ära, Köln/Weimar/Wien 2000.

Weir, Robert M., ‹The Harmony We Were Famous For›: An Interpretation of Pre-Revolutionary South Carolina Politics, in: William and Mary Quarterly Bd. 26/4 (1969), S. 474–501.

Welskopp, Thomas, «Der Geist ächt männlichen Strebens». Mikropolitik und Geschlechterbeziehungen im Vereinsmilieu der frühen deutschen Arbeiterbewegung, in: Kurswechsel – Zeitschrift für gesellschafts-, wirtschafts- und umweltpolitische Alternativen Bd. 3 (1997), S. 67–81.

Welskopp, Thomas, Das Banner der Brüderlichkeit. Die deutsche Sozialdemokratie vom Vormärz bis zum Sozialistengesetz, Bonn 2000.

Whitman, James Q., Hitler's American Model. The United States and the Making of Nazi Race Law, Princeton 2017.

Wien, Bernhard, Politische Feste und Feiern in Baden 1814–1850. Tradition und Transformation. Zur Interdependenz liberaler und revolutionärer Festkultur, Frankfurt 2001.

Wienfort, Monika, Preußen, in: Werner Daum u. a. (Hg.), Handbuch der europäischen Verfassungsgeschichte im 19. Jahrhundert. Institutionen und Rechtspraxis im gesellschaftlichen Wandel, Bd.2: 1815–1847, Bonn 2012, S. 959–992.

Wildt, Michael, Volksgemeinschaft als Selbstmächtigung. Gewalt gegen Juden in der deutschen Provinz 1919 bis 1939, Hamburg 2007.

Wildt, Michael, «Volksgemeinschaft», Version: 1.0, in: Docupedia-Zeitgeschichte, 3.6.2014, URL: http://docupedia.de/zg/Volksgemeinschaft?oldid=125622 (25.02.2020)

Wilentz, Sean, Rise of American Democracy, New York 2005.

William, James, Pluralistic Universe, Siegen 2007.

Literatur

Winkler, Heinrich August, Der lange Weg nach Westen. Deutsche Geschichte vom Ende des Alten Reiches bis zum Untergang der Weimarer Republik, München 2000.

Wilmers, Annika, Pazifismus in der internationalen Frauenbewegung (1914–1920). Handlungsspielräume, politische Konzeptionen und gesellschaftliche Auseinandersetzungen, Essen 2008.

Wirsching, Andreas, Dirk Schumann (Hg.), Violence and Society after the First World War, München 2003.

Wolff, Kerstin, Noch einmal von vorn, in: dies. u. Hedwig Richter, Frauenwahlrecht. Die Demokratisierung der Demokratie in Deutschland und Europa, Hamburg 2017, S. 35–55.

Wolff, Kerstin, Stadtmütter: Bürgerliche Frauen und ihr Einfluss auf die Kommunalpolitik im 19. Jahrhundert (1860–1900), Königstein 2003.

Woloch, Nancy, A Class by Herself. Protective Laws for Women Workers, 1890s-1990s, Princeton 2015.

Wolfrum, Edgar, Geglückte Demokratie. Geschichte der Bundesrepublik Deutschland von ihren Anfängen bis zur Gegenwart, Stuttgart 2006.

Wolfrum, Edgar, Welt im Zwiespalt. Eine andere Geschichte des 20. Jahrhunderts, Stuttgart 2017.

Wood, Gordon, The Significance of the Early Republic, in: Journal of the Early Republic, Bd. 8 (1988), S. 1–20.

Wunder, Heide, Gisela Engel (Hg.), Geschlechterperspektiven: Forschungen zur Frühen Neuzeit, Königstein/Taunus 1998.

Young, Iris Marion, Inclusion and Democracy, Oxford 2002.

Zettelbauer, Heidrun, Embodiment, in: Heidrun Zettelbauer u. a. (Hg.), Verkörperungen. Transdisziplinäre Analysen zu Geschlecht und Körper in der Geschichte, Göttingen 2017, S. 9–44.

Ziblatt, Daniel, How did Europe democratize?, in: World Politics Bd. 58 (2006), S. 311–338.

Zillien, Nicole, Maren Haufs-Brusberg, Wissenskluft und Digital Divide, Baden-Baden 2014.

Zimmermann, Clemens, Von der Wohnungsfrage zur Wohnungspolitik. Die Reformbewegung in Deutschland 1845–1914, Göttingen 1991.

Zimmerer, Jürgen, Joachim Zeller (Hg.), Völkermord in Deutsch-Südwestafrika. Der Kolonialkrieg (1904–1908) in Namibia und seine Folgen, Berlin 2003.

Zimmerer, Jürgen, Von Windhuk nach Auschwitz? Beiträge zum Verhältnis von Kolonialismus und Holocaust, Münster 2011.

Zimmerer, Jürgen, Erster deutscher Völkermord, in ZEITGeschichte Bd. 5 (2019), S. 77 f.

PERSONENREGISTER

Abdülhamid II., Sultan 121
Addams, James 206
Adenauer, Konrad 258, 270 f., 277 f., 287
Agnes, Lore 194
Aichinger, Ilse 269
Angell, Norman 173
Anthony, Susan B. 156
Arendt, Hannah 141, 323
Arndt, Ernst Moritz 16, 30
Arnim, Bettine von 65
Augspurg, Anita 181, 192

Baden, Max von 191, 204
Badiou, Alain 161
Bäumer, Gertrud 119, 186, 192, 194
Bakunin, Michail 97
Barbusse, Henri 180, 182
Barre, François-Jean Lefebvre de la 19, 26
Bassermann, Friedrich Daniel 77–79
Baum, Marie 150 f.
Beauvoir, Simone de 272
Bebel, August 101, 120, 132, 144, 166
Beccaria, Cesare 19
Behm, Margarete 194
Berlepsch, Hans Freiherr von 150 f., 212
Bethmann Hollweg, Theobald von 173, 177 f., 189
Bismarck, Otto von 71, 118, 121–124, 135 f., 140, 147, 167, 249, 254, 270
Blum, Robert 84
Bodin, Jean 25
Brandt, Willy 293, 298
Brecht, Bertolt 256
Briand, Aristide 197, 210

Brüning, Heinrich 228
Bromme, Moritz 156, 158
Bülow, Bernhard von 169
Bush, George W. 305

Camphausen, Ludolf 76
Caprivi, Leo von 165
Carter, Jimmy 299
Chamberlain, Austen 210
Chakrabarty, Dipesh 8
Chaplin, Charlie 147
Churchill, Winston 163, 172, 211, 278
Clay, Lucius D. 258
Clemenceau, Georges 200
Coates, Ta-Nehisi 322

Dahrendorf, Ralf 304
Dankner, Oskar 244
Dartemont, Jean 179
Dawes, Charles Gates 210
Delbrück, Hans 128
Dibelius, Otto 271
Dickens, Charles 66
Diderot, Denis 14
Dillon, E. J. 197
Döblin, Alfred 267, 269
Dohm, Hedwig 130 f.
Dransfeld, Hedwig 118, 194 f.
Du Bois, W. E. B. 144
Durkheim, Émile 53

Ebert, Friedrich 189, 193, 196, 204 f., 210, 218
Edelmann, Adele 244
Eichmann, Adolf 247, 301
Einstein, Albert 147
Eisenhower, Dwight D. 278

Personenregister

Eisner, Kurt 208
Engels, Friedrich 62, 66, 96, 109, 122, 124
Erhard, Ludwig 287
Erzberger, Matthias 164, 189, 205, 209

Fauchet, Claude 16
Fischer, Joschka 305
Fleischer, Helene 226
Fliedner, Friederike u. Theodor 63
Fontane, Theodor 88
Ford, Henry 156
Fraenkel, Ernst 215
Frary, Donald Paige 193
Freud, Siegmund 147
Frick, Wilhelm 233, 236
Friedrich I. (Württemberg) 33
Friedrich II. (Preußen) 254
Friedrich Wilhelm IV. (Preußen) 75, 96
Friedrich, Caspar David 54

Gagern, Heinrich von 77, 84
Gaskell, Elizabeth 66
de Gaulle, Charles 278
Geldof, Bob 301
Gerlach, Leopold von 114
Gierke, Anna von 159, 194, 208
Gladstone, William 105, 121, 123
Gneist, Rudolf von 155
Godkin, Edwin L. 127
Goebbels, Joseph 230, 232, 236 f., 249, 279
Goegg, Amand 97
Göring, Hermann 242
Görres, Joseph 30
Goethe, Johann Wolfgang von 146
Gogol, Nikolai Wassiljewitsch 146
Goncourt, Edmond de 57
Goncourt, Jules de 57
Gorbatschow, Michail Sergejewitsch 306
Gotthelf, Jeremias 8
Gottschewski, Lydia 223, 230
Gouges, Olympe de 37 f., 83

Haase, Hugo 174, 178
Haarer, Johanna 224, 273

Hansemann, David 76–78, 84
Hardenberg, Karl August von 32, 36
Harris, Alice Seeley 162
Hasenclever, Johann Peter 66, 101
Hauptmann, Gerhart 154
Haußmann, Conrad 196
Hecker, Friedrich 72, 85 f.
Heine, Heinrich 66
Heinemann, Gustav 271, 298
Herder, Johann Gottfried 22 f.
Herrnstadt, Rudolf 269
Heuss, Theodor 258, 278
Hindenburg, Paul von 181, 184, 227, 230
Hintze, Otto 128
Hippel, Theodor Gottlieb 24
Hirschfeld, Magnus 148, 218
Hitler, Adolf 222–225, 227 f., 230–232, 234–238, 245, 252, 254 f., 266, 279, 282
Hölderlin, Friedrich 30
Honecker, Erich 289 f.
Horthy, Miklós 188
Huber, Ernst Rudolf 236
Humboldt, Wilhelm von 44

Jackson, Michael 302
Jacobs, Aletta 206
Jacoby, Johann 84
Jefferson, Thomas 31, 137
Jellinek, Georg 141
Jens, Walter 269
Johnson, Uwe 302
Juchacz, Marie 192, 194, 196
Jünger, Ernst 179, 182, 198

Kant, Immanuel 23 f., 29, 32, 44
Kapp, Christian 72
Katharina Pawlowna (Württemberg) 62
Kelsen, Hans 186, 196, 215, 261
Kerr, Alfred 146
Kessel, Franziska 221, 226
Kessler, Harry Graf 186, 188
Key, Ellen 145, 155
Klint, Hilma af 147
Kohl, Helmut 297
Kołłątaj, Hugo 7

Personenregister

Kollwitz, Käthe 154 f. 191
Kühn, Lenore 219

Landfermann, Dietrich Wilhelm 113
Lassalle, Ferdinand 123
Le Bon, Gustave 128, 175
Ledebour, Georg 163
Lenin, Wladimir Iljitsch 129
Leo VIII. (Papst) 118
Lessing, Gotthold Ephraim 22, 27
Liebknecht, Karl 143, 205, 208
Lincoln, Abraham 123
Lindemann, Philipp 35, 63
List, Friedrich 35
Locke, John 104 f.
Loewenstein, Karl 261
L'Ouverture, Toussaint 37 f.
Luce, Claire Booth 251
Luxemburg, Rosa 205, 208
Lynn, Loretta 295 f.

Malthus, Thomas Robert 61 f.
Mann, Heinrich 269
Mann, Katia 210
Mann, Thomas 185, 215, 221, 226, 266, 269
Mannheim, Karl 261
Mao Zedong 256
Marx, Karl 62, 66, 109, 122, 124, 143
Mathy, Karl 77 f.
McCarthy, Joseph 272
Mehring, Franz 144
Meinecke, Friedrich 189 f.
Meisel-Hess, Grete 148
Meyer, Georg 128, 138
Michels, Robert 130
Mies van der Rohe, Ludwig 216
Mill, John Stuart 22, 131
Möser, Justus 30 f.
Moltke, Helmuth von 172, 177
Montessori, Maria 153
Montgelas, Maximilian von 33, 45
Mussolini, Benito 213, 236

Nadig, Friederike 261, 264
Napoleon Bonaparte 32 f., 37, 49, 82, 306
Napoleon III. 95, 122

Naumann, Friedrich 147, 196
Nietzsche, Friedrich 119, 132
Nikolaus I. 175
Noske, Gustav 218

Orpen, William 201 f.
Otto-Peters, Louise 22, 65, 73, 81, 99, 130

Payer, Friedrich von 189
Pétain, Philipp 237
Peters, Carl 166
Philipson, Walter 242
Pockels, Carl Friedrich 21
Poincaré, Raymond 175
Posadowsky-Wehner, Arthur von 150, 154
Preuß, Hugo 196
Putin, Wladimir 261
Puttkamer, Jesko von 169

Rathenau, Walter 209 f.
Rée, Gustav 72
Remarque, Erich Maria 182, 197
Riis, Jacob 153
Roosevelt, Eleanor 259
Roosevelt, Franklin D. 223
Ross, Diana 298
Rotteck, Carl von 45, 52
Rousseau, Jean-Jacques 7, 21 f., 234
Ryneck, Elfriede 194

Salomon, Alice 155, 209
Sanger, Margarete 155, 292
Scharnweber, Christian 33
Scheidemann, Philipp 205
Schiller, Friedrich von 7, 21, 29
Schirmacher, Käthe 119, 219
Schlegel, Friedrich 29
Schlöndorff, Volker 302
Schmid, Carlo 259, 262
Schmitt, Carl 235
Schönberg, Arnold 148
Schuch, Clara 226
Schuchard, Johannes 71 f.
Schütte-Lihotzky, Margarete 216 f.
Schumpeter, Josef 137 f.
Schurz, Carl 237

Personenregister

Schwarzer, Alice 295
Schwarzhaupt, Elisabeth 274
Schwerin-Putzar, Maximilian von 77, 84, 115
Seidel, Ina 174
Selbert, Elisabeth 261 f., 264, 274
Semper, Gottfried 96
Sender, Tony 119, 204
Shakespeare, William 146
Siebert, Clara 228
Siemens, Georg von 117, 172
Sieveking, Amalie von 64
Smith, Adam 32
Sombart, Werner 150, 212
Speer, Albert 230 f.
Stalin, Josef 227, 252, 256, 267, 279
Stanley, Henry Morton 165 f.
Stanton, Elizabeth Cady 156
Stein, Heinrich Friedrich Karl Reichsfreiherr vom und zum 75, 104
Stein, Lorenz von 71, 137, 212
Stöcker, Helene 148, 155, 158, 173, 224
Stresemann, Gustav 210
Stritt, Marie 192
Struve, Gustav 72, 83
Suttner, Berta von 173
Sybel, Heinrich von 135

Taut, Bruno 216
Teusch, Christine 195
Thiede, Paula 158
Tocqueville, Alexis de 31, 70, 109
Todt, Fritz 231
Treitschke, Heinrich von 35, 129

Ulbricht, Walter 279

Vandervelde, Émile 154, 213
Vincke, Georg von 76
Virchow, Rudolf 88
Volney, Constantin François 104
Voltaire 19 f., 22, 131

Wagner, Richard 96 f.
Webb, Beatrice 118
Weber, Helene 195, 264
Weber, Max 57, 59, 128, 189 f., 196
Welcker, Karl Theodor 80
Wels, Otto 229
Wessel, Helene 264
Wessel, Horst 227
Whitman, Walt 22
Wichern, Johann Hinrich 63
Wilhelm I. (Preußen) 134, 147
Wilhelm II. (Preußen) 138, 177, 204
Wilhelm I. (Württemberg) 72, 81
Wilson, Woodrow 193, 197, 203, 206
Windthorst, Ludwig 123
Witte, Emma 220
Wolff, Wilhelm 66, 107
Wollstonecraft, Mary 8
Wurm, Theophil 271

Zahn-Harnack, Agnes von 230
Zetkin, Clara 143
Zettler, Marie 195

SACHREGISTER

Adel 33, 36, 39, 50, 74 f., 89, 109, 112, 134, 187
Alkohol und Antialkoholismus 50, 103, 126, 140, 148 f., 152–154, 160, 180, 323
Antisemitismus 146, 156, 161, 170, 193, 208 f., 225, 239, 240 f., 245, 248, 253, 317, 319
Arbeiter/innen 15, 38, 56, 62, 65 f., 70, 78, 80–83, 93–95, 100 f., 104 f., 110 f., 119 f., 123 f., 132, 137–144, 150–158, 173, 175 f., 189, 196 f., 204–206, 212, 214, 216, 219, 221–223, 231, 242, 248, 265, 277, 279 f., 285, 289, 293, 304
Arbeiterbewegung 62, 65, 132, 150, 175, 214, 289, s. a. Sozialdemokratie
Arbeitsschutz 67, 81, 105, 141, 148–152, 172, 212, 215
 – Arbeitszeitbeschränkung 117, 285, 288, s. a. Freizeit
 – Kinderarbeit 70, 75
Aufklärung 9, 21, 24, 29, 44, 61, 140, 292, 308, 315
Bauern s. Ländliche Räume u. Leibeigenschaft
Beamtentum 32, 76, 126 f., 137, 146 f., 167, 169, 192, 272
Bildung 30, 34 f., 48, 67, 89, 108–110, 130, 141 f., 158 f., 194, 230, 257, 295, 297, 289, 303–306, 318, 322
 – Alphabetisierung 28, 35, 48, 62, 110, 193
 – Höhere Schulbildung 128 f., 189
 – Allgemeine Schulbildung 51, 64, 67, 70, 92 f., 159, 215 f., 301 f.

 – Universitätsstudium 32, 158, 219, 222, 229, 303 f.
Bürgertum 27, 62–67, 71–74, 77, 80, 95, 97, 109, 111, 119, 127, 133, 137, 142–144, 148, 153, 158, 173, 193, 222, 227, 234, 291, 299, 309, 311, 318, 322
 – Bürgerinnen 147, 159, 214
Bürokratie, Verwaltung 31, 34, 54 f., 63, 74 f., 103, 152, 162, 181, 208, 214, 219, 239, 241, 245, 247, 261, 268, 280, 285
Bodenbesitz, Grundeigentum 22, 45–47, 64, 75 f., 94, 101, 108–112, 116, 215, 247
Code Civil von 1804 37
Differenzierung 51 f., 75, 99, 107, 113, 133, 268
Disziplinierung 13, 43–48, 50 f., 54 f., 101, 122, 125, 139 f., 154, 165, 169, 213, 228, 233, 282, 316
Essen, Nahrung 35, 126, 148, 207
Hunger 7, 14 f., 27, 37, 60–69, 73, 81, 94, 118 f., 162, 171, 179, 182, 189, 205, 212, 225, 227, 247 f., 252 f., 256, 302, 318, 321, 332
Folter 14 f., 17, 19–22, 26–29, 36, 59, 91, 105, 118, 131, 149, 165, 171, 221, 226, 240, 243, 252 f., 305, 308, 321
Frauenbewegung 148, 160, 166, 187, 224, 292, 294 f., 302
Freizeit 12, 46, 110, 117, 219, 286, 297 f., s. a. Arbeitszeitbeschränkung
Gefühle 11, 15, 17, 28, 40, 43, 220, 225, 280, 300, 302
 Mitleid, Empathie, Sympathie 14, 20–23, 26 f., 29, 37, 39, 44, 64, 67,

SACHREGISTER

106, 111, 118 f., 149 f., 172, 179, 200–202, 245, 248, 255, 297, 301, 321
Geschlecht 8 f., 15, 26, 38, 68, 148, 260, 318
– Frauen 23–25, 64, 99, 83, 100, 105 f., 130, 158 f., 162, 186, 192, 194, 206, 218–220, 223, 251, 272–274, 284–286, 292 f., 295–297, 322
– Männer 21, 24, 26, 48, 73, 84, 86, 97, 100–103, 159 f., 164, 198, 218, 220, 226
Gewalt 12, 23, 28 f., 80–86, 101, 126 f., 164, 209, 256, 300, s. a. Rechtsradikalismus, Nationalsozialismus
– Gewalt gegen Frauen 24–26, 106, 154, 160, 165 f., 221, 253, 291, 302
– Rechte Gewalt 271, 291, 302, 318
Gewaltenteilung, Checks and Balances 13, 133, 137, 222, 240, 319
Globalisierung 121, 301, 318, s. a. Kolonialismus
Grundgesetz für die Bundesrepublik Deutschland s. Verfassung
Holocaust 18, 169, 171, 216, 243, 245–247, 291, 301, 308, 315, 325 f., s. a. Nationalsozialismus
Hygiene 146, 152, 159, 216 f., s. a. Sozialstaat
Individualisierung 39, 51 f., 104, 288 f.
Industrialisierung s. Ökonomie
Inklusion 9, 17, 31, 61, 119 f., 128–132, 135, 199, 213, 230, 263, 316
Jugend 55, 64, 70 f., 151–153, 159, 174, 215, 221 f., 226 f., 229 f., 238 f., 241, 275, 280, 294, 298, 302, 304, s. a. Kindheit
Kalter Krieg s. Krieg
Kapitalismuskritik 65, 293 f., 302, s. a. Sozialdemokratie
Kindheit 7, 9, 25, 29, 56, 63 f., 67, 70 f., 111, 143, 151–153, 164 f., 171, 173, 176, 194, 205, 207, 212, 215, 219, 222, 224, 241, 247, 264, 275, 285, 288, 295 f., 303, 321, s. a. Jugend u. Arbeitsschutz

Kunst 23, 26 f., 29 f., 51, 61, 65–67, 100, 146 f., 154, 165, 174, 197 f., 216, 218, 243, 272, 292, 297, 301 f.
Kleidung 7, 35, 61, 67, 69, 119, 126, 149, 165, 179, 181, 225, 246 f., 285
Kolonialismus 161–170, 198, 200, 207, 210 f., 298, s. a. Globalisierung
Kommunismus, Kommunistische Parteien 66, 81, 122, 205, 208 f., 214, 226, 236, 255 f., 268 f., 271, 277, 279, 280, 298 f., s. a. Sozialdemokratie
Konservatismus 30, 57, 60, 75 f., 90, 112, 114, 122, 127, 134, 150, 156, 159, 161, 191 f., 211, 271, 277, 290, 295
Körper 13 f., 17–22, 24 f., 28 f., 35–39, 44, 60 f., 65, 67, 69, 82, 84, 91, 98–107, 109, 117, 120, 139, 145, 147–150, 152, 155 f., 160, 166, 168, 179–184, 198, 212, 215, 221, 240–242, 247, 272, 284–286, 292, 303, 322
– Sexualität und Verhütung 148, 218 f., 239, 251, 292–296, 303
– Sport 148 f., 156, 226, 229, 243, 285
Krieg 7, 18, 23, 32 f., 66, 81, 112, 115, 129, 135, 145, 147, 156, 162–165, 168–220, 223, 225, 227 f., 230, 240, 245 f., 248–256, 265–268, 274, 276, 297, 299 f., 302, 305, 308, 316, 323 f., s. a. Militär u. Pazifismus
– Kalter Krieg 18, 297–300, 323 f.
Ländliche Räume 7, 22, 30, 35–37, 42, 47, 53, 61, 76, 80, 94, 107, 109, 112, 116, 118, 142 f., 156, 173, 180, 254, 267, 280
Leibeigenschaft, Bauernbefreiung 22, 36, 104 f., 107, 118
Liberalismus 45, 52, 72, 74–76, 78–81, 84 f., 92, 119, 121 f., 135, 164, 173 f., 189, 192, 196
Massenmedien 15, 28, 74, 67 f., 70, 78, 80, 88 f., 94, 98, 110, 136, 148, 166, 177, 182, 184, 188, 231, 241, 243, 269, 276, 285, 301 f., s. a. Öffentlichkeit u. Pressefreiheit

SACHREGISTER

Mehrheitsprinzip 41, 52, 57
Menschenrechte 29, 73, 168, 248, 269, 300 f., 305, 308, 311
– Allgemeine Erklärung der Menschenrechte 1948 359
Menschenrechtserklärung 1789 104
Menschenwürde 10, 18, 52, 82, 171, 185, 222, 251, 259 f., 264, 269, 292, 300 f., 303, 315, 319, 325
Migration, s. a. Mobilität 54, 97, 147, 286, 323
Militär 32, 48, 59, 67, 69 f., 97, 134–136, 145, 163, 172 f., 176, 179–182, 184 f., 189, 193, 200, 203–209, 211, 218, 223, 240, 246, 248, 250, 252, 258, 265, 300, 305, s. a. Krieg u. Pazifismus
Mitleid s. Gefühle
Mobilität 35, 51, 54, 72, 75, 77, 156, 200, 247, 285, 323, s. a. Migration
Monarchie 32, 72, 85, 92, 97, 113, 129, 133 f., 142, 187, 191, 202, 237, 275 f., 313, 320
Nation 17, 27, 31, 39, 45, 73, 80, 87, 92, 109, 133–136, 168, 174, 184, 199
– Nationalismus 87, 120, 124, 146, 175, 223, 257, 294
Nationalsozialismus 10, 18, 158, 171, 195, 222–240, 243, 245, 248, 251 f., 254, 259, 264, 266, 270 f., 273, 275, 319, s. a. Holocaust
Öffentlichkeit 11, 19, 25, 31, 61, 63, 66, 76–81, 84, 106, 110, 136, 162, 164 f., 171, 176, 184, 191, 200, 258, 263, 272, 296, 301, s. a. Medien
Ökonomie 7, 32, 45, 51, 62, 77, 109, 111, 119, 133, 192, 200, 205, 208, 214, 265, 286, 307 f., 324, s. a. Kapitalismuskritik
– Industrialisierung 25, 62, 66, 110, 141, 287
– Wohlstandsanstieg 110, 286
Pazifismus 155, 172 f., 185, 191, 302
Parlamentarismus 56, 70 f., 74–77, 81, 84–86, 96, 98, 119, 121 f., 124, 128, 134–136, 143 f., 163 f., 166, 177 f., 183 f., 190 f., 195, 205 f., 221, 223, 225 f., 228, 230–232, 235–237, 268, 276, 291, 298 f., 303, 234
Plebiszit 48 f., 95, 235, 237, 262, 312 f.
Populismus s. Rechtsextremismus
Post 51, 160, 170, 201, 240
Pressefreiheit, Zensur 68, 75, 78, 80, 207, 214
Rassismus 146, 155, 161, 169–171, 193, 198, 225, 239 f., 245, 254, 257, 299 f., 318, 322
Rechtsextremismus, Rechtsradikalismus, Rechtspopulismus 267, 278, 309, 311, 317–319, s. a. Gewalt
Reichstagsgebäude in Berlin 183, 205
Religion 16, 25, 33, 37, 40 f., 63, 72, 76 f., 91–93, 118, 123, 133, 146, 177, 192, 238, 254, 266, 270 f., 275, 277, 283, 295–298, 300, s. a. Zentrumspartei
Reform 36, 71, 121, 123, 129, 139, 142, 145, 150, 191, 193
– Reformerinnen 64, 118 f., 145 f., 148, 154, 192, 194, 196, 206, 213, 219, 278
Revolution 12, 21, 34, 61 f., 64–66, 70, 72, 78–87, 93, 96–99, 109 f., 113–116, 118, 120 f., 124, 128, 130, 142, 144 f., 148, 154, 186 f., 189, 193, 204–206, 209, 218, 226, 229, 231 f., 237 f., 256, 299 f., 304, 306
– Französische Revolution 8, 17, 23, 27 f., 30, 32, 34, 37, 83 f., 87, 299, 313
Skandalisierung 5, 10 f., 14 f., 17, 19 f., 26, 59, 61–70, 73, 78, 97, 139, 152 f., 155 f., 162, 166–168, 299, 315, 321 f.
Sklaverei 7, 14 f., 20, 22, 24, 27, 29, 36 f., 44, 47, 73, 105, 107 f, 110, 142, 166, 168, 248 f., 252, 254, 308, 321 f.
Sozialdemokratie 56, 65, 101, 119, 124, 129, 132, 141–146, 149–151, 154, 158 f., 163 f., 172, 174–179, 184, 189, 191–195, 204–208, 212, 214, 218, 221, 226, 229, 253, 255 f., 258, 262, 270 f., 277–280, 287, 289, 293, 298, s. a. Arbeiterbewegung u. Kommunismus
Sozialstaat, Sozialpolitik 18, 60, 64,

SACHREGISTER

91, 95, 136, 141, 150, 152, 159, 192, 195 f., 199, 206, 208, 211, 213, 216, 248, 281, 287–290, 307, 313, 320, 322, 325
Sozialversicherungen 140 f., 215, 225
Statistik 42, 53, 57, 238, 284
Tierschutz 149
Todesstrafe 37, 91, 97, 149, 240, 303
Vereinswesen 27, 63 f., 67, 77 f., 93, 97, 100, 118, 150, s. a. Zivilgesellschaft
– Frauenvereine 130 f., 146, 152, 154, 162, 166, 209, 230, 235, 258, 279, 281 f., 300, 308, 312, 319, 324
Verfassung 40, 45, 48 f., 52, 71–75, 77, 79 f., 87, 107, 113–115, 121 f.
– Grundgesetz der Bundesrepublik Deutschland 258–265, 273–275, 309

– Paulskirchenverfassung 1849 55, 84, 86, 89, 91 f., 94, 96 f., 116, 134, 195, 252, 260
– Reichsverfassung von 1871 97, 123 f., 132–138, 215, 260
– Weimarer Verfassung von 1919 193–196, 199, 215, 260, 262
Wohnverhältnisse, Wohnungen 7, 94, 148, 152–154, 159, 216, 242, 246, 253, 288 f., 321
–.Schutz des Wohnraums 13, 91, 240, 252
Zensur s. Pressefreiheit, Massenmedien u. Öffentlichkeit
Zentrumspartei 118, 123, 150, 163 f., 189, 193–195, 205, 209, 228 f., 258, 264, 277, s. a. Religion
Zivilgesellschaft 63, 70, 77 f., 93, 110, 135, 150, 179, 229, 300, 323, s. a. Vereinswesen